Do projecto ao edifício, do *habitat* ao espaço envolvente,
do campo à cidade, do funcional à vanguarda, do pitoresco ao estético,
da utopia à realidade – o campo de análise é imenso.
A razão de ser desta colecção reside na abordagem,
sob os ângulos mais diversos, das questões fundamentais
da arquitectura e do urbanismo. Mas isso não implica, naturalmente,
a exclusão de estudos referentes a outras épocas,
sobretudo quando contribuem para melhor
compreendermos a nossa.

ARQUITECTURA E URBANISMO

1. PAISAGEM URBANA, de *Gordon Cullen*
2. ARCHITECTURA IN NUCE, de *Bruno Zevi*
3. MOVIMENTOS MODERNOS EM ARQUITECTURA, de *Charles Jencks*
4. A PAISAGEM URBANA MODERNA, de *Edward Relph*
5. A BOA FORMA DA CIDADE, de *Kevin Lynch*
6. A LINGUAGEM MODERNA DA ARQUITECTURA, de *Bruno Zevi*
7. A IMAGEM DA CIDADE, de *Kevin Lynch*
8. ARQUITECTURA E DESIGN. ÉCOLOGIA E ÉTICA, de *Victor Papanela*

A BOA FORMA
DA CIDADE

Título original:
Good City Form

© 1981, by Massachusetts Institute of Technology

Tradução:
Jorge Manuel Costa Almeida e Pinho

Capa de FBA

ISBN 13: 978-972-44-1330-3
ISBN da 1ª edição: 972-44-0530-3

Depósito Legal nº 256710/07

Impressão e acabamento:
PENTAEDRO, LDA.
para
EDIÇÕES 70, LDA.
Julho 2015

Direitos reservados para todos os países de língua portuguesa
por Edições 70

EDIÇÕES 70, Lda.
Avenida Fontes Pereira de Melo, 31 - 3º C – 1050-117 Lisboa / Portugal
Telefs.: 213190240 – Fax: 213190249
e-mail: geral@edicoes70.pt

www.edicoes70.pt

Esta obra está protegida pela lei. Não pode ser reproduzida,
no todo ou em parte, qualquer que seja o modo utilizado,
incluindo fotocópia e xerocópia, sem prévia autorização do Editor.
Qualquer transgressão à lei dos Direitos de Autor será passível
de procedimento judicial.

KEVIN LYNCH
A BOA FORMA DA CIDADE

70

"Todos os homens são, de uma forma inata, artesãos que têm como destino criar... um local adequado e permanente, um mundo saudável e belo".

Louis Henry Sullivan,
27 de Janeiro de 1924.

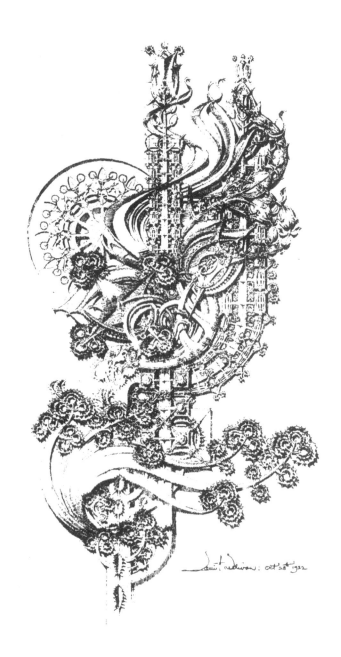

Prólogo: uma questão ingénua

"O que faz com que uma cidade seja uma boa cidade?" pode parecer uma questão sem sentido. As cidades são demasiado complicadas, escapam em demasia ao nosso controlo e afectam demasiadas pessoas, que, por sua vez, estão sujeitas a demasiadas variações culturais, para permitirem uma resposta racional. As cidades, tal como os continentes, são simplesmente enormes factos da natureza, aos quais temos de nos adaptar. Estudamos a sua origem e função, porque esses aspectos são interessantes e também porque se tornam úteis para se fazerem previsões. Uma pessoa pode afirmar "Gosto de Boston", mas todos sabemos que é simplesmente uma preferência trivial, baseada na experiência pessoal. Só um jornalista de domingo consegue dedicar-se a classificar Boston em comparação com Atlanta. Os académicos analisam dados sólidos, tais como a população, os dólares e o fluxo de tráfego.

Este ensaio aborda essa questão ingénua, com todas as qualificações, estratagemas e dúvidas que em breve se tornarão evidentes. As decisões relativas à política urbana, à distribuição dos recursos, ao local da nova residência ou como construir algo, *devem* servir-se de normas acerca do que é bom e mau. Os valores de curto ou de longo alcance, de altruísmo ou de egoísmo, de carácter implícito ou explícito são ingredientes inevitáveis da decisão. Sem um sentido de melhoramento qualquer acção acaba por ser perversa. Quando os valores não são sujeitos a escrutínio tornam-se perigosos.

É comum as pessoas sentirem que a maioria dos locais urbanos são pouco satisfatórios – desconfortáveis, feios ou aborrecidos – como se esses locais fossem avaliados numa escala absoluta. Só alguns fragmentos do mundo povoado estão, regra geral, excluídos desta perspectiva melancólica: um subúrbio opulento, um parque elegante, uma cidade histórica, o centro vital de uma grande cidade, uma antiga região agrícola. Se conseguíssemos sistematizar os motivos que nos levam a sentir assim, estaríamos preparados para desenvolver mudanças eficazes.

O objectivo deste ensaio é apresentar uma posição geral acerca dos bons aglomerados populacionais, uma posição relevante e responsável perante qualquer tipo de contexto humano, ligando valores gerais a acções específicas. Esta posição restringir-se-á à ligação entre os valores humanos e a cidade espacial, física, apesar de esta ser encarada num sentido mais vasto do que normalmente se pretende. Será apenas uma teoria parcial, não tanto porque se restringe a este aspecto físico, mas porque uma teoria abrangente deve ligar as posições acerca do funcionamento de uma cidade com as posições acerca do que nela é bom. A teoria normativa a adoptar, e que aborda apenas estes últimos aspectos, apesar de expor pressupostos relativos aos aspectos funcionais, é tão parcial no seu percurso quanto as teorias funcionais predominantes, inconscientemente, nas suas próprias formas peculiares. A distinção entre teoria normativa e funcional e a necessidade de uma ligação entre ambas, é uma questão que será abordada no capítulo dois.

As teorias normativas sobre a forma da cidade não são novas. No capítulo quatro descrevem-se três variedades importantes. Na parte I essas três variedades são precedidas por um pequeno historial, por uma abordagem acerca da natureza da forma da cidade e por um fragmento sobre os valores da forma provenientes de várias fontes – um trampolim para o nosso primeiro salto. As três teorias normativas do capítulo quatro são teorias poderosas, não só em termos intelectuais, mas também por causa da sua longa influência sobre as decisões reais relativas à cidade. Tentarei demonstrar as respectivas inadequações. A parte II expõe uma teoria mais geral, baseada em "dimensões de execução". Existem nessa teoria alguns problemas próprios, tal como se poderá observar. Contudo, é um ponto de partida. A Parte III aplica a teoria a questões e a modelos actuais da cidade, ilustrando-a com um esboço utópico.

A teoria normativa sobre a forma da cidade encontra-se num estado lastimável. A atenção académica tem sido mais orientada para os aspectos socio-económicos dos aglomerados humanos, para a análise do funcionamento da forma física ou para as histórias que a terão conduzido ao estado em que se encontra actualmente. No interior dessas estruturas científicas imaculadas estão subrepticiamente escondidos muitos pressupostos de valor. Entretanto, os executantes agarram-se a valores óbvios com que todas as pessoas concordam. Todos sabemos o que é uma boa cidade. A única questão séria a colocar é como atingir esse objectivo? Mas será que se devem continuar a aceitar como definitivas essas questões de valor?

I
VALORES E CIDADES

1 Valores da forma na história urbana

As forças impessoais não transformam os aglomerados humanos. Ou só o fazem em raras ocasiões de desastres naturais: incêndios, inundações, tremores de terra e pragas. Caso contrário, a modificação do aglomerado populacional é um acto humano, ainda que complexo, provocado por causas humanas, ainda que obscuras ou ineficazes. Se conseguirmos descortinar algumas destas causas poderemos descobrir algumas indicações importantes acerca das ligações entre os valores e a forma ambiental. Um breve historial de vários casos importantes de transformação urbana poderá fornecer-nos alguma matéria de análise.

A transformação primitiva é o surgimento da própria cidade. Quais foram as razões primitivas para a criação destes ambientes peculiares? Uma vez que as primeiras cidades precedem os primeiros registos escritos, possuímos apenas provas indirectas, mas a arqueologia e a mitologia podem fornecer-nos algumas indicações. A evolução independente e relativamente súbita para um estado de civilização ocorreu aproximadamente seis ou sete vezes na história da humanidade*. Esta evolução foi sempre acompanhado pelo surgimento de cidades, isto é, por aglomerados populacionais grandes e relativamente densos, de povos heterogéneos que organizaram um vasto território rural em torno de si próprios. Com as cidades e com a civilização surgem as sociedades estratificadas, a propriedade desigual, os especialistas a tempo inteiro e, normalmente, a escrita, a ciência, a guerra, a arte realista, as artes do luxo, o comércio a longa distância e os centros cerimoniais monumentais. A razão para todos estes elementos estarem interligados de modo repetido é um problema fundamental. É interessante especular acerca da influência das cidades sobre todos esses elementos e acerca do que este facto nos revela sobre os valores da cidade.

Em todos os casos, as primeiras cidades surgiram apenas depois de uma revolução agrícola, durante a qual as plantas e os animais foram domesticados e surgiram pequenos povoamentos permanentes de agricultores. Era uma condição necessária, mas não suficiente. Em muitos casos, a agricultura permanente conduziu ao surgimento independente das

---

* Na Suméria e, talvez de forma independente, no Egipto; no Vale do rio Indo; na China da dinastia Shang; na Meso-América e, possivelmente também de forma independente, no Peru; e muito provavelmente em certas áreas, ainda não estudadas em pormenor, do Sudeste da Ásia ou da África.

cidades.* Nos poucos casos protegidos (?) em que a civilização urbana surgiu efectivamente, a fixação da população ocorreu um milénio, mais ou menos, depois de na mesma região ter acontecido a revolução agrícola fundamental. O cultivo de produtos agrícolas surgiu na Suméria aproximadamente em 5000 a.C., mas Eridu – a primeira cidade que se conhece naquela área – só surgiu aproximadamente em 4000 a.C. e nela habitavam vários milhares de pessoas. Em 3500 a.C. existiam 15 a 20 cidades na Suméria, incluindo Ur, Erech, Uruk, Lagash, Kish e Nippur – todas elas cidades em grande escala e algumas delas com populações na ordem das 50 000 pessoas. Ur tinha uma dimensão de aproximadamente 10 quilómetros quadrados de extensão.

Oates

Ver fig. 2

São cidades com muralhas e os contrastes de dimensão entre as diversas habitações e o valor dos artigos descobertos nos respectivos túmulos, indicam diferenças significativas de classe e de poder. As cidades apresentam templos enormes e elaborados, situados sobre plataformas elevadas, cuidadosamente orientadas. Os templos eram construídos sobre as ruínas sucessivas de templos mais antigos e mais pequenos. Havia artes especializadas nos trabalhos com pedra, metal, cerâmica, madeira e vidro. O comércio estava organizado e chegava mesmo à Síria ou ao Vale do rio Indo. Os alimentos e outros produtos eram recolhidos como tributo junto dos camponeses e dos estrangeiros, e eram distribuídos pelos cidadãos por uma classe de sacerdotes, que se encontravam no centro da sociedade.

A escrita, uma invenção que viria a ter consequências explosivas, desenvolveu-se a partir dos ideogramas e os produtos normalmente tinham etiquetas. A escrita acabaria por prosperar até se transformar num sistema cuneiforme complicado, ensinado nas escolas de escribas e baseado em listas lexicais comuns a toda a região. Efectuavam-se observações astronómicas regulares e desenvolveu-se um sistema numérico. O bronze e algum ferro surgiram aproximadamente em 3000 a.C.; aconteceu uma evolução precoce na arte e na tecnologia. Inventou-se a roda.

Contudo, o carro com rodas já era usado nas batalhas e nas cerimónias religiosas mil anos antes de ser utilizado para transportar cargas. Os produtos importados eram considerados luxos, os ofícios especializados e a nova tecnologia serviam a guerra e os rituais, mas não os usos diários. Gradualmente, a igualdade relativa da aldeia converteu-se numa sociedade estratificada, que modificou as suas relações sociais dominantes, passando das relações de parentesco a relações de classe. A pirâmide social iniciava-se no escravo e no camponês, passava pelos capatazes e soldados, e terminava nos funcionários de

---

* Além disso, e pelo menos num caso – Jericó – o desenvolvimento urbano mostrou ser um nado-morto. Jericó aparentemente não teve quaisquer sucessores directos e não conduziu a estados civilizados e permanentes.

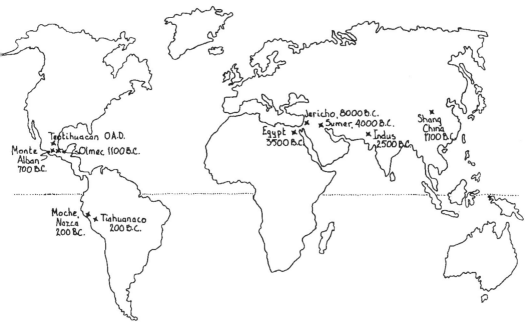

As localizações conhecidas ou prováveis onde surgiram cidades independentes.

Plano de uma parte da antiga cidade suméria de Ur, cerca de 1900 a.C. A, B, C e D são capelas situadas à margem da estrada. O número 1, no parte superior ao centro, era a casa de um comerciante dedicado ao comércio de cobre com Dilmun (actual Bahrein), o número 14, no canto inferior esquerdo, era um restaurante.

estado e nos sacerdotes. A propriedade da terra estava concentrada nas mãos destes últimos. As guerras fronteiriças entre as cidades-estado deram origem a chefes guerreiros permanentes, a exércitos profissionais e a agressões perpétuas. O sacerdote e o rei assumiram existências distintas e, com o tempo, este último passou a exercer um domínio mais acentuado. Finalmente, com a ascensão de Sargon de Akkad, em 2400 a.C., entramos no período do império militar.

Tanto quanto podemos afirmar, parece que se terá passado exactamente o mesmo em outras regiões: na China da dinastia Shang, na Meso-América, porventura também no Vale do Indo, no Egipto e no Peru – nem sempre exactamente com as mesmas características, como é evidente, mas essencialmente em paralelo. O que tinha a cidade física a ver com tudo isto? Têm surgido várias explicações. Diz-se que as cidades terão surgido como armazéns e pontos de paragem para o comércio, como centros fortificados para a guerra ou como centros administrativos utilizados para a gestão de obras públicas complexas e centralizadas, tais como os sistemas de irrigação. Mas a guerra, o comércio e as obras públicas organizados devem ter surgido *depois* do surgimento da cidade. Parecem ter sido produtos da sociedade citadina e não as suas causas.

Aparentemente, o primeiro salto para a civilização verificou-se ao longo de um percurso único e independente, utilizado por várias vezes, de modo independente, ao longo da história humana. Quando se verifica esse salto, as ideias da civilização – tais como as cidades, a escrita e a guerra – podem ser transmitidas a outras comunidades humanas, que avançam então ao longo de trajectórias diferentes e mais curtas. Mas o percurso clássico e independente parece ter-se iniciado a partir de uma sociedade camponesa e estabelecida, capaz de produzir um excedente alimentar e que, em santuários e rituais locais, articulou as suas ansiedades difusas sobre a fertilidade, a morte e os desastres naturais com a continuidade da comunidade humana. Um santuário particularmente atraente começa por conquistar alguma reputação, atraindo peregrinos e oferendas de uma área mais vasta. Transforma-se num centro cerimonial permanente, servido por sacerdotes especializados que desenvolvem o respectivo povoamento ritual e físico para comporem o carácter atractivo de todo o local. O local e a cerimónia oferecem aos peregrinos uma libertação da ansiedade e tornam-se, eles próprios, experiências fascinantes e estimulantes. Acumulam-se produtos, cerimónias, mitos e poder. Desenvolvem-se novas capacidades para servir a nova elite, para gerir os seus negócios ou para impor as suas vontades sobre as populações circundantes. As oferendas voluntárias e a adesão da população rural são convertidas em tributo e em submissão. A recolha central de alimentos adquire vantagens secundárias, uma vez que serve como reserva para situações de fome e como meio de intercâmbio de produtos complementares.

O ambiente físico desempenha um papel fundamental em toda esta manifestação. É a base material da ideia religiosa, o estímulo emocional que liga os camponeses ao sistema. A cidade é um "local grandioso", uma libertação, um novo mundo e também uma nova opressão. Portanto, a sua disposição no terreno é cuidadosamente planeada para reforçar o sentimento de temor e para constituir um enquadramento magnífico da cerimónia religiosa. Construída com devoção e também com uma intenção consciente, a cidade torna-se uma peça essencial do equipamento usado para exercer o domínio psicológico. Ao mesmo tempo, é uma expressão gloriosa do orgulho, do conforto e do temor humanos. Como é evidente, à medida que a civilização se desenvolve, a cidade assume muitos outros papéis, para além do seu papel primário. Transforma-se em armazém, fortaleza, oficina, mercado e palácio. No entanto, e em primeiro lugar, é um local sagrado.

Vários centros urbanos na Meso-América seguiram percursos semelhantes, incluindo o centro primitivo dos Olmecas em La Venta, e locais posteriores como Monte Albán, Tula, as cidades maias e Tenochtitlán (actualmente Cidade do México). Um dos maiores centros deste género foi Teotihuacán, ligeiramente a nordeste da Cidade do México. Apesar de as cidades dos Olmecas serem anteriores, Teotihuacán foi a maior metrópole da Meso-América na sua época, sem rivais no que dizia respeito à dimensão e à intensidade da urbanização, e a primeira de uma sucessão de centros do poder que culminaram com a cidade azteca de Tenochtitlán. Teotihuacán tem sido cuidadosamente investigada como sistema urbano completo por René Millon e respectivos colegas.

No seu zénite, aproximadamente em 450 d.C., a cidade deveria ter cerca de 200 000 pessoas e era rodeada, apenas parcialmente, por muralhas. Era uma cidade disposta ao longo de uma grande e monumental avenida que passava em linha recta por todo o vale, subindo através de patamares graduais durante cerca de cinco quilómetros. Em direcção a norte, esta avenida principal era intersectada por outra grande avenida. No cruzamento entre ambas, existiam dois grandes complexos: um deles era o mercado e o outro era um centro administrativo. Ao longo da grande avenida, e no seu início, havia colinas construídas pelos homens, e uma fila contínua de templos e de casas grandes e impressionantes. Toda a área povoada estava organizada de acordo com uma rede regular de complexos rectangulares. A orientação das avenidas e dos complexos (15°30' E de N) é quase exacta.* Os complexos eram constituídos por residências agrupadas, destinadas a albergar entre trinta a cem pessoas, muitas das quais eram artesãos especializados

---

* Foram descobertas marcas topográficas, ao longo de uma linha de três quilómetros de comprimento, colocadas em ângulos rectos relativamente à avenida principal, com uma margem de erro que não excedia os 10 minutos.

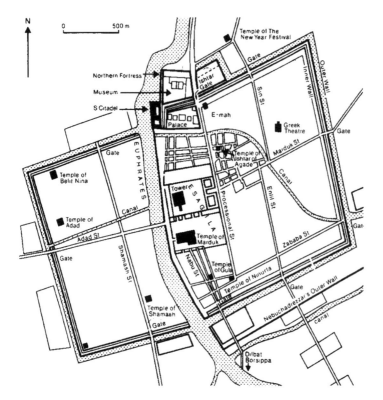

3 Plano da cidade de Babilónia no auge do seu poderio, cerca de 600 a.C. As características religiosas eram predominantes, especialmente o templo de Marduk, o deus da cidade; o templo do festival de ano novo (o equinócio da Primavera) e a grande rua da procissão, ao longo da qual se celebrava aquele festival.

4 Uma reconstrução da grande área cerimonial no centro de Tenochtitlán, tal como era pouco antes da conquista espanhola. Em primeiro plano, à direita, situa-se o Templo do Sol e no canto esquerdo pode ver-se a escola dos filhos dos nobres. Os templos gémeos, na pirâmide principal, são os do deus Sol Huitzilopochtli e de Tlaloc, o deus da chuva. Na pirâmide redonda, ao centro, encontra-se o templo de Quetzalcóatl, a serpente emplumada. Os palácios reais e os escritórios da administração central rodeavam este recinto murado e sagrado, ocupado actualmente pela catedral e pela praça central da Cidade do México (ver fig. 14).

5 Plano da zona central de Teotihuacán, onde surge a grande rua cerimonial, que terminava na Pirâmide da Lua, a norte, mas que seguia para sul, ao longo do vale, numa extensão de mais de cinco quilómetros. A Cidadela e o Grande Edifício constituíam os centros administrativo e comercial da cidade, localizados na maior rua transversal (Avenida Oriental – Avenida Ocidental). Os templos e as casas da nobreza ladeavam o grande caminho ascendente, através de patamares intermitentes, até às monumentais pirâmides. Recintos residenciais e industriais murados compõem a textura básica da cidade. O plano apresenta a cidade no auge do seu poderio, cerca de 450 d.C., quando se estendia por aproximadamente vinte quilómetros quadrados e nela habitavam cerca de 200 000 pessoas.

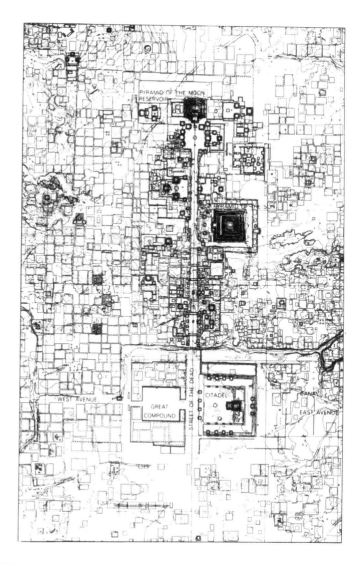

6 Perspectiva para sul, ao longo da grande rua de Teotihuacán, a partir da Pirâmide da Lua, passando pela Pirâmide do Sol (que contém mais de setecentos e cinquenta mil metros cúbicos de material), em direcção à Cidadela, situada em segundo plano. As estradas modernas sobrepõem-se e circundam todo o local, mas o padrão tradicional do terreno ainda reflecte a orientação ancestral dos recintos.

que trabalhavam na sua própria casa. Foram identificadas quinhentas oficinas diferentes, a maioria das quais dedicada à preparação de obsidiana para exportação. Teotihuacán mantinha-se em comunicação com Oaxaca e os seus comerciantes armados são descritos nos murais maias. A influência desta cidade estendia-se até Kaminajuyú, a quase mil quilómetros de distância. Era o grande centro religioso e comercial da sua época e atraía peregrinos e comerciantes de uma região muito vasta.

Já em 500 a.C. existira naquele local uma aldeia de dimensão média, mas o salto repentino para cidade verifica-se no primeiro século d.C. Naquela época, a grande avenida e a avenida transversal estendiam-se através das terras desertas, algures para sul e para leste do local original da aldeia, e as pirâmides começavam a ser construídas e, posteriormente, aumentadas. Estas enormes obras públicas determinaram a planificação do crescimento da cidade durante os seis séculos seguintes e há provas de que foram previstas localizações neste planeamento inicial que nunca chegaram a ser completamente utilizadas. A mão-de-obra utilizada nestas obras enormes deveria ser constituída pelos camponeses que trabalhavam na área circundante e, muito provavelmente, também pelos esforços contributivos dos peregrinos.

No início da sua história, Teotihuacán controlava uma importante fonte de obsidiana e é indubitável que grande parte da sua influência posterior viria a basear-se nas obras relacionadas com a obsidiana e no comércio deste produto. Mas parece que a exaltação religiosa fomentou o salto inicial para o estatuto de urbe. A forma física da cidade e as grandes cerimónias que nela se realizavam, eram a base da sua atracção. Certamente que o motivo para um esforço físico tão extraordinário era honrar os deuses, mas também induzir orgulho e temor, e garantir a posição da cidade como centro de peregrinação e de tributo. Assim que a máquina urbana entrou em movimento, as vantagens económicas e políticas adicionais da concentração devem ter sido auto-geradoras.

Quando observamos uma cidade primitiva, tal como Teotihuacán, que não deixou quaisquer registos escritos, só podemos fazer deduções acerca dos motivos dos seus construtores. Nas civilizações possuidoras de um sistema de escrita, a descoberta dos motivos é mais directa. Na China, por exemplo, a mesma sucessão de agricultura estabelecida, seguida de cidades e de uma sociedade estratificada ocorre nas áreas intermédias do vale do Rio Amarelo. Na primeira capital da China da dinastia Shang, erguiam-se edifícios com pilares colocados sobre plataformas de terra e executava-se um sacrifício humano por baixo de cada edifício importante ou até mesmo por baixo de cada pilar. A ansiedade e a culpa acompanhavam a edificação da cidade. Os espíritos da terra tinham de ser apaziguados e controlados. Chang'an, a grande capital das dinastias Han e T'ang, era dirigida como um

Wheatley

Boyd

Ver fig. 7

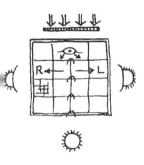

Ver fig. 9

Kates

acampamento militar ritualizado. Havia cento e sessenta bairros no interior das muralhas da cidade, semelhantes aos complexos de Teotihuacán. Cada bairro possuía a sua própria muralha e uma só porta. Todas as portas eram fechadas ao pôr-do-sol, ao som de tambores, e eram abertas novamente de manhã, mais uma vez ao som de tambores. Durante a noite, só circulavam patrulhas militares nas ruas da cidade.

Esta tradição urbana continua na China a partir de 1500 a.C. quase até aos nossos dias, e o conceito de cidade chinesa ideal foi gradualmente codificado por escrito. A cidade devia ser quadrada, regular e orientada, com uma ênfase especial no recinto, nas portas, nas aproximações, no significado das orientações e na dualidade de esquerda e direita. A criação e a manutenção da ordem religiosa e política era o objectivo explícito. Aspectos como o ritual e o local estavam interligados. Ambos expressavam, e na realidade acreditava-se que sustentavam, a harmonia do céu e dos homens, que seria desastroso perturbar. O mundo, no interior deste local ordenado, de tempo ordenado e de comportamento e traje adequados, era seguro e de confiança. Não era por acaso que neste local a estrutura social e hierárquica também era incontestável. Existem muitas obras literárias que descrevem esta interligação entre pensamento e local. O seu poder psicológico, mesmo em épocas relativamente recentes e para uma pessoa que não seja chinesa, é vividamente transmitida nas memórias de George Kates sobre a sua vivência em Pequim, no crepúsculo do império chinês.

Logo que se concebeu a ideia de cidade, a própria noção adquiriu novas funções e novos valores. Alguns destes surgem quando estudamos colonizações intencionais efectuadas por pessoas familiarizadas com o carácter utilitário de uma cidade. As cidades construídas por empresas eram edificadas tendo como razão de ser motivos evidentes de exploração e de rentabilidade económica, e tem-se registado, com muita frequência, o sucesso ou o fracasso dessas intenções. Um outro exemplo, a cidade colonial, surge sob duas formas. Primeiro, surgem as colónias em regiões incultas, fixadas em locais onde não existem outros seres humanos ou onde estes se encontram de tal maneira espalhados ou num estado tão primitivo que os colonizadores não vêem neles qualquer utilidade – isto é, são locais onde os indígenas são ignorados ou expulsos. O novo aglomerado urbano é criado para controlar um recurso ou para atenuar o excesso de população do local de origem. É um pequeno espaço de ordem familiar numa região impessoal e estranha, e, por isso, as principais preocupações relacionam-se com a segurança, com a extracção eficiente do recurso pretendido e com uma localização clara do local e dos produtos, para que possa ser instalada uma sociedade funcional tão rapidamente quanto possível. A nostalgia da pátria é um sentimento predominante e muitas vezes vigora uma sensação de temporalidade, real ou imaginária. Normalmente, estes

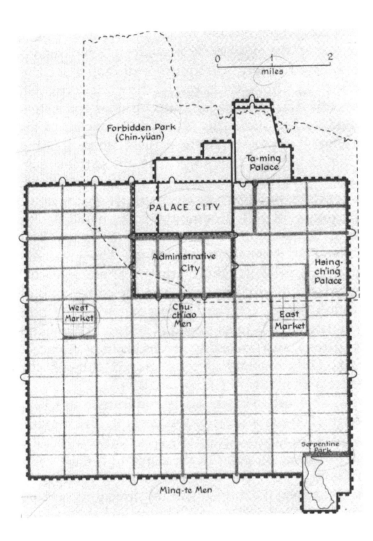

7 Plano de Chang'an (a moderna Xi'an) na China, tal como era na dinastia T'ang, cerca de 700 d.C., quando nela vivia um milhão de pessoas e o seu esplendor era enorme. A cidade dividia-se em palácio, cidade administrativa e cidade exterior, e os seus mercados e estradas eram rigorosamente vigiados. Os preços eram controlados e as actividades comerciais ocupavam ruas separadas. A cidade exterior, que consistia aproximadamente em 110 blocos regulares, era simetricamente dividida pela Rua do Pássaro Vermelho em duas áreas administrativas, a ocidental e a oriental, tendo cada uma delas o seu próprio mercado. Chang'an situava-se na proximidade da primeira capital da dinastia Han, fundada aproximadamente em 200 a.C., numa região em que as capitais mais antigas tinham sido construídas antes de 1000 a.C. Na altura da dinastia T'ang, o modelo clássico da cidade chinesa já se encontrava bem desenvolvido, com a forma que viria a influenciar cidades posteriores em toda a Ásia Oriental (ver fig. 37).

8 Vista aérea de uma das designadas cidadelas de Chan Chan, capital do império Chimu, no Peru, cerca de 1000 d.C. A cidade consistia num mosaico de domínios murados, tal como este, unificados pela orientação, mas de uso e significado desconhecidos. Apesar de existirem algumas áreas edificadas entre as cidadelas não existiam ruas importantes e as cidadelas continham muito frequentemente grandes espaços abertos. A cidade era um conjunto de caixas dentro de caixas.

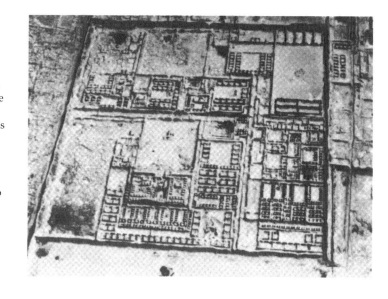

9 Diagrama da impressionante aproximação formal ao salão de audiências imperial, em Pequim. O suplicante tinha de passar pátio após pátio, porta após porta.

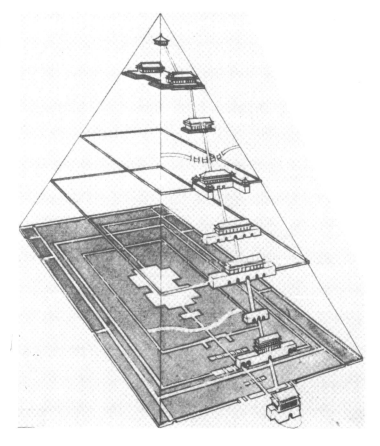

locais são concebidos com ponderação, são rapidamente construídos, assumem características deliberadamente contrastantes com o ambiente circundante, são ordenados de uma maneira bastante simples e estão repletos de símbolos conservadores representativos do local de origem dos colonizadores.

As colónias gregas que se disseminaram ao longo das costas do Mediterrâneo e do Mar Negro durante os séculos IV e V a.C., são exemplos clássicos dessas cidades instaladas em locais incultos. A maior parte dessas cidades foi construída de acordo com um padrão comum de blocos longos e esguios, separados por estreitas ruas afluentes. As ruas afluentes conduziam até algumas ruas principais mais largas e dispostas em ângulos rectos. É um padrão repetitivo, aplicado sem tomar em consideração a topografia. A cidade está encerrada no interior de uma muralha irregular que responde a uma posição defensiva no terreno, sem qualquer relação aparente com o padrão das ruas no seu interior. A defesa, a ordem e uma localização rápida e equitativa do local da casa e dos acessos parecem ser os motivos principais. Os acampamentos militares e muitas cidades norte-americanas do séc. XIX possuem características semelhantes. Será possível vermos novamente muitas destas características quando iniciarmos a construção de estações espaciais.

Wycherley

Ver fig. 11, 12

Ver fig. 13

Existe igualmente um género diferente de cidade colonial, criada no interior de uma região muito populosa por uma potência estrangeira. Neste caso, a população local faz parte do recurso a explorar. A sua utilidade e também a ameaça que representa têm de ser controladas. Os conflitos culturais daí resultantes têm de ser enfrentados. O ritual espanhol de fundação das cidades nas Américas iniciava-se com o espetar de uma lança no chão, a expressão de um desafio, e com o corte das ervas daninhas, como acto de posse. De seguida, erigia-se o cadafalso e só então é que se colocava uma cruz e se celebrava a missa da fundação. Os sistemas indígenas de posse da terra eram abolidos ou absorvidos num sistema de direitos imposto pelos conquistadores. Em breve, uma população flutuante de índios deslocados invadia as designadas terras comuns e as margens da cidade, distorcendo os seus padrões ordenados, tal como se pode observar em muitos dos primeiros levantamentos topográficos urbanos. Criavam-se comunidades índias segregadas, nas quais se colocavam à força os nativos, que eram submetidos ao ensino da religião e à reorganização social. Lima, por exemplo, fundada por Pizarro após a conquista da capital nativa de Cuzco, possuía um *cercado* murado na sua extremidade oriental destinado aos índios (de onde eles persistiam em fugir). Não por causa de os indígenas estarem completamente excluídos do novo centro, mas porque as Leis das Índias estabeleciam que eles deveriam ser mantidos no exterior da cidade durante a construção e só deveriam ser admitidos quando ela tivesse

Ver fig. 14

10 Perspectiva da cidade de Sewell, construída por uma empresa e destinada a albergar os trabalhadores da mina de cobre de El Teniente, nas terras altas e áridas do Chile. Os edifícios da mina ocupam a única parte relativamente plana do terreno. Não existe qualquer espaço público aberto e os produtos são transportados à mão, para cima e para baixo, nas ruas íngremes. Os mineiros estão alojados nos *camarotes* ("cabinas de navio") longos e com a altura de cinco andares. Os funcionários pagos em dólares norte-americanos vivem em moradias unifamiliares, situadas na encosta superior virada a norte (no solarengo Hemisfério Sul).

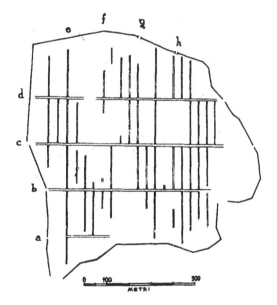

11 Vista aérea do centro da cidade de Nápoles, juntamente com um plano das ruas correspondentes da colónia grega original de Neapolis ("nova cidade"), cujas ruas seguiam o padrão habitual designado *per strigas* (por filas ou estrias). A muralha defensiva segue a forma do terreno e não o padrão das ruas. Esta configuração persiste desde há 2600 anos.

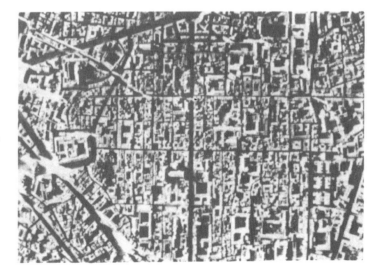

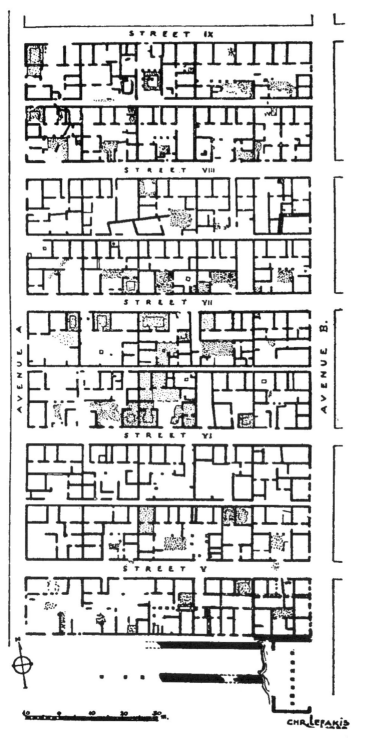

12 Cinco blocos residenciais da nova secção da cidade grega de Olinto, construída cerca de 430 a.C. e destruída em 348 a.C. Apesar de a antiga cidade ser irregular, esta parte nova foi planeada de forma regular, com avenidas longas e pavimentadas, para norte e para sul, com pequenas ruas transversais colocadas a intervalos curtos e vielas utilizadas para a drenagem, compondo blocos de aproximadamente 40 por 100 metros. É de realçar o plano modular das casas e a orientação consistente dos pátios abertos e virados para o sol, independentemente da entrada da casa. A forma repetitiva foi sobreposta por remodelações subsequentes. Em toda a cidade não existia grande diferenciação entre as casas, exceptuando algumas estruturas de grande porte e algumas casas mais pobres num bairro.

13 Vista parcial de Fort Worth, Texas, em 1876, uma típica cidade de fronteira, na América do Norte, disposta em grelha regular para proporcionar um rápido desenvolvimento e um intercâmbio de terrenos mais fácil.

um aspecto esplêndido e estivesse completamente terminada. A estranha nova cidade deveria inspirar temor nos indígenas para lhes impor a submissão, tal como as primeiras cidades atemorizavam os camponeses. A casa dos governantes deveria encontrar-se à distância, mas ser ao mesmo tempo acessível. O aglomerado populacional duplo (a forma bipolar familiar) surge nos primórdios da história colonial. Pequim é um exemplo marcante.

Os britânicos construíram muitos exemplos deste género de colónia dominante, em que o principal motivo é o controlo de outros, e em que as emoções mais importantes dos conquistadores são o orgulho, o medo e uma sensação de exílio. Deli era a antiga cidade de domínio mongol, no centro da Índia, no percurso da principal rota de invasão a partir do noroeste. Em 1911, o vice-rei passou de Calcutá para Deli e foi construída uma nova capital, a sul da cidade antiga. Esta nova cidade dispunha-se ao longo de várias avenidas axiais e grandiosas, de inspiração barroca, com amplos espaços destinados à exibição das forças militares e da grandiosidade civil. A sociedade estava meticulosamente hierarquizada e cada hierarquia encontrava-se cuidadosamente localizada em precedência, rendimentos e local de residência na nova cidade. A elevação do terreno e a visibilidade axial eram empregues para expressar o domínio social. *King*

Os próprios ingleses viviam em complexos de baixa densidade, nos quais se recriavam as paisagens inglesas, tanto quanto era possível. O espaço era utilizado para exprimir a distância social e para controlar os contactos entre o nativo e o colonialista. Os criados índios viviam e alimentavam-se numa zona separada. A nova cidade distinguia-se nitidamente da antiga e apinhada cidade nativa. Utilizou-se toda a paisagem, desde a forma das cadeiras à denominação hierárquica das estradas, para tornar a estrutura social imposta mais visível e concreta. Conservava-se assim a separação e o controlo, ao mesmo tempo que se tornava mais dócil a nostalgia e a ansiedade dos intrusos. *Ver fig. 15*

Estes centros de poder colonial utilizam dispositivos físicos comuns: separações espaciais, portas e barreiras; paisagens abertas e campos de tiro que aumentam o âmbito de controlo; eixos simétricos de aproximação e de parada; ordem, formalidade, limpeza, terrenos planos, partes normalizadas e objectos alinhados; altura e dimensão como expressões de poder; denominação, identificação e fixação de objectos no espaço e no tempo; regulamentação do comportamento espacial e uma opulência de rituais – no entanto, todos estes dispositivos estão ligados a locais especiais de fuga, nos quais os governantes podem descontrair-se informalmente. Normalmente, estes aglomerados coloniais são cidades bipolares, em que coexistem lado a lado duas zonas: a antiga e a moderna, a apinhada e a ampla, a desordenada e a ordenada, a pobre e a rica, a nativa e a estrangeira.

Ver fig. 16

Podem observar-se muitas vezes características semelhantes, ao serviço dos mesmos motivos, quando a colonização é interna – quando um grupo claramente identificado explora e controla um outro grupo. Joanesburgo, na África do Sul, é um exemplo extremo de cidade bipolar com colonização interna. As cidades de fronteira entre nações com influência bastante divergente, como por exemplo as cidades ao longo da fronteira entre o México e os Estados Unidos, possuem algumas destas mesmas características.

Como é que a população colonizada lida com esta forma bipolar herdada depois de se quebrar a ligação colonial? Por vezes, como na actual cidade de Deli, as hierarquias e as segregações são simplesmente assumidas e perpetuadas por uma nova elite nativa. Em outros casos, tal como em Havana, a antiga concha colonial é desconfortavelmente habitada por uma sociedade completamente diferente e não é muito evidente como é que o espaço pode ser reorganizado para se ajustar novamente à sociedade. Quando os sul-africanos reconquistarem o poder no seu país, que farão eles com Joanesburgo?

Ainda que a cidade colonizada seja normalmente construída por razões óbvias, é mais difícil descortinar os motivos que determinam um desenvolvimento mais gradual. A forma de reconstrução das cidades após desastres naturais importantes fornece-nos algumas indicações relativamente a este processo mais geral, apesar da complexidade da reconstrução e da inércia das ruínas. Podemos analisar S. Francisco, Londres e Chicago após os incêndios, Lisboa, S. Francisco, Tóquio, Manágua e Anchorage após os tremores de terra, Atlanta, Halifax e Varsóvia após o holocausto humano. A cidade é reconstruída muito rapidamente e os motivos são abertamente debatidos. Tal como numa cirurgia, pode-se aprender bastante acerca da função e do valor normais da cidade através de uma observação dos acontecimentos quando a função normal é bruscamente interrompida.

Mas o desafio intelectual mais difícil surge quando o desenvolvimento gradual das cidades é concluído por muitos intervenientes diferentes, e quantas vezes em desacordo mútuo. Os valores inerentes a este processo são os que se aproximam mais dos nossos próprios interesses. O mais relevante de todos foi a convulsão longa e complexa que transformou as nossas cidades, fazendo com que elas assumissem aquela que é actualmente a sua forma familiar. Essa convulsão verificou-se no século XIX na Europa e na América do Norte, e ainda se desenrola actualmente. Ao contrário de um surgimento inicial ou da maioria dos casos de colonizações intencionais, esta grande modificação envolveu a reconstrução de um tecido existente e substancial. A história é mais complicada.

Briggs
Svenson
Halman
Ratcliff

Londres e Paris são exemplos frequentemente citados desta transformação – particularmente Londres, onde o capitalismo exerceu em primeiro lugar a sua influência. Uma pequena classe

14 Um plano da Cidade do México, em 1750, tal como foi reconstruída pelos conquistadores espanhóis sobre as ruínas da cidade azteca de Tenochtitlán (ver fig. 4). O centro da cidade distribui-se de acordo com um plano regular de "bastide" e é rodeado por um círculo de habitações irregulares situadas em terrenos públicos, e não oficialmente autorizadas.

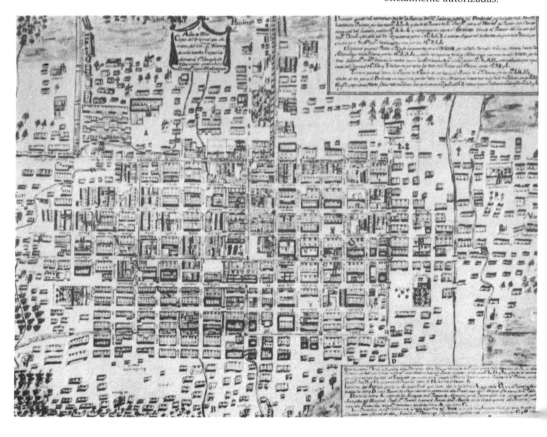

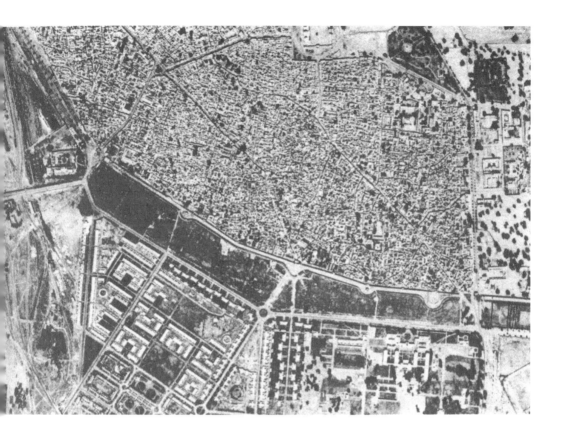

5 Perspectiva aérea da fronteira entre a Antiga e a Nova Deli, em 1942. O "cordão verde" é um espaço aberto destinado aos exercícios com armas de fogo criado pela administração militar inglesa na proximidade imediata das muralhas da antiga cidade após a rebelião dos Sipaios. O contraste na escala e na textura entre os quadrantes nativo e britânico é significativo.

6 Vista parcial do Soweto, na África do Sul, um elemento na extensa série de novos aglomerados urbanos construídos para realojar a população negra fora de Joanesburgo, no seguimento da política oficial de *apartheid*. É de salientar o aspecto personalizado das fachadas das casas modelo e as duas casas, construídas pelos respectivos utilizadores, em primeiro plano, à esquerda.

construiu uma nova paisagem para permitir uma produção mais rentável e uma concentração acumulada de capital. As estradas, o caminho-de-ferro e as linhas de água usados para transportar produtos e trabalhadores atravessaram a antiga cidade. Foram criados locais eficientes para a produção. Desenvolveram-se novos dispositivos financeiros – tais como os empréstimos, as sociedades de construção e as avaliações de benfeitorias – e novas instituições públicas e privadas para construir e administrar a cidade. Sempre que possível, o trabalho e a residência foram separados por tipo e por classe – em certa medida para melhorar a eficiência, mas especialmente para controlar a ameaça da violência e da doença, e para afastar dos olhares da classe superior a mão-de-obra laboriosa que sustentava os seus rendimentos. Os despojados provenientes das zonas rurais inundaram as cidades. Esta mão-de-obra barata possibilitou a produção lucrativa, mas o seu número, as suas doenças e as suas queixas tornaram a vida mais difícil para os que usufruíam dos lucros. Os males da cidade surgiram como tema literário comum. A produção de artigos e o arrendamento de locais para o fabrico e para o alojamento produziram rendimentos, e estes dois grupos de capitalistas, baseados nas duas fontes de rendimento, entraram frequentemente em conflito no que dizia respeito ao desenvolvimento da cidade. White

A história da transformação do século XIX, em Londres e em Paris, tem sido contada com alguma frequência. Mas verificaram-se os mesmos acontecimentos em outras cidades europeias e norte-americanas, ainda que algum tempo mais tarde. Observe-se, por exemplo, o caso de Boston. Warner 1972

O período subsequente à Revolução Americana tinha sido um período de crescimento para a cidade de Boston, apesar de continuar a ser uma cidade mercantil, na sua sociedade e na sua base económica. Boston era um centro do comércio mundial, um porto de trocas comerciais. A marinha mercante de Boston dominava o Atlântico Sul, mas também desenvolvia actividades comerciais no Oceano Pacífico, no Oceano Índico, no Mar Báltico e no Mediterrâneo. Ao transportar produtos pelo mundo, comprando barato e vendendo caro, usando a sua perspicácia e capital para agarrar novas oportunidades ou para as abandonar depois de as ter explorado, a cidade de Boston estava mais intimamente ligada ao mundo navegável do que à sua própria região interior rural. O porto, na curva da costa entre Fort Hill e North End, era o centro da acção, com Long Wharf – e State Street, a sua extensão interior – como ponto de convergência. Os grandes comerciantes viviam ao longo de State Street, onde se situavam igualmente os respectivos escritórios de contabilidade. Na parte superior da rua situava--se a Old State House,[1] que só recentemente fora substituída pelo novo Capitólio,[2] em Beacon Hill. A classe dos artesãos e a Whitehill Ver figs. 17, 18

---

1 N.T. Edifício da Assembleia Legislativa Estadual.

2 N.T. Edifício destinado às reuniões do organismo legislativo de um estado norte-americano.

classe média viviam nas áreas adjacentes, em redor do núcleo, produzindo bens principalmente para consumo local, em pequenas oficinas sediadas nas suas próprias casas. Chegaram a Boston alguns irlandeses, que se amontoaram próximo da extremidade do porto, mas a maioria dos viajantes e marginais – os pobres, os trabalhadores de ocasião, os marinheiros, as prostitutas e os criminosos – viviam nas margens da cidade, tal como por exemplo, ao longo da parte posterior de Beacon Hill. Na medida em que actualmente estamos acostumados a ver os pobres no centro das cidades e os ricos nos subúrbios, esta cidade mercantil parece virada do avesso.

A cidade mercantil de Boston foi transformada por dois grupos de pessoas: pelos comerciantes, que se encontravam no centro da rede de produção, distribuição e crédito, e que necessitavam de um novo habitat para uma nova economia, e pelos investidores em terras, edifícios e transportes, que tentavam obter lucros com este acto de transformação. O processo de modificação foi um crescimento e diferenciação dos usos especializados das terras, que se expandiram e alteraram cada vez mais, movimentando-se arduamente por entre obstáculos topográficos, ocupações anteriores ou santidade simbólica, com ambos os grupos a competirem um com o outro constantemente pelo controlo do espaço. O processo é marcado pelos esforços sucessivos para melhorar a comunicação entre várias actividades fundamentais, esforços prejudicados por frequentes fracassos.

A ocasião para esta transformação foi a mudança da economia da cidade, que passou de porto mercantil de troca, a centro de produção industrial. Esta transformação tornou-se possível graças à máquina a vapor e ao fluxo de mão-de-obra irlandesa barata, e foi inevitável em função do declínio da actividade transportadora, após a depressão de 1857. O capital dos comerciantes e a capacidade organizativa passaram do comércio marítimo para o investimento em grandes oficinas situadas no interior das cidades. Estas oficinas utilizavam mão-de-obra barata, mas não especializada, graças a um processo de produção meticulosamente dividida que reduzia o comportamento do trabalhador a uma acção rotineira e repetitiva. Estas oficinas produziam, em particular, roupas e sapatos para os marinheiros, escravos, mineiros, soldados e homens da fronteira. As exigências da Guerra Civil e a abertura ao oeste, proporcionaram um impulso bastante significativo a esta indústria.

ver fig. 19

A partir daí, iniciou-se uma quadrilha espacial complexa, em que as fábricas e os armazéns trocaram de posição por entre os espaços restritos e os densos edifícios da península. As primeiras oficinas "racionalizadas" deste género ocuparam o lugar dos velhos armazéns à medida que a actividade transportadora declinava e foram novamente afastadas quando renasceu a actividade de algumas áreas de comércio destinadas ao oeste, como a produção de artigos de lã, de couro e de trigo.

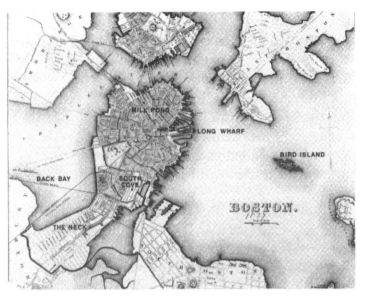

17 Plano da cidade de Boston, em 1837. Os aterros iniciaram-se em torno da península original: em Mill Pond e em South Cove, de modo a acomodar as novas linhas de caminho-de-ferro e ao longo das margens do Neck para formar o novo South End. Mas Back Bay ainda está aberta e ainda não tinha sido construída uma grande parte de East Cambridge, de East Boston e de South Boston. O futuro aeroporto viria ainda a engolir as planícies de Bird Island. (A fig. 19 mostra a extensão final do aterro.) Long Wharf, a extensão de State Street, é o coração do porto e os novos Quincy Markets são os rectângulos negros a norte do porto.

18 Vista parcial de Boston, em 1850, de um ponto sobranceiro a Back Bay, através do recém-criado Public Garden e do Common, sobre o porto, onde se amontoam os navios. É a cidade mercantil no início da sua transformação, ainda centrada nos escritórios de contabilidade e na marinha mercante, com a riqueza ainda localizada no centro da cidade.

Algumas indústrias, em particular as de sapatos e de têxteis, viriam mais tarde a ser mecanizadas com sucesso e em larga escala, e mudaram-se para subúrbios, como Brockton e Lynn, onde podiam ser construídas novas fábricas mais espaçosas, e onde podia ser instalada e controlada uma força de trabalho permanente nas proximidades. Outras indústrias, como a do vestuário, foram incapazes de se mecanizar e, como consequência, foram convertidas em produções de exploração aos empregados, nas áreas residenciais adjacentes a North End e a South Cove. Os próprios armazéns e mercados começaram a especializar-se e a divergir em termos de actividades: artigos de lã e de couro de um lado de State Street; mercados de alimentos para abastecimento local, do outro. Apesar de se movimentarem para o exterior, estas actividades tinham de manter ligações com o porto por causa das matérias-primas e com a respectiva mão-de-obra, à distância de uma deslocação a pé. Mas, acima de tudo, tinham de manter a ligação com a oferta do crédito e com as informações do mercado na área financeira especializada. Esta última zona, cujas origens remontavam aos antigos escritórios de contabilidade comercial de State Street, movimentou-se muito pouco, expandindo-se apenas para sul à medida que necessitava de mais espaço, ao mesmo tempo que deixava o lado norte da rua para os mercados de alimentos e para os irlandeses.

O espaço adequado aos escritórios, à produção ou à armazenagem era importante, mas o acesso em função da proximidade era crucial, e o acesso ao crédito e às informações era o mais importante de todos os elementos. O crescimento era sempre gradual e implicava a invasão do espaço de um vizinho. Sempre que necessário, conseguiam arranjar-se meios financeiros substanciais ou mesmo poderes públicos para limpar e reconstruir um terreno indispensável, tal como se verificou quando se construiu o Quincy Market, quando se edificaram os ancoradouros em Broad Street, quando Fort Hill foi limpa e nivelada ou quando se atravessou Atlantic Avenue. A península íngreme e profundamente recortada de Boston foi nivelada e alargada com elevados custos. Acrescentaram-se cerca de 365 hectares a uma área original que tinha menos de 320 hectares. A cidade em desenvolvimento tinha de se movimentar num espaço apertado e, como consequência, foram muito poucos os edifícios iniciais que sobreviveram. O local peninsular – quase uma ilha – tinha sido escolhido originalmente por causa da boa posição defensiva, do porto e do abastecimento de água. O preço da inadaptabilidade e do fraco acesso associados a esses valores iniciais viria a ser pago no século XIX.

Simultaneamente, desenvolveram-se esforços sucessivos para ligar o porto ao sistema regional de transportes e trouxeram-se oito linhas independentes de caminho-de-ferro até Boston, entre 1835 e 1855. Nenhuma delas conseguiu chegar ao porto ou ao centro de negócios. O espaço para as respectivas linhas e terminais só existia nas terras húmidas e marginais de Mill Pond, Back Bay e South Cove. Uma linha de caminho-de-ferro conseguiu chegar a East Boston, mas servia apenas uma zona interior menor. As linhas Cunard, da Grã-Bretanha, localizavam-se naquele ponto, mas os produtos e os passageiros que aí chegavam tinham de ser transportados de *ferry* através do porto até ao centro da cidade. Em breve Cunard abandonou Boston, trocando esta cidade por Nova Iorque.

Na direcção oposta, para fora da cidade, houve uma linha de caminho-de-ferro que chegou a alcançar, a oeste, o rio Hudson, em 1842, mas não foi mais além. Acabaram por ser abandonados os planos iniciais e ambiciosos de construção de um canal através dos Montes Berkshire. Apesar de lutar internamente para chegar a águas profundas, Boston perdeu para Nova Iorque a competição externa pelo acesso ao interior do continente e nunca conseguiu reconquistar o seu domínio original. Deste modo, as linhas de caminho-de-ferro de Boston serviram prioritariamente para transportar passageiros locais, especialmente os que viajavam diariamente, e só viriam a ser interligadas numa data muito posterior. Quando recomeçou a exportação de géneros de primeira necessidade ocidentais por caminho-de-ferro, os produtos eram transferidos para navios em encruzilhadas de caminho-de-ferro suburbanas e independentes. O abismo histórico entre o centro da cidade e o seu porto, por um lado, e o interior rural, por outro, continuou a ser profundo. No interior da cidade, o tráfego de carga entre os terminais, juntamente com as linhas de trólei convergentes, continuou a congestionar as complicadas ruas centrais.

Entretanto, o fluxo de imigrantes irlandeses, que possibilitou toda esta expansão, também teve de se ajustar a toda a confusão, já que tinham de habitar a uma distância que pudesse ser feita a pé até à fábrica onde trabalhavam. Numa década, os estrangeiros na população da cidade de Boston aumentaram de 15 para 46%. Estes homens e mulheres aglomeravam-se nas antigas áreas residenciais próximas das docas onde tinham aportado, ao longo das margens de North End e na proximidade de Fort Hill. Os especuladores construíram moradias compactas e habitações separadas por vielas, e converteram casas antigas e as respectivas caves. Como consequência, os irlandeses viviam amontoados no meio da imundície. Em 1850, na área de Fort Hill, existiam, *em média*, mais de quatro famílias, ou seja, vinte pessoas, em cada pequeno apartamento. Surgiu a cólera, redobrando o medo nativo e o ódio aos irlandeses, de quem dependia agora a máquina económica. Os bairros pobres de Fort Hill foram adquiridos pela administração pública e as moradias foram arrasadas por ordem e à custa do erário público. A colina foi nivelada e os seus habitantes foram afastados, de maneira a proporcionar espaço para a expansão das actividades comerciais. Os irlandeses passaram a aglomerar-se em South Cove, North End e South Boston, sendo este último local um beco sem saída que continuaram a ocupar.

Ver fig. 21

O antigo South End (uma região que actualmente faz parte da área comercial central da cidade e que não deve ser confundida com o que hoje em dia é designado por South End) era uma área residencial de elite que, primeiro, foi convertida em bairros miseráveis, mas rentáveis e, mais tarde, reabilitada para ser utilizada com objectivos comerciais. Noutras direcções, os enclaves residenciais resistiram às pressões das actividades comerciais. Por exemplo, a elitista Beacon Hill manteve-se irredutível. Ficou por detrás da State House e fora do eixo de crescimento comercial, que tinham sido postos de lado pelo sagrado Boston Common. Numa outra direcção, a classe trabalhadora de North End também se manteve na sua área. O North End era uma península sem saída, situada por detrás dos mercados de alimentos, que ficavam cheios com os habitantes da área adjacente às primeiras horas do dia e que tinham de estar muito próximos dessas pessoas. A própria restrição do terreno urbano no interior do qual estes elementos lutavam por espaço e a resistência tenaz de alguns grupos resultou, actualmente, numa zona central da cidade, variegada e multi-étnica, completamente diferente do círculo especulativo vazio que rodeia o núcleo central da maioria das cidades norte-americanas.

No entanto, começou a verificar-se uma saída em direcção ao sul, através da qual se estenderam as linhas dos tróleis puxados a cavalos no início da década de 1850. Muitas das pessoas mais ricas já tinham saído para casas de campo, a cerca de seis quilómetros do centro, confiantes nas linhas de caminho-de-ferro. Muitas outras pessoas mantiveram-se em Beacon Hill ou adquiriram propriedades em Back Bay, à medida que esta zona era terraplenada, mas as pessoas mais ricas abandonaram Tremont Street, o antigo South End e depois o novo South End, ao longo do Neck, em favor das ondas crescentes de homens de negócios e irlandeses. A segregação espacial que por classes sociais, que actualmente é comum, começou a surgir, assim como uma inversão da antiga inclinação radial de riqueza, cujo pináculo se concentrara no centro e se mudava agora em direcção ao exterior.

As linhas de caminho-de-ferro eram demasiado dispendiosas para a grande maioria dos cidadãos. Os trabalhadores tinham de ir a pé até aos respectivos empregos. No entanto, os novos tróleis puxados a cavalo e as respectivas tarifas de cinco cêntimos possibilitaram subitamente aos estratos inferiores da classe média, e até mesmo aos níveis superiores da classe trabalhadora, um meio de escapar às habitações da zona central. As linhas para os tróleis eram empreendimentos independentes, muitas vezes financiados por interesses imobiliários de maneira a tornarem acessíveis as respectivas propriedades ao uso dos habitantes da cidade. (Da mesma maneira, as primeiras pontes destinadas aos acessos de saída de Boston foram construídas em grande parte para apoiarem as especulações imobiliárias.) As linhas de trólei não

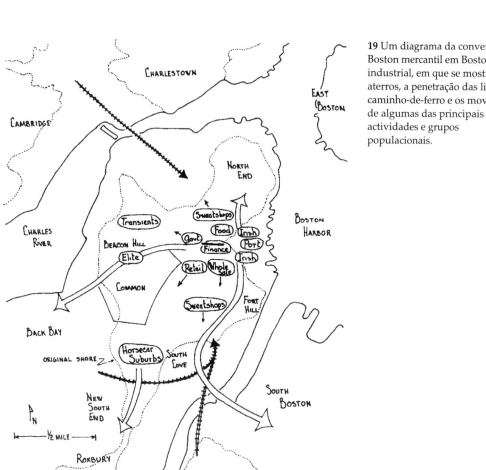

19 Um diagrama da conversão da Boston mercantil em Boston industrial, em que se mostram os aterros, a penetração das linhas de caminho-de-ferro e os movimentos de algumas das principais actividades e grupos populacionais.

20 Faneuil Hall, "berço da Revolução," à esquerda, e atrás o comprido Quincy Market, construído em granito e doado à cidade por Josiah Quincy, em 1828. O mercado foi a peça central da especulação privada e bem sucedida de Quincy, que utilizou poderes de condenação pública para voltar a desenvolver a área das docas da antiga cidade e transformá-la num novo mercado de géneros alimentícios. Esta mesma área foi reabilitada uma vez mais, em 1978, para a construção de um animado centro comercial na zona central de Boston.

21 Nivelação de Fort Hill, em Boston, à custa de picaretas, pás e carroças, depois de as moradias dos irlandeses terem sido arrasadas.

coordenadas congestionaram as ruas da zona central da cidade, mas permitiram a quase um terço da população a oportunidade de aquisição de melhores habitações. Pequenas vivendas, casas de dois andares e edifícios de apartamentos, em madeira, com dois e três andares, espalharam-se por uma zona que abrangia um raio de cerca de cinco quilómetros em relação ao centro, até que as leis anti-incêndios e a diminuição da rentabilidade económica no serviço de tróleis restringiu a sua extensão. A deficiente concepção, a construção barata e a falta de edifícios comunitários deixaram à cidade de Boston um difícil património para o futuro, mas as famílias de rendimentos médios tiveram, assim, a primeira oportunidade de possuir uma propriedade e de usufruir do "ar do campo". A rentabilidade económica multiplicou-se, muitos pequenos empresários iniciaram uma ascensão social com capitais emprestados e os perigos políticos do descontentamento das classes média e superior foram aliviados, sem afastar a mão-de-obra das lojas. A tarifa de cinco cêntimos foi mantida por lei e foram atribuídos enormes subsídios públicos para aumentar as ruas e melhorar os serviços públicos, o que tornou rentáveis terras inúteis. Durante algum tempo, os melhoramentos das ruas constituíram metade do orçamento da cidade. Boston seguiu este crescimento com anexações sucessivas de território suburbano. Mais tarde, quando os empreendimentos em termos de trânsito se alargaram e se tornaram pouco rentáveis, foram gradualmente assumidos pela gestão pública.

Esta época de capitalismo romântico, de grande tensão, de expansão vigorosa e de confiança esperançosa acabou em Boston na década de 1880. Muitos jovens da classe superior, futuros líderes, foram mortos durante a Guerra Civil. A Depressão e o Grande Incêndio de 1873 representaram choques muito sérios. Além disso, os irlandeses começaram a assumir as rédeas da administração municipal e a cidade de Brookline recusou-se a ser anexada, impedindo qualquer esforço suplementar para se manter a unidade política a par do funcionamento do território urbano. O orçamento da cidade foi drasticamente reduzido e o Conselho de Saúde, que tivera, em tempos, uma influência determinante na regulamentação do desenvolvimento, ficou subordinado ao Conselho de Insanidade e Caridade. A liderança ianque começou a retirar-se gradualmente da cidade para a política de estado e começou a confiar no domínio económico em vez do domínio político. Ver fig. 24
Na década de 1880, a maré de imigração aumentou uma vez mais, mas desta vez compunha-se principalmente de canadianos de origem francesa, de judeus da Europa de Leste e de italianos provenientes do Sul de Itália.

O capital especulativo e comercial transformou a antiga cidade comercial e fez com que ela passasse a albergar uma nova função económica e a absorver uma torrente de mão-de-obra sobre a qual assentava essa função. Mas isto só se concretizou com grandes esforços, no seio de um meio extremamente resistente. O resultado nunca foi um local eficiente para a produção e nunca se conseguiu alcançar um sistema de transportes integrado. A saúde da população pagou um preço terrível. Esta luta por território deixou um vasto património de enclaves étnicos e de atitudes de exclusão, assim como aquele centro diversificado e apertado que actualmente parece tão distintivo. A expansão dos tróleis puxados por cavalos para Roxbury e Dorchester representou uma libertação para muitas famílias, um primeiro passo no sentido de uma casa decente e de uma oportunidade de mobilidade social. Estes primeiros subúrbios são igualmente as áreas em que os habitantes de Boston têm, actualmente, de enfrentar o abandono e a decadência. Os motivos para esta transformação são evidentes – melhores acessos e espaços para a produção, uma oportunidade de rentabilidade económica no negócio imobiliário e o controlo dos espaços de modo a controlar o processo produtivo e os respectivos participantes. As questões de saúde, dos perigos da violência ou dos incêndios, e da criação de um cenário mais adequado à vida familiar, seguiram-se a estes três primeiros motivos e surgiram como reacção às consequências dessa transformação inicial.

Os valores e os avaliadores que transformaram Boston podem ser identificados, ainda que estejam encobertos pela complexidade de uma grande cidade e pela enorme inércia da sua forma. A cidade não "cresceu naturalmente", nem foi o resultado inescapável de forças históricas impessoais. O seu crescimento também não representou uma fábula única ou incompreensível. Do mesmo modo, podem analisar-se as cidades de uma cultura diferente para se observar como é que as variações de valor afectam a forma da cidade. A cidade islâmica medieval, por exemplo, com a sua ênfase na privacidade, é bastante diferente das cidades a que estamos habituados. O seu padrão denso e dendrítico parece-nos, a princípio, extremamente misterioso, até se compreenderem os valores que lhe estão subjacentes.

Podem procurar-se os exemplos da cidade socialista, construída para se adequar aos motivos e às circunstâncias dessa nova ordem da sociedade. Contudo, não se conseguem encontrar muitos exemplos devidamente ajustados. Foram construídas muitas cidades novas e reconstruídas muitas cidades antigas na U.R.S.S. e na Europa de Leste, mas assemelham-se bastante às cidades do mundo capitalista ocidental, apesar de, porventura, não terem aquela segregação residencial por classes que deforma as cidades ocidentais. Se estão a surgir novas formas em Cuba ou na China é algo que ainda terá de ser analisado.

As formas da cidade, a sua função real e as ideias e valores que as pessoas lhes atribuem constituem um fenómeno único. Como tal, a história da forma da cidade não pode ser escrita apenas através da descoberta da difusão do padrão das ruas

22 Um trólei puxado por cavalos na Centre Street, em Jamaica Plain, Boston, em 1883. Foi este meio de transporte que permitiu a abertura dos primeiros subúrbios da classe média da cidade. Os serviços comerciais alinhavam-se ao lado da linha de trólei e as ruas traseiras eram ocupadas por casas modestas.

23 Tráfego intenso em Washington Street, Boston, no final do século XIX. A congestão provocada pelas carroças e pelos tróleis era bastante grande. No entanto, o trânsito de peões aqui apresentado é exagerado, na medida em que esta fotografia foi tirada por ocasião de um combate de boxe.

24 Vista parcial da cidade de Boston, em 1907. A cidade tornou-se um gigante industrial, cheio de imigrantes. As pessoas ricas e a classe média desapareceram do centro, sendo substituídos por muitos escritórios e edifícios comerciais.

em grelha rectangular. Pequim e Chicago nem mesmo superficialmente são iguais. Essa mesma história também não se pode escrever somente por referência às forças impessoais do estado e do mercado. As decisões são cumulativas, deixam um legado forte – valioso ou complicado – para cada uma das sucessivas gerações de habitantes. A forma de um aglomerado populacional é sempre determinada e valorizada, mas a sua complexidade e a sua inércia obscurecem frequentemente essas ligações. Deve-se descobrir – por dedução, se não houver melhores fontes – por que razão as pessoas criaram as formas que criaram e como se sentiram em relação a elas. Deve-se penetrar na experiência real dos lugares através dos respectivos habitantes, no decurso das suas vidas diárias. Essa história interpretativa não é o objectivo deste livro. Mas alguns temas gerais são evidentes, mesmo nos poucos exemplos citados: motivos persistentes para os construtores das cidades como a estabilidade simbólica e a ordem; o controlo dos outros e a expressão do poder; o acesso e a exclusão; a função económica eficiente; e a capacidade de controlar os recursos. Mesmo ao longo deste extenso período de tempo, foram utilizadas algumas estratégias físicas comuns para atingir estes objectivos, baseadas na fisiologia e na psicologia humanas, e na estrutura resistente do mundo físico.

2

O que é a forma de uma cidade e como é que se constrói essa forma?

Há três ramos da teoria que se esforçam por explicar a cidade como fenómeno espacial. Um desses ramos, designado por "teoria do planeamento", reivindica como são ou como deveriam ser tomadas as complexas decisões públicas relativas ao desenvolvimento da cidade. Uma vez que estes critérios se aplicam a todos os empreendimentos políticos e económicos complexos, o domínio desta teoria estende-se bem para além do âmbito do planeamento da cidade e tem sido substancialmente desenvolvido nesses outros domínios. Como tal, tem uma designação mais geral: "teoria da decisão".

O segundo ramo, que designo como "teoria funcional", concentra-se mais especificamente nas cidades, uma vez que tenta explicar por que razão é que elas assumem a forma que assumem e como é que essa forma funciona. É um ramo teórico razoavelmente denso – ainda que não tão consistente como a teoria da decisão – e congrega actualmente um interesse renovado. Resumi as suas noções fundamentais no anexo A, e aí, a uma distância segura, realço alguns dos defeitos mais comuns deste ramo.

O terceiro ramo, esguio e faminto de atenção, mas do qual dependem tantas acções, é o que eu designaria de "teoria normativa". Trata das ligações generalizáveis entre os valores humanos e a forma dos aglomerados populacionais, ou de como se reconhece uma boa cidade quando se encontra uma. Esta é a nossa preocupação.

Tal como em qualquer árvore saudável, os três ramos deveriam derivar seguramente de um tronco comum. Ao contrário dos ramos das árvores que conhecemos, não deveriam divergir. Deveriam interligar-se e apoiar-se mutuamente em muitos pontos. Um teoria abrangente das cidades deveria ser um emaranhado de vegetação e um dia os ramos deixariam de existir sob formas separadas. Apesar de se trabalhar perigosamente longe, no ramo mais fraco, temos de estar plenamente conscientes dos outros dois e procurar locais favoráveis para inserir um enxerto.

Por isso, este capítulo explora a teoria do planeamento e a teoria funcional, os dois ramos companheiros do nosso. Neste capítulo indica-se igualmente o que pretendo dizer por "forma" da cidade. Afinal, de que estamos a falar?

Quase todas as teorias recentes acerca da forma espacial dos aglomerados urbanos têm sido teorias da função urbana. Essas teorias perguntam: "Como é que a cidade chegou ao que é?" e aquela outra questão intimamente relacionada com esta, "como é que funciona?" Não se pode perguntar, "O que é uma boa cidade?" sem se possuírem algumas convicções acerca das respostas às duas questões anteriores. As teorias da função, por seu turno, não podem ser elaboradas sem alguma noção do "que é bom", que permite a concentração nos elementos essenciais. Todas as teorias funcionais contêm juízos de valor – muito frequentemente secretos – tal como todas teorias normativas contêm pressupostos acerca da estrutura e da função. Os desenvolvimentos teóricos numa arena impõem-se na outra. Uma teoria evoluída das cidades deverá ser simultaneamente normativa e explicativa.

Até ao momento, não existe nenhuma teoria única da génese e da função da cidade que congregue todos os aspectos significativos da vida da cidade. Estas teorias observam a cidade de pontos de vista bastante diferentes e alguns pontos de vista específicos estão muito mais evoluídos do que outros. O anexo A apresenta um breve resumo das teorias reinantes, agrupadas de acordo com as metáforas dominantes através das quais formam a sua concepção da cidade. Estas metáforas controlam os elementos a analisar e dão forma ao modelo de função.

A cidade pode ser vista como uma história, um padrão de relações entre grupos humanos, um espaço de produção e de distribuição, um campo de força física, um conjunto de decisões interligadas ou uma arena de conflitos. Existem valores incorporados nestas metáforas: continuidade histórica, equilíbrio estável, eficiência produtiva, decisão e administração capazes, interacção máxima ou evolução da luta política. Certos intervenientes transformam-se em elementos decisivos na modificação de cada perspectiva: líderes políticos, famílias e grupos étnicos, investidores importantes, técnicos de transportes, a elite que toma decisões, as classes revolucionárias.

Do ponto de vista da teoria normativa, estas teorias funcionais possuem algumas deficiências comuns. Talvez sejam estas mesmas deficiências que me permitem (ou será a inércia predominante que me motiva?) comprimir esta extensa literatura num único anexo. Se tivéssemos uma teoria funcional obrigatória, não poderia ser escrito nenhum livro sobre os valores da cidade sem se recorrer a ela. Mas, tal como se pode ver, estas teorias dependem de valores que não são examinados e que estão incompletos. Em segundo lugar, a maioria dessas teorias é essencialmente estática na sua natureza, tratam de pequenas mudanças, de equilíbrios ou de alterações externas que serão abafados, que conduzirão a explosões finais, ou que, quando muito, motivarão saltos radicais que alcançam um novo e infindável patamar. Nenhuma dessas teorias aborda com êxito a mudança contínua, com acções crescentes que orientem numa direcção progressiva.

Em terceiro lugar, nenhuma destas formulações (excepto as perspectivas históricas ou "anti-teóricas") aborda a questão da qualidade ambiental, isto é, a rica textura da forma e do significado da cidade. O espaço é analisado segundo parâmetros que o empobrecem, reduzindo-o a um recipiente neutro, a uma distância dispendiosa, ou a um elemento de distribuição residual de algum outro processo, não espacial.

A maior parte do que sentimos como experiência real da cidade simplesmente desvaneceu-se. Em quarto lugar, poucas teorias consideram que a cidade é o resultado do comportamento intencional dos indivíduos e de pequenos grupos, e que os seres humanos podem aprender. A cidade é a manifestação de uma qualquer lei de ferro e não o resultado das inconstantes aspirações humanas.

Não surpreende ninguém ouvir-se que é impossível explicar como é que uma cidade deveria ser, sem compreender como é que ela é. Talvez *seja* surpreendente encontrar o inverso: que a compreensão de como é a cidade depende de uma avaliação de como ela deveria ser. Mas os valores e as explicações parecem-me inextricáveis. Na ausência de uma teoria válida em qualquer dos ramos, os conceitos elaborados num deles têm de utilizar pressupostos provisórios do outro, ainda que tornem essa dependência explícita e que mantenham toda a independência possível.

De modo distinto das teorias funcional e normativa, a teoria do planeamento aborda a natureza do processo de decisão ambiental – como é e como devia ser conduzido. Este assunto é tratado com alguma profundidade em muitas outras obras. Uma vez que a teoria normativa pretende ser útil para a criação de melhores cidades, tem de estar plenamente consciente das situações em que é provável que venha a ser usada.

As cidades são construídas e conservadas por uma série de agentes: famílias, empresas industriais, gabinetes urbanos, promotores, investidores, agências reguladoras e de apoio, empresas de serviços públicos e muitos outros. Cada um destes elementos tem os seus próprios interesses e o processo de decisão é fragmentado, plural e marcado por acordos. Alguns destes agentes são dominantes, orientadores; outros seguem estes líderes. Neste país, os agentes orientadores são normalmente as grandes instituições financeiras, que estabelecem as condições do investimento; as empresas mais importantes, cujas decisões quanto à localização e à natureza do investimento produtivo estabelecem o grau e a qualidade do crescimento urbano; e os grandes promotores, que constroem grandes extensões da própria cidade. No lado público, temos de acrescentar as grandes agências federais, cujas políticas de tributação, subsídios e regulamentação se fundem com as acções do financiamento privado para determinarem as condições de investimento, e as grandes agências estatais ou regionais, de objectivos únicos, que têm a seu cargo a construção de auto-estradas, portos, sistemas de água e saneamento, grandes reservas, e grandes pedaços semelhantes de infra-estruturas urbanas. Os padrões básicos estabelecidos por todos estes elementos construtores da forma (para utilizar uma expressão egoísta da arquitectura) são compostos pelas acções de muitos outros elementos, em particular pelas decisões de localização das famílias individuais e das empresas de dimensão modesta, pelas actividades preparatórias dos especuladores imobiliários, dos pequenos promotores e dos construtores, e pelas funções regulamentadoras e de apoio do governo local. Estas últimas agências, ainda que incapazes de controlarem as principais correntes, contribuem significativamente para determinar a qualidade de um aglomerado populacional, através dos seus códigos de incêndio, de construção e de divisão das zonas, através dos métodos utilizados para a prestação de serviços de desenvolvimento a escolas, a estradas e a espaços abertos, e através da qualidade desses mesmos serviços: educação, policiamento e saneamento.

Este processo apresenta algumas características marcantes. Os agentes mais importantes, aqueles que possuem essa tremenda influência, não controlam o desenvolvimento da cidade de um modo directo ou central. Normalmente, são intervenientes com objectivos únicos, cuja intenção é aumentar a sua própria margem de lucro, concluir de um sistema de esgotos, apoiar o mercado imobiliário ou manter um sistema de tributação que produza rendimentos suficientes (e que, apesar de tudo, proporcione suficientes escapatórias). Estes objectivos normalmente estão bastante distantes da forma da cidade que modelam. Ninguém assume o que quer que seja com uma perspectiva abrangente da estrutura espacial evolutiva, excepto talvez a agência de planeamento local, que é um dos intervenientes mais fracos. Quando se acrescenta tudo isto ao grande número de agências que têm de desempenhar *um* papel no jogo, e cujos actos, ainda que passivamente receptivos, têm um grande poder acumulado, então temos um processo de construção da cidade complexo e plural, marcado por conflitos, por objectivos cruzados e por acordos negociados, cujo resultado, ainda que muitas vezes injusto ou mesmo indesejado, parece ser tão incontrolável quanto um glaciar.

Todavia, é controlado, ainda que não o seja com intenções conscientes, pelos intervenientes principais que nomeámos e também pode ser modificado conscientemente pelos esforços públicos, apesar de apenas ter efeitos parciais (e, por vezes, surpreendentes). A maioria das acções públicas intencionais, para além das decisões coerentes das agências de serviços públicos, são reacções a dificuldades urgentes, executadas à pressa, com poucas informações e sem qualquer suporte teórico, e são concebidas para fazer regressar o sistema a uma condição anterior.

Braybrooke

Uma teoria abrangente pode aparentemente possuir um valor remoto nessas situações tão restritivas e, contudo, é precisamente aqui que é tão necessária uma teoria coerente. É necessária para tornar eficientes as acções restritas, assim como para iluminar a inevitável negociação política ou mesmo para indicar as mudanças necessárias ao próprio processo de decisão. Deste modo, a teoria estrutural orienta as acções quase intuitivas de um engenheiro experimentado numa situação de emergência e a teoria militar ilumina a confusa arte da guerra. Mas a teoria tem de ser de um certo género, caso se pretenda que ela seja útil. Deve dirigir-se aos objectivos e não às forças inevitáveis. Não deve ser esotérica, mas antes suficientemente clara para ser útil a todos os intervenientes. Deve ser utilizável em decisões rápidas, parciais e na "orientação" constante da política, à medida que se altera o aglomerado populacional complexo. Na realidade, tal como veremos, foram utilizadas várias teorias normativas da cidade precisamente desse modo, ainda que tenham sido mal orientadas.

Criar cidades pode ser bastante diferente em outras sociedades. O poder de decisão pode ser altamente descentralizado mas também igualitário, em vez de descentralizado, mas desigual, como se verifica nos Estados Unidos. A versão mais frequente é a de uma maior centralização. Os motivos do poder podem diferir. Os valores básicos da sociedade podem não só ser diferentes dos nossos, mas também mais homogéneos e estáveis. As decisões podem ser tomadas de acordo com a tradição, sem que haja uma análise racional explícita. O nível de recursos materiais, de capacidade e de tecnologia pode ser substancialmente inferior, o que altera as restrições e modifica as prioridades. O grau de mudança pode ser mais rápido ou mais lento. Todas estas variações nas dimensões do processo de decisão impõem exigências diversas a qualquer teoria normativa. Uma teoria geral tem de ser capaz de responder a essas diferenças. Ao mesmo tempo, parecem existir certos elementos regulares no processo de decisão contemporâneo, pelo menos no seio dos grandes aglomerados urbanos que actualmente dominam as nossas paisagens. Encontramos a pluralidade, a complexidade e a mudança rápida em toda a parte.

Sempre que um interveniente importante, público ou privado, se envolve na tomada de uma decisão significativa nesta atmosfera complexa, esse esforço de decisão assume algumas características típicas. A primeira questão é: "Qual é o problema?" A consciência de um problema é sempre uma percepção integrada, ainda que vaga, que representa simultaneamente uma imagem da situação e das suas restrições, dos objectivos a atingir, de quem são os clientes e de quais são os recursos e as soluções disponíveis. Os problemas não existem sem uma qualquer alusão a todas estas características e o processo de decisão não é mais do que uma clarificação progressiva deste conjunto, até se encontrar uma base segura para a acção – uma base em que a solução, os objectivos, os clientes, os recursos a utilizar e a situação prevista parecem corresponder-se mutuamente. Para se conseguir alcançar esta adequação mútua poderá ser necessário modificar qualquer uma ou todas estas características separadas. Mas o conceito inicial do problema é fundamental. Muitas vezes, é um ponto de partida errado – a situação foi tão mal compreendida, os clientes estão de tal maneira limitados, os objectivos ou a

solução prevista são tão inadequados, que não se pode fazer nada a não ser piorar o estado de coisas.

Alguns dos pressupostos que acompanham a definição do problema inicial são fundamentais. Um deles é a opinião sobre o tipo de resposta básica mais adequada. Por exemplo: ao ver uma dificuldade pode não se tentar removê-la, mas simplesmente tentar compreendê-la e prever o seu percurso futuro, de tal modo que nos possamos adaptar, sobreviver e prosperar, se possível. A erva inclina-se perante a rajada de vento, mas a pessoa "com capacidade para sobreviver num ambiente citadino hostil" faz mais: tira partido do curso e da força momentâneos do vento.

No outro extremo da escala, pode-se estar plenamente convencido de que é essencial uma mudança fundamental nas regras do jogo. A sociedade tem de efectuar uma mudança radical. Um problema ambiental representa a ocasião certa para motivar os outros para essa mudança radical. Não serve de nada fazer-se algo inferior a esta grande evolução e, por isso, a falta de casas converte-se numa confrontação e numa lição revolucionária. Ou, seguindo uma outra alternativa, constrói-se um modelo persuasivo de um *habitat* ou sociedade que é radicalmente melhor do que o actual, mas que pode vir a ser gradualmente concretizado.

Entre a resposta passiva e as grandes evoluções reside a estratégia das modificações sucessivas de factores seleccionados, para melhorar gradualmente o conjunto. Essa abordagem gradual é a modificação das pessoas de maneira a que elas possam funcionar melhor num contexto existente. As vidas das pessoas são enriquecidas através da aprendizagem da observação e da compreensão dos bairros da sua própria cidade e por um princípio de aceitação das situações das suas próprias vidas. Ensinar as crianças ou os incapacitados a movimentarem-se na cidade, ou os proprietários das casas a construir um jardim ou a reparar uma casa, são outros exemplos deste modo de intervenção.

Como alternativa, podemos concentrar-nos na modificação do ambiente, para que este se possa adaptar melhor às intenções da pessoa, e que é a abordagem habitual do planeamento. A teoria normativa que temos em mente foi concebida para ser usada deste modo modificador, parcelado e gradual do ambiente. No entanto, também pode fornecer informações educativas ou fomentar uma mudança mais radical. Alterar as mentes, alterar a sociedade ou mesmo não alterar nada, pode, em muitas situações, ser uma resposta mais adequada do que alterar o ambiente. A maioria das pessoas está convencida da rectidão eterna do seu próprio modo favorito. Pelo contrário, um problema bem formulado encerra sempre uma análise anterior do âmbito apropriado e do modo de intervenção.

Também é crucial decidir quem são os clientes. Quem deve tomar as decisões? No interesse de quem devem ser tomadas essas decisões? Serão uma e a mesma pessoa aqueles que tomam as decisões e aqueles em favor de quem elas são tomadas? Os clientes identificados no início de um esforço decisório normalmente excluem certos interesses vitais. Introduzir um novo cliente, no decurso da decisão, é um trabalho delicado, certamente objecto de resistência por parte daqueles que já se encontram à mesa e que provavelmente impedirá a qualquer acção decisiva.

Bookchim
R. Goodman
C. Ward 1976

Um processo de decisão bastante descentralizado, no qual os utilizadores imediatos de um local tomam as decisões acerca da sua forma, é um ideal poderoso. Reforça o sentido de competência desses utilizadores e é provável que resulte num ambiente mais adequado do que se eles forem excluídos. A perspectiva básica é o anarquismo filosófico. Mas há utilizadores que consideramos incompetentes para decidir: demasiado jovens, demasiado doentes ou sujeitos a algum tipo de coerção. Há bens indivisíveis, como o ar puro, que afectam milhões de utilizadores em simultâneo. Há locais utilizados por inúmeros clientes temporários, tais como uma linha de metropolitano. Há interesses em conflito, utilizadores que se sucedem uns aos outros e pessoas distantes cujos interesses são parcialmente afectados por algum tipo de utilização local. Há clientes desconhecidos, pessoas que ainda não estão no local ou que ainda não nasceram. Há clientes que não estão conscientes dos seus próprios requisitos ou do que poderiam valorizar se tivessem essa oportunidade. Todas estas dificuldades, mais os problemas políticos inerentes a um esforço no sentido de modificar o controlo para os novos clientes à medida que um problema se desenvolve conferem às decisões de planeamento o seu tom característico de ambiguidade, conflito e fluidez.

Outros profissionais defendem uma perspectiva contrária: todas as decisões cruciais devem ser inevitavelmente, ou mesmo preferencialmente, tomadas por meia dúzia de pessoas poderosas. Uma vez que os interesses dominantes não podem ser suprimidos e que alguns profissionais são singularmente dotados pela sua maravilhosa formação e capacidade para solucionarem os problemas ambientais, esses iluminados devem colocar-se ao lado do poder. Os problemas são complexos, os valores subtis e as soluções são especializadas e delicadas. Encontre-se um perito que possa compreender a situação e dê-se-lhe espaço para trabalhar. Alguns dos nossos ambientes mais extraordinários resultaram de uma liderança heróica desse género, mas poucos de entre eles estão bem adaptados aos objectivos dos seus utilizadores. Este modelo é melhor em situações nas quais os valores são claros e comuns e em que os problemas são, em grande medida, de ordem técnica.

Os planificadores profissionais desempenham muitos papéis diferentes nesta complicada paisagem de decisão. Muitos deles são, porventura, planificadores de projectos que trabalham para um cliente definido, como uma empresa ou uma agência governamental, e preparam uma solução para um problema limitado e bem definido, de acordo com um conjunto explícito de objectivos. Nesta situação, estão resguardados da maioria dos debates acerca do cliente ou acerca do modo de intervenção. Aquelas decisões cruciais foram preparadas para eles.

Benevolo

Outros planificadores consideram que trabalham para o interesse público. Na medida em que têm de trabalhar na proximidade de algum centro de poder para serem eficientes, são assediados pelas questões que delineei anteriormente: quem é o cliente? quem deverá tomar as decisões? como é que devem ser determinados os objectivos? será que há, de facto, interesses comuns? como é que os posso conhecer? como é que o poder pode ser eficiente sem sobrepor esses interesses comuns aos seus próprios objectivos? Por vezes, os planificadores colocados nestes papéis de interesse público podem tentar evitar alguns destes dilemas tratando em primeiro lugar do *processo* de decisão – mantendo-o tão aberto e tão equitativo quanto possível – sem tentarem estabelecer objectivos ou recomendar soluções.

Afastando-se ainda mais da decisão e em desespero para descobrirem o interesse público, muitos planificadores assumem o papel primário de informadores (não espiões!). Criam informações precisas e convenientes para uso público: descrições do actual estado e de como este está a ser alterado, previsões acerca de acontecimentos futuros, e análises dos resultados que se podem esperar desta ou daquela linha de acção. Os planos e as decisões reais são deixados a cargo de outros, mas presumivelmente serão melhores decisões porque melhor informadas. Se estes planificadores acreditarem fortemente no processo de decisão, poderão moldar as suas informações especificamente para serem utilizadas por certos grupos: utilizadores descentralizados, reformadores radicais ou legisladores centrais. Como alternativa, tal como mencionei anteriormente, poderão considerar-se a si próprios prioritariamente como professores, envolvidos na educação, e, por isso, na modificação, do público.

Por fim, alguns profissionais são, prioritariamente, advogados. Podem ser os advogados de alguma ideia – como por exemplo novas cidades, caminhos para bicicletas ou casas flutuantes – e nesse caso têm de organizar a sua própria base de clientes. São criadores de padrões, que esperam ser eficientes graças à persuasão das suas ideias. Se forem suficientemente radicais criam utopias: modelos patenteados para uma nova sociedade.

O mais frequente é serem advogados de algum grupo de interesses – uma classe social, uma empresa, um bairro – e exercem forte pressão em favor desse interesse, competindo com outros adversários. É evidente que muitos profissionais são advogados sem terem consciência disso, ao passo que outros tomam uma posição mais consciente. Encaram a sociedade como sendo extremamente interligada, mas irremediavelmente plural e contraditória. Todas as decisões são tomadas através de lutas e de compromissos; existem poucos valores comuns. Inevitavelmente, um profissional acaba por trabalhar para um grupo ou outro. Alguns acrescentarão: mas este sistema é injusto, uma vez que alguns grupos possuem pouco poder e não têm um advogado contratado. Como tal, um profissional consciente trabalha para os grupos menos bem representados, defendendo os seus interesses tão enérgica e limitadamente quanto um planificador contratado por um promotor imobiliário.

Advogados, informadores, *designers* de projectos e planificadores públicos – estes são possivelmente os papéis profissionais predominantes na actualidade. As suas teorias e modelos, normalmente implícitos e não sujeitos a qualquer tipo de escrutínio, desempenham um papel importante na decisão ambiental, por entre toda a habitual confusão desse processo. Os problemas ingovernáveis são transformados em governáveis através da restrição dos clientes a atender, tomando como seguro um modelo de alteração e, como tal, um tipo de solução, assumindo um conjunto estreito de valores operativos e controlando o fluxo de informações. As informações relativamente abrangentes são muitas vezes reunidas enquanto se iniciam os estudos de planeamento. Em função da pressão da decisão, só se utiliza uma pequena porção dessas informações e é essa porção que respeita os modelos que já se encontram na cabeça de quem irá tomar a decisão. Desenvolver uma teoria suficientemente concisa e flexível, de modo a ser usada sob pressão, é uma maneira de orientar a atenção das pessoas que têm de tomar as decisões no sentido de um conjunto de questões, em vez de as orientar para um outro conjunto.

O processo de decisão (e de concepção, que é um subconjunto da decisão) é um processo de gestão da evolução e da definição progressivas de um problema, até ao ponto em que a situação, o cliente, o objectivo e a solução estão suficientemente ajustados para que se possa passar à acção. Este processo, pelo menos quando aplicado a grandes ambientes, apresenta dificuldades que parecem comuns em todo o mundo. Coloca, de igual modo, algumas questões comuns, tais como as que se referem à natureza do cliente, ao modelo de alteração e à sua gestão, e à natureza do papel profissional. Tem igualmente consequências para a ética do planeamento. Na minha opinião, o planeamento possui um interesse especial e próprio em qualquer debate público. Julgo que se pode caracterizar esse interesse especial como sendo prejudicado em favor de cinco aspectos (para além do seu centro de atenção na forma espacial e nas instituições associadas à forma): os efeitos a longo prazo, os interesses de um cliente ausente, a construção de novas possibilidades, o uso explícito de valores e as maneiras de informar e de abrir o processo de decisão. Estes aspectos são contrapartidas profissionais à falta de ênfase atribuída a essas considerações por parte dos outros intervenientes.

Mas que cidade é esta que nos atrevemos a designar como boa ou má? Como é que a podemos descrever com formas que diferentes observadores possam confirmar e que possam também ser relacionada com valores e execução? Este passo tão simples esconde dificuldades inesperadas.

A forma do aglomerado populacional, habitualmente mencionada através da designação "ambiente físico", é normalmente encarada como o padrão espacial dos objectos físicos grandes, inertes e permanentes numa cidade: edifícios, ruas, serviços públicos, colinas, rios, talvez mesmo as árvores. A estes objectos está ligada uma miscelânea de termos modificadores, relativos ao seu uso habitual, à sua qualidade ou a quem os possui: residência unifamiliar, projecto de habitação social, campo de milho, colina rochosa, esgoto de dez polegadas, rua movimentada, igreja abandonada, etc. A distribuição espacial destes elementos é apresentada em mapas bidimensionais: mapas topográficos, mapas sobre o uso das terras, mapas topográficos com anotações, redes de serviços públicos, mapas das condições das habitações. Estes mapas são acompanhados por censos da população (dividida por classes etárias, sexo, rendimentos, raça e ocupação), e normalmente por mapas que mostram a distribuição espacial da população (através dos quais se pretendem representar os locais onde as pessoas dormem). Além disso, apresentam-se descrições acerca da quantidade de tráfego nas várias artérias principais e estatísticas relativas às principais actividades económicas (isto é, apenas aquelas actividades humanas que fazem parte do sistema de intercâmbio monetário), e dados acerca da localização, da capacidade e da condição dos edifícios ou áreas específicos dedicados a actividades públicas ou semi-públicas, tais como escolas, igrejas, parques e outros semelhantes. Estas descrições são familiares e estão pejadas de dificuldades, que também são familiares a quem já teve de lidar com elas. Os leigos ficam desconcertados com estes mapas, gráficos e tabelas. Tudo isto poderia ser encarado como um sinal da sofisticação científica da área, se os profissionais não se defrontassem com os mesmos problemas.

Gottman

O problema fundamental é decidir em que consiste a forma de um aglomerado humano: apenas em objectos físicos inertes? ou também em organismos vivos? quais são as actividades que as pessoas desenvolvem? qual é a estrutura social? o sistema económico? o sistema ecológico? o controlo do espaço e o seu significado? como é que se apresenta aos sentidos? quais são os seus ritmos diários e sazonais? as suas mudanças seculares? Tal como qualquer outro fenómeno importante, a cidade alarga-se até alcançar todos os outros fenómenos e a escolha do local onde se deve fazer o corte não é fácil.

Vou adoptar a perspectiva de que a forma do aglomerado populacional é a disposição espacial das pessoas a desenvolverem actividades, os fluxos espaciais resultantes de pessoas, produtos e informações, e as características físicas que modificam o espaço de um modo significativo para essas acções, incluindo recintos, superfícies, canais, ambiências e objectos. Além disso, a descrição inclui as mudanças cíclicas e seculares nessas distribuições espaciais, o controlo do espaço e a percepção dele. Estes dois últimos elementos, como é evidente, são incursões nos domínios das instituições sociais e da vida mental.

No entanto, o corte não é trivial, uma vez que se exclui a maioria dos padrões institucionais sociais, assim como a maior parte das esferas da biologia e da psicologia, a estrutura física e química da matéria, etc. O terreno escolhido é a distribuição espácio-temporal das acções humanas e dos objectos físicos que são o contexto dessas acções, mais tudo acerca das instituições sociais e das atitudes mentais que possa ser directamente ligado a essa distribuição espácio-temporal e que seja significativo à escala dos aglomerados populacionais como um conjunto. Esta escolha será mais amplamente discutida e comparada com descrições convencionais, no anexo B.

Ninguém pode afirmar que a descrição destes elementos representa a compreensão de um aglomerado humano na sua totalidade. Temos de ver um local como um conjunto social, biológico e físico se o quisermos compreender completamente. Mas um aspecto preliminar importante (ou pelo menos um acompanhamento necessário) para se poderem ver as coisas como um conjunto é definir e compreender cada uma das suas partes. Mais, as estruturas social e espacial só parcialmente estão relacionadas uma com a outra – na verdade, estão mal interligadas – uma vez que ambas se afectam mutuamente através de uma variável interveniente (o interveniente «humano), e ambas são objectos complexos de grande inércia. Na minha opinião, os actos e os pensamentos dos seres humanos são o terreno final onde se pode julgar a qualidade. Estes fenómenos aparentemente efémeros tornam-se repetitivos e significativos em pelo menos três situações: na estrutura persistente de ideias que é uma cultura, nas relações duradouras entre pessoas que são instituições sociais e nas relações permanentes das pessoas com o local. Cabe-me abordar os problemas relacionados com esta última situação. Apesar de os aspectos sociais, económicos ou políticos dos aglomerados populacionais estarem relativamente bem definidos – e muitas vezes definidos de um modo demasiado restrito – o aspecto físico é apresentado de modo tão incerto que se torna difícil verificar se desempenha efectivamente um qualquer papel.

O corte que sugiro parece ser o mais aproximado possível e que, ainda assim, nos permite comentar a contribuição do padrão espacial para os objectivos humanos. Além disso, é uma perspectiva coerente, uma vez que o núcleo comum é a distribuição espacial, a determinada escala, de pessoas, objectos e acções físicos. Tem a vantagem de evoluir a partir da perspectiva de senso comum do ambiente, apesar de o regularizar e expandir.

Gans 1968
Pahl

Construir uma teoria completa será um esforço de longo alcance, caso se pretenda uma teoria que trate da forma e do processo, e que seja uma compreensão, uma avaliação, uma previsão e uma receita, tudo numa só premissa. Deverá assentar sobre o comportamento humano intencional, assim como nas imagens e nos sentimentos que o acompanham. Esta é a junção a partir da qual deveriam crescer, conjuntamente, os três ramos da teoria. A nossa disciplina específica, que é a teoria normativa, deve ser considerada tendo em mente essa possibilidade. Essa teoria normativa, tal como existe actualmente, está desligada de outras esferas teóricas, mas transporta pressupostos secretos acerca da função e do processo.

Então, existem certos requisitos para qualquer teoria normativa útil da forma da cidade:

1. Deve partir do comportamento intencional e das imagens e sentimentos que o acompanham.

2. Deve lidar directamente com a forma e com as qualidades do aglomerado populacional e não ser uma aplicação ecléctica de conceitos de outras áreas.

3. Deve ligar valores de importância geral e de longo alcance a essa forma, e a acções imediatas e práticas acerca dela.

4. Deve saber lidar com interesses plurais e concorrenciais, e deve representar clientes ausentes e futuros.

5. Deve ser adequada a diversas culturas e a variações nas situações de decisão (variações na centralização do poder, na estabilidade e na homogeneidade de valores, no nível de recursos e no grau de mudança).

6. Deve ser suficientemente simples, flexível e divisível, para poder ser utilizada em decisões rápidas e parciais, com informações imperfeitas, pelos leigos que sejam utilizadores directos dos locais em questão.

7. Deve saber avaliar a qualidade conjunta do estado e do progresso, à medida que se altera durante um espaço de tempo moderado.

8. Apesar de constituírem a raiz da avaliação da forma do aglomerado populacional, os conceitos devem sugerir novas possibilidades de forma. Em geral, deve ser uma teoria possível: não uma lei férrea sobre o desenvolvimento, mas uma lei que realce os objectivos activos dos participantes e a sua capacidade de aprendizagem.

Onde é que deveremos procurar o material para essa teoria?

3
Entre o Céu e o Inferno

Seria razoável pensar-se que uma análise das políticas da forma normalmente propostas pelas agências públicas e das razões indicadas para apoiar tais políticas, seria um excelente modo de se iniciar qualquer discussão acerca da teoria normativa, tal como uma revisão das opiniões comuns que explicam por que razão as coisas funcionam do modo que funcionam é um excelente primeiro passo para se construir uma teoria científica. Ao fazê-lo, podemos dividir convenientemente a maioria das propostas oficiais em dois grupos, um à escala nacional, ou a uma grande escala regional, em que as acções dizem respeito a sistemas de cidades, a redes nacionais e à distribuição regional da população, e o outro à escala local, em que se verifica uma preocupação com os padrões intrarregionais de desenvolvimento. Na medida em que a nossa preocupação prioritária se relaciona com a captação dos valores subjacentes a estas políticas, é suficiente apresentarmos uma lista dessas políticas, sem nos determos nas próprias propostas e sem fazermos qualquer crítica ao raciocínio que lhes diz respeito. Nem sequer é necessário comentar a ascensão e queda históricas de algumas destas políticas, que alternaram períodos de crescimento com períodos de declínio à medida que as restrições e os motivos se transformavam. Peço alguma paciência ao leitor, na medida em que a apresentação em termos enciclopédicos poderá não parecer muito atraente.

Em primeiro lugar, encontramos algumas políticas espaciais nacionais comuns:

1. Normalmente, defende-se a dimensão e a taxa de crescimento das maiores cidades para reduzir a dilaceração social da migração e as mudanças rápidas, reduzir os custos dos serviços, melhorar a adequação da habitação e dos serviços, reduzir a poluição e o crime, melhorar o controlo político, e diminuir os desconfortos dos grandes aglomerados populacionais.

2. Propõe-se o desencorajamento da migração proveniente de áreas rurais e em depressão por razões semelhantes: para reduzir a dilaceração social e reduzir os custos, melhorar a adequação da habitação e dos serviços, conservar certas actividades agrícolas e industriais, e melhorar o equilíbrio entre regiões diversas.

3. Desenvolvem-se algumas tentativas para criar um sistema de cidades equilibrado e hierárquico. Os objectivos não são muito evidentes, mas normalmente toma-se esta medida para apoiar as duas primeiras políticas e melhorar a igualdade de acesssibilidades e serviços, evitar o domínio absoluto de uma cidade mais importante, aumentar a escolha dos géneros de aglomerado populacional, espalhar uma cultura "avançada"

até áreas atrasadas, melhorar a eficiência produtiva, talvez porque este é considerado um sistema mais "natural" para as cidades.

4. As novas cidades são construídas para explorar recursos ligados ao local, para defender as fronteiras ou para povoar terras "vazias", para obter uma melhor eficiência nos serviços, na saúde e nas comodidades, para criar uma comunidade social forte, para melhorar a oferta de habitação, para ajudar a controlar o crescimento de grandes centros, e por motivos de rentabilidade económica.

5. A rede de infra-estruturas principais (estradas, caminhos-de-ferro, aeroportos, portos de mar, redes eléctricas, canais, aquedutos) é alargada e melhor estruturada para melhorar os transportes e a eficiência produtiva, aumentar a interacção e o acesso, abrir novas áreas de utilização, aumentar a igualdade, por motivos de rentabilidade económica, e para promover a disseminação de uma cultura "avançada".

6. Constroem-se instalações económicas seleccionadas para melhorar a eficiência produtiva e com objectivos de defesa ou de rentabilidade económica.

7. A oferta de habitação a nível nacional aumenta para proporcionar melhor saúde, para apoiar a família, corresponder à procura, melhorar a igualdade ou por motivos de rentabilidade económica.

8. As emissões de lixos, a erosão dos solos e o uso de fontes de água e de energia pode ser regulada, de maneira a permitir a conservação de recursos para uma utilização no futuro ou para melhorar a saúde e o conforto através de uma redução da poluição.

9. Preservam-se grandes áreas "naturais" por causa da respectiva importância simbólica, para conservar recursos, para melhorar aspectos recreativos e outras comodidades, e para evitar a quebra do equilíbrio ecológico.

Existem depois várias políticas urbanas comuns à escala local:

10. A dimensão do aglomerado populacional pode ser limitada – em termos absolutos, em função de certos limites ou através do controlo da taxa de crescimento – para reduzir os custos dos serviços, evitar a dilaceração social, melhorar a gestão, preservar o carácter da comunidade e a qualidade ambiental, reduzir a poluição, ou evitar carências.

11. A densidade do desenvolvimento é regulada abaixo de um valor máximo ou acima de um valor mínimo. Esta medida visa reduzir os custos de construção e de manutenção, melhorar a eficiência das infra-estruturas e dos serviços, promover o carácter compacto de um local, apoiar estilos de vida preferidos, melhorar o carácter da comunidade e a qualidade ambiental, ou aumentar os valores imobiliários.

12. Defende-se a oferta de habitação e de instalações sociais para corresponder à procura, para proporcionar melhor saúde

e educação, para apoiar a família, para melhorar a igualdade ou por motivos de rentabilidade económica.

13. Promove-se a mistura de classes sociais nas áreas residenciais por motivos de igualdade, de melhor integração social ou de estabilidade social.

14. Os diferentes géneros de uso das terras são separados por eficiência funcional, redução das perturbações, melhoria da saúde e da segurança, redução da poluição ou, simplesmente, para simplificar o planeamento.

15. Desenvolvem-se esforços para estabilizar e reabilitar áreas em declínio, para conseguir uma utilização mais eficiente dos serviços e das infra-estruturas, para proteger a oferta de habitação, evitar a dilaceração social, manter a igualdade, manter os valores imobiliários e fiscais ou para responder às pressões políticas.

16. As áreas antigas são novamente desenvolvidas para proporcionarem uma nova utilização, fortalecerem um centro ou uma área, para permitirem o afastamento de actividades ou de pessoas indesejadas, por motivos de rentabilidade económica, para aumentarem os valores imobiliários e fiscais, e para aumentarem o prestígio ou o controlo políticos.

17. As áreas residenciais são organizadas em bairros e desenvolve-se uma hierarquia de centros de serviços. O objectivos é fortalecer as comunidades sociais, melhorar a eficiência dos serviços e das infra-estruturas, aumentar a igualdade da distribuição dos serviços, reduzir as necessidades de transportes, facilitar a educação das crianças e simplificar o planeamento.

18. As infra-estruturas são alargadas ou melhoradas para abrir novas áreas, aumentar a interacção e o acesso, reduzir o congestionamento e os custos dos transportes, melhorar a eficiência produtiva, ou por razões de rentabilidade económica.

19. Pode ser desenvolvida uma hierarquia de percursos especializados ou podem ser promovidas certas mudanças modais para proporcionar uma maior eficiência dos transportes, da segurança, da saúde, da redução da poluição, da conservação de energia e da simplicidade do planeamento.

20. A oferta de espaços abertos pode ser aumentada por causa da saúde, das comodidades e para apoiar a educação das crianças.

21. Os monumentos históricos e as áreas abertas são preservados devido à sua importância simbólica, para evitar a quebra do equilíbrio ecológico, para melhorar a saúde e a diversão, ou para atrair turistas.

Após esta lista simples de políticas, será interessante observar os valores, explícitos ou implícitos, que lhes estão subjacentes. Quais são os valores mais frequentemente citados? Quais são os valores que mais frequentemente são alcançados? Será que se consegue detectar a sua concretização? Quais, de entre eles, parecem ter uma ligação clara com a forma da cidade, e quais são mais duvidosos? Será que existem valores secretos por detrás de algumas acções? Valores negligenciados? Com esse fim em mente, os objectivos, tão displicentemente citados na parte anterior, podem ser reorganizados em quatro grupos: valores fortes, valores intencionais, valores fracos e valores secretos:

1. *Valores fortes*. Com esta expressão pretendo referir os objectivos da política da forma da cidade citados de modo mais frequente e explícito, cuja concretização é detectável e está claramente dependente, de um modo significativo, da forma da cidade, e que podem ser alcançados na prática ou, se assim não puder ser, cujas razões de fracasso são evidentes. De entre eles poderei citar objectivos como:

corresponder à necessidade de serviços, infra-estruturas e habitação
proporcionar espaço para usos pretendidos
exploração de recursos ou de novas áreas
redução da poluição
aumento do acesso
manutenção dos valores imobiliários e fiscais
melhoria da segurança e da saúde física
melhoria da defesa
redução das perturbações
preservação de uma característica, qualidade ou símbolo ambientais existentes.

Estes, juntamente com alguns dos valores "secretos" citados mais adiante, são os principais motores e concretizações da política da forma da cidade, e constituem actualmente o seu núcleo racional. São importantes – mas também terrivelmente restritos no que diz respeito ao seu âmbito.

2. *Valores intencionais*. Existem, depois, objectivos que, apesar de frequentemente citados, detectáveis e provavelmente ligados à forma da cidade, tal como os anteriores, só raramente são alcançados. Este fracasso pode ficar a dever-se à dificuldade em moldar a forma da cidade a estes objectivos; ou talvez ao facto de o objectivo ser simplesmente uma protecção piedosa, que nunca teve intenções sérias. Colocaria neste grupo objectivos como:

melhoria da igualdade
redução da migração
apoio à família e à educação das crianças
conservação de recursos materiais e energéticos
prevenção da quebra do equilíbrio ecológico
aumento das comodidades.

3. *Valores fracos*. Neste caso apresento uma lista de objectivos frequentemente citados cuja dependência relativamente à forma da cidade é duvidosa, não foi

comprovada, ou cuja concretização é muito difícil de detectar ou de avaliar. Como tal, raramente são alcançados, não sabemos se conseguem ser efectivamente atingidos, ou qualquer concretização pode ficar a dever-se a outras causas. Designá-los por "fracos" não pretende anular a sua importância. Só pretende demonstrar que o seu papel actual na política é principalmente decorativo – uma decoração por vezes confusa, outras vezes esperançosa e sugestiva. É necessário um conhecimento muito mais aprofundado para se conseguirem separar os objectivos úteis das falsas orientações. Colocaria neste grupo bastantes (talvez mesmo a maioria) dos valores da actual política da forma das cidades, nomeadamente:

melhoria da saúde mental
aumento da estabilidade social
redução do crime e de outras patologias sociais
aumento da integração social e criação de comunidades fortes
aumento da escolha e da diversidade
apoio de um estilo de vida preferido
reforço de uma área ou centro existentes
redução do domínio de uma cidade ou região mais importantes
aumento da flexibilidade futura.

4. *Valores secretos*. Finalmente, existe um grupo de objectivos que são tão "fortes" quanto os primeiros, mas que são, muito frequentemente, menos articulados ou menos citados quanto ao seu objectivo primário. Contudo, podem ser ardorosamente desejados e podem mesmo vir a ser claramente atingidos. Estes objectivos são, muitas vezes, os principais impulsionadores da política, escondidos em público por um delicado écrã de objectivos fracos e intencionais:

manutenção de controlo e prestígio políticos
disseminação de uma cultura "avançada"
domínio de uma região ou de um povo
remoção de actividades ou pessoas indesejadas, ou isolamento dessas pessoas
rentabilidade económica
simplificação do processo de planeamento ou de gestão.

5. *Valores negligenciados*. Além de tudo o que foi anteriormente referido, é possível pensar em muitos valores potenciais que hoje em dia são habitualmente negligenciados, seja porque um dos seus objectivos não é considerado importante ou porque a sua ligação à forma da cidade, pelo menos em termos da grande escala da política pública, parece duvidosa, impraticável ou obscura. Entre esses valores negligenciados podem analisar-se alguns dos rejeitados, tais como o poder mágico dos padrões da cidade, mas também algumas qualidades mais tangíveis, tais como a adaptação do ambiente à biologia e às funções humanas, a qualidade da

experiência simbólica e sensorial das cidades ou o grau de controlo do utilizador.

Se nos restringirmos por agora aos valores que motivam as actuais políticas da forma, ou que se diz que o fazem, ainda assim ficamos com uma lista bastante educativa à nossa frente. Educativa por causa da divisão evidente entre objectivos fortes e fracos, e por causa das muitas pontas soltas que sugerem inúmeras direcções de investigação. Mesmo como catálogo de amostras, a lista tem algum valor como descrição da actual política. Ao mesmo tempo, esta lista é um ponto de partida desconfortável para a teoria. Nela mencionam-se tantas regiões dispersas das preocupações humanas e os seus pontos estão relacionados com a forma da cidade por tantos mecanismos separados, mas ainda assim sobrepostos, que a convergência parece duvidosa. Os funcionamentos destes mecanismos devem, além disso, variar substancialmente com a cultura e com a situação, tal como a definição e a importância relativa de cada objectivo.

Sente-se igualmente que a teoria correcta utiliza conceitos e métodos específicos do objecto nela teorizado. Os objectivos que citámos aqui e as suas ligações semi-perceptíveis à forma são uma colecção perpassada por conceitos da economia, da sociologia, da psicologia, da ecologia, da política, da arte da guerra, da física e de uma série de outras áreas, misturados com várias considerações espcíficas de grandes ambientes físicos. Uma teoria desenvolvida a partir desses conceitos certamente que não se poderia centrar no seu próprio domínio.

Se a actual política espacial não nos conduzir ao cerne da nossa questão, por muito que possa iluminar as suas margens, por que não nos viramos para materiais mais dramáticos, para propostas de cidades ideais ou patológicas? Afinal, os sonhos fazem emergir sentimentos profundos.

O raciocínio utópico apresenta algumas falhas persistentes, tais como a desconsideração pelo processo de desenvolvimento e um conjunto extremamente estreito e estático de valores. Os pensadores mais sérios colocam de lado esses esquemas considerando-os insensatos, ou, pior ainda, fantasias que nos afastam de uma acção eficiente no mundo real. Se tais valores fossem concretizados, conduziriam directamente à perversidade. Esse perigo pode não ser grave, uma vez que a maioria das utopias não produziu grandes efeitos imediatos. Apesar de tudo, elas desempenham um papel importante no raciocínio social e no que diz respeito ao nosso objectivo, pelo menos, podem expor alguns novos valores da forma ambiental ou confirmar os que já foram expostos.

Choay
Reiner

Para nosso desânimo, descobre-se então que a maioria das obras utópicas – pelo menos as da tradição clássica – prestam muito pouca atenção ao ambiente espacial; a sua maior preocupação reside nas relações sociais. O ambiente físico utópico pode ser simplesmente uma imitação de um cenário contemporâneo mencionado na história para acrescentar realismo ou pode ser modificado, em termos menores, de maneira a apoiar uma mudança social desejável. É evidente que o ambiente físico tinha de ser abordado sempre que os utópicos procuravam efectivamente concretizar os seus sonhos. Mas as próprias visões não lhe acrescentaram muito, pelo menos até às propostas do século XIX, como as de James Silk Buckingham, Robert Owen e Charles Fourier. Mesmo nessa altura, apesar de o ambiente espacial ser ilustrado com algum pormenor, era bastante lateral para a proposta.

Fourier, por exemplo, propôs um "falanstério" como concha material para a sua utopia, um paraíso baseado na manipulação do que ele designava por paixões humanas naturais. O falanstério era um edifício único, grande e com vários andares, que albergava todas as actividades da colónia e que se encontrava situado numa rica região agrícola. Com as suas alas e arcadas simétricas, assemelhava-se a um enorme palácio da nobreza. A ênfase assentava no conforto, no fácil acesso e na orgulhosa identidade do grupo. Apesar de tudo, a forma tinha muito pouco a ver com as complexas propostas sociais de Fourier, excepto no que dizia respeito ao facto de os habitantes gostarem de melhorar e de admirar o seu ambiente, e de a manutenção do falanstério ser assegurada principalmente por grupos de crianças, organizadas em "pequenas hordas". Tal como na maioria das propostas utópicas anteriores à época de Fourier, o ambiente representava acima de tudo um *cenário* – um pano de fundo agradável ou uma expressão simbólica da perfeição da nova sociedade.

Só mais tarde no século XIX, é que se encontram obras utópicas nas quais o ambiente representa uma preocupação importante: *News from Nowhere,* de William Morris, *Garden Cities of Tomorrow,* de Ebenezer Howard e, já no século XX, propostas como as de Broadacre City, de Frank Lloyd Wright. Morris era um artista e um artesão de talento, e era também um socialista empedernido. Como tal, a sua utopia é um exemplo único de um sistema físico e de um sistema social que se ajustam mutuamente. Todavia, tal como Howard e Wright, Morris descreve o que em muitos aspectos é um mundo virado para o passado, centrado numa comunidade pequena, equilibrada e ordenada, cujos membros se encontram em relação directa com o ambiente natural e uns com os outros. A cidade é dissolvida ou reduzida a uma pequena dimensão. Os indivíduos ou pequenos grupos controlam a terra, e a comunidade local é relativamente auto-suficiente. Estas propostas seguem a metáfora orgânica (que será abordada mais pormenorizadamente no capítulo quatro), realçando a ordem celular, a diversidade equilibrada, uma melhor saúde, a intimidade, a estabilidade, a interdependência e um regresso ao mundo "natural". O jardim, a quinta mista e a pequena cidade são os seus modelos. Até mesmo os edifícios são de estilo tradicional.

25 Uma perspectiva imaginária de um "falanstério" de Fourier, desenhado por Victor Considérant, discípulo de Fourier. A cidade utópica é ordenada e centralizada – uma combinação de fábrica e palácio da nobreza.

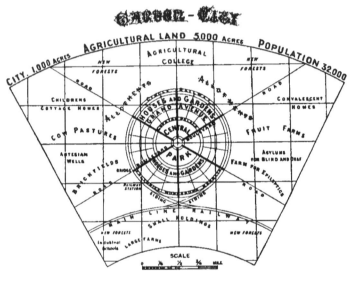

26 Os diagramas de Ebenezer Howard para a sua "cidade-jardim" ideal, publicados em 1898, representavam uma cidade-satélite que deveria albergar cerca de 30 000 pessoas. O diagrama mais geral mostra a relação da nova cidade com a respectiva cintura verde, e as ligações rodoviárias e ferroviárias que a ligam à cidade central e a outras cidades-satélite. A cintura verde contém quintas e espaços destinados a convalescentes, surdos, cegos, epilépticos e crianças. O diagrama de um sector indica o parque e as instituições culturais no centro, as indústrias em torno da periferia e ao longo da linha de caminho-de-ferro, as lojas num círculo interior, dentro de um "palácio de cristal" ou arcada em vidro, e as habitações entre estes dois círculos, concentradas numa grandiosa rua em circunferência.

As propostas físicas para Broadacre City são também algo rotineiras, o que é surpreendente num arquitecto como Wright. Os seus edifícios individuais são bonitos e os seus "automóveis aéreos" são fantasias deliciosas, mas o seu aglomerado urbano é uma derivação simples dos subúrbios abertos. Howard, que não era arquitecto, é mais inventivo – por exemplo na sua proposta de uma arcada comercial circular e rodeada de vidros, alugada por comerciantes individuais que podiam ser desalojados pelo voto dos consumidores. Mas é apenas na obra de Morris que se sente a qualidade de toda a paisagem de um modo vívido e circunstancial.

Ainda que a maioria destes utópicos sociais (com excepção de Wright) tentasse encontrar um cenário físico que servisse de suporte a uma sociedade comunitária (Wright revoltou-se mesmo contra a ganância individual), um grupo de *designers* futuristas seguiu uma linha diferente de raciocínio. Concentraram-se prioritariamente no ambiente físico, em vez do social, e ficaram fascinados com os novos meios técnicos que nele podiam ser aplicados. Apesar de podermos citar Leonardo como um vanguardista, estes homens são principalmente do século XX – brilhantes e por vezes desumanos, preocupados com a novidade, mudança, poder e complexidade estética. As suas propostas físicas são obras de arte, no interior das quais a estrutura social permanece inalterada, ou até talvez tenha sido esquecida. Os seus pontos cegos são opostos aos da perspectiva comunitária.

As propostas de Eugène Hénard, de 1911, para os círculos de tráfego, separações de nível e cidades subterrâneas são produtos pioneiros desta linha de raciocínio, tal como a concepção de Tony Garnier de uma nova cidade industrial. A "Cidade Radiante" de Le Corbusier é um exemplo famoso. N. A. Miliutin concebeu uma cidade linear, tal como uma linha de produção.

Antonio Sant'Elia esboçou uma série espantosa de perspectivas da cidade do futuro antes de falecer durante a Primeira Guerra Mundial. Estes esboços estão carregados de velocidade, comunicação, potência e mudança – uma apoteose do movimento dinâmico. "Temos de inventar e reconstruir a cidade moderna, como um convés imenso e tumultuoso", escreve, "activa, móvel e sempre dinâmica... Os elevadores não se devem esconder como vermes solitários nos poços das escadarias... devem antes enxamear as fachadas como serpentes de vidro e de ferro. A casa... rica apenas na beleza das suas linhas, brutal na sua simplicidade mecânica, tão grande quanto o ditar a necessidade, e não conforme o permitem as regras de divisão por zonas, deve elevar-se da borda de um abismo tumultuoso; a rua não deve permanecer como um tapete de entrada para as soleiras, deve antes mergulhar vários andares no interior da terra... ligada a passadeiras de metal e a esteiras transportadoras... as características fundamentais da arquitectura futurista deverão ser a sua impermanência e

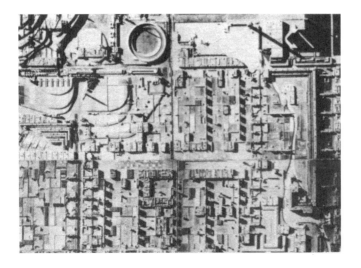

27 Perspectiva vertical do modelo de Broadacre City, apresentado em 1934 por Frank Lloyd Wright. Casas, pequenas quintas e outras utilizações estão bastante dispersos e dependem do automóvel, ao passo que as indústrias formam uma concentração linear ao longo das principais auto-estradas. O ambiente natural é preservado e melhorado, e uma colónia de arquitectos ocupa o ponto mais elevado.

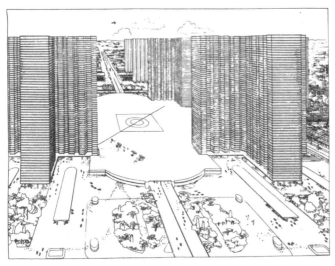

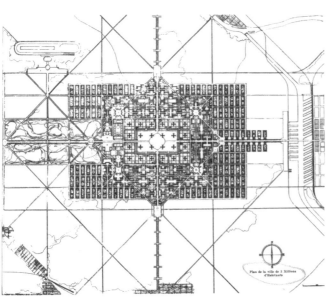

28 Plano e perspectiva do projecto de 1922, de Le Corbusier, para uma cidade contemporânea com 3 milhões de habitantes. Os arranha-céus de escritórios ocupam o centro, com um aeroporto situado no meio, debaixo do qual existe uma estação ferroviária. As pessoas vivem nos apartamentos mais altos e mais centrais. Mais distantes, encontram-se os blocos residenciais lineares de seis andares ou *duplexes* de quatro andares, ao passo que as "cidades-jardim" para os trabalhadores da indústria não são visíveis situando-se para lá da cintura verde. As instituições públicas e um parque romântico localizam-se numa das margens do núcleo da cidade e as fábricas no outro. Os enormes edifícios não possuem quaisquer acessos importantes nem têm qualquer efeito aparente ao nível do solo, que é uma zona de parque. A cidade é uma expressão da ordem clara, estática e centralizada.

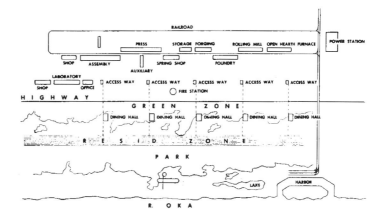

29 Diagrama de uma cidade linear para a fábrica de automóveis de Nizhni Novgorod, da autoria de N. A. Miliutin, em 1930. Rio, parque, habitações, instituições, fábricas e linhas de caminho-de-ferro correm em paralelo umas às outras, neste ambiente ideal de uma sociedade socialista, como um conjunto coordenado de linhas de produção.

30 Um esboço de 1914 para a nova cidade imaginária de Antonio Sant'Elia, uma fantasia futurista de torres e de transportes impressionantes.

efemeridade. Os objectos devem durar menos do que nós. Cada geração deve construir a sua própria cidade".

Paul Sheerbart imaginou um maravilhoso novo mundo de luz: flutuante, transparente, intrincado e móvel. "Podemos falar com toda a seriedade de uma arquitectura flutuante... edifícios simplesmente justapostos ou afastados... cada cidade flutuante pode assumir um aspecto diferente em cada dia". — Sheerbart

Hans Poelzig, Eric Mendelsohn, Hans Sharoun, Kurt Schwitters, Ivan Leonidov, Buckminster Fuller, os "Metabolistas" japoneses – uma longa série de *designers* inventivos está completamente envolvida nas novas possibilidades técnicas. Na sua obra *Alpine Architecture*, escrita pouco antes da terrível destruição causada pela Primeira Guerra Mundial, Bruno Taut propôs que os homens virassem as suas energias para reconstruir a terra com uma paisagem artificial magnífica: esculpindo os Alpes e os Andes, remodelando os arquipélagos do Pacífico. As pessoas juntar-se-iam para fazer do planeta uma imensa catedral graças a enormes obras de engenharia. "Povos da Europa! Modelem uma peça de artesanato sagrado... a Terra embelezar-se-á através das vossas mãos!" Os cumes das montanhas deveriam ser cortados em forma de jóias ou flores, e a água, as luzes e as nuvens poderiam recriar-se neles. — Ver fig. 31 / Ver fig. 32 / Taut

Numa série magnífica de desenhos, Paolo Soleri propõe cidades em locais selvagens: cidades maravilhosamente compactas e complexas. A grande comunidade e a sua concha bem modelada tornam-se um superorganismo coerente, que substitui o indivíduo como entidade organizada e viva. O grupo Archigram, na Inglaterra, imagina complexidades semelhantes, nas quais as máquinas vivem e todo o ambiente é móvel ou desmontável. — Soleri / Ver fig. 33

Em contraste com as utopias orgânicas mais antigas, estas formas são ricas e fascinantes. Elas jogam com a adaptabilidade, com os aspectos técnicos do acesso e com a expressão visível da função. Mas, acima de tudo, elas estão obcecadas com a expressão de um mundo complexo mas coerente, construído pelos homens, e organizado numa escala muito grande. Quando se analisa a organização social necessária para criar e manter estas formas maravilhosas ou o seu impacto nos sistemas ecológicos da terra, as consequências desses esquemas são aterradoras. As necessidades de controlo foram completamente negligenciadas. Ou talvez o controlo não seja completamente negligenciado, apenas esteja disfarçado. Pode ser que afinal sejam sonhos de domínio absoluto.

As propostas de Aldo Rossi são um exemplo muito recente desta concentração na forma. Para ele, a arquitectura é uma disciplina autónoma, eterna, fora do tempo, que cria tipologias da forma com uma existência independente, como ideias platónicas. A cidade é uma estrutura permanente que, através dos seus monumentos, "recorda" o seu passado e "se concretiza" à medida que se desenvolve. A arquitectura está divorciada da função; é memória colectiva, um jogo puro, formal e sofisticado. A estrutura física está separada da estrutura social e transforma-se em algo com possibilidades fascinantes e independentes. Estas atitudes desdobram-se em flores monstruosas e sedutoras. Contudo, bastante abaixo, elas enraízam-se na mesma noção falsa: de que o homem e o seu habitat são entidades completamente separadas, ligadas apenas, se é que o são, por alguma causa mecânica, unidireccional.

Poucas propostas utópicas abordam a questão do local e da sociedade em conjunto. O sonho de William Morris é uma excepção. Uma outra é o conjunto de "paradigmas" descritos por Paul Goodman e Percival Goodman, em *Communitas*. Criam-se três sociedades imaginárias, juntamente com os respectivos ambientes apropriados: uma das sociedades é um mundo de superprodução, de consumo extraordinário e de vazio periódico; outra é uma sociedade de liberdade e de segurança biológica alcançadas através de uma economia dupla, na qual se pode escolher entre a riqueza e o esforço angustiado, ou entre o lazer e a simples subsistência; e a terceira baseia-se em comunidades pequenas, auto-suficientes, onde a produção e o consumo são fixos. Ainda que as duas primeiras sejam um pouco irónicas, cada uma delas possui uma estrutura espacial inventiva que reforça os seus objectivos sociais. O último paradigma, e possivelmente o preferido, é a metáfora orgânica familiar. Tal como parece acontecer em qualquer paraíso verdadeiramente desejado, o cenário espacial é menos imaginativo. A nova comunidade habita numa pequena cidade italiana situada nas montanhas, romanticamente perspectivada, com a sua praça e a sua vida pública.

Os "padrões" de Christopher Alexander fazem parte deste grande sistema de raciocínio, que se centra no processo da decisão ambiental. Apesar de tudo, são fragmentos de uma visão utópica prioritariamente preocupada com a forma espacial. Ao contrário das outras, no entanto, cada proposta está intimamente relacionada com as suas consequências humanas. Cada uma delas pretende ser um pedaço bastante real do mundo, baseada numa forma humana imaginária de relacionamento fundamental e estável com esse mundo. Daí que, apesar de o sistema na sua totalidade se mostrar preocupado com o modo como sao tomadas as decisões, a substância dos padrões é uma longa e ricamente ilustrada investigação acerca da correspondência entre a forma e o comportamento. Grande parte da sua ênfase reside nas complexas variações do acesso.

Quando as comunidades utópicas se transformam em experiências reais, são forçadas, pelo menos, a tratar da questão dos respectivos ambientes físicos. Para muitas delas representa um despertar brutal. Custos e dificuldades que os colonos nunca imaginaram intrometem-se na sociedade aperfeiçoada: fracassaram as colheitas, arderam os edifícios, não se conseguiu

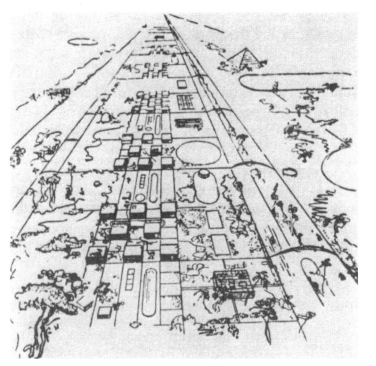

31 Esboço de uma perspectiva parcial da cidade de Magnitogorsk, URSS, proposta e concebida para um concurso, em 1930, por Ivan Leonidov, um dos *designers* mais imaginativos dos primeiros dias da revolução russa, cujos sonhos nunca chegaram a ser concretizados. Os blocos de casas com dois andares desta cidade linear estão agrupados em conjuntos de quatro, em torno de pequenos pátios comuns, alternando, como no padrão de um tabuleiro de xadrez, com os parques e com os edifícios comunais.

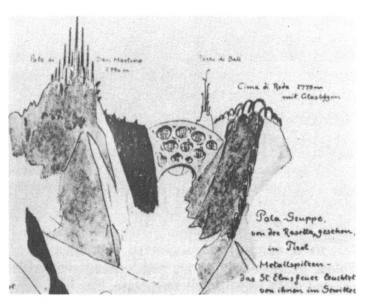

32 O sonho de Bruno Taut para remodelar os Alpes. A rocha é cortada em formas cristalinas acima da linha das árvores, enquanto os arcos e os caramanchões de vidro passam por cima da neve ou projectam-se por cima da ravina. Numa tempestade, o fogo-de-santelmo deverá cobrir os pináculos de metal e uma harpa eólia deverá soar na ponte.

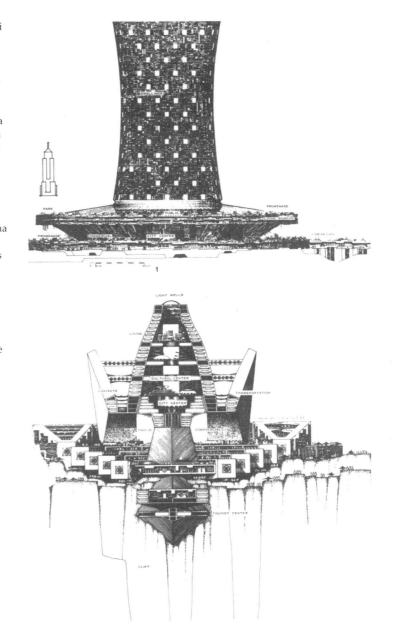

33 Duas propostas de Paolo Soleri para cidades gigantescas: Babel II D (em elevação) e Stonebow (seccionada). Babel II, com 1950 metros de altura e 3000 metros de diâmetro, deveria ter uma população de 550 000 pessoas a viver no interior de uma estrutura cilíndrica de apartamentos, com a forma de uma gigantesca torre de refrigeração. As fábricas e os serviços ocupam a base e catorze níveis de "parques de bairro" preenchem a torre central. (Ao lado, um esboço do Empire State Building, na mesma escala, dá uma ideia da dimensão da torre.) Stonebow alberga 200 000 pessoas numa estrutura linear construída em forma de ponte sobre uma ravina. O centro encontra-se no ponto intermédio da ponte, no ponto em que a secção aqui apresentada cortou a cidade. A principal auto-estrada encontra-se por baixo da parede da ponte das habitações.

chegar aos abastecimentos ou aos mercados, acumularam-se os desconfortos diários e a atribuição de tarefas domésticas transformou-se numa supertarefa. Outras comunidades conseguiram superar estes pequenos desastres, mas não conseguiram adoptar uma nova ordem espacial que lhes proporcionasse apoio ou inspiração. Ao tomarem conta de edifícios antigos, talvez temporários ou abandonados, algumas comunidades pareceram mais interessadas na decoração espacial do que na organização espacial, como se uma preocupação exagerada com o mundo físico fosse desnecessária, até mesmo indigna. Todavia, também houve experiências utópicas que abordaram mais explicitamente o ambiente e, desse modo, conseguiram ganhar alguma força.

As comunidades Shaker dos Estados Unidos, o mais antigo de todos estes paraísos do mundo real, prestaram enorme atenção ao respectivo cenário arquitectural. O mundo deveria ser literalmente transformado no paraíso, uma arquitectura perfeita de ambiente e sociedade. Cada comunidade era um "edifício vivo". O espaço e o comportamento eram canalizados para padrões regulares, rectangulares, excepto no êxtase da dança, quando essas restrições eram deliberadamente postas de parte. As perdas de tempo, o esbanjamento e a desordem foram completamente eliminados. As concepções dos edifícios e a forma do equipamento foram determinados e cuidadosamente pormenorizados. Os edifícios recebiam um código de cores em função do seu uso. Desta atenção para com a forma e deste carácter prático tão intenso, surgiram os delicados objectos Shaker, que actualmente tanto admiramos, assim como muitas outras úteis invenções mecânicas. Ver fig. 34

A comunidade Oneida (1848-1880) estava convicta de que os homens e as mulheres poderiam atingir a perfeição no seio de uma sociedade comunista bem sintonizada e livre. O desenvolvimento comunitário e o desenvolvimento contínuo do indivíduo eram os seus objectivos, e constituíam um processo divertido. Os membros desta comunidade começaram a estudar álgebra ou grego aos oitenta anos. Este grupo conseguiu concretizar muitas experiências sociais: propriedade conjunta, rotação no trabalho, cura pela fé, vegetarianismo, casamentos em grupo e eugenia comunitária, entre outras coisas. O cenário tinha de ser aperfeiçoado tal como os habitantes da comunidade. Foi prestada uma atenção muito especial e carinhosa aos quartos, às decorações e à paisagem dos jardins circundantes. Toda a comunidade participou na elaboração dos edifícios e dos anexos. As propostas de esboços podiam ser apresentadas por qualquer indivíduo e eram calorosamente discutidas até todos chegarem a acordo. Os locais recebiam uma forma particular e essa forma era considerada importante. Acima de tudo, os membros da comunidade Oneida pretendiam que o espaço e a sua mobília conseguissem encorajar os encontros sociais informais. Moos

Estas sociedades bem sucedidas colocaram a sua ênfase

no ambiente como símbolo visível da comunidade. O espaço deveria ter limites definidos e um carácter especial. O espaço deveria sobrepor-se ao conjunto. A ordem e a limpeza eram consideradas características extremamente valiosas. O mundo natural subjacente deveria apresentar-se aos sentidos. O apoio espacial do encontro social era uma questão fundamental, particularmente porque afectava as reuniões pessoais de pequenos grupos. As questões de contacto espontâneo *versus* contacto regulamentado, ou de comunidade *versus* privacidade eram bastante debatidas. Tentava obter-se o melhor acesso a pessoas, serviços e locais. O controlo e a participação eram questões importantes, apesar de o nível a que deveria ser exercido o controlo ser um ponto de desacordo e de a questão poder ser algo secreta em vez de ser aberta.

Na maioria das sociedades utópicas, os critérios mais directos e óbvios de conforto, de clima adequado, de uma adequação viável da forma à função e de um maior acesso a recursos económicos não eram, muitas vezes, objecto de debate consciente. Todavia, demonstraram ser importantes na história real destas comunidades. O carácter prático ambiental e cuidadoso dos Shakers e a base industrial firme que os membros da comunidade Oneida foram capazes de criar revelaram-se factores cruciais na longevidade destas comunidades.

Ver fig. 35

O inferno é mais impressionante do que o céu. Quando se solicitou a um grupo de jovens de Cambridge, Massachusetts, que descrevesse o seu mundo ideal, eles ficaram surpreendidos e até mesmo um pouco aborrecidos. Quando lhes foi solicitada uma descrição do pior ambiente que conseguissem imaginar, responderam com júbilo e imaginação. Concordaram que a polícia e os *gangs* de adultos deveriam ocupar territórios separados e hostis. As portas e as janelas deveriam ser bloqueadas. As sebes atravessariam as ruas atulhadas de lixo, lama e vidros partidos. Todos os serviços seriam eliminados. O ar seria viciado, o barulho ensurdecedor. Seria muito quente ou muito frio; e por aí adiante. Do mesmo modo, as "cacotopias" – descrições imaginárias de mundos horríveis no futuro – sempre foram bastante mais específicas acerca dos seus cenários físicos do que as obras utópicas. *As Viagens de Gulliver* é uma obra espacialmente articulada.

White

As obras de ficção científica estão repletas desse género de descrições. O seu pano de fundo típico é uma cidade do futuro bastante grande, terrivelmente poluída, indiferente, densa e caótica, na qual a vida é precária, as comunicações pessoais são impossíveis e em que todas as acções são controladas externamente. As descrições de compartimentos, paisagens e maquinaria são maravilhosamente detalhadas. Ainda como exemplo, observem as fantasias maravilhosas criadas pela equipa de *designers* designada por Superstudio: ambientes geométricos perfeitos em que cada indivíduo é isolado de todos os outros e ninguém controla um só fragmento da sua própria vida. Essas cacotopias, anunciadas como pesadelos do futuro, são escritas para expor a injustiça do presente.

As cacotopias reais acontecem como resultado de maldade ou negligência difusas, mas também foram intencionalmente construídas. As prisões e os campos de concentração são construídos para controlar os outros ou para os destruir. Os centros de interrogatório utilizam meios físicos específicos para destruir a resistência das pessoas de quem pretendem extrair as informações ou a aquiescência. Estes meios incluem a dor física directa, mas também o isolamento, a tensão contínua, a perda de privacidade, a desorientação no espaço e no tempo, o ruído, a luz, a escuridão, o desconforto permanente e estratégias de ordem física semelhantes. Destes dispositivos perversos também podemos aprender algo acerca dos valores positivos do ambiente, tal como um estudo da patologia serve para nos informar acerca do estado de saúde.

Ver fig. 36

Felizmente, os céus e os infernos que construímos não duram muito tempo. Quando desaparecem, parecem deixar apenas algumas cicatrizes ou lembranças nostálgicas. Contudo, não são efémeros. São expressões válidas de necessidades e de sentimentos humanos profundos e, como tal, podem ser pontos de orientação para os valores ambientais. Podem ser consultados como experiências ambientais, apesar de raramente se fazer isso. Ainda que não sejam examinados fazem parte, apesar de tudo, da nossa bagagem cultural, exercendo uma influência secreta sobre muitas decisões práticas e até mesmo sobre as políticas mais importantes como as que serviram de abertura a este capítulo. Essa influência deve ser aberta. Alguns destes motivos utópicos, juntamente com os de muitas outras fontes, estão compilados no anexo C, que é o quarto de despejo em que foram elaboradas as dimensões de valor a propor mais adiante.

Em contraste com os motivos declarados da política prática, os temas utópicos e cacotópicos abrangem uma grande variedade e respondem aos sentimentos fortes que temos sobre os locais em que habitamos. Além disso, muitas vezes ligam-se a características espaciais de um modo muito concreto. É evidente que essas ligações podem ser ilusórias. São ficções, e as pessoas práticas afastam-se delas. O seu próprio estilo de expressão – verbal ou gráfico – afasta-os dos relatórios oficiais. Mas transmitem perspectivas e paixões que podem electrificar os documentos públicos mais indiferentes. A política eficiente (ou o *design* eficiente) funciona na fronteira entre o sonho e a realidade, ligando as necessidades profundas e os desejos obscuros à experiência e ao exame abertos. A política da cidade tem de ser geral, explícita e racional, e, no entanto, também tem de ser concreta e apaixonada. As teorias normativas mais importantes, que exploramos no próximo capítulo, são poderosas (quer sejam verdadeiras ou falsas) porque conseguem estabelecer essa ponte. Vou tentar fazer o mesmo.

Na obra de Italo Calvino, *Cidades Invisíveis*, Marco Polo

Calvino

34 Uma perspectiva de Hancock, Massachusetts, um dos prósperos aglomerados dos Shaker, do século XIX. O ambiente é produtivo, pacífico e pragmaticamente concebido. Corresponde ao modo de vida cuidadosamente ordenado desta utopia celibatária. O celeiro redondo, à direita, é uma inovação do *design* Shaker.

35 O Inferno é vívido e específico, ao passo que o Céu é neutro: parte do mosaico colocado sob a abóbada do Baptistério de Florença.

36 Uma vergonhosa lembrança norte-americana: o campo de concentração de Poston, Arizona, construído para internar os cidadãos norte americanos de origem japonesa durante a Segunda Guerra Mundial, na altura em que estava pronto a ser utilizado. As camaratas foram dispostas tendo em conta razões de ordem económica, de construção rápida e para proporcionarem um controlo mais eficiente dos reclusos.

descreve várias cidades fantásticas ao Kublai Khan. Cada cidade é uma sociedade que exagera a essência de uma questão humana e para cada uma delas existe uma forma, maravilhosa e surpreendentemente concebida, que preenche e denuncia essa questão. Polo fala do desejo e da memória; da diversidade e da rotina; do temporário e do permanente, dos mortos, dos vivos e dos que ainda não nasceram; de imagens, símbolos e mapas; de identidade, ambiguidade, reflexões, do que é visível e do que é invisível; de harmonia e discórdia; de justiça e injustiça; de labirintos, armadilhas e infinitude; de beleza e fealdade; metamorfose, destruição, renovação, continuidade, possibilidade e mudança. O diálogo é um grande quadro de utopia e cacotopia, que explora, numa fantasia maravilhosa e circular, as relações entre as pessoas e os seus lugares. No final ele afirma: "O inferno dos vivos não é algo que ainda virá a ser; se existe, é o que já existe aqui, o inferno em que vivemos todos os dias, que formamos por estarmos juntos. Existem duas maneiras de escapar ao sofrimento desse inferno. A primeira é fácil para muitas pessoas: aceitar o inferno e tornar-se parte integrante dele, de tal modo que já não se consegue vê-lo. A segunda é arriscada e exige uma vigilância e uma apreensão constantes: procurar e aprender a reconhecer quem e o quê no meio do inferno, não são inferno, e então fazê-los resistir, dar--lhes espaço".

4

Três teorias normativas

Se dei a entender que não existe uma grande quantidade de teoria normativa, essa impressão poderá ser enganadora. A forma que uma cidade deve assumir é uma questão extremamente antiga. E se por teoria normativa pretendemos referirmo-nos a um conjunto coerente de ideias acerca da forma adequada da cidade e das suas razões, então existem várias dessas teorias. Cada grupo de teorias centra-se numa metáfora abrangente acerca do que é uma cidade e de como funciona.

Tal como já vimos, parece que as primeiras cidades surgiram como centros cerimoniais – locais de ritual sagrado que explicavam as perigosas forças da natureza e as controlavam em favor dos seres humanos. Os camponeses apoiaram voluntariamente as cidades, atraídos pelo seu poder sagrado. A redistribuição do poder e dos recursos materiais por uma classe governante andava a par com o crescimento das cidades nestes primórdios religiosos. No processo de construção da estrutura do poder humano, ainda que servissem para estabilizar a ordem do universo, o ritual religioso e a forma física da cidade eram instrumentos fundamentais – armas psicológicas e não físicas. A concepção deste instrumento aterrador e sedutor baseava-se numa teoria de correspondências mágicas.

Esta teoria reconhece que a forma de qualquer aglomerado populacional permanente deve ser um modelo mágico do universo e dos deuses. É um meio de ligar os seres humanos a essas imensas forças e um meio de estabilizar a ordem e a harmonia do cosmos. Deste modo, a vida humana recebe um local seguro e permanente; o universo continua com os seus movimentos exactos e sagrados. Os deuses são preservados, o caos é afastado e não é por acaso que se conserva a estrutura do poder humano – dos reis, do clero e da nobreza. Actualmente, tudo isto poderá parecer mera superstição, mas a teoria teve uma enorme influência histórica. Além disso, e afinal, muitas pessoas iluminadas ainda se mantêm fiéis a ideais semelhantes. É provável que muitas razões para a sua tenacidade ultrapassem a superstição.

Os dois ramos melhor desenvolvidos da teoria cósmica são os da China e da Índia. O modelo chinês teve uma enorme influência. Controlava a disposição consciente de quase todas as principais cidades da China, da Coreia, do Japão e de grande parte do sudeste asiático. Esta forma mágica está claramente exemplificada em Pequim, mas também em cidades que em tempos eram as suas cópias provinciais, tais como Quioto e Seul. O modelo inclui significados e cores atribuídos aos pontos cardeais – o norte era escuro e desfavorável, por exemplo, um ponto em relação ao qual se deveria construir um escudo defensivo. A cidade deveria ser dividida, subdividida e sub-

subdividida por grelhas progressivamente mais estreitas de ruas e de caminhos: caixas dentro de caixas. Os representantes da hierarquia e do poder religioso e civil coupavam locais exactos, com cores exactas e com materiais de construção exactos. O espaço estava simetricamente dividido em esquerda e direita e isto reflectia-se na organização do governo. Os recintos fechados, as passagens e as aproximações tinham funções protectoras mágicas. Toda uma série de ritos fundadores e de manutenção da cidade complementavam estas disposições espaciais. Tal como se podia ler no *Li-Chi* (Registo de Rituais), uma compilação do século II a.C.: "Os ritos evitam a desordem do mesmo modo que os diques impedem as inundações".

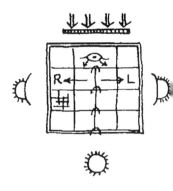

Estas ideias floresceram na complexa pseudociência da geomancia, que estudava as correntes locais da "respiração cósmica" influenciada pela topografia, pelos corpos aquáticos, pelos pontos cardeais e pelas veias secretas na terra. Esta ciência conduziu a recomendações sobre os locais mais favoráveis para a construção de cidades, túmulos e estruturas importantes, e a modos de melhorar os locais através de símbolos, aterros e planeamento – convidando as correntes favoráveis e bloqueando ou afastando as desfavoráveis. Um produto secundário e oportuno destas preocupações religiosas acabou por ser o grande cuidado com a localização, o que produziu muitos cenários devidamente ajustados.

Os teóricos indianos, ainda que não tenham influenciado muitas cidades actuais, foram ainda mais explícitos nas ligações que estabeleceram entre deuses, homens, ritos e planos das cidades. Havia uma série de textos sobre o planeamento das cidades, os Silpasāstras, que indicavam como é que a terra podia ser parcelada, e como podiam ser fechadas e controladas as forças maléficas do caos. A forma típica era uma mandala, um conjunto de anéis fechados divididos em praças, na qual o ponto mais poderoso está no centro. O recinto fechado e a protecção reforçam o carácter sagrado, e os movimentos fundamentais vêm do exterior para o interior, ou circundam o recinto sagrado na direcção dos ponteiros do relógio.* A terra é sagrada e segura para se habitar, desde que estes ritos e divisões espaciais sejam concretizados. As procissões religiosas anuais seguem os mesmos percursos circulares e os residentes organizam a cidade nas suas mentes do mesmo modo. Madurai, na Índia, é um exemplo marcante deste modelo, em que, ainda hoje em dia, a forma da cidade, os templos, os ritos, as imagens mentais dos residentes, as localizações das actividades, as estradas principais e até mesmo os percursos dos autocarros correspondem integralmente a esta forma simbólica.

Dutt
Shukla

Ver fig. 38

Ver fig. 39

---

* É de notar a semelhança com a cerimónia cristã em que se caminha na direcção dos ponteiros do relógio ou "na direcção do sol", em torno de uma igreja.

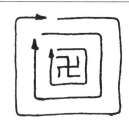

Ver fig. 40, 41

Apesar de a China e a Índia nos fornecerem os exemplos mais desenvolvidos do modelo cósmico, a ideia básica estava bastante disseminada por todo o mundo. Os centros cerimoniais elaborados na América do Sul e do Norte, na Ásia e em África, são testemunhos mudos disso mesmo. Registam-se teorias articuladas no Egipto, no Próximo Oriente, na Roma etrusca e em muitas outras localizações. O uso do local e a forma de simbolizar e de reforçar o poder perpassam toda a civilização ocidental e sobrevivem ainda hoje. A perfeição radial das cidades ideais da Renascença pretendia ser um símbolo do universo ordenado e matemático. O influente modelo barroco da cidade – um conjunto interligado de eixos divergentes e convergentes – era uma expressão e um instrumento de poder e de ordem. Só por ser herdeiro de um modelo tão bem desenvolvido é que Pierre L'Enfant conseguiu fazer o levantamento, definir e iniciar a construção da cidade de Washington num tempo recorde.

Cada uma destas teorias cósmicas assumiu uma perspectiva única e abrangente. Através dos mitos, elas explicaram como é que a cidade funcionava tal como funcionava e o que podia correr mal. Deste modo, disseram como é que uma cidade deveria ser: como a localizar, melhorar ou reparar. Se estes princípios fossem seguidos, melhoravam o poder terreno e davam às pessoas sensações de segurança, de temor e de orgulho. Eram teorias completas e operativas da cidade, funcionais e normativas.

Estas teorias utilizam alguns conceitos comuns relativos à forma. Entre eles estão a linha axial da procissão e da aproximação; o recinto circundante e os seus portões protegidos; o domínio exercido pelo superior sobre o inferior, ou pelo que é grande sobre o que é pequeno; o centro sagrado; os significados diversos dos pontos cardeais, devido às suas relações com o sol e com as estações do ano (o norte é frio e o sul é quente; o oriente é o nascimento e o início, o ocidente é a morte e o declínio); a grelha regular destinada a estabelecer uma ordem difusa; o dispositivo da organização através da hierarquia; a simetria bilateral como expressão de polaridade e de dualismo; as marcas colocadas no terreno em pontos estratégicos como método de controlo visível sobre vastos territórios; a natureza sagrada das montanhas, das cavernas e da água. Estas características semelhantes da forma foram reforçadas por características institucionais similares: ritos religiosos regularmente recorrentes, a organização do governo, a disposição das categorias sociais, o vestuário e o comportamento das pessoas da cidade, e por aí adiante. O espaço e o rito são estabilizadores do comportamento e servem para unir os seres humanos, tal como o fazem com muitos outros animais. As instituições e as formas, apoiando-se mutuamente, possuem um forte efeito psicológico e, na realidade, eram considerados invencíveis, de tal modo que se atribuía a responsabilidade por um desastre a qualquer tipo de

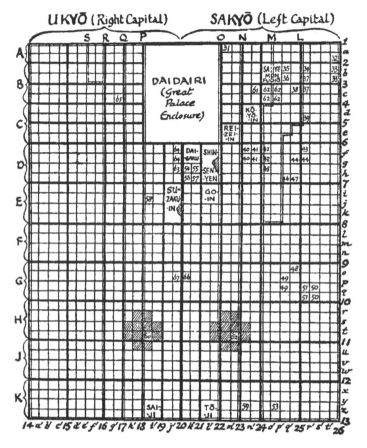

37 Plano da nova capital imperial de Quioto, Japão, fundada por volta de 800 d.C. e construída de acordo com o prestigioso modelo chinês (ver fig. 7). Para além dos limites da ilustração, um arco de montanhas, a norte, protege o local, ao mesmo tempo que a água flui de oriente, ocidente e sul. A cidade está dividida de forma regular. A partir do recinto do seu palácio e, olhando para sul, o imperador pode observar o povo, simetricamente dividido, situado para lá da área dos nobres e dos sacerdotes. Até os mercados centrais se dividem em esquerda e direita. Posteriormente, a cidade desenvolveu-se para oriente, abandonando o mercado ocidental e deixando o antigo palácio à sua margem.

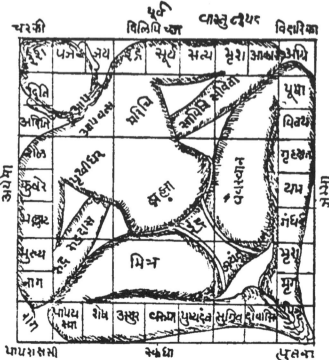

38 Uma mandala vāstu-purucha ("morada do espírito do local") da teoria de planeamento indiana, o modelo de disposição da cidade ideal. O demónio-purucha fica encerrado no interior de praças que o rodeiam, sendo cada uma delas dedicada a um deus. Brama tem direito à praça central, e é rodeado por Āditias, que, por seu turno, é rodeado por 32 Padadevatas.

39 Um plano, actual, da parte central da cidade de Madurai, Índia. É de salientar o templo central, as principais ruas circundantes e as radiais indirectas ou capilares que passam por entre elas. O plano coincide com o trajecto das procissões circundantes que acontecem nos dias sagrados. Apesar de a cidade ter sido fundada numa época anterior, este plano remonta aos séculos XVI e XVII.

40 Cena imaginária de uma cidade ideal, tal como é descrita por um pintor da Escola da Itália Central, 1490-1495. Ordem, precisão, forma clara, espaço alargado e um controlo perfeito: o ideal renascentista da cidade como estádio bem administrado para a vida da classe superior.

41 O plano original e uma foto contemporânea de Palmanova, Itália, uma nova cidade, construída em 1593, para defender as fronteiras do território de Veneza. O *designer* desta cidade (porventura Scamozzi) seguiu os preceitos da simetria radial ideal da Renascença. Actualmente, a cidade espalha-se assimetricamente ao longo das ruas, perdida por detrás dos incómodos aterros militares. A praça central é um grande espaço vazio.

negligência que se intrometesse nessas disposições. Por detrás destes conceitos residem alguns valores primários: ordem, estabilidade, domínio, uma adequação próxima e duradoura entre a acção e a forma – acima de tudo, a negação do tempo, decadência, morte e aterrador caos.

Bem, isso já é passado, como é evidente, faz parte das épocas de superstição suplantadas pelo nosso esclarecimento. Todavia, ainda somos afectados por esses dispositivos do rito e da forma. O poder ainda se exprime e ainda é reforçado pelos mesmos meios: por uma fronteira e por portões, por um percurso de parada, por uma marca colocada no terreno, pelo uso da elevação ou da dimensão, pela simetria bilateral ou pela ordem regular. As cidades capitais são concebidas com eixos monumentais, os juizes olham para baixo para os prisioneiros, os escritórios são construídos para "impressionar", as empresas disputam o edifício mais elevado. Na actualidade, todas estas situações continuam a exercer influência sobre todos nós.

ver fig. 42

Mesmo se admitirmos a eficácia psicológica destas formas, ainda as podemos rejeitar. São dispositivos frios de poder, utilizados para fazer com que algumas pessoas possam subjugar outras. Como tal, deixarão de existir entre nós assim que o poder arbitrário for abolido. Porém, também é verdade que estas formas simbólicas são atraentes (e por isso "funcionam" em benefício dos objectivos dos poderosos) porque apelam a emoções profundas de ansiedade nas pessoas. Na realidade, elas dão-nos uma sensação de segurança, de estabilidade, de continuidade, de temor e de orgulho. Por isso, também podem ser usadas para exprimir o orgulho e o afecto por uma comunidade, para relacionarem as pessoas com ela, para reforçarem uma sensação de continuidade humana ou para revelarem a majestade do universo.

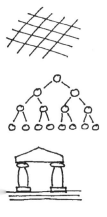

De qualquer modo, ainda que o raciocínio mágico da teoria possa ser desacreditado, o poder psicológico destes dispositivos não pode ser assim tão facilmente posto de lado. Estes eixos, recintos, grelhas, centros e polaridades são funções da experiência humana comum e do modo como são construídas as nossas mentes – de como o nosso aparato cognitivo assumiu e assume a sua forma, de maneira a poder funcionar com sucesso no mundo real em que vivemos. Assim, estas influências são impactos reais da forma das cidades, para o bem ou para o mal, e devem ser tomadas em consideração em qualquer teoria normativa. As pedras, a água, as árvores antigas, as marcas do tempo, o céu, a caverna, o superior e o inferior, o norte e o sul, o eixo, a procissão, o centro e a fronteira – são características que qualquer teoria tem de tomar em consideração.

O modelo cósmico sustenta o ideal de uma cidade cristalina: estável e hierárquica – um microcosmos mágico no qual cada parte está fundida num conjunto perfeitamente ordenado. Se de algum modo se alterar, o microcosmos deve

42 Entrada "da frente" e entrada "de serviço" em Beacon Hill, Boston. O ambiente físico exprime o domínio social através de conceitos como grande e pequeno, superior e inferior, proeminente e retirado, elaborado e simples.

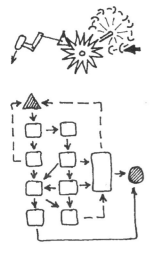

fazê-lo apenas de acordo com um ciclo rítmico, ordenado e completamente inalterável. Por outro lado, pensar na cidade como uma máquina prática é uma concepção completamente diferente. Uma máquina também possui partes permanentes, mas essas partes movimentam-se individualmente e movimentam as outras. A máquina, na sua totalidade, pode mudar, apesar de o fazer de um modo claramente previsível, como por exemplo movimentando-se seguramente ao longo de um percurso pré-determinado. A estabilidade é inerente às partes e não ao conjunto. As partes são pequenas, definidas, muitas vezes semelhantes umas às outras e estão mecanicamente ligadas. O conjunto desenvolve-se por adição. Não tem qualquer significado mais abrangente; é simplesmente a soma das respectivas partes. Pode ser desmontado, montado, invertido, ter peças substituídas e funciona de novo. É factual, funcional, "fixe", e absolutamente nada mágico. As partes são autónomas excepto no que diz respeito às respectivas ligações prescritas. Faz o que faz, não mais.

Designar isto como um modelo de máquina pode ser erróneo por dois motivos. Em primeiro lugar, pensamos nas máquinas como objectos modernos, complexos, movidos a vapor, gasolina ou electricidade, e fabricados em metal reluzente. Mas um vagão é uma máquina, tal como a cegonha de um poço, um moinho de vento ou uns patins de rodas. A metáfora da cidade como máquina não é uma concepção moderna, apesar de actualmente parecer triunfante. As suas raízes remontam a um período bastante longínquo, quase tão distante quanto as do modelo cósmico. Em segundo lugar, para aqueles que se juntam ao coro actual contra a tecnologia, a própria palavra "máquina" pode evocar certas insinuações de desumanidade. Não tenciono provocar esse género de apreciação.

Este modelo foi particularmente útil sempre que os aglomerados populacionais tiveram um carácter temporário, tiveram de ser construídos à pressa, ou foram construídos com objectivos claros, limitados e práticos, tal como se pode ver em muitos locais com origens coloniais. O objectivo habitual era distribuir terras e recursos mais rapidamente, e proporcionar uma melhor distribuição do acesso a estes terrenos. A este objectivo poderia ser acrescentado do da defesa, ou talvez o da especulação imobiliária. A forma da cidade é uma maneira de progredir, de lançar as bases para outras actividades, mais importantes, e, portanto, ser capaz de alterar as partes e as suas relações sem grande receio das consequências remotas. Algumas regras simples de disposição permitem lidar com circunstâncias novas e complicadas de modo mais rápido e eficiente.

Vimos como é que as colónias gregas (mas não as cidades--mãe) dos séculos IV e V a.C. usaram a disposição normal *per strigas*, em blocos longos e estreitos e, por vezes, a impuseram em terrenos bastante acidentados. Entretanto, as muralhas defensivas seguiram a forma do terreno de onde poderia surgir um ataque e o seu traçado é bastante independente do padrão repetitivo em blocos. O acampamento de trabalho egípcio de Kahun (c. 1900 a.C.) é um exemplo ainda mais antigo desse género de cidade, elaborado para a construção de uma pirâmide, contendo casas para os trabalhadores e respectivos supervisores.

Ver fig. 43

Ver fig. 44

O plano regular de um acampamento militar romano é bem conhecido. Uma cruz *cardo* e *decumanus*, entre quatro portões num quadrado regular. Podia ser erguido para uma paragem durante uma única noite e, ainda assim, servir para a disposição de uma cidade permanente. O plano está subjacente à disposição dos centros de muitas cidades europeias. Talvez menos conhecido seja o facto de a maioria das novas cidades medievais – e houve uma enorme explosão de tais fundações nos séculos XII e XIII – também utilizarem divisões em lotes e em blocos simples, regulares e rectangulares. Apesar de imaginarmos que as cidades medievais eram irregulares, pitorescas e "orgânicas", os reis e os habitantes dos burgos construíam aglomerações urbanas bastante regulares e práticas, quando tinham essa oportunidade.

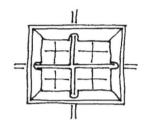

Ver fig. 45

Esta experiência medieval levou à proclamação das Leis das Índias, em 1573, nas quais o imperador espanhol dava indicações acerca do modo como deveriam ser construídas as novas cidades da América. Estas instruções governaram a fundação de centenas de cidades durante um período de 250 anos. As leis continham regras para a selecção dos locais, a disposição de uma grelha quadrada e bem ordenada de ruas e blocos, a sua orientação, a forma da *plaza* central (que deveria ficar rodeada por edifícios públicos e pelas casas das pessoas mais ricas), a segregação das actividades nocivas, a forma da muralha, a disposição das terras comuns, a distribuição dos lotes e das quintas da cidade, e até mesmo para o estilo uniforme dos edifícios. Não era um passe de mágica, mas antes um livro de notas bastante prático. Cada uma das regras tinha um motivo e o modelo podia ser rapidamente executado.

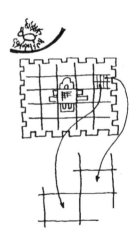

As cidades em grelha dos Estados Unidos, motivadas pela especulação imobiliária e distribuição das terras, são-nos bastante familiares como exemplos deste mesmo género. O relatório dos comissários que, em 1811, delineou a cidade de Nova Iorque na parte superior de Washington Square é uma declaração lúcida dos motivos dessa concepção. Comparem apenas uma das suas declarações com a doutrina cósmica: "[Nós] não podemos deixar de ter em conta que uma cidade deve ser prioritariamente composta pelas habitações dos homens e que as casas com paredes estreitas e em ângulos rectos são as mais baratas de construir e as mais adequadas para se viver. O efeito destas reflexões evidentes e simples foi decisivo".

Ver fig. 46

O modelo da máquina não é simplesmente a aplicação de uma disposição em grelha (na verdade, as grelhas também eram características essenciais do modelo mágico chinês), mas antes uma perspectiva característica acerca das partes, dos conjuntos e da sua função. Serve de fundamento à Cidade Radiante de Le Corbusier que, a princípio, parece ser tão diferente na sua forma. Uma cidade, de acordo com este modelo, é composta por partes autónomas, indiferenciadas, ligadas a uma grande máquina que, por contraste, tem funções e movimentos claramente diferenciados. A máquina é poderosa e bela, mas não é um trabalho de magia ou um espelho do universo. É ela própria (apesar de também poder utilizar alguns dispositivos familiares de dimensão, de domínio e de axialidade para realçar o poder das máquinas de velocidade ou de uma empresa comercial).

Numa forma muito mais liberal e humana, este modelo da máquina surge igualmente na obra de Arturo Soria y Mata, que se preocupou com a saúde, com o espaço aberto, com a habitação barata e com um fácil acesso para as pessoas de meios mais reduzidos. De facto, a forma linear que ele defendeu é uma excelente forma mecânica, que parece preservar o seu carácter apesar da extensão infinita. Pode-se vê-la na Roadtown de Edgar Chambless, na obra de Le Corbusier e, na sua forma mais completa, nas cidades ideais de Miliutin. A cidade de Sotsgorod, de Miliutin, é uma expressão muito clara da ideia da máquina, extrema quase ao ponto da caricatura, apesar de ter uma intenção extremamente séria. Miliutin compara uma cidade a uma central eléctrica ou, mais uma vez, a uma linha de montagem. Centra-se nos transportes, na separação ordenada das actividades, nos processo de produção e na saúde dos trabalhadores, que são factores fundamentais nesse processo. Simplicidade, economia, melhor saúde, ordem, partes autónomas. As crianças devem ser separadas dos adultos. As camas duplas não devem ser permitidas, tal como também não devem ser os "farrapos sujos" nas janelas.

A ideia da máquina ainda vive – nas ideias arrojadas de Archigram, Soleri e Friedman, por muito distintas que sejam as formas particulares que eles utilizam –, mas também nos poderosos conceitos da análise de sistemas que modela o mundo como um conjunto de partes distintas ligadas por conexões dinâmicas bem definidas, como um gigantesco aeroplano. Em termos menos arrebatadores, o modelo da máquina está na origem da maior parte dos actuais modos de encarar as cidades: nas nossas práticas de subdivisão da terra, de engenharia do tráfego, de serviços públicos, de códigos de saúde e de construção, e na divisão por zonas. Os motivos articulados são os que se relacionam com a igualdade da distribuição, bom acesso, escolha alargada, função técnica regular, eficiência produtiva, bem-estar material, saúde física e autonomia das partes (o que significa liberdade individual, mas também liberdade de exploração do espaço e de especulação nele). Estes motivos, discutíveis mas certamente não desprezíveis, adequam-se facilmente à concepção da máquina. Além disso, a máquina, com as suas partes divisíveis, pode ser

43 Plano da cidade egípcia de Kahun, construída por volta de 3000 a.C., e destinada a albergar os trabalhadores e os capatazes dedicados à construção da pirâmide de Illahun. Esta cidade foi planeada e rapidamente construída. É de notar o controlo dos acessos e a separação das duas classes de moradores.

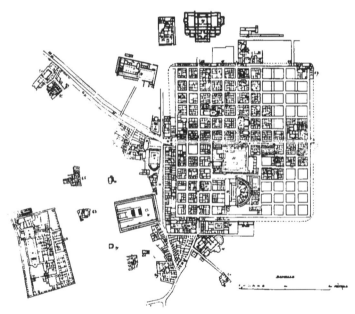

44 Plano de Timgad, uma colónia romana fundada pelo imperador Trajano, por volta de 110 d.C., para os veteranos da Terceira Legião. Pretendia ser um ponto de apoio para conservar as conquistas romanas no Norte de África e "civilizar" os Berberes. A cidade é um quadrado, com 350 metros de lado, e foi planeada, tal como qualquer acampamento militar romano, com um cruzamento *cardo* e *decumanus* no centro. É de notar o crescimento posterior nas margens da cidade e o bloqueio e alteração da entrada sul. Os Berberes destruíram Timgad antes de 535.

45 Perspectiva aérea vertical da cidade em "bastide" de Santa Fé, perto de Granada, Espanha, fundada em 1492, como cidade de cerco, para o ataque final aos Mouros. Quando surgia a oportunidade, os planificadores de cidades da Idade Média utilizavam formas geométricas regulares. Estas experiências no novo planeamento das cidades deram origem às influentes Leis das Índias.

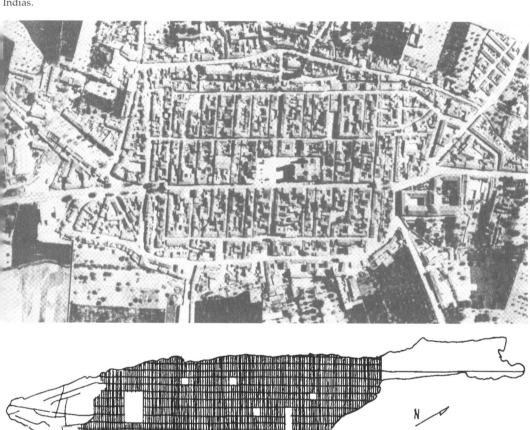

46 O plano do Comissário para a cidade de Nova Iorque, em 1811, que orientou todo o desenvolvimento futuro da Ilha de Manhattan. Este plano mecânico, vasto em extensão e indiferente à topografia, foi motivado pela necessidade de prever espaço para as futuras ruas e clarificar os títulos de propriedade das terras após a Revolução.

analisada e melhorada de modo fragmentado, com grande economia de esforços.

A racionalidade explícita, com todas as suas glórias e perigos, encontra neste âmbito um campo de aplicação perfeito. É evidente que nos podemos perguntar se não haverá mais nas cidades do que apenas isto. Será que é menos errado encarar a cidade como uma máquina – um dispositivo composto por partes rígidas que transmitem força e movimento (e informações, poderíamos acrescentar actualmente) para fazer um trabalho – do que pensar nela como um símbolo cósmico? Mas a ideia tem as suas vantagens, particularmente quanto à divisão rápida e equitativa do espaço, ou para a gestão do fluxo de produtos e de pessoas. As disposições em grelha (tridimensionais e bidimensionais) e as formas lineares têm muitas características úteis para situações específicas. A preservação da autonomia das partes conserva a liberdade e a adaptabilidade (e, talvez, a alienação?). O modo analítico e fragmentado de raciocínio é uma estratégia poderosa para compreender entidades complexas.

A pressão no sentido da padronização acompanha estas vantagens, uma tendência para o isolamento, que é pouco humana. A Cidade Radiante, de Le Corbusier, ou a Babeldiga, de Soleri, seriam locais estranhos. As separações, a simplificação exagerada, a estética pura da máquina de trabalho, parecem frias e repelentes se nos imaginarmos a viver precisamente nesses locais ideais. Fundam-se numa concepção da cidade que em termos básicos parece errada. Contudo, até mesmo quando colocamos de lado as nossas apreensões sociais, psicológicas e ecológicas, o que resta – o ambiente edificado, mesmo na sua forma mais prática e funcional – só muito raramente se constitui como uma máquina montada, preparada com um objectivo claro e único. Além disso, a metáfora da máquina mascara, muito frequentemente, uma forma de domínio social que é simplesmente menos visível do que a ostentação despudorada do poder na cidade cósmica.

O terceiro grande modelo normativo é muito mais recente, ainda que já tenha dois séculos. É a noção de que uma cidade pode ser encarada como um organismo, uma noção que surgiu com a ascensão da biologia nos séculos XVIII e XIX. Foi uma expressão da reacção do século XIX à tensão da industrialização, às novas e gigantescas cidades e aos avanços inauditos na tecnologia. A força desta corrente ainda se mantém, tal como se pode ver na disseminação da influência política da ideia da ecologia ou nas lutas académicas sobre a inclusão da cultura humana no novo campo da sociobiologia. Apesar de o modelo orgânico ter tido efectivamente menos influência na construção de aglomerados urbanos do que as duas doutrinas anteriores, é a perspectiva mais utilizada pelos actuais profissionais do planeamento e o entusiasmo por esta perspectiva dissemina-se diariamente entre os leigos. Apesar de criticar esta

47 O subúrbio linear iniciado por Arturo Soria y Mata, em 1894, desenvolvia-se por entre duas das principais radiais da cidade de Madrid e pretendia, originalmente, rodear toda a cidade. Cada bloco apresentado contém cerca de vinte lotes para pequenas moradias e jardins. Os serviços locais estão colocados ao longo da avenida central ladeada por árvores, através da qual passava uma linha de trólei privada ligada a outras linhas que, por sua vez, conduziam ao centro da cidade. O subúrbio deveria proporcionar habitação barata e com condições sanitárias adequadas às pessoas de rendimentos mais modestos. A companhia gestora funcionou com sucesso até à época do regime de Franco e a ideia foi popularizada por um vigoroso movimento linear da cidade.

48 A proposta de 1958, de Yona Friedman, para uma cidade elevada, em grelha, a construir por cima de uma cidade antiga, colocada por baixo. Harmoniza-se o crescimento e cria-se um novo habitat sem desenraizar os moradores existentes. O desenho é esplendidamente radioso, mas a ideia é terrivelmente fria.

perspectiva, também tenho de admitir que mantenho com ela uma longa ligação e tenho algum pesar por o mundo não poder ser assim.

Se uma cidade é um organismo, então possui algumas características distintivas que diferenciam as criaturas vivas das máquinas. Um organismo é um indivíduo autónomo com um limite definido e com uma dimensão definida. Não altera a sua dimensão pela simples extensão, dilatação ou adição ilimitada de partes, mas reorganiza a sua forma à medida que muda de dimensão e alcança limites ou limiares, onde a mudança da forma é radical. Apesar de ter uma fronteira externa precisa, não é fácil dividi-lo internamente. Possui partes diferenciadas, mas estas partes não estão em contacto íntimo umas com as outras e podem não estar assim tão exactamente delimitadas. Elas trabalham em conjunto e influenciam-se mutuamente recorrendo a métodos subtis. A forma e a função estão indissoluvelmente ligadas e a função do conjunto é complexa, não podendo ser compreendida apenas pelo conhecimento da natureza das partes, uma vez que o funcionamento conjunto das partes é bastante diferente do respectivo agrupamento simples. O organismo na sua globalidade é dinâmico, mas é um dinamismo homeostático: os ajustamentos internos têm tendência para fazer regressar o organismo a um estado equilibrado sempre que ele é perturbado por uma força exterior. Como tal, é auto-regulador e também se auto-organiza. Repara-se a si próprio, produz novos indivíduos e passa por um ciclo de nascimento, crescimento, maturidade e morte. A acção rítmica e cíclica é normal, desde o próprio ciclo da vida até às pulsações, passando pela respiração e pela palpitação dos nervos. Os organismos são intencionais. Podem estar doentes, terem saúde ou sofrerem de alguma tensão. Têm de ser encarados como conjuntos dinâmicos. Os sentimentos emocionais de surpresa e de afecto acompanham a nossa observação destas entidades.

Este conceito de organismo biológico é relativamente recente. Desenvolveu-se durante o século XVIII, mas recebeu a sua declaração de independência na obra de Ernest Haeckel e de Herbert Spencer, no século XIX. A aplicação desta imagem aos aglomerados humanos representou uma nova perspectiva que parecia servir para explicar muitos enigmas anteriores, uma perspectiva que reforçou muitos preceitos normativos anteriores que pareciam intuitivamente correctos. Muitas das ideias agrupadas por este modelo tinham antecedentes mais antigos: no pensamento utópico, no *design* romântico das paisagens, na obra dos reformadores sociais, dos naturalistas e dos estudantes dedicados das regiões locais. Figuras proeminentes criaram a teoria orgânica do aglomerado populacional no século XIX e levaram a cabo o seu desenvolvimento no século XX: homens como Patrick Geddes e o seu sucessor Lewis Mumford; Frederick Law Olmsted, o arquitecto paisagista americano; o reformador socialista

Geddes
Glikson
Mumford 1938
Saarinen

Ebenezer Howard; regionalistas como Howard Odum e Berton MaKaye; Clarence Perry, que introduziu a noção de unidade do bairro; Artur Glikson, o ecologista que idealizou as comunidades humanas e as paisagens regionais como conjuntos harmoniosos; e vários *designers* que aplicaram pormenorizadamente estas ideias, como Henry Wright e Raymond Unwin.

As suas obras escritas e os seus projectos ainda constituem a base clássica de formação para o planeamento físico, apesar de, com demasiada frequência, sob uma forma em segunda mão, bastante diluída. Mesmo que estes textos comecem a parecer ligeiramente antiquados nas escolas mais "vanguardistas", as ideias neles contidas espalharam-se de um modo muito mais vasto e profundo por toda a parte. Foram fundamentais nas novas cidades inglesas, nas cidades de cintura verde dos Estados Unidos e na maioria das cidades modernas de todo o mundo – quanto mais não seja, representam uma afirmação que deve ser louvada. O modelo atingiu uma forma mais desenvolvida na inovadora cidade finlandesa de Tapiola, no subúrbio do antigo Bedford Park e Hampstead Garden, na Grã-Bretanha, e em Radburn e Chatham Village, nos Estados Unidos. Foi ainda reforçado pela aplicação recente da ecologia às questões públicas. As suas noções básicas estão implícitas na maioria das discussões públicas sobre a forma da cidade e chegou mesmo a influenciar exemplos nominalmente anti-éticos como Chandigarh e Brasília.

O primeiro dogma deste modelo é que cada comunidade deve constituir-se como uma unidade social e espacial separada, tão autónoma quanto possível. No entanto, internamente, os seus locais e as pessoas devem ser bastante independentes. O modelo orgânico realça a cooperação que sustenta a sociedade, em contraste com a visão da sociedade como um espaço de luta competitivo. A forma e a função de cada parte interna devem ser fundidas, ainda que cada parte seja ela própria claramente distinta de outras partes internas, com outras funções. Um local onde existe produção deve ter esse aspecto e deve distinguir-se e localizar-se num outro sítio que não no local onde se dorme. A comunidade deve ser um conjunto, tanto na aparência como na realidade. Deve ter uma dimensão certa, para além da qual se torna patológica.

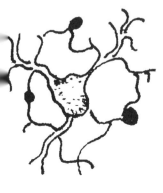

No seu interior, a comunidade saudável é heterogénea. Existe uma mistura de pessoas e de locais diversos, e essa mistura deve possuir proporções ideais, um "equilíbrio". As partes estão em intercâmbio constante umas com as outras, participando mutuamente na função total da comunidade. Mas estas partes, sendo diferentes, têm também papéis diferentes a desempenhar. Não são iguais ou repetitivos, mas antes diversos, e devem apoiar-se mutuamente na sua diversidade. A família nuclear é muitas vezes encarada como modelo, com os respectivos papéis de apoio diferenciados (e também com as suas desigualdades). Em geral, a organização interna de um aglomerado populacional deve ser uma hierarquia – uma árvore

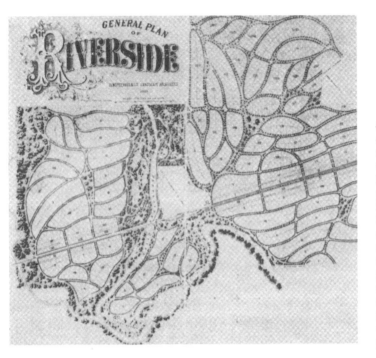

49 Plano original e fotografia contemporânea do subúrbio residencial de Riverside, Illinois, tal como foi concebido por Frederick Law Olmsted, em 1869, para uma empresa de promotores imobiliários e que se deveria localizar no local onde a linha de caminho-de-ferro Burlington atravessava o rio Desplaines, nos arredores de Chicago. As estradas planeadas curvam de forma romântica; as casas estão afastadas da rua. Ao longo do rio existe um parque e nos cruzamentos das diversas ruas há vários pequenos parques.

50 O plano de Greenbelt, Maryland, em 1937, quando nesta cidade habitavam cerca de 2800 pessoas em filas de casas de dois andares e em apartamentos de três andares. Os superblocos em curva ajustam-se ao terreno e formam um berço em torno do centro da comunidade. Esta experiência foi extremamente bem sucedida para a construção de habitações modestas e subsidiadas, mas, mais tarde, a respectiva cintura verde circundante foi vendida a promotores imobiliários.

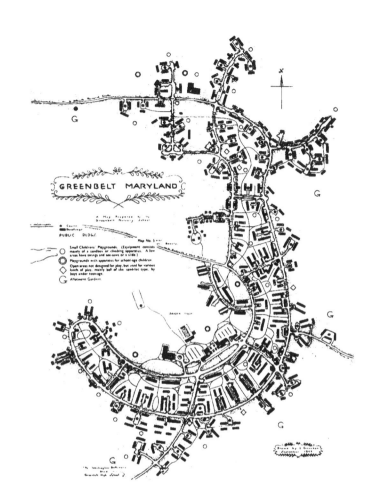

com vários ramos – com unidades que incluem subunidades, que por sua vez incluem sub-subunidades, e por aí adiante. Tal como as células vivas, cada unidade tem os seus próprios limites e o seu próprio centro, e todos devem estar ligados em conjunto. A "unidade do bairro", ou pequena área residencial, incluindo os serviços de apoio diariamente usados, é um conceito fundamental na organização da cidade. Existem funções superiores e inferiores.

Os aglomerados populacionais nascem e desenvolvem-se até à maturidade completa, tal como os organismos. (No entanto, ao contrário dos organismos, não devem morrer.) As funções são rítmicas e a comunidade saudável é estável em virtude da manutenção do seu equilíbrio dinâmico, homeostático. As sociedades e os recursos são permanentemente conservados por este ciclo e equilíbrio ininterruptos. Se for necessário um crescimento mais alargado, ele deve ocorrer através do florescimento de novas colónias. O estado ideal é o estádio de clímax ecológico, com uma diversidade máxima de elementos, um uso eficiente da energia a passar pelo sistema e uma reciclagem contínua dos materiais. Os aglomerados populacionais ficam doentes quando o equilíbrio se quebra, quando a mistura ideal degenera em homogeneidade, o crescimento quebra os seus limites, a reciclagem falha, as partes deixam de se diferenciar ou a auto-reparação termina. A doença é infecciosa e pode disseminar-se se não for tratada ou eliminada.

Algumas formas físicas têm correspondência nestas ideias: padrões radiais; unidades limitadas; cinturas verdes; centros focalizados, disposições anti-geométricas, românticas; curvas irregulares, formas "orgânicas"; materiais "naturais" (o que significa materiais tradicionais, ou materiais próximos do seu estado não processado); habitação de densidade moderada ou baixa; proximidade visível da terra, plantas e animais; muito espaço aberto. A árvore é o modelo admirado, em vez da máquina. Em algumas exposições grosseiras da teoria, as partes da cidade são mesmo encaradas como explicitamente análogas às funções animais: respiração, circulação do sangue, digestão e transmissão dos impulsos nervosos. Os serviços humanos, a produção artesanal ou as actividades tradicionais, executados ao ar livre, ou iniciais na cadeia do processamento de materiais, são mais valorizados do que a produção em larga escala, automatizada e muito sintética. Há uma forte nostalgia da paisagem rural e da pequena comunidade do passado. As marcas históricas no terreno devem ser preservadas. As irregularidades ou as características especiais da paisagem proporcionam alegrias, mas exigem respostas.

Uma vez que agrupámos aqui um grande conjunto de ideias em torno do modelo orgânico do aglomerado populacional, é inevitável cometermos alguma injustiça relativamente a algum aspecto específico do raciocínio de cada contribuinte. Apesar de tudo, é um grupo de conceitos terrivelmente coerentes e auto-suficientes, cujos valores primários são a comunidade, a continuidade, a saúde, o bom funcionamento, a segurança, o "entusiasmo", o "equilíbrio", a interacção das diversas partes, o ciclo ordenado e o desenvolvimento recorrente, a escala íntima, e alguma proximidade relativamente ao universo "natural" (isto é, o que não é humano). Não é só uma receita maciça para as cidades, é também uma explicação parcial para a sua génese e função (ou antes, para a sua incapacidade de funcionamento). Teve uma influência intelectual longa e profunda no planeamento. Apesar de ter sido repetidamente atacada e parcialmente desacreditada, nenhuma outra teoria tão globalmente aceite surgiu para assumir o seu lugar. Ainda domina o *design* das cidades e a política pública sobre as cidades – pelo menos, na forma da retórica política. Ainda que tenhamos de ser, pelo menos, críticos de muitas das ideias mais importantes desta teoria, há muitos aspectos que nela são extremamente esclarecedores.

Shetton 1971

A dificuldade central é a própria analogia. As cidades não são organismos e ainda menos máquinas. Não se desenvolvem ou modificam por si próprias, nem se reparam ou reproduzem sozinhas. Não são entidades autónomas, nem passam por ciclos de vida ou ficam infectadas. Não possuem partes funcionais claramente diferenciadas, como os órgãos dos animais. É muito fácil rejeitar as formas mais grosseiras da analogia – que as ruas são as artérias, os parques os pulmões, as linhas de comunicação os nervos, os esgotos o cólon, o centro da cidade o coração que bombeia o tráfego através das artérias e os seus escritórios (onde os homens de negócios, os funcionários e nós, intelectuais, nos agrupamos) são os cérebros. Mas é mais difícil, e mais importante, analisar a inépcia fundamental da metáfora e como ela nos leva irreflectidamente a eliminar os bairros miseráveis para evitar a sua disseminação "infecciosa", a tentar encontrar uma dimensão certa, a bloquear o crescimento contínuo, a separar os usos, a lutar para manter as cinturas verdes, a suprimir os centros concorrenciais, a evitar a "disseminação sem forma", e por aí adiante. Por vezes, em alguns locais, estas acções podem ser justificáveis, mas a justificação depende de outras razões que não as "orgânicas", que simplesmente ofuscam a nossa visão.

Se anularmos a metáfora central, ainda assim restam muitas ideias, mesmo que já não estejam inseridas nessa estrutura coerente. Algumas delas, como o conservadorismo superficial ou a nostalgia de um passado irreal, podem ser facilmente eliminadas. Tal como a preferência automática pelas formas "orgânicas". O uso das curvas tem consequências visuais bastante remotas e que não nos permitem recordar os órgãos ou os animais. As analogias individuais com certas formas orgânicas particulares podem ser pistas úteis para novas ideias sobre a estrutura dos edifícios ou sobre a função dos sistemas hidráulicos ou aerodinâmicos. Tal como as formas cristalinas. Nenhuma delas é indiscriminadamente útil.

No entanto, há outros conceitos orgânicos que devem ser encarados de um modo mais sério. A ideia de hierarquia, por exemplo, que parece um modo natural e inevitável de organizar a complexidade e que pode ser vista em alguns padrões de árvores e de outros organismos, não é uma regra grandiosa da natureza. É um padrão comum da organização social entre os animais e insectos, na medida em que mantém a acção coerente de uma pequena unidade face à tensão previsível. É utilizada por reis, generais e presidentes de empresas para exercerem controlo sobre as grandes organizações humanas, ainda que com um sucesso relativamente menor. As redes sociais informais muitas vezes desenvolvem-se de modo a subvertê-la. É um modo de imaginar o que é conveniente para as nossas mentes – como os dualismos ou os limites – um dispositivo mental baseado num longo desenvolvimento evolucionista.

Mas é difícil conservar a hierarquia em organizações muito complexas como as cidades. Ela é prejudicial ao fluxo simples das interacções humanas sempre que é imposta como uma obrigação. Não existem funções "superiores" e "inferiores" nas cidades, ou pelo menos não deveriam existir. Os elementos e os subelementos não repousam uns dentro dos outros. Chegar a alguém ou a algum serviço através de uma ultrapassagem superior ou inferior das linhas ramificadas de uma hierarquia é trabalhoso, a não ser que todas as relações estejam extremamente centralizadas e padronizadas. A hierarquia é útil, em primeiro lugar, para a indexação e para a catalogação. É dolorosamente conservada em certas organizações autoritárias formais, onde os pontos mais importantes dos ramos nesta rede formal de comunicação são peças fundamentais de controlo. À escala da cidade, a hierarquia cai sempre na desordem ou numa ordem diferente. Mas como faltam esquemas conceptuais alternativos é-nos extremamente difícil pôr de lado este modelo "óbvio".

Até mesmo o princípio das partes claras e separáveis, que nos dá algum alívio intelectual quando se cria o *design* de um aglomerado populacional, pode ter consequências nefastas. Alguns dos elementos mais complexos de uma cidade são órgãos separáveis com limites precisos. As transições de fusão são uma característica bastante comum e as ambiguidades são importantes, por razões de escolha, de flexibilidade ou de evocação de significados complexos. A imposição de um limite exacto reduz, muito frequentemente, o acesso ou serve simplesmente para aumentar o domínio social. Os limites têm de ser conservados com algum esforço. A nossa propensão para desenvolver estas separações teve consequências graves.

Em geral, é verdade que a pequena comunidade residencial (mas uma comunidade muito mais pequena do que a que normalmente se determina) desempenha um papel importante na vida da cidade e que também há comunidades maiores em funcionamento, normalmente comunidades políticas. Mas actualmente não há comunidades autónomas, nem poderiam voltar a sê-lo novamente sem perderem bastante no que diz respeito à segurança, liberdade e bem-estar. Não se ajustam adequadamente no interior umas das outras; não estão exactamente definidas; no seu interior não existem muitas vidas completas; muitas vidas escapam completamente ao seu controlo. Dificilmente se pode recomendar a autocracia social ou económica como um ideal contemporâneo. Na verdade, a hierarquia e a autonomia são, na sua essência, conceitos antiéticos, ainda que ambos sejam proeminentes na teoria orgânica.

A dimensão ideal da cidade também parece ser um conceito algo indefinível. Ninguém foi capaz de o confirmar e o valor aceite modifica-se (normalmente sobe). É verdade que as qualidades ambientais mudam com um aumento ou com uma diminuição da escala e assim, presumivelmente, as formas também devem modificar-se. Existem valores importantes na dimensão reduzida (um jardim familiar), assim como na dimensão bem maior (uma extensa área campestre). Mas a questão é complicada. É provável que haja muitos limiares (tais como uma região densa que necessita de redes de esgotos) que implicam uma nova estratégia de desenvolvimento, em vez de limites absolutos. Infelizmente, os limiares diferentes não acontecem no mesmo ponto de desenvolvimento, de tal modo que o seu efeito composto é pouco claro. É provável que uma melhor compreensão dos efeitos particulares nos limiares da escala, e particularmente da importância da *taxa* de crescimento, seja mais importante do que a tradicional busca de uma dimensão ideal. Esta questão é abordada novamente nos capítulos treze e catorze.

As cidades estáveis – mesmo que estejamos a falar de uma estabilidade dinâmica e homeostática – parecem ser um fogo-fátuo. As cidades alteram-se continuamente e essa mudança não é apenas uma progressão inevitável em direcção à maturidade. O clímax ecológico não parece ser uma analogia apropriada. Em vez de serem comunidades de organismos irreflectidos que seguem uma sucessão inevitável até atingirem um limite de ferro, as cidades são o produto de seres que conseguem aprender. A cultura estabiliza e desestabiliza o sistema do habitat e não é evidente se gostaríamos que fosse de outro modo. Um estado de clímax não é declaradamente melhor do que qualquer outro. De qualquer maneira, nos séculos mais recentes nunca se conseguiu manter um clímax estável.

O afecto pela natureza e o desejo de proximidade relativamente a objectos naturais e vivos são sentimentos sustentados em todo o mundo urbanizado. Os aglomerados populacionais construídos de acordo com a regra orgânica são atractivos para nós principalmente porque permitem este contacto próximo. No entanto, é menos sustentável que a natureza é o que não é humano e que quanto mais longe se está das pessoas e da civilização, mais perto se está de um estado natural. De acordo com essa regra, o estado selvagem é mais natural do que um acampamento de caça, o acampamento de caça é mais natural do que a quinta, a quinta é mais natural do que a cidade. Mas as pessoas e as cidades são fenómenos tão naturais como as árvores, os riachos, os ninhos e as veredas dos veados. É extremamente importante que nos possamos ver como parte integrante de toda a comunidade viva.

Talvez seja sobretudo esta perspectiva holística a contribuição mais importante da teoria orgânica: o hábito de considerar um aglomerado populacional como um conjunto com muitas funções, cujos elementos diversos (mesmo que não rigorosamente separáveis) estão em interacção constante e se apoiam mutuamente, e em que o processo e a forma são indivisíveis. Esta ideia e as emoções que a acompanham de maravilha e prazer na diversidade, e a interligação subtil são um avanço enorme relativamente aos modelos do cristal eterno ou da máquina simples. O modelo poderia ser ainda mais capaz se conseguisse despojar-se da sua preocupação com as associações simples a plantas e animais, com os inevitáveis limites, estabilidades, limites, hierarquias, autocracias e respostas biológicas. A incorporação do objectivo e da cultura e, em especial, a capacidade de aprender e de mudar, pode proporcionar-nos um modelo muito mais coerente e mais defensável de uma cidade.

5

Mas será que é possível uma teoria normativa geral?

Apesar de as teorias acerca da origem, desenvolvimento e funcionamento das cidades estarem numa fase de acentuado desenvolvimento, e ainda que a teoria do processo de planeamento da cidade (teoria da decisão) esteja em bom andamento, não possuímos qualquer teoria normativa contemporânea acerca da forma das cidades. Existem dogmas e opiniões, mas não há qualquer esforço sistemático no sentido de expor as relações gerais entre a forma de um local e o seu valor. Se temos alguns motivos de compreensão sobre o que são as cidades, praticamente não temos quaisquer motivos racionais para decidir o que deveriam ser, apesar de haver uma grande quantidade de críticas e de propostas.

Os sonhos das cidades utópicas parecem surgir do nada e não dar em nada. Os teóricos revolucionários não têm grande noção do que deve ser uma cidade quando a revolução for concretizada. Os planificadores "científicos" põem de lado todos esses disparates. Concentram-se no modo como tudo se altera actualmente e em como se deve manobrar para se conseguir sobreviver no contexto presente. E, contudo, as suas formulações também estão repletas de valores não examinados. Os profissionais propõem soluções de trabalho de alcance limitado para os problemas físicos com que se deparam. Raramente têm tempo para raciocinar ponderadamente e encontrar uma solução. Se uma solução for adequada a um tempo, local ou cultura específicos, pode, no entanto, ser mal aplicada num outro espaço. Os modelos de *design* das cidades tentam alcançar lucros insignificantes.

Estas limitações podem ser inevitáveis. Pode não ser possível criar uma teoria normativa interligada. Há várias razões para que assim seja e é melhor explicitá-los, permitindo, assim, uma réplica mais esclarecedora. Muitas destas dúvidas foram, numa altura qualquer, as minhas próprias dúvidas, à medida que estas ideias se desenvolviam, alternando periodos de decadência com períodos de prosperidade, ao longo dos anos. Aqui está, portanto, a minha posição actual.

Objecção 1. A forma física não desempenha qualquer valor significativo na satisfação de importantes valores humanos, inerentes às nossas relações com as outras pessoas. Uma pessoa pode sentir-se muito mal numa ilha paradisíaca e muito bem num pardieiro.

Ninguém pode negar o papel crucial das relações sociais ou do carácter individual na obtenção da satisfação. Também ninguém pode negar o papel de algumas condições físicas extremas, tais como a ausência de oxigénio ou a falta de uma superfície plana sobre a qual se possa estar de pé. Os objectores destas condições extremas deverão replicar que, apesar de óbvias, elas continuam a ser irrelevantes porque raramente acontecem. As alternativas físicas acerca das quais tomamos decisões nas cidades reais são muito mais restritamente espaçadas. No entanto, passo a passo, à medida que se citam condições mais realistas – a falta de sol, o frio, um espaço de manobra demasiado apertado, um acesso mais difícil, a ausência de plantas ou de água – esta objecção arrebatadora da irrelevância dissolve-se num dos argumentos seguintes e bem mais convincentes. É bastante fácil demonstrar que passamos a sentirmo-nos bem ou mal graças às condições físicas e sociais, apesar de os efeitos por vezes serem obscuros.

Objecção 2. Mais precisamente, a forma física por si só não desempenha qualquer influência significativa na satisfação do ser humano. A menos que se especifiquem as circunstâncias sociais particulares das pessoas que ocupam um local, não se pode julgar a qualidade desse local. As famílias esquimós (talvez seja necessário dizer, as famílias esquimós tradicionais) vivem com satisfação em compartimentos cuja dimensão seria intolerável para os norte-americanos. Uma casa em más condições físicas, mas que é nossa e nos dá um estatuto social seguro, tem um significado completamente diferente de uma casa semelhante na qual se está exilado à força.

Este argumento é mais revelador. Mais uma vez, podem ser citadas condições físicas extremas nas quais a forma desempenha uma influência própria, independente do contexto social; mas, na grande maioria dos casos reais, as influências da forma social e física são difíceis de separar. Se se pretende modificar a qualidade de um local, normalmente é mais eficiente alterar, em conjunto, o cenário físico e as instituições sociais. A propósito, existe uma consequência deste argumento, que esses mesmos objectores devem considerar ainda mais peculiar: a maioria dos padrões sociais também não desempenha qualquer influência independente significativa, a não ser em casos extremos. Para se compreender o efeito de uma instituição social – por exemplo, a família nuclear – sobre uma pessoa, tem de se possuir alguma noção do seu cenário espacial habitual.

Tendo em conta esta interligação íntima, ainda é importante estudar o efeito da variação de uma característica, ao mesmo tempo que se mantém a outra constante, para se conseguir chegar a um entendimento do conjunto. Os investigadores sociais raramente compreendem este facto e analisam os padrões sociais como se eles acontecessem em pontos sem espaço. Os investigadores espaciais são mais tímidos e dificilmente se atrevem a negligenciar as pessoas na análise do espaço. Contudo, é evidente que os padrões físicos exercem efeitos importantes sobre as pessoas, tendo em conta um conjunto de padrões sociais, e que uma análise destes efeitos físicos é importante para se compreender o conjunto. Parece ser pelo menos possível que alguns efeitos físicos tenham uma aplicação suficientemente abrangente, apesar de alguma variação média no padrão social, ou que sejam mesmo gerais na sua aplicação, por causa de certas regularidades na natureza dos seres humanos e das suas culturas. Este facto leva-nos a:

Objecção 3. Os padrões físicos podem ter efeitos previsíveis numa cultura única, que é uma estrutura estável de instituições e valores. Mas não é possível construir uma teoria que atravesse várias culturas. Até é perigoso, uma vez que inevitavelmente poderá ser usada para impor o valor de uma cultura sobre outra. Cada cultura tem as suas próprias normas para a forma da cidade que são independentes das de qualquer outra cultura.

É evidente a interligação entre a forma preferida do aglomerado populacional com culturas específicas. Existem duas maneiras de responder a esta objecção. Primeiro, tal como foi salientado anteriormente, certos efeitos alargam-se provavelmente a toda a raça humana e a sua separação das normas culturalmente inatas seria certamente muito útil. Em segundo lugar, pode acontecer que certas *preocupações* acerca da forma transcendam culturas específicas, apesar de as soluções relativas a essas mesmas preocupações serem especiais. Uma definição clara dessas preocupações e de como a forma as afecta teria, então, um uso geral. Esta é a nova política geral que iremos abordar mais adiante. Apesar de tudo, o perigo mantém-se, tal como em qualquer teoria dedicada aos valores humanos, e uma formulação geral elegante pode encobrir um preconceito etnocêntrico. Ter consciência deste perigo é uma defesa contra ele.

Objecção 4. Independentemente da influência que possa ou não ter, a forma física não é a variável fundamental cuja manipulação deverá provocar a mudança. O nosso cenário físico é um resultado directo do género de sociedade em que vivemos. Se se alterar primeiro a sociedade o ambiente também é alterado. Se se alterar primeiro o ambiente não se altera nada, se é que, de facto, se pode alterar algo. O estudo da forma da cidade pode ter algum valor para se compreender um dos impactos mais remotos do sistema social, mas sob outros aspectos é irrelevante para a alteração do mundo.

Porém, citar a influência atenuada da mudança física sobre a forma social não é mais surpreendente do que demonstrar que uma mudança social, até mesmo uma mudança revolucionária, exerce frequentemente pouca influência directa sobre o padrão físico de uma cidade. Os padrões sociais e físicos são dotados de inércia e agem uns sobre os outros durante um período de tempo, e através de uma variável de intervenção, isto é, através das acções e das atitudes das pessoas. Não é, pois, surpreendente que estes efeitos secundários sejam obscuros e de surgimento lento. Uma vez que a fonte do valor (pelo menos para mim) é a satisfação e o desenvolvimento do indivíduo, é suficiente demonstrar em primeiro lugar que as mudanças físicas devem exercer um impacto sobre ele ou ela, mesmo que tenham muito pouca influência *social* e, em segundo lugar, que essas mudanças podem ser executadas, muitas vezes independentemente de uma mudança social importante. A criação de parques públicos neste país é um exemplo. Os parques não alteraram a nossa sociedade, mas trouxeram prazer a muitas pessoas.

Além disso, a mudança física pode, por vezes, ser utilizada para apoiar, ou mesmo provocar, a mudança social. A forma de Nova Deli apoiou o domínio do poder colonial britânico e a estrutura interna da sua hierarquia social. Os acampamentos Outward Bound dependem dos perigos no meio da natureza para mudar as atitudes comportamentais no seio de pequenos grupos de adolescentes. As comunidades Oneida e Shaker criaram cenários com uma forma específica para construírem uma sociedade perfeita. Advogar a prioridade absoluta de um ou de outro destes géneros de mudança é insensato, especialmente na ausência de uma situação específica. Para tornar este estudo relevante, é suficiente demonstrar que uma mudança da forma física pode muitas vezes ser efectuada e exercer alguma influência sobre as pessoas, independentemente da mudança social.*

Objecção 5. Bem, talvez. Mas a forma física não é fundamental à escala de uma cidade ou região. A forma da casa, do local de trabalho ou do bairro, onde a maioria das pessoas vivem as suas vidas, tem algo a ver com a qualidade de vida. Mas a forma de uma cidade é irrelevante para a qualidade de vida. Nesta e em escalas maiores, as considerações económicas e sociais são mais importantes.

Esta é uma perspectiva comum, defendida pela maioria dos profissionais de planeamento físico e reforçada pela história das profissões de *design* e pela natureza das decisões regionais normais. É um reflexo do modo como são as coisas. Vamos tentar demonstrar que esta consignação das preocupações físicas a uma influência puramente local é um limite falso. Pode acontecer que as características *pensadas* para abranger a forma da cidade em larga escala sejam na verdade fenómenos irrelevantes. Por enquanto, o leitor deverá suster a respiração e suspender a sua apreciação relativamente a este ponto.

Objecção 6. Mas mesmo que existisse uma ligação demonstrável entre a forma e o valor da cidade, seria inaplicável, na medida em que não existe algo como o "interesse

---

* No entanto, o seu efeito raramente será *previsível* se não se tomar em conta o padrão social, e o impacto de cada uma das formas de mudança só poderá ser maior se as mudanças acontecerem em conjunto. Este raciocínio faz-nos regressar à objecção 2.

público", mesmo no seio de uma cultura única e de um aglomerado populacional único. Existe uma pluralidade de interesses, todos em conflito uns com os outros. O único papel adequado para um planificador é ajudar a clarificar o curso desse conflito através da apresentação de informações sobre a forma e sobre as funções actuais da cidade, prevendo mudanças futuras e explicando o impacto de várias acções possíveis.

Apesar de o choque de interesses ser pouco evidente, tenho de confessar que acredito naquela heresia já gasta, o interesse público. A razão de ser desta crença antiquada é pensar que a espécie humana tem certos requisitos básicos para a sobrevivência e bem-estar, e que em qualquer cultura existem importantes valores comuns. Esta perspectiva peculiar pode ser complementada por certas noções abstractas de justiça, de preocupação com as gerações futuras e com o interesse no desenvolvimento do potencial humano. Na verdade, estas ideias abstractas podem ser ligadas a questões concretas de muitas e diferentes maneiras, e nem sempre é evidente quem, sobre elas, detém a melhor perspectiva. Seja como for, os profissionais não podem reclamar o monopólio. Todavia, estas noções podem ser racionalmente debatidas e nesse debate um planificador público deve sustentar certos preconceitos gerais que restrinjam a gama de alternativas que pode advogar. Mesmo que isto fosse falso, uma teoria normativa ainda seria útil para um grupo em conflito (e para os seus advogados profissionais) de modo a tornar claro aos seus elementos aquilo que pretendem, tal como é essencial para qualquer planificador neutro que indiferentemente, amoralmente e cientificamente prevê o resultado de qualquer proposta infame que lhe é apresentada.

Objecção 7. As teorias normativas – isto é, as regras de avaliação explícitas e comummente compreendidas – podem ser possíveis relativamente a objectos puramente práticos tais como os alicerces ou as pontes,* mas são inadequadas para as formas estéticas. Aqui confiamos no conhecimento interior inescrutável do artista ou do crítico, ou retiramo-nos para a posição de "Sei bem o que quero". A beleza de uma grande cidade é uma questão de arte, não de ciência – um assunto intensamente privado, incomunicável em linguagem prosaica.

A minha primeira resposta é que as cidades também são, como é evidente, objectos muito práticos, cujas funções múltiplas e explícitas podem ser objecto de um discurso claro e externo. Além disso, a decisão colectiva, quando se alarga para além do grupo muito reduzido, exige esse tipo de discurso.

A minha segunda e mais fundamental resposta é que as funções "prática" e "estética" são inseparáveis. A experiência estética é uma forma mais intensa e significativa da mesma

---

* Mas será que as pontes, ou até mesmo os alicerces, são objectos puramente práticos, a não ser que não sejam visíveis?

percepção e cognição que é usada, e evoluiu, para objectivos extremamente práticos. A teoria tem de lidar com os aspectos estéticos das cidades, apesar de poder ser uma parte mais difícil da sua tarefa. Na verdade, tem de lidar com a função e com a estética como um só fenómeno. Algumas das qualidades complexas e subjectivas dos locais escapam-nos, outras podem ser discutidas e até mesmo acordadas. Os críticos de arte não são simples resmungões que apontam quando identificam um belo quadro. Falam demoradamente acerca dele, mesmo que a conversa possa, por vezes, ser difícil de imaginar (e talvez nem sempre seja preferível à resmunguice).

Objecção 8. Mesmo assim… a forma da cidade é intrincada e complexa, tal como o sistema de valores humanos. As interligações entre eles são provavelmente inescrutáveis. Não só isso, as cidades são tão complicadas que, apesar de se poder conceber uma casa, nunca se consegue conceber uma cidade. E não se deveria poder fazê-lo. As cidades são vastos fenómenos naturais, que ultrapassam a nossa capacidade de mudança e o nosso conhecimento acerca do modo de as modificar.

A resposta fundamental a esta afirmação só pode ser uma resposta empírica, acrescentada com a crença de que o conhecimento parcial será útil, mesmo quando nos escapa a compreensão completa. Tentar conceber uma cidade do mesmo modo que se concebe um edifício é claramente errado e perigoso, e esta ideia será mais aprofundada nos capítulos seguintes. No entanto, intervimos efectivamente sobre fenómenos complexos, em larga escala e "naturais", com algum conhecimento de causa e não incorremos inevitavelmente em situações desastrosas. Houve regiões inteiras que foram delineadas e preparadas para desenvolver uma agricultura estável, ou encostas de montes que foram dispostas em socalcos para receberem o arroz e o milho. Foram construídos e conservados enormes portos artificiais. O Grande Canal da China foi escavado há 1400 anos e ainda hoje continua a funcionar. Existe um terreno intermédio que vale a pena explorar, no meio da confusão de ligações entre a forma e o valor. É para este terreno intermédio que pretendo virar, agora, a minha atenção.

A princípio, parece lógico pensar que cada acção que executamos, pelos menos cada acção racional, acontece no final de uma longa cadeia de valores e de objectivos devidamente analisados. Caminhamos em direcção ao telefone para pegar nele, para fazer um telefonema, para falar com uma pessoa, para marcar uma reunião, para persuadir uma pessoa a aprovar um regulamento, para que sejam aplicadas restrições ao espaço entre fossas sépticas e poços, para que poços e fossas no futuro nunca fiquem demasiado perto uns dos outros de modo a reduzir a oportunidade de os organismos que provocam doenças passarem para a água do poço, para reduzir a

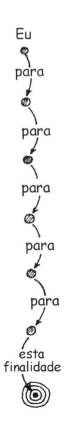

probabilidade de doença entre os habitantes, para prolongar as suas vidas e preservar a sua saúde, para lhes permitir serem mais produtivos e mais felizes. Cada ligação na cadeia é um objectivo intermédio e pode ser examinado através de um teste à força da sua ligação superior ou inferior ao longo da cadeia. Também perguntamos, "Para que preciso efectivamente disto?" ou "Será que o passo seguinte servirá efectivamente para conseguir alcançar o meu objectivo?"

Ainda que lógica, é evidente que esta é uma imagem muito irreal das acções humanas. Ninguém se daria ao trabalho de parar e passar por uma cadeia tão longa e perturbadora de raciocínio antes de se dirigir para o telefone. As extremidades inferiores dessas cadeias estão submersas no hábito, ao passo que as extremidades superiores se perdem nas nuvens, e só são reveladas em ocasiões de oratória. Paramos para pensar apenas nas ligações intermédias da cadeia "Será que a convocação de uma reunião é a melhor maneira de conseguir que o regulamento seja aprovado?" Mesmo quando surge uma controvérsia, nunca se inspecciona toda a cadeia. Os adversários nunca irão questionar se o uso do telefone é um bom método para se marcar uma reunião e poderão mesmo admitir que prevenir as doenças é um objectivo meritório. Concentrar-se-ão no que consideram ser os melhores métodos para evitar as doenças, tais como beber vinho em vez de água, ou proceder à instalação de centrais de tratamento e de purificação das águas. Ou aproveitarão para realçar consequências adicionais graves de um regulamento sobre o espaço dos poços, como por exemplo a incapacidade, daí resultante, de as pessoas de meios mais modestos conseguirem adquirir lotes mais pequenos e mais baratos.

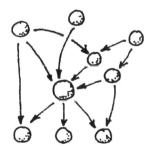

A cadeia de objectivos e de acções não só é longa, e em alguns locais está mal ligada, como também diferentes cadeias se fundem e divergem com alguma confusão, de tal maneira que surgem acções únicas de múltiplas válvulas com consequências plurais, que estão, por sua vez, também elas ligadas a outros valores. O resultado é uma mata cerrada e não uma cadeia ou, mais exactamente, uma mata cujas raízes e ramos se entrelaçam e estão enxertados uns nos outros. Quando acrescentamos a estas dificuldades o facto de pessoas diferentes terem valores diferentes e imagens diferentes das consequências, e acrescentamos ainda que o contexto mutante de qualquer problema faz com que os valores e as consequências se alterem com o tempo é difícil, a princípio, acreditar que alguma vez seremos capazes de agir com um objectivo racional, particularmente no que diz respeito a questões públicas. Todavia, apesar da sua incapacidade para seguirem a teoria aerodinâmica, as abelhas conseguem efectivamente voar.

Na prática, conseguimos gerir estas obscuridades através da contenção da nossa racionalidade dentro de limites muito restritos. Normalmente, os objectivos mais gerais são acordados, mas não são examinados por si próprios ou pelas respectivas interligações. As acções mais específicas são instintivas, culturalmente determinadas ou habituais para o indivíduo e, como tal, são desempenhadas "sem pensar". Confinamos a nossa explicitação a regiões muito circunscritas da mata de valores. Concentramo-nos numa ou duas consequências ou razões, e negligenciamos tudo o resto; não damos ouvidos aos heréticos; deixamos os pormenores para os especialistas. Os adversários mais ferozes aceitam de bom-grado limites superiores e inferiores, de modo a poderem combater dentro de um espaço definido (e, assim, a capacidade de vencer uma batalha política depende bastante da capacidade de selecção dos limites). Apesar de os argumentos públicos iniciais serem por vezes bastante abrangentes, normalmente representam apenas uma introdução a esse momento crucial em que alguém diz: "Bem, uma vez que temos de decidir, vamos admitir que..."

Na medida em que as decisões sobre a forma das cidades afectam muitas pessoas, devem pelo menos *parecer* explícitas e racionais. Mais do que isso, na medida em que a racionalidade, ainda que incómoda, é o único meio que temos para tomar decisões mais acertadas, as decisões públicas deveriam ser, de facto, racionais. Se se observar a maioria dos relatórios de planeamento físico, pode-se verificar que existe uma estratégia consistente para lidar com toda esta situação. Em primeiro lugar, nesses relatórios declaram-se alguns objectivos públicos muito gerais, tais como a saúde, o bem-estar, uma boa qualidade de vida, um elevado nível de vida, o uso mais elevado e melhor da terra, a conservação dos recursos, uma sociedade estável e integrada, o máximo de oportunidades e outras intenções semelhantes. São objectivos com os quais é extremamente difícil de discordar, especialmente se forem apresentados sob esta forma geral, e é provável que as suas implicações sejam obscuras. O relatório salta então para propostas a um nível muito inferior: deve ser construída uma linha de metropolitano porque servirá para encurtar o tempo de viagem entre *A* e *B*; deve resistir-se a um desenvolvimento suburbano mais acentuado para evitar a "dispersão"; por razões de segurança, todos os edifícios com mais de dois andares de altura devem possuir dois meios de saída de emergência em caso de incêndio; e por aí adiante. As ligações aos objectivos mais abrangentes continuam por examinar e, na realidade, provavelmente não podem ser examinadas. As propostas podem ser sensatas, mas são específicas e fixas. Como soluções específicas, podem conter consequências indesejadas, tais como provocar uma mudança na parte central e comercial da cidade ou uma redução no número de habitações de preço médio. Por isso, seria preferível partir do objectivo imediatamente anterior a estas propostas espaciais concretas para verificar se poderiam ser elaboradas de maneira diferente. Até se pode cometer a idiotice de perguntar: "Por que não *aumentar* o tempo de viagem entre *A* e *B*?", "O que há de mal com a dispersão?", ou "Será que valeria a pena aumentar o risco de incêndio, ainda que só ligeiramente, para reduzir os custos de construção?"

As interligações de objectivos muito gerais com a forma da cidade normalmente são incalculáveis. Os objectivos e as soluções de nível inferior, por outro lado, são demasiado restritivos nos meios que utilizam e demasiado descuidados no que diz respeito aos seus objectivos. Neste dilema, parece adequado salientar os objectivos intermédios, isto é, os objectivos que são tão gerais quanto possível e que, como tal, não ditam soluções físicas particulares e cuja concretização, todavia, pode ser detectada e explicitamente ligada a soluções físicas. Esta é a noção familiar dos padrões de execução aplicados à escala da cidade. É provável que o nível de generalidade exacto esteja ligeiramente acima daquele que especifica uma disposição espacial. Por exemplo, nem "um ambiente agradável" nem "uma árvore em cada lote", mas "o microclima deverá situar-se entre este e aquele valor no Verão" ou mesmo "de cada moradia deverá ser visível um ser vivo duradouro".

É quase como se as características de execução deste género fossem um alicerce sobre o qual se constrói uma teoria normativa acerca das cidades. O desenvolvimento de um conjunto limitado ainda que geral de características que, tanto quanto possível, abranja todas as questões importantes da forma, será, a partir daqui, o nosso objectivo. Esta será a nossa alternativa às normas dogmáticas que habitualmente orientam as discussões acerca do que é bom nas cidades.

II
UMA TEORIA DA BOA FORMA DA CIDADE

6 Dimensões de execução

As características da execução podem ser mais gerais e mais fáceis de usar desde que a execução possa ser medida unicamente por referência à forma espacial da cidade. Mas sabemos que a qualidade de um local se deve ao efeito conjunto do local e da sociedade que o ocupa. Posso imaginar três tácticas para evitar a necessidade de tomar em consideração todo o universo nesta tentativa de medir a execução da cidade. Em primeiro lugar, podemos analisar as interligações entre a forma e o objectivo, existentes devido a certas regularidades inerentes a toda a espécie ou a todos os aglomerados humanos: por exemplo, as tolerâncias climatéricas dos seres humanos, a importância do pequeno grupo social ou a função muito geral de qualquer cidade como rede de acessos. Em segundo lugar, podemos acrescentar à descrição da forma espacial de um local as instituições sociais e as atitudes mentais específicas directamente ligadas a essa forma, e sucessivamente fundamentais para a sua qualidade, como referi no final do capítulo dois. Estas duas tácticas serão utilizadas mais adiante.

No entanto, em terceiro e último lugar, temos de compreender que seria insensato estabelecer padrões de execução para as cidades se a nossa intenção é simplesmente estabelecer generalizações. Defender que a densidade ideal é de doze famílias por cada quarenta ares, ou que a temperatura diurna ideal é de 20°C, ou que todas as boas cidades estão organizadas em bairros residenciais com três mil pessoas cada, são afirmações facilmente desacreditadas. As situações e os valores diferem. O que podemos generalizar são as dimensões de execução, isto é, certas características identificáveis da execução das cidades que se devem prioritariamente às suas características espaciais e que são escalas mensuráveis, ao longo das quais grupos diferentes pretendem alcançar posições diferentes. Nesse caso, deveria ser possível analisar qualquer forma ou proposta de cidade e indicar a sua localização na dimensão através de um número ou só através de "mais ou menos". Para serem gerais, as dimensões têm de ser qualidades importantes para a maioria, senão mesmo para todas, as pessoas e culturas. Numa situação ideal, as dimensões têm de incluir igualmente todas as qualidades que as pessoas valorizam num espaço físico. (É evidente que este último critério é extremamente rigoroso.)

Por exemplo, poderíamos considerar a durabilidade como um critério de execução*. A durabilidade é o grau a que os elementos físicos de uma cidade resistem ao desgaste e à

---

* Mas não vamos considerar. É uma pista falsa.

degradação, e mantêm a sua capacidade de funcionamento durante longos períodos. Ao escolher esta dimensão, partimos do princípio de que todas as pessoas têm preferências importantes sobre a durabilidade da sua cidade, apesar de algumas quererem que ela seja efémera e outras que ela dure para sempre. Além disso, sabemos como medir a durabilidade geral de um aglomerado populacional, ou pelo menos como medir alguns aspectos significativos da durabilidade. Um acampamento pode ser comparado a um aglomerado populacional troglodita e, tendo em conta os valores de um conjunto específico de habitantes, podemos dizer qual deles é melhor, ou as pessoas podem fazer essa avaliação por elas próprias. Também podem decidir qual é a proporção de durabilidade de que pretendem prescindir por troca com outros valores. Talvez seja possível demonstrarmos que as durabilidades muito elevadas ou muito reduzidas são más para todas as pessoas e, deste modo, identificarmos uma extensão ideal. Apesar de a interligação entre a durabilidade e os objectivos humanos básicos representar apenas uma cadeia de pressupostos, acreditamos que esses pressupostos são razoáveis. Existem correlações entre a durabilidade e a preferência, e as pessoas gostam de usar esta ideia como um objectivo intermédio que pode ser trabalhado. Entretanto, a sua ligação à forma da cidade – a características físicas tão concretas como o material de construção, a densidade e a construção dos telhados – pode ser explicitamente demonstrada.

Para ser um instrumento de orientação útil no programa de planeamento um conjunto de dimensões de execução deve ter as seguintes características:

1. Devem ser características relacionadas prioritariamente com a forma espacial da cidade, tal como foi anteriormente definido de forma geral, tendo em conta certas afirmações muito gerais acerca da natureza dos seres humanos e das suas culturas. Na medida em que o valor estabelecido para estas características se altera consoante as variações na cultura, essa dependência deve ser explícita. A própria dimensão e o seu método de análise devem permanecer inalterados.

2. As características devem ser tão gerais quanto possível, ainda que conservem a sua ligação explícita a aspectos específicos da forma.

3. Deve ser possível estabelecer uma ligação entre estas características e os objectivos e valores importantes de qualquer cultura, pelo menos através de uma cadeia de pressupostos razoáveis.

4. O conjunto deve abranger todos os aspectos relevantes da forma do aglomerado populacional que, de alguma forma, sejam importantes para esses valores básicos.

5. Estas características devem assumir a forma de dimensões de execução, nas quais grupos diferentes em situações diferentes, possam escolher pontos ideais ou limiares "satisfatórios". Por outras palavras, as dimensões deverão ser úteis nos casos em que os valores são diferentes ou estão em evolução.

6. As localizações que respeitam estas dimensões devem ser identificáveis e mensuráveis, pelo menos no sentido de "mais ou menos", utilizando os dados disponíveis. No entanto, estas dimensões podem ser complexas, de tal modo que as localizações nelas indicadas não necessitam de ser pontos isolados. Além do mais, os dados, ainda que conceptualmente disponíveis, podem escapar-nos no momento actual.

7. As características devem situar-se no mesmo nível de generalidade.

8. Se possível, as características devem ser independentes umas das outras. Isto é, estabelecer um nível de concretização numa dimensão não deve implicar uma definição específica em outra dimensão. Se não conseguirmos produzir dimensões descontaminadas deste género podemos contentar-nos com menos, desde que as ligações cruzadas sejam explícitas. A avaliação da independência exige uma análise detalhada.

9. Idealmente, as medidas nestas dimensões deveriam ser capazes de lidar com qualidades que se alteram com o tempo, formando um padrão alargado que pode ser valorizado no presente. No entanto, o mais certo é que as medidas lidem com as condições actuais, podendo incluir a mudança dos acontecimentos em direcção ao futuro.

Houve várias tentativas no sentido de delinear um conjunto de critérios para uma "boa cidade". As dimensões que proponho de seguida não são invenções originais. O Anexo C indica algumas das minhas fontes. Os conjuntos anteriores desrespeitaram sempre pelo menos algumas das regras. Por vezes, foram tão gerais que ultrapassaram a forma do aglomerado populacional e necessitaram de um cálculo complexo (e normalmente impossível) que envolvia a cultura, a economia política e muitas outras características não formais. Ou restringiram-se a uma solução física específica que só era apropriada em determinada situação. Essas teorias conseguem misturar características espaciais e não espaciais, misturar níveis de generalidade, ou misturar a escala de aplicação. Frequentemente, ligam-se a uma única cultura. Não incluem todas as características da forma da cidade importantes para os valores humanos. São muitas vezes apresentadas como padrões absolutos, ou exigem minimizações ou maximizações em vez de serem verdadeiras dimensões. As suas qualidades não são por vezes claramente mensuráveis nem sequer identificáveis. Sobrepõem-se frequentemente umas às outras.

A lista que se segue é uma tentativa de reformular e reordenar o material para ultrapassar estas dificuldades. A suposta generalidade desta lista reside em certas regularidades: a natureza física do universo, as constantes da biologia e da cultura humanas, e algumas características que normalmente surgem nos contemporâneos aglomerados populacionais em grande escala, como por exemplo os processos através dos quais eles são conservados e transformados.

Mas é necessário partir de uma perspectiva da natureza dos aglomerados humanos, ainda que pouco clara ou genérica, para se poder fazer uma lista. Infelizmente, é muito mais fácil dizer o que uma cidade não é: não é um cristal, não é um organismo, não é uma máquina complexa, nem sequer é uma intricada rede de comunicações – como um computador ou um sistema nervoso – que possa aprender através da reorganização dos seus próprios padrões de resposta, mas cujos elementos primitivos serão para sempre iguais. É verdade que, de algum modo como estes últimos, a cidade está interligada em grande medida por sinais, mais do que pela ordem do local, pelas interligações mecânicas ou pela coesão orgânica. De facto, a cidade é algo que se transforma e desenvolve, e não uma forma eterna ou uma repetição mecânica que se desgasta com o tempo, ou mesmo um ciclo permanentemente recorrente que se alimenta com a degradação da energia, e que é o conceito da ecologia.

Todavia, a ideia da ecologia parece próxima de uma explicação, uma vez que um ecossistema é um conjunto de organismos num habitat, onde cada organismo se relaciona com outros da sua própria espécie, com outras espécies e com o cenário inorgânico. Este sistema de relações pode ser considerado como um conjunto e tem alguns aspectos característicos da flutuação e do desenvolvimento, da diversidade das espécies, da intercomunicação, do ciclo dos nutrientes e da passagem de energia. O conceito tem a ver com sistemas muito complexos, com a mudança, com elementos orgânicos e inorgânicos em conjunto, e com uma profusão de intervenientes e de formas. [Moos Odum]

Além do mais, um ecossistema parece próximo do que é um aglomerado populacional. Os elementos complicados devem, no final, ser compreendidos nos seus próprios termos. Uma imagem não conseguirá ser aceite se for apenas um empréstimo de uma outra área, apesar de os empréstimos metafóricos serem os primeiros passos essenciais para a compreensão.

Ainda que útil, o conceito de ecologia tem as suas desvantagens no que diz respeito ao nosso objectivo. Os sistemas ecológicos são compostos por organismos "irracionais", sem consciência do seu envolvimento fatal no sistema e das suas consequências, incapazes de o modificarem em termos fundamentais. O ecossistema, se não for perturbado, caminha no sentido do seu clímax estável de maturidade, onde a diversidade das espécies e a eficiência da utilização da passagem da energia atingem o ponto máximo tendo em conta os limites fixos do cenário inorgânico. Os nutrientes reciclam-se mas podem perder-se gradualmente, ao passo que a energia escapa inevitavelmente do sistema ou fica indisponível. Não se aprende nada; não se seguem desenvolvimentos progressivos. As experiências interiores dos organismos – os seus objectivos e imagens – são irrelevantes; só interessa o seu comportamento exterior.

Uma "aprendizagem ecológica" e evolutiva pode ser um conceito mais apropriado para o aglomerado humano, em que pelo menos alguns intervenientes estão conscientes e conseguem modificar-se a si próprios e, desse modo, transformar as regras do jogo. O animal dominante reestrutura conscientemente os materiais e altera os percursos do fluxo de energia. Às características familiares do ecossistema da diversidade, da interdependência, do contexto, da história, da regeneração, da estabilidade dinâmica e do processamento cíclico temos de acrescentar algumas características como os valores, a cultura, a tomada de consciência, a mudança progressiva (ou regressiva), a invenção, a capacidade de aprendizagem, e a ligação entre a experiência interior e a acção exterior. As imagens, os valores, e a criação e o fluxo das informações desempenham um papel importante. Podem acontecer avanços, revoluções e catástrofes, e podem seguir-se novos caminhos. A aprendizagem e a cultura humanas desestabilizaram o sistema e talvez um dia outras espécies se juntem a este jogo de incertezas. O sistema não se move inevitavelmente no sentido de um estado de clímax fixo, nem no sentido de uma entropia máxima. Um aglomerado populacional é uma organização valorizada, conscientemente transformada e estabilizada. Os seus elementos estão ligados através de uma rede imensa e intrincada, que pode ser compreendida apenas como uma série de sistemas locais sobrepostos, nunca rígida ou instantaneamente ligados e que, no entanto, fazem parte de um tecido sem margens. Cada parte tem uma história e um contexto, e essa história e contexto mudam à medida que nos deslocamos de uma parte para outra. Peculiarmente, cada parte contém informações sobre o seu contexto local e, portanto, por extensão, sobre todo o conjunto.

É evidente que os valores estão implícitos nesse ponto de vista. Uma boa cidade mantém a continuidade desta ecologia complexa, apesar de permitir uma mudança progressiva. O bem fundamental é o desenvolvimento contínuo do indivíduo ou do pequeno grupo e da sua cultura: um processo para se tornar mais complexo, mais ricamente interligado, mais competente, adquirindo e concretizando novos poderes – intelectuais, emocionais, sociais e físicos. Se a vida humana é um estado contínuo de transformação, então a sua continuidade baseia-se no crescimento e no desenvolvimento (e o seu desenvolvimento na continuidade: a afirmação é circular). Se o desenvolvimento é um processo de transformação no sentido da maior competência e da melhor ligação, então um sentimento crescente de ligação ao ambiente no espaço e no tempo é um aspecto do crescimento. Por isso, o aglomerado populacional bom é o que melhora a continuidade de uma cultura e a sobrevivência do seu povo, o que aumenta o sentido de ligação no espaço e no tempo e permite ou encoraja o crescimento individual: desenvolvimento, na continuidade, através de abertura e ligação*.

É evidente que estes valores podiam ser aplicados na avaliação de uma cultura ou de um local. Em qualquer dos casos, existe uma tensão inerente e uma circularidade entre a continuidade e o desenvolvimento – entre as estabilidades e as ligações necessárias para a coerência e a capacidade de mudar e de crescer. As culturas cujas ideias e instituições organizativas tratam com sucesso dessa tensão e circularidade são, nesta perspectiva, presumivelmente mais desejáveis. Do mesmo modo, um bom aglomerado populacional é também aberto: acessível, descentralizado, diversificado, adaptável e tolerante à experiência. Esta ênfase na abertura dinâmica é diferente da insistência dos ambientalistas (e da maioria dos utópicos) na recorrência e na estabilidade. O maior destaque vai para o desenvolvimento, desde que este se mantenha dentro dos limites de continuidade no espaço e no tempo. Dado que uma ecologia instável se arrisca ao desastre mas também ao enriquecimento, a flexibilidade é importante, e também a capacidade de aprendizagem e de adaptação rápida. O conflito, a tensão e a incerteza não são excluídos, do mesmo modo que não são excluídas outras emoções tão humanas que andam a par da tensão, como o ódio e o medo. Mas certamente que o amor e o carinho têm de estar presentes.

Qualquer novo modelo da cidade tem de integrar afirmações de valor com afirmações de relações objectivas. O modelo que esbocei não é nem desenvolvido nem explícito e resguardo-me na minha preocupação mais limitada com a teoria normativa. Mas o leitor que ainda sobreviver verificará que estas preferências gerais – pela continuidade, ligação e abertura – estão subjacentes a todas as páginas seguintes, mesmo quando a teoria se esforça por verificar se é aplicável em qualquer contexto.

Tendo em conta essa perspectiva geral e a tarefa de construir um conjunto limitado de dimensões de execução para a forma espacial das cidades, sugiro as dimensões seguintes**. Nenhuma delas é uma dimensão única; todas apontam para

---

* O preconceito do professor fica agora desmascarado.

** No final do Anexo C, o leitor curioso poderá encontrar alguma da bagagem em excesso de que prescindi no desenvolvimento destas cinco dimensões mágicas.

um conjunto de qualidades. No entanto, cada conjunto tem uma base comum e pode ser medido em termos comuns. Nesta altura, limito-me apenas a identificar as dimensões. Os capítulos subsequentes deverão servir para apreciar detalhadamente cada uma das dimensões.

Existem cinco dimensões básicas:

1. *Vitalidade:* o grau em que a forma do aglomerado populacional suporta as funções vitais, os requisitos biológicos e as capacidades dos seres humanos – acima de tudo, como protege a sobrevivência da espécie. É um critério antropocêntrico, apesar de um dia podermos analisar como o ambiente suporta a vida de outras espécies, mesmo quando isso não contribui para a nossa própria sobrevivência.

2. *Sentido:* o grau em que um aglomerado populacional pode ser compreendido e mentalmente diferenciado e estruturado no tempo e no espaço pelos seus residentes, e o grau em que essa estrutura mental se liga com os seus valores e conceitos – a correspondência entre o ambiente, as nossas capacidades mentais e sensoriais e as nossas construções culturais.

3. *Adequação:* o grau em que, num aglomerado populacional, a forma e capacidade dos espaços, canais e equipamentos correspondem ao padrão e à quantidade de acções em que as pessoas normalmente se envolvem, ou em que se querem envolver – ou seja, a adequação dos cenários comportamentais, nomeadamente a sua adaptabilidade a acções futuras.

4. *Acesso:* a capacidade de alcançar outras pessoas, actividades, recursos, serviços, informações ou locais, incluindo a quantidade e a diversidade dos elementos que podem ser alcançados.

5. *Controlo:* o grau em que a utilização e o acesso a espaços e actividades, e a sua criação, reparação, modificação e gestão são controlados por aqueles que os usam e neles trabalham ou residem.

Apesar de estas cinco dimensões abrangerem todas as dimensões principais da qualidade de um aglomerado populacional, tenho ainda de acrescentar dois meta-critérios, que são sempre anexados a qualquer lista de elementos positivos.

6. *Eficiência:* o custo, em termos de outros elementos valorizados, da criação e manutenção do aglomerado populacional, para qualquer dos níveis de concretização das dimensões ambientais anteriormente listadas.

7. *Justiça:* o modo como os benefícios e os custos ambientais se encontram distribuídos pelas pessoas, em conformidade com

alguns princípios específicos como a igualdade, a necessidade, o valor intrínseco, a capacidade de pagamento, o esforço despendido, a contribuição potencial, ou o poder. A justiça é o critério que equilibra os ganhos entre as pessoas, ao passo que a eficiência equilibra os ganhos entre diferentes valores.

Estes meta-critérios distinguem-se dos cinco critérios que os precedem. Em primeiro lugar, não têm qualquer significado até que os custos e benefícios sejam definidos através da especificação dos valores básicos prévios. Em segundo lugar, os dois meta-critérios estão envolvidos em cada uma das dimensões básicas e não são, portanto, de modo nenhum independentes delas. São subdimensões repetitivas de cada uma das cinco. Em cada caso pode-se questionar: (1) Qual é o custo (em termos de qualquer outra coisa valorizada) da obtenção deste grau de vitalidade, sentido, adequação, acesso ou controlo? e (2) Quem ganha e quanto com isso?

Proponho que estas cinco dimensões e os dois meta-critérios sejam medidas inclusivas da qualidade de um aglomerado populacional. Os grupos e as pessoas têm de valorizar aspectos diferentes e atribuir-lhes prioridades diferentes. Mas, depois de os medir, um grupo específico, numa situação real, deve ser capaz de avaliar o que é relativamente bom no seu local, e deve passar a ter ao seu dispor as pistas necessárias para melhorar ou manter o que é bom. Até determinado ponto, as cinco dimensões podem ser definidas, identificadas e aplicadas, e esta aplicação pode mesmo ser melhorada.

Mas, na verdade, será que isso acontece? Será que as dimensões satisfazem realmente todos os critérios que foram mencionados no início desta secção? Será que realçam de facto o que é bom numa cidade, ou será que representam apenas uma lista verbal de verificação? Será que as localizações nestas dimensões podem ser identificadas e medidas em termos concretos? Será que são pontos de orientação úteis para a investigação? Será que são aplicáveis a culturas variadas e em situações variadas? Será que podem apresentar-se propostas gerais acerca da variação do grau ideal, de acordo com as variações nos recursos, no poder ou nos valores? Será que os graus de concretização nestas dimensões podem ser relacionados com padrões espaciais específicos, de tal modo que se possam prever os benefícios das soluções propostas? Será que, de facto, as nossas preferências acerca dos locais variam significativamente à medida que a execução se modifica? Tudo isto terá ainda que ser analisado.

Em primeiro lugar, é necessário analisar cuidadosamente cada dimensão, para expandir as suas várias subdimensões e explicar as suas ligações prováveis a formas específicas e a valores mais genéricos. Ao fazê-lo, poderemos rever algumas das provas existentes e indicar algumas falhas no nosso conhecimento. No entanto, rapidamente será possível verificar quantas destas provas são apenas especulativas.

7

Vitalidade

Um ambiente é um bom habitat se servir de apoio à saúde e ao bom funcionamento biológico do indivíduo e à sobrevivência da espécie. A saúde é surpreendentemente difícil de definir. Muitos aspectos da saúde (e até mesmo a definição de saúde) dependem mais da estrutura social do que da estrutura ambiental. Vamos concentrar-nos nos aspectos da saúde definidos de modo relativamente claro, aqueles que num grau importante dependem da natureza do ambiente espacial e têm raízes nas características universais da biologia humana, de tal maneira que são semelhantes em culturas diferentes. Talvez existam três características fundamentais do ambiente que dão origem à saúde, ao bom funcionamento biológico e à sobrevivência neste sentido, isto é, que transformam um local em algo de vital, num terreno adequado para a vida:

1. *Sustentação*. Deve existir um abastecimento adequado de alimentos, energia, água e ar, e um tratamento apropriado dos lixos, i.e. a "produção" tem de ser adequada para permitir a manutenção da vida. A sustentação é afectada pelos sistemas físicos de abastecimento e tratamento dos lixos, pela densidade de ocupação relativamente aos recursos, pela localização dos aglomerados populacionais, pelo efeito dos edifícios e da paisagem na exposição ao sol e na circulação do ar, e pela forma como o espaço, o solo e a vegetação são conservados e adaptados de modo a produzirem os abastecimentos necessários. Alguns dos dispositivos espaciais utilizados para se alcançar este objectivo ideal são as terras de cultivo, as estufas, a conservação do solo, o aproveitamento das florestas, os sistemas de esgotos, os poços, as minas de carvão, o controlo dos cursos de água, a ventilação dos interiores, os mercados de alimentos, os aquedutos, as latrinas e as disposições do local.

2. *Segurança*. Um bom aglomerado populacional é aquele em que os riscos, os tóxicos e as doenças estão ausentes ou controlados, e em que é reduzido o medo de encontrar qualquer um destes elementos. É um ambiente fisicamente seguro. A concretização da segurança envolve problemas de poluição do ar e da água, contaminação dos alimentos, presença de tóxicos, supressão da doença e dos vectores de doença, redução dos acidentes físicos, defesas contra ataques violentos, prevenção de cheias e de incêndios, resistência a terramotos e existência de tratamento para as pessoas expostas a estes riscos. A lista é longa, mas os objectivos e os meios físicos estão relativamente definidos, uma vez que todos eles pretendem evitar um problema específico.

3. *Consonância*. Por último, o ambiente espacial deve estar em consonância com a estrutura biológica básica do ser humano. Deve conduzir à manutenção da temperatura interna. Deve apoiar os ritmos naturais: dormir e acordar, alerta e

urton
randjean 1976

desatenção. Deve fornecer um estímulo ideal de entrada sensorial: nem sobrecarregando uma pessoa, nem privando-a do estímulo adequado. Cada pessoa deve ser capaz de ver e de ouvir bem. Este facto pode ser especialmente importante para o desenvolvimento natural da criança. Os elementos do ambiente, tais como os degraus, as portas, os compartimentos e as inclinações devem ajustar-se à dimensão e às capacidades humanas – a características como a altura, o alcance, o ajustamento, a comodidade, a visão frontal e o poder de elevação. Estes são os dados básicos da ergonometria, ou da engenharia dos factores humanos. O cenário deve encorajar o uso activo do corpo, para que nenhuma parte do corpo degenere por falta de exercício. Algumas destas questões estão bem definidas, outras – em particular as que servem de apoio aos ritmos do corpo – são menos claras, mas as suas implicações desenvolvem-se gradualmente.

Grandjean 1973

No passado, talvez apenas alguns grupos de caçadores-recolectores ou alguns pequenos aglomerados de agricultores em regiões favorecidas tenham desfrutado de um terreno sustentado, seguro e consonante. Excepto para a defesa em situações de guerra, estes requisitos vitais nem sempre têm sido os motivos orientadores dos construtores das cidades. Por várias vezes, os construtores viram-se forçados a dar-lhes uma atenção oficial devido às pragas, aos incêndios ou à fome. Mas uma atenção contínua para com a cidade enquanto habitat vivo é, porventura, um fenómeno relativamente recente.

Estes três requisitos são comuns a todas as pessoas: os tóxicos afectam-nos a todos, quer seja em Hackensack ou no Soweto. São estes os problemas que normalmente são mencionados nas discussões públicas como "questões ambientais", utilizando a palavra ambiente nesse sentido, inadequado e terrivelmente limitado. Mas o grau de valor atribuído à saúde e à sobrevivência individual ou à ausência de fome ou de medo pode variar de local para local. A vitalidade não é um bem absoluto, excepto para a sobrevivência da própria espécie, que a tem biologicamente incorporada. Uma vida pode ser sacrificada com outros fins e o seu prolongamento pode ser trocado por uma vida melhor. Alguns riscos são aceitáveis. Será que preferíamos um ambiente perfeitamente saudável mesmo que isso fosse possível – um mundo no qual não existissem sofrimento, doenças ou tensão? Uma vida curta e dolorosa pode ser aceite como natural, até mesmo como adequada, desde que cada geração consiga educar a seguinte. Em qualquer dos casos, a morte individual é inevitável.

As questões aqui são a saúde e o funcionamento biológico, não o conforto. Uma cadeira confortável, uma viagem cómoda, um clima ameno, uma morte suave, ou um jantar agradável podem ser irrelevantes, ou até mesmo hostis, para a saúde. Algumas condições favoráveis à saúde podem contrariar impulsos instintivos e alguns riscos podem estar escondidos ou não fazer parte do conhecimento geral. Deste modo, os peritos podem "saber mais e melhor" em benefício das pessoas que se encontram realmente em risco. Esta situação levanta questões éticas de actuação em benefício de outras pessoas, ou mesmo contra a sua vontade. Será que as pessoas deviam ser forçadas a beber água com flúor?

A saúde e o bom funcionamento podem ser sentidos e apreciados, e, no entanto, são difíceis de medir e de definir, especialmente quando se fala de saúde mental. A falta de saúde e a frustração são muito mais fáceis de identificar. Assim, as normas ambientais eficazes devem concentrar-se provavelmente num limiar de factores a evitar e não num ideal. Tentamos alcançar níveis de risco razoáveis e não a sua ausência total. Os critérios podem ser normalmente definidos como limites de tolerância e medidos como probabilidades de tensão, de doença, de incapacidade reprodutiva ou de morte. Por vezes, os indivíduos procuram riscos para se testarem a si próprios e desfrutarem do perigo. A regra básica é a sobrevivência do grupo, seguida pelo bem-estar individual e pela oportunidade de usar e desenvolver as capacidades humanas inerentes. Por exemplo, a criança em crescimento deve ser capaz de alargar gradualmente os seus limites, confrontando cada vez mais o mundo, exercitando as suas capacidades com uma responsabilidade cada vez maior e, contudo, deve poder retirar-se sempre para um ninho protegido. É evidente que estes preceitos servem de base aos seguintes, uma vez que a sobrevivência biológica está subjacente a todos os valores humanos. A vitalidade é uma norma conservadora, ainda que muito genérica – uma característica passiva e de apoio. Realça a continuidade, apesar de abrir a oportunidade do desenvolvimento individual. Uma vez que o objectivo básico é a sobrevivência da espécie, estas regras têm uma importância especial, pela sua influência, na reprodução e na educação das crianças.

Estas questões têm uma longa história de textos teóricos sobre planeamento ambiental, ainda que esses textos tenham sido pouco seguidos. Vitrúvio estabeleceu normas para a localização e concepção de aglomerados populacionais saudáveis no primeiro século antes de Cristo, e estes textos já representavam uma compilação de conhecimentos muito anteriores. Do mesmo modo, os antigos textos indianos falam de normas de saúde para a concepção dos aglomerados populacionais, tal como as Leis das Índias. A maioria destas normas está relacionada com o clima e com os poluentes visíveis. Armados com novos conhecimentos sobre um mundo invisível, os reformadores sanitários ingleses do século XIX realizaram uma enorme empreitada de drenagem e de abastecimento de água, que transformou as fossas urbanas da sua época nos aglomerados populacionais relativamente saudáveis do actual mundo desenvolvido.

Todavia, as questões da vitalidade mantêm-se cruciais. Em muitas áreas onde temos conhecimentos seguros, ainda é necessário aplicar esses conhecimentos. As grandes metrópoles do mundo em desenvolvimento são quase tão perigosas para a vida quanto as cidades ocidentais de há cem anos. A subnutrição e a doença ainda são endémicas nas áreas mais pobres das cidades mais ricas. Surgiram novas ameaças à sobrevivência: uma diminuição mundial no abastecimento de alimentos, de água ou de energia (pelos menos até que a energia solar seja economicamente viável); o desastre nuclear; ou a contaminação global da atmosfera ou dos mares. Surgem novos riscos à medida que a tecnologia se desenvolve. Mesmo os nossos sistemas de remoção dos poluentes podem originar um reaparecimento da poluição sob novas formas.

As novas formas de vida, a erradicação de anteriores ameaças à saúde e o desenvolvimento dos conhecimentos encobrem ameaças anteriormente não detectadas, ou convertem destinos antigos e aceites em problemas solúveis (provocadores, assim, de alguma ansiedade). Por exemplo, está a tornar-se evidente que a prolongada exposição ao estreito espectro da luz artificial pode privar-nos dos estímulos necessários fornecido pela banda larga da luz solar e pode perturbar os nossos ritmos corporais internos, que se baseiam no dia solar. A erradicação de grandes ameaças à saúde física, tais como a cólera e o raquitismo, faz com que as atenções se voltem para o possível papel do ambiente nas doenças do coração ou no cancro, ou para algumas propensões espaciais ainda mais subtis no campo das doenças mentais. Se já é possível prever terramotos então é necessário analisar como e quando se deve evacuar uma cidade ameaçada. Como tal, apesar do enorme sucesso na melhoria do habitat em que vivemos, esta questão é ainda mais difícil de resolver nos nossos dias do que era antes. Por causa das nossas expectativas crescentes parece cada vez mais distante a descoberta de uma solução.

A vitalidade é um bem público tão genuíno quanto qualquer outro da nossa lista, uma vez que a saúde e a sobrevivência são valores considerados de uma forma muito alargada, e as ameaças à saúde são muitas vezes indiscriminadas na sua incidência. Neste domínio, temos mais segurança quando tecemos apreciações para as outras pessoas, especialmente para as gerações vindouras, uma vez que podemos prever que também elas desejarão sobreviver. No entanto, tal como a maioria dos bens públicos, a vitalidade conhece-se mais pelas violações, uma vez que o custo para todas as pessoas do seu aumento (ou da sua diminuição) tem pouca relação com os seus próprios benefícios. As pessoas que bebem a jusante ingerem a poluição que vem de montante. As ogivas existentes nos nossos silos são salutares, uma vez que só podem contaminar radioactivamente as cidades de outras pessoas. As ameaças à saúde parecem aumentar precisamente à medida que começamos a compreender a importância de uma boa adequação entre a nossa natureza animal e o nosso cenário físico.

Uma nova rede de esgotos, a não autorização da expansão de uma fábrica, a proibição do tabaco ou dos automóveis, ou o fecho de uma fábrica de guerra podem implicar custos elevadíssimos. Quando se faz uma análise "racional" destas questões é-se atormentado pela necessidade de calcular o valor monetário da vida e de comparar os valores futuros e difusos da moeda com os valores actuais bem definidos. Como tal, as medidas para aumentar ou proteger esta qualidade são muitas vezes impostas algo arbitrariamente por uma autoridade pública e a sua aplicação arrasta-se atrás dos conhecimentos.

As primeiras formas de modificação do mundo para o tornar mais habitável foram os abrigos simples, a domesticação das colheitas e dos animais, e a localização dos aglomerados populacionais junto de fontes de alimentos, de combustível e de água. Apesar de aparentemente o transporte de longo curso e a moderna produção de alimentos terem libertado as pessoas que vivem nas nações mais ricas de algumas destas limitações iniciais, levantaram também a possibilidade de falhas, devido às perdas da sustentação a nível mundial. Como consequência, as pessoas reconsideram o valor da autonomia local relativamente a alguns recursos básicos.

Num outro período da história, a maior parte do conhecimento especializado para a concepção dos aglomerados populacionais esteve ligada à defesa contra os ataques humanos: a localização e concepção de fortalezas, muralhas e fortificações exteriores. Actualmente, grande parte destas noções está desactualizada. Vivemos à sombra de armas contra as quais não parece existir qualquer tipo de defesa física, embora ainda sejam construídos abrigos subterrâneos e se desenvolvam planos surrealistas de evacuação. A utilização da forma da cidade como defesa contra o ataque vira-se agora para o desencorajamento dos crimes a nível local ou para formas de convivência com o automóvel, o nosso querido assassino. A maioria dos planos de tráfego preocupa-se com a relação entre os padrões físicos e as regras da sua aplicação às taxas de acidentes rodoviários.

As estruturas são localizadas e concebidas de maneira a evitar os danos causados pelos incêndios, cheias e terramotos, e este conhecimento é substancial. A organização espacial de resgate, de ajuda e dos serviços de controlo também representa um factor na defesa contra os desastres naturais. No entanto, só agora se começa a estudar o modo como se comportam as pessoas nesses desastres naturais. Da mesma maneira, possuímos conhecimentos substanciais sobre a supressão de doenças infecciosas e seus vectores, sobre o abastecimento de água potável, de alimentos e de medicamentos (ainda que esse aspecto seja pouco considerado no mundo comercial), sobre questões de tratamento dos lixos e de limpeza, e sobre a organização espacial dos cuidados de saúde.

Os efeitos debilitadores dos microclimas fracos são amplamente conhecidos e sentidos, mas são menos bem geridos, com excepção das soluções técnicas aplicadas no interior das casas: ar condicionado e aquecimento central. A concepção de estruturas que permitem criar um microclima mais saudável e agradável é uma tarefa conhecida, mas pouco praticada. A regulamentação da forma da cidade para permitir o acesso solar em todos os locais de construção é actualmente uma questão importante. O controlo do clima numa escala mais alargada ainda continua a escapar-nos. Pode ser um grave problema. O impacto da poluição do ar da cidade é amplamente estudado e começam agora a dar-se os primeiros passos eficazes no sentido de controlar a poluição. O que só agora se começa a compreender, apesar de não ter sido solucionado em lado nenhum, é que a poluição do ar interior é muito mais crítica, especialmente num país como os Estados Unidos, onde 95 por cento do nosso tempo é passado no interior das casas.

Lynch 1971

Grandjean 1976

Só agora começam a ser analisadas as implicações para a saúde do ruído e das luzes da cidade. O ruído tem sido considerado apenas como uma perturbação menor e a iluminação como uma simples comodidade, cuja intensidade deve ser aumentada logo que o dinheiro o permita. Actualmente, sabe-se que ambas as emissões têm efeitos directos sobre a saúde e efeitos indirectos importantes, na medida em que podem reforçar ou perturbar os ritmos do corpo humano: afectar o nosso sono ou dessincronizar as flutuações normais das funções internas. A noção de que a vida da cidade pode impor-nos uma estrutura estranha de tempo, deveria ter consequências na organização temporal das actividades na cidade.

Apesar de aumentar o interesse popular pelo exercício diário, a concepção tradicional do aglomerado populacional procurou sempre reduzir o esforço físico: encurtar as distâncias, evitar o transporte por meios humanos, abolir mudanças de nível, introduzir elevadores e veículos mecânicos, multiplicar os dispositivos para poupar trabalho. A memória dos trabalhos forçados dos seres humanos é demasiado recente. Estudos recentes efectuados num subúrbio norte-americano demonstraram que o adulto médio move o seu corpo um pouco menos do que uma pessoa obrigada a estar permanentemente na cama. Conceber com a intenção de promover o uso do corpo, em vez de o evitar, é um objectivo que pode estar a caminho: não apenas através da disponibilização de espaços para o desporto, no qual se envolve apenas uma parte menor da população, mas através de medidas que encorajem a actividade corporal no dia-a-dia, ou que a tornem obrigatória.

Estamos ainda um pouco longe de compreender o nível a que os cenários construídos pelos seres humanos devem reproduzir os ambientes naturais em que a espécie humana evoluiu e aos quais está supostamente adaptada; ou em que grau a nossa saúde é afectada de forma positiva ou negativa quando nos afastamos dessas características primitivas. Mas sabemos bastante acerca das particularidades de um ambiente

Dubos

vital e as nossas maiores dificuldades residem na aplicação desses conhecimentos. O valor é claro e bastante abrangente. Existe mesmo uma literatura substancial acerca deste tema.

O custo monetário envolvido na conversão da cidade em local vital e as dificuldades relacionadas com a sua distribuição já foram mencionados. Existem também outros custos. Uma vez que grande parte do conhecimento sobre a saúde é "invisível" ou arcano, os especialistas dominam a discussão. A melhoria da vitalidade tende para um controlo central e para a coerção, uma vez que os custos dispersos têm de ser devolvidos aos seus agentes. Acabar com as drogas exige a intervenção da polícia e encoraja a marginalidade e o contrabando. Acabar com o tabaco deve exigir um exército. Ser-se privado da droga que se escolhe é algo que é difícil de suportar. Quando os controlos ambientais tiverem de ser aplicados à escala mundial este poder necessário e perigoso deverá aumentar. A monotonia e a opressão potenciais de um mundo completamente seguro e devidamente controlado são temas comuns na ficção científica. Um clima ideal pode ser aborrecido. Até é possível que possa existir um grande leque de riscos para a espécie se os seus indivíduos não tiverem de enfrentar a tensão e o risco. No entanto, actualmente estes perigos parecem-nos bastante remotos.

Podemos passar das questões da saúde humana para as questões da saúde de outras espécies ou de toda a comunidade biológica. Trata-se de uma extensão directa da preocupação humana se falarmos de espécies em relação às quais somos economicamente dependentes. Ficamos obviamente preocupados com as doenças do gado e com os fracassos nas colheitas. Deveríamos preocupar-nos igualmente em manter a diversidade genética entre os animais e as plantas que valorizamos. O interesse humano na saúde de toda a comunidade ecológica pode justificar-se com o facto de dependermos de toda a cadeia da vida e de podermos sofrer se essa cadeia se desintegrar. Deste modo, a estabilidade relativa do sistema ecológico local deve ser uma medida com alguma importância para nós.

Será que deveríamos ir mais longe e cuidar da saúde de toda a comunidade viva, ou talvez apenas da saúde de outras espécies seleccionadas porque lhes concedemos o direito à vida? Muitas pessoas podem mostrar-se dispostas a alargar a sua preocupação aos mamíferos que historicamente têm estado mais próximos do homem, com os quais desenvolvemos laços emocionais e com os quais conseguimos de alguma forma comunicar. Deste modo, a preocupação com a saúde dos cães e dos cavalos de estimação pode ser um critério aceitável numa cidade rica, apesar de raramente ser mencionado em público. Poucas pessoas defendem a saúde dos ratos, das baratas, ou mesmo de espécies tão agradáveis e inofensivas (inofensivas sob o ponto de vista humano, é evidente) como as borboletas. Por enquanto (mas este facto pode mudar), os nossos valores principais concentram-se em nós próprios. Preocupamo-nos com a saúde humana, com a saúde das espécies de que dependemos directamente e com a estabilidade geral de toda a comunidade biológica de que dependemos indirectamente.

Em resumo, existem várias dimensões de execução para a forma da cidade que se agrupam a si próprias ao abrigo deste título da vitalidade:

a. *sustentação:* a adequação da produção de água, do ar, dos alimentos, da energia e dos lixos;

b. *segurança:* a ausência de tóxicos, de doenças ou de riscos para o ambiente;

c. *consonância:* o grau de adequação entre o ambiente e as necessidades humanas de temperatura interna, de ritmo corporal, de estímulo sensorial e de funcionamento do organismo;

d. para os outros seres vivos como cuida o ambiente da saúde e da diversidade genética de espécies economicamente úteis ao homem; e

e. a estabilidade actual e futura de toda a comunidade ecológica.

Embora as medidas *a, b* e *d* sejam frequentemente consideradas, as outras, ainda que amplamente discutidas, são mais raramente aplicadas. Apesar de tudo, as medidas parecem gerais na sua aplicação e válidas para um planeamento de longo alcance.

8 Sentido

Por sentido de um aglomerado populacional pretendo dizer a clareza com que ele pode ser apreendido e identificado, e a facilidade com que os seus elementos podem ser ligados a outros acontecimentos e locais numa representação mental coerente do tempo e do espaço, e o modo como essa representação pode ser ligada a conceitos e valores não espaciais. Esta é a união entre a forma do ambiente e os processos humanos de percepção e de cognição. Demasiadas vezes mal definida e, portanto omitida com alguns lamentos piedosos, esta qualidade está na base dos sentimentos pessoais acerca das cidades. Não pode ser analisada senão como interacção entre a pessoa e o local. A percepção é um acto criativo e não uma recepção passiva.

O sentido depende da forma e da qualidade espaciais, mas também da cultura, do temperamento, do estatuto, da experiência e do objectivo actual do observador. Assim, o sentido de determinado local varia consoante os diferentes observadores, tal como a capacidade de determinada pessoa se aperceber da forma varia consoante os locais. Apesar de tudo, existem algumas características constantes, significativas e fundamentais na experiência de um mesmo local por pessoas diferentes. Estas características constantes têm origem na base biológica comum da nossa percepção e cognição, em certas experiências comuns do mundo real (gravidade, inércia, abrigo, incêndio e perspicácia, só para nomear algumas) e nas normas culturais comuns que se podem encontrar entre as pessoas que habitualmente utilizam um local específico. Os locais têm um sentido maior ou menor, tal como os acontecimentos. As actividades e as celebrações associadas a um local apoiam a sua percepção, desde que sejam elas próprias percepcionadas como vívidas e coerentes.

A forma mais simples de sentido é a identidade, no significado limitado desse termo comum: "um sentido do local". A identidade é o nível a que uma pessoa consegue reconhecer ou recordar um local como sendo distinto de outros locais – como tendo um carácter próprio vívido, único, ou pelo menos particular. É uma qualidade frequentemente ambicionada pelos designers e acaloradamente discutida entre eles. Tem uma função prática óbvia e quase banal, uma vez que a capacidade de reconhecimento dos elementos é a base de uma acção eficaz. Mas tem significados mais profundos e mais interessantes.

A maioria das pessoas já viveu a experiência de estar num local muito especial e preza esse local e lamenta a privação habitual a que fica sujeita quando se afasta dele. Existe um prazer enorme em sentir o mundo: o jogo da luz, a sensação e o odor do vento, os toques, os sons, as cores, as formas. Um local bom é acessível a todos os sentidos, torna visíveis as correntes do ar, cativa as percepções dos seus habitantes. A apreciação directa da percepção vívida é ainda maior porque os locais equilibrados e identificáveis são cabides convenientes nos quais se podem pendurar as memórias, os sentimentos e os valores pessoais. A identidade de um local está intimamente ligada à identidade pessoal. A afirmação "eu estou aqui" suporta a afirmação "eu sou".

A familiaridade intensa cria um sentido de local, tal como o faz uma forma especial. A nossa casa ou a paisagem da nossa infância são cenários habitualmente muito identificáveis. Quando a forma e a familiaridade trabalham em conjunto, o resultado emocional é muito forte: "Não sou cidadão de uma cidade banal". O turismo baseia-se na exploração superficial deste mesmo sentido de local. No entanto, poucos de nós experimentam o prazer permanente (e a irritação ocasional, mas pelo menos uma sensibilidade superior) da vida diária num ambiente distinto – uma Veneza, um vale entre montanhas, uma cidade numa ilha.

Os acontecimentos também podem ter identidade; este é o "sentido de ocasião". As celebrações especiais e os rituais grandiosos desenvolvem este sentido num grau elevado. A ocasião e o local reforçam-se mutuamente para criarem um presente vívido. O resultado é um envolvimento activo no mundo imediato e material e um enriquecimento da personalidade.

Ver fig. 52

A identidade de um local ou de um acontecimento pode ser analisada e medida em termos grosseiros através de testes simples de reconhecimento, memória e descrição. Este tipo de testes está razoavelmente desenvolvido. Pode pedir-se às pessoas que reconheçam fotografias ou outras representações e que recordem os locais em termos verbais ou gráficos. A rapidez e a intensidade do reconhecimento e da recordação podem ser relativamente bem quantificados, de acordo com o que os entrevistados são capazes de fazer. Estes testes devem ser complementados com descrições do terreno, que identifiquem e descrevam os locais e os acontecimentos recordados, e que forneçam uma base (juntamente com uma compreensão da cultura e da experiência individual dos entrevistados) que permita uma análise das razões favoráveis ao grau de identidade encontrado. Mas confiar apenas na descrição do terreno, como é hábito de muitos designers, é negligenciar um elemento importante da interacção que dá origem à sensibilidade. Trata-se de uma substituição das percepções do analista pelas percepções das pessoas que realmente habitam no local. É evidente que é igualmente incorrecto confiar apenas no modo como as pessoas respondem, sem estudar o local que é objecto das suas respostas. Mas este não é um pecado assim tão comum.

Lynch 1976

O elemento seguinte do sentido é a *estrutura* formal, que à escala de um local pequeno é o sentido do modo como as partes se ajustam em conjunto e que, num grande aglomerado

Lynch 1965
Peets

51 No Park Güel, em Barcelona, Gaudí conferiu uma identidade única a um velho protótipo – a escadaria barroca formal – através da utilização extremamente imaginativa da forma e dos materiais.

52 Um ambiente físico memorável reforça um acontecimento especial: dançar a Sardana nos degraus da velha Catedral em Barcelona.

populacional, é o sentido de orientação: saber onde (ou quando) se está, implica saber como outros locais (ou tempos) estão ligados a este local. A orientação pode ser uma memória desarticulada do acto de navegação ("sigam-me"), ou um mapa mental mais ou menos estruturado (desde o mapa que é uma vaga rede topológica, até ao mapa que apresenta uma representação geométrica à escala), ou uma série de imagens sequenciais recordadas ("virar à direita quando se encontra uma faia depois da estufa"), ou um conjunto de conceitos verbais ("os subúrbios ricos rodeiam os bairros degradados do centro da cidade"), ou uma combinação de todos estes factores.

O significado prático da orientação é suficientemente claro: uma má orientação significa perda de tempo e desperdício de esforços, especialmente para os forasteiros. É fundamental para as pessoas com algum tipo de deficiência – os invisuais, em particular, mas também as pessoas com deficiência motora, as pessoas com deficiência mental, ou as pessoas com deficiência auditiva. Uma estrutura sensata deve ser alargada à medida que a escala da vida quotidiana se alarga. Actualmente, muitas pessoas têm obrigatoriamente de compreender a estrutura de uma grande região urbanizada.

É evidente que existem outras ajudas à navegação para além da forma ambiental, nomeadamente os mapas e as outras pessoas. Todavia, o medo e a confusão associados a uma má orientação, e a segurança e o prazer evocados pela situação oposta, ligam a forma ambiental a níveis psicológicos profundos. Além disso, a boa orientação melhora o acesso e, portanto, alarga a oportunidade. A estrutura local permite-nos identificar mais facilmente um local através da percepção que temos do modo como as suas partes se ajustam em conjunto.

Apesar de uma estrutura correcta poder ser altamente valorizada por algumas pessoas, outras pessoas consideram-na de maneira mais indiferente, excepto enquanto percorrem os seus caminhos habituais. As pessoas utilizam muitas pistas diferentes para estabelecer a estrutura – o reconhecimento de uma forma ou de uma actividade características de áreas ou centros, interligações sequenciais, relações direccionais, tempo e distância, pontos de referência, caminhos ou continuidades dos limites, gradientes, perspectivas e muitos outros. É fácil realizar testes à estrutura através de exercícios de cartografia e de esboço, de descrições do percurso, de entrevistas enquanto se viaja, de estimativas de distância e direcção, e de outras técnicas. Estes testes têm sido realizados em muitas localidades em todo o mundo e já existem alguns conhecimentos sobre as relações entre a forma em grande escala e a estrutura da imagem – como varia com a cultura e a situação, e como parece ser invariável. No entanto, sabemos muito menos acerca da maneira como se desenvolve a imagem ambiental. Apesar de tudo, podem criar-se mapas compostos acerca da força e do insucesso estrutural de certas populações em certos locais – tal como se podem criar mapas semelhantes para a identidade.

Ver fig. 53

Appleyard

Existe também uma orientação no tempo. Inclui a capacidade de gerir o relógio e permite-nos ordenar o nosso dia, saber quando as coisas acontecem e coordenar as nossas acções com as das outras pessoas. Inclui também o sentido emocional mais profundo sobre o modo como o momento presente está ligado ao passado e ao futuro próximos ou distantes. Este sentido profundo de orientação no tempo é muito provavelmente mais importante para a maioria das pessoas do que o correspondente sentido de orientação no espaço. Além disso, uma vez que a nossa representação interna do tempo é mais fraca do que a nossa representação interna do espaço, estamos mais dependentes das pistas externas para nos mantermos temporalmente bem orientados. Deste modo, as formas e as sequências ambientais são muito úteis para ancorar e alargar a nossa orientação temporal: relógios, processos naturais, ritmos de actividade, sinais, iluminação, preservação histórica, celebrações, rituais e outros semelhantes. A orientação no tempo pode ser analisada pedindo às pessoas que descrevam interligações temporais, que façam estimativas de tempo ou de duração, ou que descrevam o passado ou o futuro. Mas as técnicas não estão tão bem desenvolvidas quanto as da análise da orientação espacial.

A identidade e a estrutura são os aspectos da forma que nos permitem reconhecer e padronizar o espaço e o tempo por si próprios. De seguida, surgem aquelas qualidades que nos ajudam a ligar a forma do aglomerado populacional a outras características das nossas vidas. O primeiro nível pode ser designado por *congruência:* a correspondência puramente formal da estrutura ambiental com a estrutura não espacial. Isto é, será que a forma abstracta de um local corresponde à forma abstracta das suas funções, ou às características da sociedade que nele habita? Por exemplo: será que os edifícios residenciais estão bem adaptados ao tamanho da família, no caso de serem habitados por famílias, ou será que contêm muitas famílias não relacionadas? Será que uma localidade com um carácter visual forte é habitada por um grupo distinto de forte carácter social? Será que a propriedade e o domínio social correspondem às divisões e aos domínios visíveis no mundo dos objectos? Será que a forma da cidade é mais intensa nos momentos de actividade mais intensa? Será que os grandes locais estão associados a grandes grupos e os canais principais a fluxos principais? Será que o ritmo da actividade visível é congruente com o ritmo da actividade social, ou com a rotação da Terra, ou com os ritmos do corpo humano? Vejamos um exemplo banal: o grande parque de estacionamento é uma instalação feia, desconfortável e muitas vezes desorientadora. Tem o significado redutor de um terreno de armazenamento; os automóveis amontoados são muitas conchas vazias. Mas o local de estacionamento ao lado da casa serve para mostrar o automóvel da família, uma máquina com personalidade, através da qual os vizinhos reconhecem a presença do seu proprietário.

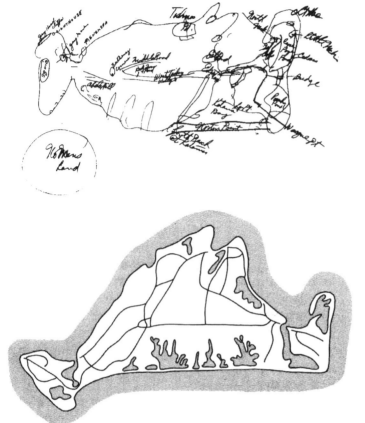

53 Uma habitante de Chappaquiddick, na extremidade oriental de Martha's Vineyard, apresenta um esboço do seu conceito da ilha. Compare-se com um mapa normal de contornos: alargam-se os locais familiares e amontoam-se os nomes, todavia, preservam-se as características específicas, especialmente as naturais.

54 Na Piazza dell'Olio, em Florença, a fachada de San Salvatore al Vescovo (cerca de 1220) está integrada no Palácio do Arcebispo (cerca de 1580), e torna assim visível a evolução histórica na escala urbana. Por outro lado, num aglomerado populacional grego, a sequência da construção torna visível o futuro.

A congruência é o terreno perceptual de um ambiente significativo e no seu sentido global é uma questão muito mais complicada. A congruência pode ser testada através da abstracção ou da esquematização das partes, das ligações e das intensidades de um local, e da observação do modo como correspondem a abstracções similares de função, de economia, de sociedade ou de processo natural desse local. Podem confirmar-se esses testes pedindo à população local que descreva a correspondência formal entre local e função.

A *transparência* ou "proximidade" é um outro componente relativamente simples da sensibilidade.* Por transparência quero dizer, o grau em que cada um pode compreender directamente a operação das várias funções técnicas, actividades e processos sociais e naturais que acontecem no seio do aglomerado populacional. Será que podemos realmente ver as pessoas a trabalhar? ouvir as ondas a atingir a costa? observar o curso de uma discussão familiar? ver o carregamento de um camião ou como funciona uma rede de esgotos? tocar no que está para venda ou ver quando o parque de estacionamento está cheio? ver as transferências de dinheiro e de mensagens? Alguns destes processos são importantes, alguns são interessantes, alguns são triviais e outros repugnantes. Transmitem um "sentido de vida" em qualquer aglomerado populacional e, com congruência, são a base perceptual directa, de significados mais profundos. As funções que se apresentam imediatamente aos nossos sentidos ajudam-nos a compreender o mundo. Deste modo, ganhamos competência prática e maturidade. Certos processos são básicos e a capacidade de os sentir é uma satisfação fundamental: por exemplo, a acção e o movimento das pessoas; os processos de produção; as provas da manutenção, do cuidado e do controlo; os conflitos de grupo e a cooperação; a educação das crianças; o afecto humano; o nascimento e a morte; as transformações das plantas; os movimentos do Sol. Outros processos têm que ser visíveis para nos ajudarem a desempenhar as nossas funções diárias normais. Outros ainda, é melhor continuarem ocultos. Uma queixa comum acerca da cidade moderna é que é opaca, é impessoal, tem falta de proximidade. Todavia, motivos de privacidade, de pudor e de controlo podem levar-nos a manter essa opacidade. O assunto pode ser delicado, mas a nossa cultura parece encaminhar-se para uma maior abertura. A transparência pode ser analisada através da observação do terreno e através da solicitação aos forasteiros e aos residentes (nomeadamente os invisuais) para que descrevam os processos que lhes são evidentes quando olham para a cidade, quando a ouvem, tocam ou cheiram.

Ver fig. 55

O ambiente urbano é um meio de comunicação que exibe símbolos explícitos e implícitos: bandeiras, relvados, cruzes,

---

* Utilizando "sensibilidade" no sentido, actualmente obsoleto, de "capacidade de ser captado pelos sentidos".

Ver fig. 56

sinais, janelas panorâmicas, telhados cor de laranja, pináculos, colunas, portões, cercas rústicas. Estes sinais fornecem-nos informações acerca da propriedade, do estatuto, da filiação em certos grupos, das funções ocultas, dos bens e serviços, do comportamento adequado, e de muitas outras coisas que consideramos úteis e interessantes. Este é um componente do sentido a que podemos chamar *legibilidade:* o grau em que os habitantes de um aglomerado populacional conseguem comunicar bem uns com os outros através das suas características físicas simbólicas. Estes sistemas de sinais ambientais são, quase completamente, uma criação social, e muitas vezes não são inteligíveis para os estranhos a determinada cultura. Mas podem ser analisados quanto ao seu conteúdo, exactidão e intensidade por qualquer observador familiar, e estas descobertas podem ser confirmadas através de entrevistas e testes de simulação fotográfica realizados junto dos habitantes do local. A sinalização de um local pode ser rica ou pobre, exacta ou falsa, importante ou trivial, aberta ou dominada. Pode estar *enraizada* – isto é, localizada no mesmo espaço e tempo das actividades, pessoas ou condições a que se refere – ou pode ser flutuante e estar relacionada apenas de forma abstracta. A forma ambiental pode ser manipulada para suprimir e controlar este discurso espacial, ou torná-lo mais livre, menos conflituoso ou mais expressivo, assim como enraizado, exacto ou útil. As formas ambientais podem ser criadas ou combinadas de novas maneiras para aperfeiçoar a linguagem e, desse modo, ampliar as nossas capacidades de comunicação espacial.

Preziosi

A semiótica, que aborda a estrutura do significado na comunicação simbólica e que se desenvolveu a partir dos estudos da linguagem e da antropologia cultural, virou-se recentemente para os significados dos aglomerados populacionais. Desse esforço, podemos esperar um conhecimento mais exacto acerca do modo como são utilizados os símbolos ambientais. No entanto, por enquanto, o esforço debate-se com dificuldades na tradução dos seus conceitos a partir das linguagens verbais – que são sistemas de comunicação puros e empregam símbolos separáveis e sequenciais – para a linguagem ambiental, onde nenhuma das condições é aceite.

Rowe

Alguns arquitectos contemporâneos, atraídos por estas ideias elegantes e em transição da anterior teoria "funcional", envolvem-se em concepções que manipulam os símbolos aplicados com liberdade e ecletismo, pretendendo através dessas alusões aprofundar o efeito simbólico dos seus edifícios. Ao abrigo da agradável ilusão de que o significado reside no objecto, jogam um jogo esotérico, cujas mensagens podem rapidamente terminar ou tornar-se incompreensíveis assim que tiver terminado o choque.

A congruência, a transparência e a legibilidade são componentes do sentido que descrevem ligações explícitas entre

55 Um pescador remenda as redes numa rua periférica de Veneza. Uma actividade económica básica apresenta-se imediatamente aos sentidos, um acontecimento raro na cidade contemporânea.

56 Os cidadãos conversam utilizando as superfícies da cidade. Mas é necessário conhecer os símbolos para compreender a conversa.

a forma do aglomerado populacional e os conceitos e valores não espaciais. Mas existe um nível de ligação mais profundo, um nível muito mais difícil de especificar e de avaliar, ao qual podemos chamar o significado expressivo ou simbólico de um local. Em que grau, na mente dos seus utilizadores, é a forma de qualquer aglomerado populacional um símbolo complexo de valores fundamentais, de processos de vida, de acontecimentos históricos, de estrutura social fundamental, ou de natureza do universo? Este é o significado holístico de uma cidade, por oposição à série de significados transmitidos pelos seus diversos elementos simbólicos. Por vezes, pode ser o cenário da existência, outras vezes pode ser apenas uma referência retórica.

Jackson
Strauss
Tuan

Se um aglomerado populacional deve ou não ser concebido para significar este sentido é uma questão polémica. Por vezes, tem sido a função suprema de uma grande cidade. Nesse caso, a primeira tarefa do construtor de uma cidade seria ver se uma cidade representava para a sua sociedade um símbolo vívido da concepção de si própria e do universo. A cidade islâmica, por exemplo, pretendia ser, e era amplamente entendida como, uma expressão dos conceitos religiosos fundamentais dessa sociedade. Em outras ocasiões, essa tentativa pareceu ridícula. Qualquer simbologia profunda fica ao critério do indivíduo que actua sobre as características acidentais da forma. Apesar de tudo, consideramos que se estabelecem sempre algumas ligações simbólicas entre o ambiente de uma pessoa e as suas crenças essenciais. Essa pessoa pode optar por se concentrar nos símbolos da casa, ou nos da nação, do bairro, da natureza, da divindade, da história ou do ciclo da vida, mas a segurança e a profundidade destas associações simbólicas enriquecem a sua vida. Por isso, arrisco uma proposta geral: um local bom é aquele que, de algum modo adequado à pessoa e à sua cultura, consegue tornar essa pessoa consciente da sua comunidade, do seu passado, da teia da vida e do universo do tempo e do espaço em que estes se integram. Estes símbolos são específicos da cultura em causa, mas também assentam em experiências da vida comum como o calor e o frio, o seco e molhado, o escuro e o luminoso, o alto e o baixo, o grande e o pequeno, o vivo e o morto, o movimento e a quietude, o cuidado e a negligência, o limpo e o sujo, a liberdade e a restrição.

Bianca 1976

Bachelard

É difícil especificar devidamente qual a importância de um local, que pode variar consoante as pessoas e as culturas. Ainda assim, existem efectivamente significados comuns que são comunicados. Inevitavelmente, são um elemento do design do aglomerado populacional. É necessário compreendê-los para se poder analisar o impacto de um local sobre a sua população. Têm sido desenvolvidos dispositivos padrão de entrevista para determinar estas ligações, como o diferencial semântico, a grelha de repertório, a apercepção temática, o término da história e outras técnicas que vão desde as caracterizações de superfície até às estruturas subjacentes do significado: até dimensões como a potência, a actividade, o que é bom etc. Estas técnicas que permitem aos entrevistados estabelecer as suas próprias dimensões são as mais sensíveis. Todas se baseiam, em grande parte, nas respostas verbais convencionais e, na sua busca de respostas padrão, sofrem de uma certa superficialidade. Estes significados podem ser melhor explorados em discussões mais amplas com os habitantes, vivendo com eles, ou, em certa medida, através da empatia. Uma análise do conteúdo das lendas, dos mitos, da arte e da poesia, ou um estudo das memórias individuais ou fotográficas são também avenidas para a compreensão.

A identidade e a estrutura são os componentes "formais" do sentido. A congruência, a transparência e a legibilidade são componentes específicos que ligam o ambiente a outros aspectos das nossas vidas. Todos eles podem ser analisados de um modo directo e objectivo.* Por outro lado, a importância simbólica, o grau mais profundo da legibilidade, pode ser intuída, mas na sua raiz é indefinível.

Nenhuma destas características, apesar de importantes, representa objectivos absolutos – qualidades a maximizar. Ninguém gostaria de viver num local infinitamente vívido, onde tudo estivesse claramente ligado a tudo o resto. Não procuramos uma correspondência unívoca absoluta entre a forma e a sociedade; não queremos viver num aquário de peixes dourados; seríamos esmagados por uma multiplicidade de sinais evocativos. A cognição humana tem os seus limites, e o processo de cognição tem um valor maior que a estrutura mental resultante. Existem prazeres (e há motivos para desenvolvimento) nos enigmas, nas ambiguidades e nos mistérios. Queremos elementos definíveis em vez de elementos definidos, ligações complexas, regiões por explorar e alguma liberdade de camuflagem. A privacidade – a capacidade de negar informações acerca de crenças e de acções pessoais – é um assunto delicado e um escudo contra a tirania.

Existem, portanto, duas qualificações importantes para o ideal de bom sentido: em primeiro lugar, existem limites para além dos quais as pessoas podem negar um conhecimento mais aprofundado dos seus assuntos, ou para lá dos quais a mente humana fica sobrecarregada, e, em segundo lugar, um aglomerado populacional deve permitir uma revelação do significado, isto é, uma estrutura de primeira ordem simples e visível que permita um ordenamento mais extenso à medida que é mais intensamente experimentado e que encoraje a construção de novos significados, através dos quais o habitante possa transformar o mundo em algo de seu. Não é tão evidente como esta revelação pode ser avaliada, ou até mesmo identificada. Como se pode avaliar um local nestes termos, ou determinar que grau de revelação se pretende? Como se pode

---

* "Objectivo", é evidente, no sentido de a análise estar aberta a respostas e a críticas. O material sujeito a análise é adequadamente subjectivo.

concretizá-lo para a grande diversidade de pessoas que usam uma cidade moderna? Intuitivamente parece adequado e importante, mas é difícil de especificar enquanto medida passível de ser trabalhada. Apesar de tudo, uma cidade que convida à ordem é certamente melhor do que uma cidade ordenada.

O sentido é uma preocupação funcional importante, uma vez que a capacidade de identificar elementos, de temporizar o comportamento, de encontrar o próprio caminho e de ler os sinais, são requisitos do acesso e da acção eficaz. Também é um componente básico da satisfação emocional viver em locais favorecidos e por isso as pessoas competem pela sensibilidade. É comprada e vendida. É explicitamente negociada em situações onde é provável uma grave desorientação, ou em locais pequenos, onde os construtores esperam criar ou conservar características que deverão atrair pessoas abastadas. Todavia, a sua aplicação é de facto universal. É um forte apoio à identidade e à coesão do grupo. A sua ligação ao desenvolvimento mental da pessoa pode bem ser o seu valor mais fundamental, uma vez que uma cidade pode representar um meio educativo profundo e abrangente. A criação da ordem é a essência do desenvolvimento cognitivo. A sensibilidade é útil para manter a continuidade da identidade pessoal do adulto e os significados estáveis de uma cultura. Talvez seja muito mais útil para a criança em crescimento, que está menos submersa em noções verbais abstractas e mais aberta às perspectivas e aos sons imediatos do mundo que a rodeia. Um mundo rico e sensorial, repleto de significados diversos e caracterizado por uma ordem reveladora é um excelente meio de crescimento se a criança estiver livre para o explorar e se puder, de vez em quando, afastar-se dele para um local sossegado e protegido. A sobrevivência da espécie depende da educação de crianças competentes. Se adicionarmos a nossa preocupação com o desenvolvimento de seres humanos plenamente realizados temos diante de nós os nossos dois valores primários.

Ainda assim, um mundo altamente sensível também pode ser inadaptável. A estrutura pode ser demasiado clara e fixa para poder ser reconstruída com facilidade. As novas ideias concentram-se nas margens indistintas. Mas se o sentido forte pode interferir na mudança de algo, também pode apoiar a sua inutilidade contínua. Roger Scruton afirma que, na medida em que as estradas que o Papa Sixto construiu através de Roma tinham um objectivo estético e ao mesmo tempo funcional, "a viagem através delas continua a ser satisfatória mesmo numa era em que praticamente não há religião."

A sensibilidade tem sido muitas vezes usada para impor e manter uma posição permanente e dominante, como por exemplo na construção de um cenário monumental de poder, ou de um centro religioso de um estado teocrático. Contudo, também pode ser eficaz em situações dinâmicas e pluralistas, onde a imagem criada é uma imagem de multiplicidade interligada e de processo em vez de estase. Uma vez que entendemos a mudança apenas com alguma dificuldade, os dispositivos espaciais podem realçar os ritmos subjacentes, expressando a tendência actual de transformação ou de compressão da história. Uma vez que pessoas diferentes têm estratégias diferentes de estruturação, a organização visível de um aglomerado populacional não deve ser fechada e unitária. Pistas diversas devem sobrepor-se e penetrar-se mutuamente, para comporem uma rede mais complexa e redundante. Actualmente, tornar a mudança e a pluralidade compreensíveis pode muito bem ser a aplicação mais controversa da sensibilidade.

O custo económico da produção de um aglomerado populacional altamente sensível pode ser enorme, como acontece em algumas cidades monumentais. Os custos não são apenas os que estão directamente ligados à construção e à manutenção, mas também os que correspondem às incapacidades que uma ordem formal altamente desenvolvida consegue impor sobre as funções de rotina. Apesar disso, muitas vezes o sentido pode ser alcançado a um custo muito baixo, ou mesmo a um custo adicional zero, que em pouco ultrapasse o tempo e o esforço necessários a um design ponderado. Isto é especialmente verdade quando, a nível local, se trabalha com materiais modestos e quando a concretização da sensibilidade é integrada com outros fins. O sentido de local não está dependente de acabamentos luxuosos, de materiais exóticos, ou do controlo totalitário.

Uma vez que o sentido é uma questão de conhecimento e de atitudes, os seus custos políticos e psicológicos indirectos podem ser elevados para determinados grupos. Por exemplo, apesar de ser mais frequentemente usado para manter o domínio social, também pode ser utilizado para alargar a consciência revolucionária. Pode expressar valores agradáveis para um grupo, mas repugnantes para outro. Como tal, deve ser um campo de batalha, mesmo quando o seu custo material e funcional for baixo. E por não ser frequentemente reconhecido como um valor explícito, a batalha pode ser obscura, ou pode parecer que é travada num outro terreno. É evidente que uma característica crucial da sensibilidade é o grau em que a imagem de um local é amplamente partilhada.

Ainda que só muito raramente tenha sido uma questão explícita, temos, apesar de tudo, uma longa experiência acerca do sentido dos aglomerados populacionais. Podemos recorrer a uma arca do tesouro cheia de cidades históricas e paisagens belas, existentes e recordadas. Estes exemplos têm sido frequentemente estudados, mas normalmente apenas como elementos visuais isolados. Raramente são vistos através dos olhos dos seus próprios habitantes. Apesar de certos locais famosos evocarem repetidamente a nossa atenção, raramente consideramos a legibilidade dos aglomerados populacionais vulgares, onde a maioria das pessoas passa as suas vidas. É

Cullon
Kutcher
Sitte

particularmente invulgar o estudo das imagens dessas grandes regiões urbanizadas, onde actualmente reside a maioria dos cidadãos do mundo desenvolvido.

Uma vez que a qualidade é uma união entre a mente e o cenário envolvente, as formas de a alcançar dividem-se naturalmente em duas operações: por um lado, a alteração da forma da cidade e, por outro, a alteração das concepções mentais. Os designers concentraram-se na primeira destas operações e a lista de dispositivos é extensa.

Pode-se trabalhar no sentido de clarificar o sistema de circulação como chave para a estrutura do aglomerado populacional, através da concretização de padrões compreensíveis das ruas, aumentando a identidade das ruas e dos destinos, tornando as intersecções inteligíveis, ou criando sequências espaciais vívidas ao longo de um percurso importante. A avenida barroca foi um exemplo clássico desta ênfase. Um traçado claro das ruas numa subdivisão é um exemplo mais recente e mais modesto.

Ver figs. 57, 58

Também é possível criar bairros com uma forte identidade visual ou dotá-los de limites visíveis; construir centros activos com um carácter especial; criar referências visíveis e audíveis em pontos e tempos estratégicos; explorar e intensificar características naturais; ou conservar e melhorar um carácter urbano existente.

Orientar os edifícios para o movimento aparente do Sol torna legíveis os pontos cardeais e aumenta o nosso sentido da estrutura do tempo. Pode tentar tornar-se o ambiente mais transparente para as actividades que abriga, ou mais congruente com elas. A boa manutenção e o cuidado visível podem ser promovidos. As celebrações da comunidade podem ser encorajadas, ou podem ser proporcionados sons e imagens que marquem a altura do dia ou a estação.

Apesar das tentativas frequentes no sentido de controlar ou suprimir a legibilidade dos locais, são menos frequentes os esforços para a desenvolver e melhorar. Apesar de a conservação histórica ser usada para estabelecer a ligação com o passado, dá--se pouca importância ao estabelecimento de ligações com o futuro. Os requisitos perceptuais de grupos especiais têm que passar a ser considerados mais rotineiramente: as pessoas com deficiências de visão ou de audição, os surdos, os idosos, as pessoas com algum tipo de deficiência mental, as crianças, as pessoas que usam cadeiras de rodas.

Também é possível aumentar a sensibilidade através da melhoria da capacidade humana de compreensão do ambiente, e este é um aspecto menos considerado pelos designers, que normalmente são formados para se concentrarem nos elementos. É possível educar os utilizadores para que cuidem do seu ambiente, aprendam mais acerca dele, saibam ordená-lo, compreendam a sua importância. A "educação ambiental" só agora sai dos campos e dos bosques para explorar as cidades em que vivemos. À medida que o faz toca em questões sociais, o que torna a sua tarefa mais perigosa e mais esperançosa.

oodey

57 Uma sequência visual acidental pode ter um efeito poderoso. Num passeio através das estreitas ruas de Córdoba, o espaço serve de atractivo à medida que se avança por entre curvas e espaços abertos.

58 Uma sequência visual que se pretende experimentada em movimento pode ser concebida de modo explícito. Este esboço da progressão imaginária de uma auto-estrada lida com as suas curvas, com o seu movimento ascendente e descendente, com a abertura e fecho do espaço adjacente, com as perspectivas frontais e com a sucessão de objectos ao longo do percurso.

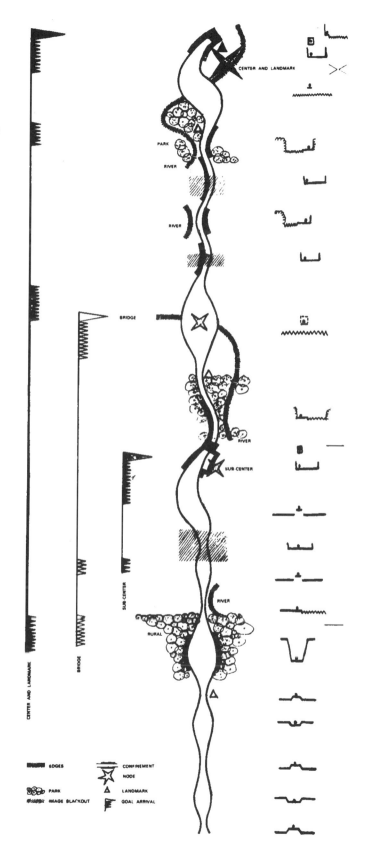

Os nomes, os sinais, os registos, os códigos simbólicos e outros dispositivos semelhantes podem aumentar o nível de informações disponíveis e tornar o cenário mais inteligível. Através das suas manipulações simbólicas, os artistas e os escritores criam novos significados ambientais e ensinam-nos novas formas de olhar. Paris tornou-se mais legível depois de ter sido pintada pelos impressionistas e para a actual geração um bocado de metal numa sucata já não é um objecto sem forma. Dickens ajudou a criar a cidade de Londres que conhecemos, de um modo tão seguro quanto os seus construtores.

Indirectamente, o sentido é afectado pela natureza do controlo e pela adequação da forma ao comportamento. A propriedade local tende a fortalecer o sentido mental de ligação. Uma boa correspondência funcional normalmente significa uma paisagem mais congruente, e frequentemente (embora nem sempre) uma paisagem mais transparente, mais significativa e mais identificável.

No passado, a consideração do sentido baseava-se apenas numa análise do ambiente físico. Conceitos como a harmonia, a beleza, a variedade e a ordem têm sido considerados como atributos do próprio objecto. Os designers confiaram inconscientemente nos seus próprios valores e percepções implícitos, projectando-os sobre o mundo físico como se fossem qualidades inerentes. Não é bem assim – começa-se com as imagens e com as prioridades dos utilizadores de um local e tem de se olhar para o local e para a pessoa em conjunto.

Pode ser uma política pública explícita o aumento de certos tipos de sentido para certos grupos de pessoas, medindo a concretização através de alguns dos testes "objectivos" anteriormente mencionados. O sentido de um aglomerado populacional pode ser comparado com o de outro, para determinado grupo. As questões políticas devem revolver em torno da importância relativa da sensibilidade para outros fins, para quem necessita mais dela e para os limites que lhe devem ser impostos. A pluralidade de utilizadores em qualquer grande aglomerado populacional originará sempre problemas técnicos. Deste modo, a sensibilidade será mais fácil de alcançar em sociedades mais estáveis e homogéneas. É provável que seja importante tanto em aglomerados populacionais ricos como pobres, uma vez que a percepção humana é uma constante, mas os meios para a alcançar devem ser diferentes. Existe sempre o perigo de o sentido poder ser utilizado como um dispositivo para obter o domínio ou para fixar o status quo. Mas esta atitude não é inerente à qualidade e talvez as questões mais interessantes do design tenham a ver com a concretização da sensibilidade em sociedades plurais, dinâmicas e relativamente igualitárias. A identidade, a estrutura, a congruência, a transparência e a legibilidade são aspectos do sentido que podemos analisar explicitamente. As qualidades de importância e de revelação continuam a intrigar-nos.

9 Adequação

A adequação de um aglomerado populacional está relacionada com o modo como o seu padrão espacial e temporal corresponde ao comportamento habitual dos seus habitantes. É a correspondência entre a acção e a forma nos seus cenários comportamentais e nos seus circuitos de comportamento. Portanto, podemos perguntar se o edifício de uma fábrica, as máquinas que se encontram no seu interior, e o modo como esses espaços e elementos são colocados em uso, são um bom sistema para atingir a produção a que a fábrica se dedica. Qual é o grau de adequação mútua entre as acções do trabalho e os objectos do trabalho? Do ponto de vista da gestão esta situação deve reflectir-se na eficácia produtiva – do ponto de vista da mão-de-obra, em sensações de bom funcionamento. De igual modo, pode tentar saber-se se uma sala de aula é um bom local de ensino, ou se um novo estádio é um dispositivo de primeira classe para a realização de um espectáculo de futebol. A correlação pessoal da adequação é o sentido de competência – a capacidade de fazer algo bem, de ser adequado ou suficiente.

A adequação está ligada a características do corpo humano e dos sistemas físicos em geral (gravidade, inércia, propagação da luz, relações de dimensão, etc.). Este contexto é universal. Mas uma vez que a adequação é a correspondência entre o local e os padrões globais de comportamento, está intimamente dependente da cultura: das expectativas, das normas e dos modos habituais de se fazerem as coisas.

Os locais são modificados para se adequarem a comportamentos e os comportamentos são alterados para se adequarem a um local. Os pescadores aprendem a lidar com o mar, ainda que os pescadores de diferentes culturas o façam de maneiras diferentes. A modificação da acção tem sido mais significativa no caso do jogo, em que o comportamento é plástico. O ténis é um jogo que evoluiu a partir das características arbitrárias de um compartimento particular. O jogo infantil em que a bola é atirada contra as paredes de uma casa é uma criatura específica dos ambientes citadinos.

As habitações suburbanas são adequadas para adultos norte-americanos abastados, da classe média, e são não apropriadas para os Navajos pobres, acabados de chegar das pradarias remotas. O Navajo recém-instalado começa por mudar a casa suburbana e a sua forma de viver dentro dela para aumentar a adequação. Mas a inadaptação poderá persistir e ele poderá sentir-se infeliz. Em contraste com uma medida como a vitalidade, não será possível medir a adequação se se ignorar a cultura dos ocupantes, embora seja possível ver as provas da inadaptação sem que nos apercebamos da causa. O arqueólogo sofre do mesmo dilema por causa de razões mais objectivas. Olha para as ruínas de uma cidade antiga e pergunta-se: "Como funcionava?"

O termo adequação está vagamente relacionado com palavras comuns como conforto, satisfação e eficácia. Estas palavras variam de significado à medida que variam as expectativas. Além do mais, um local confortável também pode ser um local pouco saudável. Tal como a saúde, é mais fácil identificar a adequação quando está ausente. A inadaptação é relativamente fácil de notar. Repara-se menos em locais que funcionam bem. Apesar de tudo, uma correspondência soberba entre local e acção – um instrumento bem afinado tocado magistralmente numa boa sala, um marinheiro experiente num bom barco – transmite uma sensação estimulante de competência. Para a alcançar é necessária uma boa formação e uma boa construção dos elementos.

Grande parte do que é prosaico no design e na gestão das cidades tem a ver com a adequação, ainda que a níveis bastante abaixo dos pretendidos e com o objectivo de satisfazer apenas as formas correntes e públicas de comportamento. Este factor é referido como "aspecto funcional" de um design, ainda que seja possível distingui-lo de outras qualidades não funcionais da forma.

A simples adequação quantitativa é o aspecto elementar da adequação. Será que existem habitações suficientes com a qualidade padrão? parques infantis suficientes? espaço suficiente para as fábricas que deverão ser construídas? Infelizmente, a base qualitativa destes números é frequentemente negligenciada. Esquecemos que o número de unidades de habitação disponíveis depende da nossa definição da qualidade padrão, da adequação da zona industrial ao tipo de processo fabril previsto e da quantidade de espaço destinada a parques infantis numa perspectiva da sua utilização e densidade.

Chapin 1979

Sentimo-nos atraídos pelos dados numéricos, que são muito mais precisos, firmes, e impressionantes que os componentes leves e subjectivos dos padrões e dos sentimentos. Os números da congestão do tráfego são mais importantes que as frustrações dos peões que atravessam a rua. Os requisitos em metros quadrados de um compartimento (ele próprio distantemente derivado de sentimentos de dimensão adequada) sobrepõem-se às características normalizadas do fácil relacionamento social. Os planificadores esforçam-se por aumentar a quantidade de espaço aberto e esquecem-se de controlar a sua qualidade. A quantidade de uma coisa é uma das suas características importantes (e pode ser em demasia, como no caso das praças públicas demasiado grandes para parecerem activas e acolhedoras). Mas o teste fundamental é a adequação comportamental.

Existem duas formas de observar essa adequação. A primeira consiste em observar a acção das pessoas num local, para verificar como correspondem as acções públicas às

ADEQUAÇÃO

Perin 1970
Whyte 1980

Ver fig. 59

características do local. Será que o movimento é obstruído? Será que as pessoas conseguem facilmente realizar as acções que pretendem, tal como levantar um objecto, abrir uma porta, ou falar com alguém? Quantas inadaptações aparentes se podem observar: hesitação, obstáculos, bloqueio, embaraço, acidente, desconforto evidente?* Será que existe congestionamento ou, pelo contrário, falta de uso? Será que existem incongruências de utilização e de forma: automóveis abandonados num relvado em frente da casa, ou caminhos de terra que cortam o sistema de caminhos pavimentados?

Reparem que a maioria destas questões têm mais a ver com problemas do que com benefícios. Contudo, as pistas evidentes do desconforto podem ser superficiais e fugidias: uma verificação momentânea, um semblante franzido, um suspiro. O observador tem de ser rápido e ter uma empatia pelos valores e experiências de vida daqueles que observa. Desse modo, estas observações não podem ser neutras, "factuais"; já são interpretações. Mas podem ser documentadas através de fotografias ou registos áudio para que outros observadores possam verificar essa interpretação.

O segundo método consiste em fazer perguntas aos próprios utilizadores, cujo sentido de ajustamento de um local é a medida final da sua adequação. Pode ser-lhes solicitada uma apreciação: se o local funciona bem em função do que se tenta fazer nele? que problemas e dificuldades se encontram no local? Mais concretamente, pode solicitar-se-lhes que se recordem do que fizeram ontem num local e que problemas surgiram. Indirectamente, se os utilizadores demonstrarem alguma hesitação em se exporem, a pergunta pode ser antes: que problemas têm de resolver aqui as outras pessoas? Ou (mas esta é menos segura) o que gostaria de fazer aqui que não pode fazer actualmente?

A adequação tem a ver com o local e com o comportamento real ou, quando muito, com o comportamento conscientemente desejado. As necessidades inconscientes são traiçoeiras, a menos que possa ser demonstrada uma forte ligação com a saúde. Até mesmo o desejo consciente pouco consegue prever acerca da satisfação futura, a não ser que a pessoa tenha passado por algum tipo de experiência em que estivesse envolvida a adequação pretendida.

Desenvolvem-se estudos sistemáticos sobre as preferências ambientais, expressas no abstracto ou relativamente a simulações, como as fotografias. Investigam-se as correlações destas preferências com as características ambientais, com as características da personalidade ou sociais. Na nossa cultura, emergiram alguns sentimentos comuns, tais como a atracção por paisagens semelhantes às dos parques e por cidades pequenas. Mas existem complicações desconcertantes. Estas

fig. 60

---

* Aqui está uma nova medida para as pessoas que adoram quantidades: "inadequações observadas por pessoa/hora"!

preferências são o produto complexo de numerosos factores pessoais e físicos, nos quais a importância simbólica de um local pode sobrepor-se à sua adequação real. As ligações causais são mal explicadas. Construir teorias acerca das dimensões de valor estáveis do ambiente é um pré-requisito para construir teorias sobre a preferência. Por enquanto, os métodos de investigação das preferências são mais úteis do que quaisquer descobertas gerais. Quando a preferência se baseia mais na imaginação ou na opinião geral do que na experiência pessoal não é segura. Os métodos mais reveladores são os que têm a ver com a experiência imediata. O terreno mais firme é o imediato, o local e a acção real que nele acontece, a ronda de comportamentos quotidianos repetidos, o terreno comum da experiência.

Devem testar-se todas as novas formas propostas para verificar se são adequadas às acções que aí deverão ocorrer: trabalhar, descansar, comer, amar, morrer, ensinar, curar, armazenar, trocar, comunicar, ler, andar. O "programa" para uma estrutura ou aglomerado populacional é efectivamente o conjunto de comportamentos desejados e as qualidades espaciais apropriadas a esses comportamentos, e não uma declaração de quantidades de espaço por género. O plano pode então ser avaliado através da previsão do comportamento programado e da adequação. Assim que o aglomerado populacional tiver sido construído, pode aplicar-se o mesmo teste à situação real, para confirmar ou negar a previsão e, assim, melhorar as previsões subsequentes.

Tudo isto é extremamente racional. Infelizmente, o comportamento programado pode nunca acontecer. Muito provavelmente, deverá sofrer alterações no futuro próximo. Um programa deve concentrar-se mais em comportamentos gerais e previsíveis, tais como as relações sociais ou de movimento, do que nos delicados pormenores da acção. A flexibilidade comportamental torna-se uma característica atraente em qualquer local novo (com todos os seus enigmas, tal como se poderá analisar mais adiante).

Ver fig. 61

Além disso, estes dispositivos programáticos sobrevalorizam o lado comportamental, uma vez que partem do princípio de que a acção é determinada, ao passo que o espaço é a variável dependente e sensível. Mas a acção também se adapta ao espaço. Os programas podem salientar uma acomodação mútua entre o local e a acção. Podem incluir a formação e a gestão necessárias para que um local concebido possa funcionar bem. Podem mostrar-se preocupados com o processo contínuo de adequação que se inicia assim que o local é ocupado. De facto, uma vez que o comportamento humano é tão variável, pode-se argumentar que a adequação é uma questão inconsequente. Partindo de espaços de quantidade suficiente, adaptáveis, substancialmente construídos e capazes de corresponder a requisitos humanos básicos como o calor, a luz, a secura, o acesso e a escala corporal, então, dentro de um espaço de tempo razoável, deverá acontecer uma boa

Lerup 1977

59 Uma inadequação visível. O banco na base da Biblioteca Pública de Boston é o local ideal para as pessoas se sentarem e apanharem sol. É elegantemente proporcional à fachada superior, mas não à estrutura humana.

60 Uma "paisagem de eleição" típica referenciada nas entrevistas. Assemelha-se a um parque e apresenta água, árvores e montes. É o cemitério de Mount Auburn, em Cambridge, Massachusetts, um percursor do movimento dos parques nos Estados Unidos.

61 Os guarda-chuvas transformam-se em pára-quedas e as soleiras das portas transformam-se em bancos: o ambiente e os seus objectos podem ser usados de maneiras que nunca ocorreram aos seus construtores.

adequação. A acção e o local devem adaptar-se um ao outro. As pessoas conseguem acomodar-se a quase todas as condições no panorama habitual dos ambientes físicos.

Infelizmente, para esta resposta simples o processo de adaptação é dispendioso e por vezes doloroso. Necessita de tempo para ser concretizado. Uma vez alcançada, uma adequação aparente pode esconder dificuldades persistentes, invisíveis para o observador casual, mas suficientemente reais para aqueles que têm de lidar com elas.

O espaço sugere acção, ao mesmo tempo que a limita. Os descontentamentos e as inadaptações aparecem em locais actuais que antigamente eram aceitáveis, porque as expectativas mudaram como resposta a possibilidades abertas por novos locais, algures. Uma cozinha nova numa casa desvaloriza a cozinha velha numa outra casa; o telefone recentemente adquirido cria uma sensação de isolamento para aqueles que não têm telefone. Um novo jogo num novo campo aumenta o nível de competência dos jogadores. As pessoas brincam com os elementos e encontram novas utilizações para eles. A adequação não é uma ligação rígida entre a acção e o local. Felizmente, o local não determina a acção, nem a acção pode ser mecanicamente traduzida em especificações para o local. A adequação é flexível; tem espaço de manobra; está sujeita a surpresas criativas. Os programas ambientais deveriam, portanto, preocupar-se também em inventar novos cenários de comportamento, inovações na interacção conjunta entre comportamento e cenário.

É óbvio que os locais deveriam ser adequados ao que queremos fazer e foi assim que se iniciou a nossa discussão. Agora, tropeçamos em algumas questões de ordem ética, como se fossem velhas pedras no nosso caminho. Como devemos actuar no mundo? A adequação deve ser concretizada em função das acções de quem? Será que devemos ponderar se os nossos locais devem ser adequados às acções de outras espécies tal como para a nossa, ou será que devemos agir de maneira diferente em relação a essas outras espécies ou em relação a nós próprios? Mas vamos afastar essas pedras e chegar a acordo quanto ao facto de a adequação ser a correspondência entre o local e o comportamento público ou intencionado dos actuais utilizadores humanos. É criada pelo ajustamento do local, da acção ou de ambos e pode ser concretizada através da criação de novos comportamentos em novos locais.

O comportamento habitual desenvolve algum tipo de inércia e pode sobrevalorizar as características de um novo local. Ao mesmo tempo, os locais mudam de um modo relativamente lento e se atingirem a correspondência prevista devem reforçar o comportamento habitual. Um local duradouro estabiliza as nossas expectativas de acção e reduz a incerteza e o conflito. Indica-nos como nos devemos comportar tal como o faz a cultura. Mantemo-nos em silêncio numa igreja e abrimos os braços e as pernas na praia. A estabilidade dos cenários comportamentais é, portanto, um componente da sua boa adequação.

"Será que este local funciona bem?" é uma pergunta do senso comum. A resposta tende a ser superficial, sobretudo em escalas maiores. Por comodidade, ao pensar em múltiplos locais e actividades, estes são classificados de acordo com grupos estereotipados, nos quais a forma física e o comportamento humano se fundem de tal modo que é bastante difícil analisar a adequação e pensar no realojamento de um ou na reutilização do outro. A "habitação unifamiliar" é um tipo de estrutura num contexto típico, ocupada por uma unidade social padrão que vive em termos normais. A verdadeira diversidade da unidade familiar, o seu modo de vida ou a sua configuração espacial não podem ser vistos no mapa de utilização dos terrenos. A criação de novas formas e comportamentos é difícil, uma vez que as expectativas e os regulamentos são categorizados por estas mesmas fissuras mentais. Os padrões são desenvolvidos para estes cenários típicos e a análise da adequação torna-se uma correspondência contra os padrões. "Será que funciona?" reduz-se a "será que o pátio lateral é suficientemente largo?" ou "será que é ocupado por mais de uma família, com relações de sangue e casamento?" A conveniência analítica da classificação torna-se uma forma de ver o mundo e depois uma moral. As pessoas deviam viver em casas unifamiliares de um modo unifamiliar, separadas no espaço e no tempo de outros tipos de cenários comportamentais. Perin 1977

É impossível avaliar conjuntos grandes e complexos sem classes e padrões. Mas ao descrever uma classe é importante manter a distinção entre a forma e o comportamento, para avaliar se estão bem integrados. A análise completa de um aglomerado populacional implica a sua decomposição num mosaico que englobe todos os seus cenários comportamentais – isto é, os locais onde a forma espacial e o comportamento estão repetidamente associados – seguida de um agrupamento desses cenários por classes de associações semelhantes. Roger Barker descreveu assim uma pequena cidade no Iowa. A descrição é entediante e, no entanto, evoca o carácter dessa cidade como nenhum mapa de utilização de terrenos ou resumo estatístico seria capaz de fazer. Depois da construção de um mosaico classificado é possível testar a adequação de uma amostra representativa das suas partes. Barker

Para uma cidade grande esta tarefa seria esmagadora. Em vez de uma abordagem tão imensa é preciso escolher alguns cenários que, nessa cultura, sejam considerados como típicos, importantes e problemáticos. No nosso mundo urbano, podemos escolher alguns cenários característicos da vida familiar (subúrbios, moradias), do trabalho e dos ambientes de distribuição de produtos comuns (escritório, fábrica, supermercado), das cenas familiares dos transportes (viagem de autocarro, condução numa artéria), dos locais para as crianças (escola, esquina da rua, terreno abandonado) e dos Girouard locais de doença, de envelhecimento e de morte (hospitais, lares). Nestes locais seleccionados, a observação e a entrevista, juntamente com a utilização da literatura seleccionada já disponível sobre o comportamento nessas localidades, poderão proporcionar uma boa perspectiva inicial da qualidade de uma cidade. As questões são: "Será que existe aqui uma boa adequação entre comportamento e forma?", e "Será que esta correspondência é suficientemente estável e está de acordo com as expectativas dos participantes?" Os estudos podem incluir o design e a gestão destes cenários prototípicos. A análise do protótipo é uma forma poderosa de compreender fenómenos complicados. A criação de um protótipo é uma forma poderosa de os influenciar.

Apesar de ser difícil construir generalizações firmes acerca da inter-relação entre a forma e o comportamento causado pela plasticidade astuta do ser humano, os métodos de observação do comportamento no local estão a florescer, nomeadamente na psicologia ambiental. A gestora de um aglomerado populacional pode não encontrar previsões gerais que iluminem o seu problema, mas poderá pelo menos encontrar formas de aprendizagem relativas ao seu caso particular. Os métodos desenvolveram-se sobretudo nos estudos das casas, das escolas e dos hospitais, mas são métodos gerais. Na verdade, a nossa preocupação com a adequação dos cenários tem sido demasiado limitada. Não tem sido desenvolvida grande investigação sobre o local de trabalho, sobre o passeio, sobre a viagem de autocarro ou sobre os terrenos abandonados, para nomear apenas alguns.

A análise é complicada, particularmente nos locais públicos, devido às intenções conflituosas dos diferentes intervenientes. Uma praça pode ser encantadora para os turistas e uma frustração para a população local. Um parque pode servir para os jogos competitivos dos adolescentes e não para as aventuras imaginárias das crianças mais pequenas. Os espaços públicos e a maioria dos espaços semi-privados são ocupados por pessoas diferentes que desenvolvem actividades diferentes. A análise tem de tratar desta variação. O design tem de tomar em consideração os territórios sobrepostos, a mudança dos usos e as regras de tolerância.

r fig. 62

Muitos cenários favorecem deliberadamente um grupo dominante. As cidades imperiais, as áreas financeiras e outros centros do poder estão dispostos dessa maneira. A análise deve revelar isso; é provável que o design não o consiga corrigir. Podem verificar-se igualmente conflitos entre o comportamento legítimo e ilegítimo. Do mesmo modo que, por exemplo, um local nocturno isolado pode ser o mais adequado para actividades criminosas.

Uma vez que a adequação está especificamente ligada à actividade e à cultura, dificilmente se podem encontrar formas que universalmente conduzam até ela. Talvez o único dispositivo formal geral seja o da compartimentação: a divisão de uma área em muitos cenários mais pequenos, para que possam florescer diferentes comportamentos não conflituosos em cenários mais adequados a cada comportamento. Estes cenários especializados devem ser protegidos uns dos outros, mas não devem ser rigorosa ou completamente divididos, para que não estejam em comunicação mútua. As transições e as sobreposições ajudam as pessoas a aprender umas com as outras. É necessária alguma ambiguidade no limite – alguma permeabilidade da membrana – para que uma pessoa se possa movimentar à vontade entre um cenário e outro, ou para que se possa demorar enquanto se decide a fazê-lo. As entradas, os alpendres e as margens das áreas de actividade são locais sensíveis e necessários.

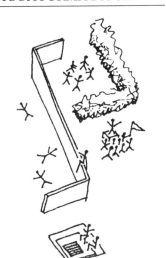

Os horários das actividades também podem ser manipulados de maneira a compartimentar o comportamento no tempo. Por hábito ou por disposição intencional, uma praça aberta deve servir sequencialmente como terminal rodoviário, mercado de legumes, parque infantil e local de reunião para os adultos. Tal como os limites espaciais, as fronteiras do tempo são elementos importantes. Organizar os horários pode reduzir os picos de afluência e, assim, aumentar a correspondência quantitativa das instalações a usar. As infames "camas quentes" dos bairros miseráveis, nas quais os imigrantes dormiam rotativamente, são um exemplo; outro exemplo, mais agradável, é a distribuição das horas de trabalho para equilibrar a necessidade de espaço nas ruas. Muitas das nossas instalações físicas estão congestionadas enquanto são utilizadas e, no entanto, são subaproveitadas. Eis uma oportunidade óbvia de aumentar a adequação sem aumentar o custo.

Ver fig. 63

Browne

Os dispositivos mais úteis para aumentar a adequação têm mais a ver com generalidades do processo do que com generalidades da forma. A programação cuidadosa é o cerne da questão – uma formulação dos comportamentos e das características espaciais pretendidos, considerados como um conjunto integrado. A programação deve ser o primeiro passo na concepção de qualquer novo local e o primeiro na gestão de qualquer espaço antigo: "De que modo se pode comparar o que queremos que aconteça aqui com o que está realmente a acontecer?" Uma vez formulado de forma explícita, o programa não serve apenas de guia para a gestão e design, mas também como plano para um teste repetido ao local, para ver como funciona.

O controlo contínuo da função de um local, baseado numa hipótese acerca do modo como se pretende utilizar o local, permite a sintonização contínua adequada, que é o segredo de uma boa correspondência. Mesmo numa cultura estranha, identificamos rapidamente essa evidência de cuidado e de atenção que representa um sinal de bom funcionamento. Um homem que vive habitualmente em terra firme presta atenção a um navio bem cuidado e um visitante repara numa comunidade limpa. O controlo e a sintonização podem ser

Ver fig. 64

procedimentos elaborados levados a cabo por uma burocracia central ou pela simples atenção semi-consciente de um proprietário residente.

A adequação pode ser aumentada através da alteração do comportamento, para que este se possa adequar ao local, e vice-versa. As pessoas "habituam-se" a um local, ou "aprendem a gostar dele". Também podem ser formadas para o usar ou apreciar. Um dos efeitos secundários do esforço contemporâneo no sentido da educação ambiental, tem sido a capacidade de mostrar às pessoas como explorar com mais sucesso uma floresta ou uma cidade. Os designers negligenciam a oportunidade de demonstrar aos futuros utilizadores como podem actuar num novo local. Os designers partem do princípio de que a adequação comportamental será automática e imediata, bastando para tal que a forma esteja correcta. O novo comportamento desenvolve-se efectivamente, mas também pode ser orientado e aberto, sem qualquer tipo de coerção. Inventar e comunicar novas formas de comportamento num local pode ser um acto tão criativo como inventar e construir novas formas físicas. A adequação pode aumentar muito mais quando o local e a acção se desenvolvem em simultâneo. Uma família pode reabilitar a sua casa e reformular a maneira como os seus próprios membros se relacionam uns com os outros, num processo simultâneo. A discussão da remodelação da casa é uma exploração do comportamento da família. Outro exemplo pode ser o modo como um novo culto cria os respectivos cenário e ritual, em simultâneo.

Pode-se criar uma situação propícia a experiências intencionais. Alguns voluntários poderiam efectuar testes alargados em cenários onde o local e a acção fossem explicitamente modificados: uma nova forma de viver e trabalhar subterraneamente; uma vida comunitária de uma família numa casa e terrenos concebidos para esse objectivo específico; uma nova forma de organizar o trabalho numa fábrica ou de andar de autocarro, com oficina ou veículo adequados; uma nova forma de vida intensa no interior da cidade; uma nova forma de vida rural com recursos limitados. À medida que o teste avançasse, estes cenários experimentais seriam sintonizados e geridos pelos próprios voluntários. Se fosse bem sucedido, o cenário poderia ser experimentado por outras pessoas, de maneira a transmitir a nova possibilidade. Se tivéssemos um método explícito de inventar e testar cenários comportamentais, talvez pudéssemos concretizar muitas dessas possibilidades. Têm-se realizado e abandonado experiências esporádicas deste género, incentivadas pela fé ou pela necessidade. Nunca foram planeadas e controladas como experiências com as quais outras pessoas pudessem aprender.

No entanto, talvez a forma mais poderosa de melhorar a adequação do nosso ambiente seja colocar o seu controlo nas mãos dos utilizadores imediatos, que têm os interesses e os conhecimentos para o fazerem funcionar adequadamente.

62 A cadeia de praças centrais em S. Petersburgo, após a sua reconstrução em 1840. A escala supra-humana foi concebida para as demonstrações de poder.

63 Qualquer transição, sobretudo uma entrada, é um lugar onde as pessoas se demoram e conversam. Pode estar-se em dois domínios ao mesmo tempo, sendo possível entrar em qualquer deles completamente à vontade.

64 As provas de atenção para com um local são imediatamente evidentes, como no jardim frontal desta casa de campo, em Camp Meeting Ground, Oak Bluffs, Massachusetts.

Antecipamos aqui uma das nossas dimensões futuras. Se os utilizadores exercerem o controlo, em vez de um proprietário longínquo, e se o cenário for suficientemente flexível para que o possam remodelar de acordo com os seus requisitos, é mais provável que se consiga alcançar uma boa correspondência.

Analisei a adequação como um fenómeno actual e, no entanto, a maioria dos outros edifícios da cidade, para além das casas, estão sujeitos a utilizações para as quais não foram originalmente concebidos. Mesmo a utilização residencial contínua de uma casa antiga, estabilizada como está pela persistência da família humana, muda significativamente, uma vez que a família não é a família original, ou multiplicou-se, ou pelo menos envelheceu. As acções mudam: o cenário físico persiste. Este desfasamento dá às nossas vidas a impressão de estabilidade, mas as inadaptações são uma consequência natural. Expandimos as nossas energias remodelando a estrutura que nos foi entregue, ou remodelamos as nossas acções.

Ver fig. 65

Ver fig. 66

Boudon
Fairbrother

As grandes muralhas das antigas cidades continuaram a dificultar o acesso durante muitas gerações, mesmo depois de terem perdido o seu poder protector. Como estrangulavam as comunicações entre o centro e a periferia, acabaram por ser finalmente desmanteladas com custos elevados. No entanto, depois de destruídas libertaram o espaço para elegantes avenidas e parques. As nossas auto-estradas construídas em altura poderão em breve servir de maior empecilho e são igualmente difíceis de remover. Será que virão a deixar algum vestígio de igual utilidade? As velhas áreas fabris normalmente entram em declínio até atingirem uma situação de abandono parcial e de utilização marginal – não porque os trabalhadores ou a gestão se tenham desgastado, mas porque as velhas estruturas e estradas se tornaram obsoletas. É menos dispendiosa a mudança para um local intacto do que a reconstrução.

Os comerciantes e os construtores de Boston lutaram durante meio século pela ligação do seu porto de mar aos terminais dos caminhos-de-ferro continentais através do caos físico do velho centro. O seu insucesso contribuiu para a transferência do domínio económico para Nova Iorque. É evidente que quando as cidades abrandam o ritmo de desenvolvimento isso não se deve exclusivamente à obsolescência física; outros factores, tais como as alterações dos mercados, dos abastecimentos, das capacidades ou do capital são provavelmente mais importantes. Mas a obsolescência física e as atitudes psicológicas que a acompanham desempenham o seu papel. A situação das velhas fábricas produtivas no nordeste dos Estados Unidos reforçou certamente a actual transferência em direcção ao sul e ao sudoeste.

As perdas da obsolescência não podem simplesmente ser calculadas como custos da reconstrução, ou mesmo como dificuldades suportadas pelos que ficam para trás. Elas podem incluir também o desaparecimento de recursos que não podem ser substituídos: espaço, água pura, solo, energia, materiais de construção. A ficção científica está repleta de referências sombrias a um futuro em declínio para a Terra. Ao mesmo tempo, os planificadores estão bem conscientes das dificuldades de uma previsão exacta, mesmo a médio prazo, e da (feliz!) improbabilidade do seu controlo do futuro. Pensando nas mudanças incessantes que deverão assaltar as suas concepções, rezam para que estas se mantenham flexíveis e, assim, possam continuar a ser usadas. A flexibilidade é um aspecto frequentemente considerado na planificação – uma forma de lidar com a incerteza e uma forma de apaziguar as gerações futuras. Parece óbvio que se quisermos sobreviver num mundo em mudança, mas também se desejarmos reparar os nossos erros frequentes, ou acomodar as nossas mais frequentes mudanças de disposição, é necessário termos um aglomerado populacional adaptável. Um mundo flexível é aquele que permanece aberto à evolução.

No entanto, por muito que se invoque a flexibilidade, o seu significado permanece obscuro. Ninguém sabe muito bem como atingi-la. Difere das outras dimensões na medida em que temos poucas provas acerca de como a podemos alcançar. Tem sido dedicada alguma atenção à adaptabilidade dos hospitais e à obsolescência de elementos como os automóveis e os postes telefónicos. Existe uma nova literatura acerca das consequências do desastre ambiental. Mas a causa e a cura da obsolescência urbana são principalmente compostas por rumores e a invocação da adaptabilidade é principalmente decorativa.

Um local bem adaptado é aquele em que a função e a forma estão bem adequadas uma à outra. Esta situação pode ser alcançada através da adaptação de um local à actividade, ou vice-versa, e também através de uma adaptação mútua. No entanto, ao mencionar a adequação futura falo prioritariamente acerca da primeira característica – acerca da capacidade de um local se poder adaptar facilmente a qualquer tipo de alteração futura da sua função. É evidente que a adaptabilidade no seu sentido mais geral também se pode alcançar pela presença de pessoas adaptáveis e muitas vezes esse objectivo é mais fácil e eficiente.

Consideramos admiráveis os elementos que sobreviveram durante muito tempo ao uso activo sob condições de alteração. A grelha de estradas romanas ainda funciona no centro de muitas cidades europeias. Existem áreas agrícolas em França que são cultivadas há mais de um milénio. A disposição da cidade de Nova Iorque foi planeada para permitir mudanças flexíveis nas actividades e assim tem acontecido. As ligações regulares e os espaços modulares dos edifícios principais do Massachusetts Institute of Technology permitem uma alteração contínua do padrão dos escritórios, dos laboratórios e das salas de aula, tal como foi previsto na altura da sua concepção, mesmo

65 Uma velha forma adaptada a uma nova utilização: o quartel dos bombeiros de Back Bay, em Boston, transforma-se num museu de arte contemporânea.

66 O modelo de "Motopia", uma cidade ideal, de G.A. Jellicoe, em que o tráfego e o estacionamento ocupam os telhados, e o chão é dedicado aos parques. Mas uma vez que os edifícios tomam forma a partir das ruas, como poderá a cidade ser reconstruída assim que se descobrir que os círculos de tráfego não funcionam?

que a mudança tenha de ser acompanhada pelo ruído da construção e pelas politiquices académicas. Mas qual é o valor destes sobreviventes? É certamente uma contribuição para a sensibilidade, no caso de a sobrevivência física nos consciencializar do nosso passado. Que mais pode ser?

Mais do que um marco do passado, um sobrevivente só tem valor se for um recurso actual que não possa ser duplicado por um custo inferior ao da sua manutenção actual, isto é, se a sua sobrevivência e adaptação permitirem às pessoas fazerem o que desejam a um custo inferior ao que a sua extinção implicaria. Caso contrário, a sobrevivência dos elementos pode não significar mais do que um domínio crescente do cenário sobre a actividade. A verdadeira questão reside em saber se o custo de elevar a adequação até um padrão aceitável, através da adaptação de um cenário antigo para um novo uso, é inferior ao de se construir um novo cenário, ou de se adaptar o uso ao antigo cenário, tal como ele existe. Um ambiente no qual os elementos não sobrevivem, mas em que são rapidamente substituídos por novas formas pode, de facto, ser bastante adaptável.

A sociedade e o território dos Estados Unidos, têm sido bastante adaptáveis seguindo esta forma particular. A dimensão da terra e a natureza da sua propriedade, tal como a perspectiva da sociedade e as instituições de uma economia capitalista, encorajaram uma migração fluida da mão-de-obra e do capital, um rápido consumo das coisas e a aprovação social da capacidade de enfrentar rapidamente novas situações. No entanto, tem-se pago um preço humano elevado por esta mobilidade, nomeadamente na ruptura de laços sociais e na perda das referências ao tempo passado. Os recursos têm-se esgotado e isso pode pressagiar uma perda de adaptabilidade a longo prazo. Mas a adaptabilidade a curto prazo tem sido alcançada.

Os custos inerentes à adaptabilidade e as suas relações com outros valores ambientais só podem ser discutidos depois de termos a certeza do que pretendemos com ela. Conservar um sentido de local e de passado (que é um aspecto da sensibilidade) ou conservar laços sociais, são valores que entram muitas vezes em conflito com a adaptabilidade. Mas não tem de ser necessariamente assim, tal como tentaremos clarificar.

Quando nos referimos à adaptabilidade a mudanças futuras, a que futuro nos referimos? O futuro de que pessoas é uma questão importante: o general que pode mover facilmente os regimentos padronizados, conforme o desenvolvimento da batalha, ou o soldado raso que é apanhado numa situação de desconforto e de medo inescapáveis? Será que estamos preocupados com o futuro próximo, no qual a adaptabilidade pode ser a capacidade de cortar árvores sem restrições, ou com o futuro mais longínquo, em que as oportunidades de vida dos futuros residentes podem ser limitadas pelos terrenos desflorestados? Até que distância no futuro vai a nossa preocupação? Parece correcto pensar no amanhã, no próximo ano e nos nossos filhos, ou até mesmo nos nossos netos. Algumas pessoas preocupam-se com as reservas de água ou com a existência de terras de cultivo daqui a cem anos. Mas as dificuldades de prever os acontecimentos num futuro longínquo e de imaginar os interesses das pessoas no futuro multiplicam-se, de tal modo que devem restringir-se as ansiedades remotas deste género para evitar acções que provavelmente colocariam em perigo a sobrevivência da espécie: as questões importantes são as da vitalidade e não de outras dimensões, uma vez que os requisitos da vitalidade são os mais estáveis e gerais. Mesmo assim, ninguém se preocupa seriamente com o desaparecimento do Sol, embora essa preocupação venha certamente a surgir. Uma vez que nessa altura a nossa espécie já estará extinta, a questão é obscura.

A nossa cultura (e particularmente a nossa cultura de classe média), demonstra uma grande ansiedade em relação ao futuro. Outras culturas, que vivem mais no passado ou no presente, ou que têm diferentes perspectivas dos acontecimentos futuros, podem não partilhar as nossas ansiedades e a nossa delicadeza para com a flexibilidade. Vivem como sempre viveram, ou prevêem um apocalipse. De facto, nós vivemos sempre no presente e não no passado ou no futuro. As nossas memórias e as nossas antecipações fazem parte do presente. Contudo, nenhum ser humano, a não ser que seja doente ou incapacitado, demonstra ser completamente indiferente ao futuro. A sobrevivência e as acções necessárias para corresponder antecipadamente às necessidades, fazem parte da espécie. A adaptabilidade é uma preocupação de todas as culturas. Mas a extensão da preocupação depende dos valores culturais e dos conhecimentos.

É possível medir os graus de adaptabilidade como o inverso do custo futuro, descontado no presente, da adaptação do sistema espacial em termos de forma e de actividade a uma possível função futura. Infelizmente, é uma medida impossível – impossível não é, desde que consigamos especificar: os custos de que falamos, a quem e a que funções nos referimos, e quando, e que nível de desempenho futuro exigimos. Posso prever quanto custará ao proprietário de um cinema, daqui a cinco anos, converter o seu edifício numa sala de espectáculos igual à que existe ao fundo da rua. Esta é uma medida limitada da adaptabilidade actual do seu cinema. Mas negligencia os custos para os cinéfilos. E se daqui a cinco anos já não for necessária uma sala de espectáculos? Como este cálculo se torna ainda mais difícil para um aglomerado populacional e para todos os seus habitantes!

Existe um movimento circular entre a adaptabilidade e a previsão. Se a previsão for muito boa, então a adaptabilidade é bastante simples, na medida em que se reduz a uma proeza técnica de planeamento relativamente simples para um uso presente, que deverá ser substituído em determinada altura por outro uso conhecido. Mas se a previsão for pobre, como pode então medir-se a adaptabilidade, uma vez que ignoramos aquilo a que provavelmente teremos que nos adaptar?

Assim, esta medida proposta é mais útil em situações especiais de conhecimento prévio parcial, tais como conhecer o conjunto limitado de prováveis actividades de substituição. Um local ou um plano, podem então ser analisados de maneira a calcular os custos, depois de descontados os ajustes previstos. Por exemplo, podemos perguntar acerca de um desenvolvimento habitacional planeado: Será que daqui a dez anos será possível aumentar especificamente o número de famílias com uma menor dimensão média que podem viver nesse local, e qual será o custo dessa acção, para quem? O cálculo depende desta previsão de alteração demográfica e a resposta ficará limitada no espaço e no tempo. As respostas serão múltiplas se houver intervenientes diferentes ou se houver probabilidades diferentes a considerar. Mas o cálculo poderá ser aperfeiçoado se se ponderarem as respostas em função das probabilidades relativas de mudança ou em função da importância relativa dos intervenientes, mas agora estamos a trepar pelo pé de feijão para um paraíso metodológico. A medida pode ser útil em casos especiais, em que os conhecimentos e o controlo são extensos, por exemplo, no planeamento de um cenário físico de uma instituição médica sofisticada. Mas já é menos provável a sua utilidade em termos gerais, particularmente se tivermos em conta as nossas conhecidas incompetências para fazer previsões.

Vivemos para sempre no presente e as medidas que requerem um extenso conhecimento prévio são difíceis de aplicar. Mas também temos consciência de que a mudança é para sempre. Temos sobrevivido graças à nossa capacidade de responder criativamente à mudança quando ela acontece. Por esse motivo, queremos um ambiente que nos deixe completamente livres para podermos agir e cujo desenvolvimento não nos conduza até um beco irreversível. Como tal, podemos reformular a adaptabilidade em duas medidas mais modestas:

A primeira é a capacidade de manipulação: a medida em que um cenário de comportamento pode ser alterado actualmente na sua forma ou uso, de uma maneira fácil e crescente, e se essa capacidade de resposta pode ser mantida no previsível futuro próximo. Desse modo, seria possível estabelecer limites arbitrários de tempo, de custos e de poder político, e questionar que graus de mudança podem ser concretizados ao abrigo desses limites e se esses graus de mudança podem aumentar ou diminuir à medida que se desenvolvem mudanças sucessivas. Em que medida poderá uma família de rendimentos médios modificar a sua habitação no espaço de um ano, de acordo com formas que lhe sejam mais convenientes (tais como a expansão, a reorganização dos compartimentos, a modificação do acesso, ou um novo acabamento exterior, por um lado, ou através de uma reorganização do local das refeições e uma alteração das funções dos compartimentos, por outro), quando comparamos um pequeno apartamento com uma casa grande, de quatro frentes? Será que essa vantagem da capacidade de manipulação diminuirá à medida que a família continua a executar modificações?

Embora seja particularmente importante como critério para o espaço de manobra de pequenos grupos, a capacidade de manipulação também pode ser uma preocupação de instituições maiores e mais poderosas. Elas deverão colocar-se a mesma pergunta básica: quanto poderemos mudar num curto espaço de tempo, a custo moderado e será que essa mudança reduz a abertura da nova situação de mudança?

Eis um critério geral, mensurável no presente, e que demonstra que uma resposta criativa à mudança é a última garantia de sobrevivência. Também serve para medir a abertura presente de um cenário aos seus habitantes e, desse modo, é, indirectamente, uma medida do controlo deles sobre o cenário. Uma elevada capacidade de manipulação resulta provavelmente numa melhor adequação presente, uma vez que a adequação pode ser mais facilmente concretizada. Um ambiente manipulável também aumenta as oportunidades de aprendizagem através da acção, o que, por si só, aumenta a criatividade e o controlo.

Mas as manipulações permitidas não devem tornar mais difíceis as manipulações futuras. Um "plano aberto" deve apenas permitir que os primeiros a chegar estabeleçam os limites que escolheram. As "zonas flutuantes" no planeamento encalham com o primeiro desenvolvimento. O perigo de aumento da confusão não é a ineficácia, mas o facto de poder conduzir a uma desorganização sem saída. É desejável uma manutenção contínua da sensibilidade ambiental.

Como tal, a segunda medida restrita da adaptabilidade relaciona-se com a necessidade de evitar futuros becos sem saída, e pode ser designada por reversibilidade, ou, menos desajeitadamente, por elasticidade. Se o passado se mover na direcção do futuro através de uma rede de possibilidades divergentes, poderá então repor-se a rede num estado anterior, deverá haver uma nova oportunidade de desfazer um erro (ou mesmo de o repetir, se assim se desejar). Deste modo, podemos perguntar acerca de uma característica: quanto custa desfazê-la?

Não existe começo e nada é completamente reversível. A flecha do tempo voa numa direcção. Os locais guardam as cicatrizes de cada reciclagem, por mais eficiente que ela tenha sido. Mas as aproximações são possíveis. Podemos calcular o custo de eliminação de uma zona de serviços e de restauração do solo, da floresta e da fauna nativa no seu local original. Será um cálculo dos custos impostos quando esses escritórios, depois de desenvolvidos, fecharem outros caminhos em direcção ao futuro. Não é necessário calcular o custo do retorno a um início mítico e puro, mas apenas a um estado relativamente desocupado e ecologicamente estável, semelhante ao estado com que se iniciou o desenvolvimento nesse local. Esse estado inicial pode ser bem menos desejável em termos humanos do que o estado actual. Avaliamos apenas o custo do retrocesso. A Acrópole, tal como existia antes de Atenas, dificilmente pode ser preferível à sua glória actual, por mais arruinado e complicado que esse estado actual possa ser.

Também é possível que um estado anterior possa ser mais restrito do que o actual ou do que uma situação intermédia. Um pântano rochoso, uma vez drenado e nivelado (mas ainda não com construções), pode apresentar mais oportunidades para a utilização humana a baixo custo do que no seu estado anterior. Uma situação "original" assumida para um cálculo da reversibilidade tem de ser escolhida com cuidado. Deve ser estável, para poder ser mantida como reserva a baixo custo e também deve ser uma forma que permita muitas alternativas de novos desenvolvimentos.

A reversibilidade pode ser uma medida interessante de uma cidade. Podemos descobrir, por exemplo, que o subúrbio maligno de baixa densidade, que é regularmente acusado de "devorar" as terras de cultivo em redor da cidade, é facilmente reversível. Até os aeródromos da Segunda Guerra Mundial, na Grã-Bretanha, foram substituídos, com sucesso, por terrenos agrícolas. Por contraste, as modificações da topografia e do padrão da água, a erosão do solo e os lixos abandonados, ou a eutrofia acelerada dos lagos, são muito menos reversíveis. Poderia ser esclarecedor anunciar o custo de demolição de um novo arranha-céus juntamente com o custo da sua construção, ou apresentar o custo do eventual restauro de um parque, depois de ter sido pensado para uma auto-estrada, no debate acerca da autorização anteriormente concedida à auto-estrada. Qual seria o custo da eliminação de um novo aglomerado populacional, ou de uma alameda, ou da reutilização de um edifício histórico, no caso de se demonstrar que não deveriam existir?

Mas seria curioso calcular o custo da devolução de Back Bay, em Boston, ao seu antigo leito de pântano, nomeadamente os custos associados ao realojamento da sua população actual. O custo de voltar a encher de carvão uma mina seria astronómico e não traria quaisquer benefícios, uma vez que não se conseguiriam mais ramificações através desse reenchimento. O carvão recolocado só poderia ser usado de novo, ao passo que a mina vazia poderia ter utilizações alternativas. Por outro lado, calcular o custo de restauração da superfície de terreno perturbado numa mina de superfície é um cálculo útil.

A reversibilidade pode ser mais profundamente afectada por alguns aspectos de rigidez institucional – tais como a fragmentação da propriedade – do que pelo próprio padrão físico. Os edifícios vêm e vão, mas os padrões dos lotes e dos acessos persistem. Os terrenos com títulos de propriedade duvidosos ou pertencentes a um proprietário ausente podem bloquear um retrocesso muito mais eficazmente do que as rochas ou as ruínas.

Depois de um desastre natural, entra em cena um tipo de reversibilidade particular e importante em termos práticos. Neste caso, estamos preocupados com o custo da reconstrução do aglomerado populacional, não para um estado subdesenvolvido, mas para a sua forma e nível normal de execução após um desastre natural de grandes dimensões, como um terramoto, um incêndio, um ataque, uma praga ou uma inundação. As estruturas são muitas vezes testadas quanto à sua capacidade de resistência a esses perigos, mas tem sido prestada menos atenção às condições favoráveis à reconstrução, à escala da cidade. Cálculos deste género podem ser úteis no planeamento da defesa civil. Poderia ser desencorajado o desenvolvimento que tornasse difícil a recuperação no futuro. No entanto, a recuperação parece depender prioritariamente de três acções: salvar os recursos humanos, distribuir rapidamente novos recursos materiais e estabelecer rapidamente um plano de reconstrução claro. A reversibilidade deste género pode, portanto, estar mais ligada ao sistema social, ao processo de planeamento e ao acesso abundante do que a outros elementos físicos do aglomerado populacional. A acção criativa e orientada para o futuro é uma capacidade humana e não ambiental. Mas pode ser apoiada por bons acessos e, indirectamente, pela capacidade de manipulação, se esta última característica encorajar o gosto pelo acto criativo.

Burton

A capacidade de manipulação e a elasticidade são dimensões, não absolutos. Ninguém quer um mundo infinitamente manipulável, nem um mundo completamente reversível. Por vezes, tentamos fixar o futuro ou evitar um retorno, como quando os romanos semearam sal em Cartago. Um ambiente totalmente adaptável, onde cada pessoa se possa rodear instantaneamente e sem esforço pelo cenário por si escolhido, seria um pesadelo de conto de fadas. O local não teria sentido e o padrão da vida dissolver-se-ia em conflito e caos. A estabilidade e a resistência do ambiente físico em grande escala podem ser um dos seus principais valores, como salientei anteriormente. Um local adaptável pode ser um local descaracterizado e desorientador. Pensem na sala "polivalente" ou nos espaços de reserva de uma zona industrial. O conflito entre a adaptabilidade e o significado estável de um local é um conflito inerente. Como tal, qualquer desejo de aumentar a manipulação deve ser limitado pelo menos por duas qualificações: nunca deve ser tão fácil que possa ameaçar a continuidade psicológica, nem ter um alcance tão geral que liberte conflitos sociais incontroláveis.

Os dispositivos da adaptabilidade devem tratar destas tensões. Podem compensar-se as ambiguidades psicológicas de uma paisagem em modificação estabelecendo sinais simbólicos fixos no terreno. Podem reduzir-se as opções futuras a um pequeno número, para facilitar o futuro processo de decisão. A estabilidade e a capacidade de manipulação da actual adequação podem ser mutuamente conciliadas em casos concretos. No entanto, em termos abstractos entram em conflito.

As pessoas têm diferentes tolerâncias quanto à mudança. Algumas pessoas anseiam pela novidade e adoram situar-se no limiar de uma nova onda. Outras pessoas desejam desesperadamente alcançar a tranquilidade e retomar hábitos antigos. Nos aglomerados populacionais complexos e heterogéneos, o planeamento pode permitir às pessoas organizarem-se de acordo com essas preferências. Algumas áreas podem ser locais bastante adaptáveis onde as formas e os tipos de vida experimentais são aplaudidos. Outras podem ser tradicionais, fixas na sua forma. Nestas últimas, podem ser proibidas novas técnicas ou costumes até serem amplamente testados em outro local, talvez mesmo até morrerem todos os que nunca as experimentaram. Para além da capacidade de manipulação e de reversibilidade básicas e necessárias para assegurar a sobrevivência de toda a comunidade, essa "divisão por períodos temporais" poderia proporcionar um leque de possibilidades, uma escolha entre o arcaico e o absurdo.

As pessoas podem receber formação para usarem a adaptabilidade do seu ambiente e sentirem-se confortáveis com ela. As nossas formas de pensar e de apreender levam-nos a ver as coisas como inalteráveis até acontecer uma mudança abrupta e dramática. A velha casa está como sempre esteve e depois, de repente, está em ruínas. Frequentemente, dramatizamos uma mudança gradual através de uma cerimónia que parece condensá-la numa mudança fundamental: lançamos alicerces, levamos a cabo cerimónias iniciatórias e realizamos inaugurações grandiosas. As mudanças lentas preocupam-nos, mas esta preocupação pode ser ultrapassada, não só através de dispositivos ilusórios de estabilidade física, mas também através da formação das pessoas, de maneira a que se apercebam da mudança que as acompanha. A mudança tem as suas próprias características constantes – de direcção e de grau, de modo de transição, de história. Se nos mantivermos presos a estas características, então o significado e a estabilidade podem ser preservados, mesmo enquanto a vida continua. Além do mais, os designers podem esforçar-se por tornar essas características constantes mais legíveis no ambiente, sem incorrerem em sacrifícios para a adaptabilidade.

Embora raramente a adaptabilidade tenha sido analisada com a devida atenção, existem algumas provas anedóticas sobre certas formas de a alcançar. Alguns destes meios são uma questão da forma do aglomerado populacional, outros resultam do padrão de actividade e outros ainda têm a ver com o modo como se gere a forma e a actividade.

Um meio formal é o fornecimento de capacidade em

excesso: uma estrutura suficientemente forte que permite andares suplementares no topo de uma estrutura, a provisão de espaço extra para permitir o crescimento, ou esgotos suficientemente grandes para acompanharem o crescimento da população. Muitas casas antigas das pessoas mais ricas são fáceis de converter porque têm excesso de espaço nos átrios de entrada, nas escadas e nas divisões – a "adequação livre" da actual moda da flexibilidade. Não é difícil acrescentar uma divisão a uma casa num lote grande, ou mesmo construir uma segunda casa nas traseiras. Do mesmo modo, as novas casas podem ser construídas com espaço de expansão no sótão. Os materiais podem ser armazenados para um futuro incerto, tal como actualmente deitamos petróleo para cavernas subterrâneas com custos substanciais. A rua de passagem privada pode ser construída com largura suficiente para permitir a construção de uma futura auto-estrada. O aglomerado populacional pode ser projectado como uma "forma de crescimento", ou seja, de acordo com um padrão linear, em forma de estrela, ou de tabuleiro, para proporcionar espaço de crescimento suficiente perto de cada ponto previamente desenvolvido.

Ver fig. 67

Existem várias dificuldades na aplicação destes meios comuns. Uma delas é o simples custo do fornecimento e manutenção dos recursos não utilizados. A técnica é mais eficaz quando o excesso é de um género que inicialmente é barato fornecer e que não necessita de cuidados enquanto for utilizado. Construir uma cidade dispersa, ou uma ponte suficientemente forte para suportar o dobro do tráfego, pode ser muito dispendioso e o aumento da população ou do tráfego podem nunca acontecer. É mais sensato deixar espaço livre para uma segunda ponte ou para uma segunda cidade. A reserva de lotes vazios alternativos, ou de largas ruas privadas, pode implicar grandes custos em nome de um futuro incerto: custos actuais de linhas de serviços públicos alargados, de manutenção suplementar e de perda da coesão espacial. Aconteceram mesmo alguns casos paradoxais em que a reserva do espaço para o crescimento futuro dispersou de tal maneira o aglomerado populacional que desencorajou o crescimento futuro. Por outro lado, deixar espaço aberto sem utilização nos centros de grandes quarteirões, que vão sendo desenvolvidos nas suas margens, é uma ideia inteligente, na medida em que esse espaço é barato inicialmente e não precisa de ser cuidado ou patrulhado até vir a ser necessário.

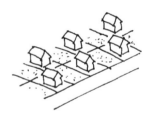

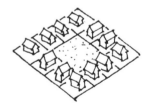

Em segundo lugar, a capacidade em excesso deverá encher-se à medida que a sua flexibilidade for explorada. Os lotes traseiros recebem construções, as reservas são consumidas, os andares suplementares são acrescentados. A adaptabilidade tem sido real mas temporária. Algumas estratégias evitam esta "sedimentação" através de uma substituição contínua da capacidade em excesso. Um exemplo clássico é o templo xintoísta em Ise, no Japão, onde há dois locais para o templo, e

Ver fig. 68

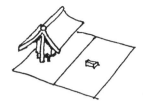

o local antigo é limpo de cada vez que se constrói o novo templo (embora neste caso seja usado um processo flexível para preservar uma forma tradicional). Um dispositivo urbano análogo poderia ser a permissão de construção de novas estruturas em lotes traseiros ao longo de uma rua privada interior, desde que as estruturas do lote frontal fossem demolidas e os lotes das ruas anteriores retomassem, por sua vez, um espaço de reserva interior. O fundo rotativo nas finanças é um modelo semelhante destinado a conservar a capacidade em excesso. Raramente é imitado no design espacial, com excepção dos processos incontroláveis, a longo prazo, de degradação, de abandono, de retorno a uma situação de escombros e de reutilização final.

O espaço em excesso resulta também na apreensão de ambiguidade e de falta de forma. Os lotes vazios de um espaço de construção, apenas parcialmente completo, são deprimentes. Mais uma vez, a concentração do excesso não utilizado e a sua remoção da vista directa, representa uma solução para este problema psicológico.

Outro meio prioritário de aumentar a adaptabilidade é melhorar o acesso, estreitar e expandir a rede de comunicações e transportes (que representa, por si só, uma dimensão de execução que será discutida no capítulo dez). Se for fácil obter informações e transportar os recursos, então posso mudar a minha actividade rapidamente e com pouco esforço. Uma barra de distribuição eléctrica permite-me ligar o meu equipamento onde quero. Um bom sistema rodoviário significa que posso obter uma ferramenta especial ou um material específico em qualquer momento. Ou se o local onde vivo não me satisfaz posso mudar para outro. A recuperação de um desastre natural depende francamente das informações rápidas e da deslocação rápida dos recursos. Ao longo da história, têm sido as cidades grandes, complicadas e muito acessíveis que têm sobrevivido ao choque da mudança, apesar de toda a sua aparente vulnerabilidade. Os pequenos aglomerados isolados são regularmente devastados pela fome, pelas inundações e pela guerra.

Os bons acessos, tal como a capacidade em excesso, são dispendiosos. No entanto, ao contrário da capacidade em excesso, os transportes são tao uteis no presente como no futuro. Além do mais, os bons acessos não "sedimentam" nem transmitem uma sensação de desperdício ou de ambiguidade. Deste modo, são um dos dispositivos mais importantes para a adaptabilidade.

Uma terceira medida defendida por muitas pessoas é a redução das interferências entre as partes, para que uma mudança em qualquer uma das partes não obrigue a uma mudança sobre uma outra parte. Um arquitecto utiliza estruturas abertas, partindo do princípio de que as utilizações e as divisões podem ser deslocadas à vontade no interior desses espaços sem tocarem nas poucas colunas sobre as quais se concentram as cargas. Se as zonas habitacionais forem separadas em casas unifamiliares e se a família for a unidade social com mais poder decisório sobre a mudança do ambiente, então cada família pode mudar a sua casa sem perturbar os vizinhos. Se as crianças estiverem espacialmente separadas dos adultos, então podem acontecer mudanças na educação das crianças sem que haja perturbações para os mais velhos (por muito que essa separação possa prejudicar de outras formas o tecido social). Num hospital, se as salas de operações e os laboratórios em constante alteração puderem ser separados das enfermarias, cujas funções são mais constantes, isso significa que o tumulto das salas e dos laboratórios deixa de infectar as enfermarias. Os designers urbanos defenderam uma ideia semelhante nas suas noções acerca da "mega-estrutura", em que a principal estrutura de suporte e de transporte é fixa, apesar de permitir variações constantes nos edifícios individuais que lhe estão agregados. Infelizmente e à escala da cidade, esta ideia está formulada ao contrário. São os edifícios individuais (especialmente as habitações) que estão relativamente fixos na sua forma e função, ao passo que o sistema principal de transportes está em fluxo constante.

Uma outra variante desta estratégia é organizar as actividades de um aglomerado populacional em torno de pontos centrais fixos, em vez de o dividir por limites fixos. Parte-se do princípio de que as diversas actividades podem crescer e diminuir nos territórios ambíguos entre os pontos centrais, com perturbações mínimas para cada uma delas. Apesar de tudo, um uso adjacente deve estar preparado para diminuir de dimensão quando um outro uso se expande, a menos que existam espaços em excesso nestas margens.

Todos estes exemplos de redução das interferências entre as partes dependem de uma previsão das unidades sociais que muito provavelmente tomarão as decisões de mudança do ambiente, e de uma capacidade para distinguir as partes ambientais com possibilidades de mudança daquelas que provavelmente permanecerão inalteradas. Os planos da mega-estrutura falham devido a uma falsa profecia deste último género. Se a família alguma vez perder a sua importância como unidade social e, assim, o seu poder de decisão, então a flexibilidade actual das habitações unifamiliares também enfraquecerá.

Uma quarta estratégia geral é a "modular", em que as unidades padrão são usadas repetidamente, seja porque a experiência demonstrou que essas unidades são peculiarmente aptas a diversas funções, ou porque a padronização deverá permitir ligações mais fáceis entre as partes e, assim, uma nova e mais fácil padronização. O exército submerge os indivíduos em unidades padrão, replicáveis. As dimensões dos compartimentos, numa gama limitada de metros quadrados, foram consideradas utilizáveis para os mais diversos fins na remodelação dos hospitais, ao passo que os compartimentos

Cowan 1963

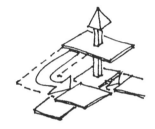

maiores ou mais pequenos foram considerados muito menos adaptáveis. Nesse caso, é de supor que um hospital constituído sobretudo por dimensões de compartimentos desse género seria mais fácil de reutilizar. No entanto, muitos planos "modulares" não tomam em consideração estas provas da experiência. Partem do princípio de que qualquer organização das peças padrão assegura a flexibilidade, quando, de facto, pode assegurar precisamente o contrário.

As roscas dos parafusos e as tomadas eléctricas normalizadas são exemplos do valor da capacidade de ligação permutável. Os exemplos à escala da cidade são mais difíceis de encontrar, embora um lote padrão possa permitir aos construtores a construção de uma estrutura habitual em quase todos os locais, e uma grelha regular de ruas possa facilitar a especulação e a mudança das actividades, como declararam os planificadores de Nova Iorque, em 1811. Muito provavelmente, a utilização de edifícios rectangulares, construídos com uma orientação comum, deve facilitar as adições, e a padronização dos níveis dos pisos deve facilitá-las ainda mais.

A padronização tem vantagens claras na produção e no armazenamento de peças de reparação. É menos claro que seja um caminho útil para a flexibilidade em algo de tão complexo como uma cidade. Certamente que implica outros problemas, como a monotonia, ou as dificuldades de implementação em grande escala. A ligação entre a flexibilidade e o uso de módulos é frequentemente ilusória. É necessário ser capaz de prever, a partir de uma experiência substancial, que o módulo idealizado é utilizável para uma grande diversidade de funções e que continuará a ser utilizável nesses termos. Ainda tem de ser demonstrada a possibilidade de ligação e de nova ligação mais fácil das peças modulares, e ainda é necessário garantir a disponibilidade contínua destas peças de ligação. Suspeita-se que os módulos mais úteis não são os bairros, as mega-estruturas ou os sistemas de edifícios padrão, mas coisas bem mais modestas, como os tijolos, as roscas dos tubos e as dimensões da madeira.*

Finalmente, é evidente, existem certos materiais, ferramentas e tecnologias de construção relativamente fáceis de manipular. As estruturas de madeira leve são mais fáceis de mudar do que o betão reforçado. As pequenas ferramentas eléctricas, os materiais em chapa, as telhas, os blocos leves, a terra, o gesso e as aparas para cobrir uniões são recursos do construtor de pequenos espaços. A madeira, o tijolo e a pedra podem ser reutilizados, ao passo que muitos materiais sintéticos têm que ser destruídos. Os plásticos de precisão produzidos em série, os metais e os painéis de betão podem ser vantajosos ao nível da velocidade inicial e do custo, mas provocarão

---

* Mas vejam só como, à medida que os anos passam, a madeira das fábricas é aplainada cada vez mais!

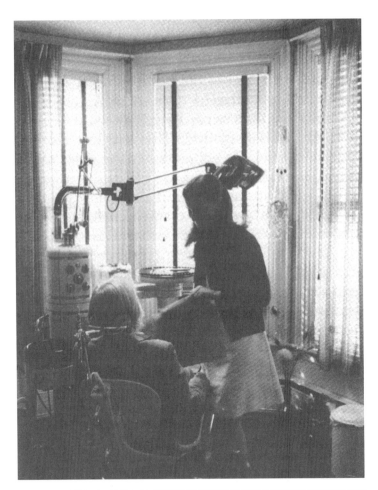

67 As casas antigas são facilmente convertidas em pequenos espaços profissionais e comerciais. Os espaços interiores possuem uma escala adequada para muitos usos e conservam a sensação de acolhimento.

68 Os locais alternados para o Santuário Naiku, em Ise, no Japão. De vinte em vinte anos, é construído um novo templo no local vazio, uma réplica exacta da estrutura existente que, por sua vez, é demolida e cujo local se mantém vazio durante os vinte anos seguintes. Assim, a forma, mas não a substância do antigo templo, é preservada desde há aproximadamente 1300 anos.

grandes perdas futuras na adaptabilidade. Na mesma linha, será que existem tipos especiais de padrões de actividade inerentemente fáceis de mudar?

As características do processo de gestão ambiental podem ser meios ainda mais importantes de aumentar a adaptabilidade do que a forma dos elementos e actividades. O primeiro dispositivo mais importante e mais óbvio é aumentar as informações disponíveis no ponto de decisão – seja através de um controlo regular das mudanças à medida que ocorrem, seja através de uma boa previsão. É evidente que as informações são dispendiosas. Pode ser mais eficaz mudar o ponto de decisão para o grupo possuidor das melhores informações – porventura, as pessoas que já se encontram no local. Uma gestão alerta e bem informada é seguramente a chave para uma adaptação rápida.

Existem dispositivos de planeamento que abordam a incerteza. Um deles divide o desenvolvimento em estádios e faz planos de contingência para cada estádio. Os militares durante os períodos de paz passam o tempo a explorar essas contingências até ao limite. Os becos sem saída podem ser previstos e evitados, e pode assegurar-se uma resposta de emergência mais rápida. Mas o planeamento de contingência à escala total é uma questão elaborada e muitas vezes resulta apenas em trabalho improdutivo. A sua eficácia está provavelmente mais restrita ao próximo passo e a algumas emergências possíveis.* Mais uma vez, é necessária uma boa previsão.

Na mesma linha, as acções e as decisões podem ser preparadas, mas adiadas até ao último momento possível, para poderem usufruir das informações de última hora. Os testes intencionais são realizados bem cedo para revelarem as complicações inesperadas. Este é um procedimento habitual na engenharia, onde são normais os modelos à escala de peças e de processos inovadores. É menos frequente conceber as primeiras secções de um novo aglomerado populacional como sendo uma experiência e conceber um plano para aprender com ela.

Há ainda um outro dispositivo, que se serve do habitual truque financeiro da amortização: além de acumular capital para substituir o velho investimento, é possível acumular os fundos a pagar para fazer com que o ambiente regresse completamente à sua "condição" original, para que o novo desenvolvimento aconteça sem o fardo da estrutura abandonada. A reversibilidade é paga juntamente com a manutenção.

---

* Devem recordar-se que o plano de contingência para Three Mile Island esqueceu-se da contingência de uma bolha de hidrogénio. O acesso rápido a pessoas treinadas e a equipamentos especiais, mais a capacidade de inventar rapidamente novos procedimentos, foi mais eficaz.

O controlo do espaço pode ser um sério obstáculo à adaptabilidade. A propriedade pode ser fragmentada, incapaz ou relutante em agir, ou pode estar sujeita a controlos rígidos. Para contornar tudo isto, voltamo-nos para dispositivos que permitem a retoma e o reagrupamento periódicos da propriedade ou dos direitos de desenvolvimento por um grupo capaz de actuar, tal como um organismo público ou um grupo de desenvolvimento com capital suficiente. Alguns dos dispositivos conhecidos deste género são os alugueres de longa duração, os contratos vitalícios e a renovação periódica. Necessitamos de explorar outras formas flexíveis de propriedade: posse temporária, valores com limites indefinidos ou sobrepostos e propriedades de direitos parciais. As áreas sem controlo rígido – os terrenos recuados e os locais abandonados, que são as réplicas institucionais da natureza selvagem – fornecem espaço para novas formas.

Os organismos públicos podem passar do controlo com especificações rígidas para códigos de execução, o que permite várias formas, desde que se consiga alcançar um certo nível de execução. O tão discutido direito de desenvolvimento transferível é uma outra tentativa no sentido de aumentar a flexibilidade dos padrões do aglomerado populacional. Tal como a "zona flutuante", que estabelece os padrões de controlo, mas não fixa a sua localização até surgir uma proposta concreta. Começamos a pensar em controlar o próprio nível de mudança, como nos regulamentos da "taxa de crescimento" suburbana. Uma acção não é proibida, contudo, a sua taxa de ocorrência é regulamentada. Diminui, estabiliza, ou é confinada a períodos estabelecidos, para que haja intervalos de segurança. Em alguns estados, por exemplo, a designação de marcos históricos, pode ser feita apenas em períodos recorrentes mas bem separados.

Tudo isto são formas de reduzir os aspectos rígidos de controlo de um local sem perder os objectivos básicos desse controlo e sem introduzir tantas incertezas que se tornem impossíveis as previsões fiáveis de médio alcance.

Estes meios processuais têm os seus custos, tal como os meios formais. Também originam ambiguidades. O plano "em esquema", o controlo do desenvolvimento preciso, o parcelamento da terra em propriedades distintas e eternas fazem-nos sentir que o nosso futuro é seguro. Muitas das complexidades inscritas nos controlos de execução, nos direitos de desenvolvimento ou nos alugueres de longa duração são compromissos entre estes desejos em conflito da adaptabilidade e da incerteza. Essas regras e procedimentos complexos têm os seus próprios custos de tempo, de dinheiro e de energia administrativa.

A adaptabilidade eficaz depende da disseminação das informações, de maneira a que os decisores possam beneficiar da adaptabilidade que de facto existe. As pessoas devem ser ensinadas a adaptar os locais aos seus propósitos: como remodelar uma casa, redecorar um compartimento ou remodelar um parque. Deve proporcionar-se a oportunidade de experimentar novos padrões ou de tentar padrões desenvolvidos por outra pessoa. A percepção da adaptabilidade é, em si própria, importante e a adaptabilidade apreendida pode ter valor psicológico, mesmo que a própria qualidade nunca seja usada.

As informações correctas e o controlo sofisticado são bens caros. À medida que se tornam mais complexos e especializados, fomentam um centralismo técnico que é, por si próprio, uma ameaça à livre manipulação por parte dos seus utilizadores reais. Os controlos centrais e as informações centrais devem limitar-se a assegurar a reversibilidade básica ou ter por objectivo o aumento da capacidade de manipulação do utilizador directo. Ensinar os utilizadores a controlar e a modificar os locais pode ser mais importante do que gerar informações centrais acerca da mudança de corrente, a não ser que essas informações revelem ameaças básicas à reversibilidade e à capacidade de manipulação geral. Os controlos de execução bem afinados podem intimidar mais o pequeno construtor do que as receitas rígidas, mas simples.

Grande parte do que se disse anteriormente e grande parte do raciocínio subjacente às tentativas de flexibilidade é pura especulação. São necessárias análises de experiências reais. Como se adaptam as cidades durante os processos de transformação abruptos, tais como os desastres naturais ou as revoluções sociais? Quais foram as sequências típicas de adaptação numa zona urbana e até que ponto foram bloqueadas ou desviadas por aspectos físicos rígidos? Será que as pessoas podem ser ensinadas a adaptar-se mais eficazmente aos seus cenários? Qual tem sido a experiência real com edifícios e áreas concebidos para serem flexíveis? Que novos dispositivos para a adaptabilidade podem ser utilizados tanto a nível físico como administrativo? Como pode ser medida a adaptabilidade e como se comparam locais diferentes quando são assim medidos? Como pode ser usado eficazmente o tecido físico herdado da cidade de Havana depois da revolução cubana?

As medidas sistemáticas da adaptabilidade podem ser úteis na programação, na concepção, na gestão, no controlo e nas avaliações dos custos e benefícios. Podem fazer-se comparações incrementais: que alternativa é mais manipulável para este grupo em particular, ou qual é a alternativa que terá o custo de reversibilidade mais baixo? Será que esse custo está previsto? Como recuperará esta área de uma cheia? Será que podemos aumentar a capacidade de manipulação existente? Os controlos podem estabelecer um nível inicial necessário para estas qualidades. Os programas podem mesmo estabelecer regras físicas mais específicas, tais como "para cada unidade de 1000 metros quadrados de terreno, deve ser possível acrescentar mais 200 metros quadrados sem interferir com as unidades adjacentes", ou "deve ser possível remodelar qualquer espaço interior sem utilizar mão-de-obra, ferramentas ou materiais especializados", ou " o custo de equipar completamente um espaço aberto deve estar previsto no orçamento, mas a despesa deve ficar adiada até que os utilizadores tenham um ano de experiência no local e possam participar no seu planeamento".

Em épocas de tensão e de confusão extremas, quando a avaliação da acção pública é menos clara, pode até haver uma justificação para se limitarem todas as dimensões de valor da política do aglomerado populacional a uma versão pessimista da "lei de Lowry":

1. Evitar as dificuldades mais óbvias: inadequação actual patente ou ameaças claras à vitalidade presente ou futura.
2. Manter o sentido do ambiente e encorajar o fluxo de informações acerca dele, para que todas as pessoas interessadas possam estar conscientes do seu estado actual e das alterações à medida que estas acontecerem.
3. Manter a capacidade de manipulação e a reversibilidade, para que as pessoas possam fazer os seus próprios ajustamentos, e para que a sociedade possa manter-se afastada de uma catástrofe quando ela surgir, ou mesmo depois de ela acontecer.

Afastando-nos dessa perspectiva pessimista, vamos resumir o critério geral. A medida da adequação actual é o nível de congruência entre o comportamento diário, aberto e intencional, por um lado, e, do outro, o ambiente espacial. A adequação pode ser alcançada através da modificação do local, do comportamento, ou de ambos. Os meios de análise são a observação do comportamento real em determinado cenário, juntamente com uma análise dos problemas e das intenções das pessoas que utilizam esse cenário. A empatia e um olhar perspicaz são as melhores ferramentas analíticas, e um sentido íntimo da cultura é o suporte necessário. A estabilidade apreendida nessa correspondência é importante. Devem ser tomados em consideração os conflitos entre os diferentes intervenientes. A criação de novos cenários adequados e a educação dos utilizadores, no sentido de usarem correctamente os locais, são questões importantes, assim como a melhoria dos cenários existentes. A compartimentação no espaço e no tempo, o controlo do utilizador, e uma programação, supervisão e afinação cuidadosas são meios universais de aumentar a adequação actual. O critério e os seus métodos de análise são gerais, mas outras receitas são específicas de certas culturas. As classificações e os padrões estereotipados, a variedade dos cenários comportamentais, as variações culturais, os conflitos entre os utilizadores e os nossos preconceitos relativamente a dados quantitativos são algumas das dificuldades de aplicação deste critério à escala do aglomerado populacional.

Uma provisão flexível para a adequação futura é um critério mais complicado. É difícil de definir enquanto medida geral. Foram sugeridas duas regras mais limitadas: a capacidade de manipulação, ou o grau em que podem ser mudadas actualmente a utilização e a forma de acordo com limites específicos de custo, de tempo, de poder e de sentido de continuidade, sem limitar o alcance potencial da próxima ronda de mudança; e a elasticidade, ou o custo actual de restauração de um local no sentido do seu estado "aberto" anterior, ou no sentido do seu estado actual após um alegado desastre. Ambas as medidas são gerais, operacionais e importantes. Expressam a conservação de dois bens que previsivelmente deverão continuar a ser valiosos: a capacidade de resposta e a capacidade de recuperação. Existem alguns meios gerais formais de concretização destes objectivos, como a capacidade em excesso, os bons acessos, a independência das partes, a utilização de módulos e a redução dos custos de reciclagem. Existem meios complementares de processo: melhor informação no ponto de decisão, procedimentos de planeamento flexíveis e a liberdade e renovação dos padrões de controlo. Todos estes meios têm os seus custos específicos. A estabilidade e a capacidade de manipulação da adequação actual estão de certa forma em conflito uma com a outra, mas existem formas de as reconciliar em casos concretos. As pessoas podem ser ensinadas a suportar a mudança e, no que a isto diz respeito, as diversas preferências podem ser satisfeitas. Todas estas diferentes medidas de adequação podem ser utilizadas no planeamento, na concepção, na gestão, no controlo e na avaliação.

10

Acesso

Alonso
Wingo

É provável que inicialmente as cidades tenham sido construídas por razões simbólicas e, mais tarde, por motivos de defesa, mas rapidamente se tornou evidente que uma das suas principais vantagens foi o acesso melhorado que elas proporcionaram. Os teóricos modernos têm considerado os transportes e as comunicações como os bens mais importantes de uma área urbana, e a maioria das teorias sobre a génese e funcionamento das cidades tomam este aspecto como valor garantido. Em princípio, as actividades devem localizar-se de acordo com o custo relativo da proximidade dos materiais, dos clientes, dos serviços, dos empregos ou da mão-de-obra. Outros valores representam simples restrições subsidiárias nesta luta pelo acesso. O elevado grau de mobilidade pessoal era em tempos um privilégio dos ricos, ou algo imposto aos pobres vagabundos ou aos emigrantes. Hoje em dia, nos países mais ricos, graças aos automóveis e a outros dispositivos de transporte, a mobilidade voluntária estende-se a todas as classes sociais (mas não a todas as faixas etárias). O automóvel pessoal é a nossa imagem de liberdade e o turismo é um lugar comum. O objectivo valorizado é o melhor acesso, embora o aumento da mobilidade nem sempre sirva para aumentar o acesso e gere custos próprios, tal como veremos mais adiante.

Blumenfeld 1967
Paquette

O acesso tem sido muito trabalhado nos textos sobre planeamento. As medidas do acesso (em relação ao espaço aberto, aos serviços, aos empregos, aos mercados, etc.) estão frequentemente presentes nos relatórios. Existe todo um ramo da engenharia que se preocupa com a análise e manipulação do acesso por intermédio de novas estradas, de novos meios de transporte, de controlo do tráfego, etc. Muitos empreendimentos económicos e algumas habitações escolhem prioritariamente as suas localizações com base no acesso. Algumas pessoas imaginam a cidade ideal como sendo um grande centro onde cada pessoa tem fácil acesso a uma enorme variedade de bens, de serviços e a outras pessoas. Por outro lado, o congestionamento do trânsito e as dificuldades em chegar ao emprego, às lojas, às escolas, aos parques, ou aos hospitais são fontes frequentes de reclamações urbanas.

Deste modo, dispomos de informações substanciais para fundamentar esta dimensão específica da execução. Mesmo assim, apesar de muitas das medidas óbvias estarem bem desenvolvidas, existe uma falha entre elas e algumas das qualidades de acesso efectivamente sentidas e apreciadas pelos cidadãos. Falta uma atenção sistemática ao âmbito total desta dimensão.

O acesso pode ser classificado de acordo com as características às quais se atribui o acesso e a quem ele se destina. A mais básica é, porventura, o acesso a outras pessoas: aos familiares, aos amigos, aos potenciais colegas e a uma grande variedade de conhecimentos mais casuais. Os seres humanos são animais sociais e o contacto frequente, pelo menos entre membros de um grupo social primário, é fundamental para o seu bem-estar. As sociedades primitivas agrupavam as suas habitações com base nesta regra, tal como acontece com as sociedades modernas, embora a comunicação electrónica seja cada vez mais um substituto para a proximidade física. As viagens para visitar outras pessoas ainda são um componente substancial das deslocações urbanas.

Em segundo lugar, em termos de importância, está o acesso a certas actividades humanas. As actividades fundamentais para muitos adultos podem ser o trabalho ou a residência, mas temos também de incluir alguns serviços importantes – financeiros, médicos, recreativos, educativos e religiosos. Estas actividades representam oportunidades para a pessoa fazer algo – por exemplo, trabalhar, rezar, aprender ou divertir-se – ou proporcionam um serviço valorizado – como acontece com um hospital ou com um banco. A maioria das deslocações na cidade são ainda viagens de casa para o trabalho. Por outro lado, as deslocações das crianças são raramente contadas, a menos que a criança viaje de autocarro. Além disso, os picos de exigência nas auto-estradas deste país mudaram da hora de ponta do dia de trabalho, para a hora de ponta do fim-de-semana.

O acesso também é necessário para certos recursos materiais: alimentos, água, energia e vários outros produtos. Esta necessidade sobrepõe-se ao nosso primeiro critério de vitalidade quando estes recursos representam pré-requisitos de sobrevivência. Para muitas pessoas da cidade, isto pode não significar mais do que as cómodas deslocações às lojas. Mas as cidades são sustentadas por um sistema de abastecimentos secreto, que lhes permite o acesso à água de outros estados, às alfaces transcontinentais e ao petróleo iraniano (ou permitia). Os distúrbios neste sistema lembram ao habitante da cidade aquilo que o homem do campo nunca esqueceu: que a sua dependência do acesso a certos recursos é vital e pode ser precária.

As pessoas também pretendem ter acesso a locais – a abrigos, a espaços abertos, ou mesmo a zonas abandonadas, a centros e a locais simbólicos, a belos ambientes naturais. Nos países mais desenvolvidos, encontramos uma crescente preocupação com o acesso a paisagens específicas, devido às suas qualidades sensoriais, ao seu significado simbólico ou às oportunidades que oferecem para actividades recreativas. As localizações residenciais no interior da cidade não só são afectadas por este critério, como também as famílias e as empresas o usam para distinguir a cidade para onde pretendem mudar-se. Por este motivo, talvez optem por uma pequena cidade ou por uma zona rural em vez de uma grande cidade. As recentes e significativas mudanças na população deste país parecem ser fortemente condicionadas por este motivo específico do acesso.

Finalmente, pretendemos ter acesso à informação. Hoje em dia transformou-se num requisito fundamental. Desde há muito tempo que era uma necessidade fundamental para certas actividades económicas que dependem das notícias frescas e exactas – actividades como a banca, a direcção das empresas, ou o fabrico de produtos ligados à moda. Mas também é importante para os vizinhos que se reúnem para a última tagarelice, para os profissionais que se concentram em áreas especiais de escritórios, ou para os jovens que se reúnem em torno de uma universidade. A aquisição e o processamento das informações, a gestão do crédito e a decisão, são actualmente as principais funções económicas. O crescimento persistente de uma zona de negócios central, por oposição a uma descentralização cada vez mais generalizada, é a prova dessa primazia. As sedes das empresas e os serviços comerciais avançados são mantidos próximos uns dos outros por causa das delicadas teias da comunicação pessoal e a presença destes funcionários de escritório sofisticados e abastados na zona central da cidade é a causa dos grandes investimentos que aí se fazem. Os meios de comunicação social, as conferências e o telefone usurparam a primazia da proximidade espacial fixa, enquanto base para a troca de informações, mas estes substitutos continuam a ser ineficazes para as formas de discurso mais demoradas e mais subtis. Os sinais e os símbolos de uma cidade, discutidos no capítulo oito sob o título de "legibilidade", são um aspecto especial deste acesso à informação. O acesso à informação pode ser uma chave emergente para a qualidade do ambiente. Richard Meier construiu uma teoria das cidades com base neste aspecto e Melvin Webber considera que a actual mudança da comunicação é um aspecto determinante e fundamental na remodelação dos nossos padrões urbanos. Uma cartografia do fluxo de informação no interior das regiões e entre as regiões é um índice dos padrões urbanos subjacentes.

Meier 1962
Webber 1967

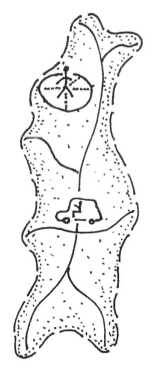

O acesso não está distribuído igualitariamente. Uma mulher pode estar confinada à sua casa e outra ao raio de acção da sua cadeira de rodas. O raio de acção espacial das crianças é bastante restrito e pode ser ainda mais limitado pelas proibições dos adultos ou pela natureza do ambiente. As pessoas demasiado pobres para terem um automóvel não podem ter empregos distantes. Os judeus ou os negros podem ser excluídos de locais desejáveis. O mundo dos mais idosos diminui à medida que diminuem as suas capacidades de locomoção. Ao analisar o acesso, avaliamos de como variam de área para a área as medidas seleccionadas, mas também como variam essas medidas em diferentes grupos da população.

Além disso, o acesso varia conforme a hora do dia e a estação do ano. As pessoas podem ficar isoladas à noite ou no Inverno. Durante a guerra, a invenção do carro de neve abriu vastas áreas das florestas de Inverno para uso dos turistas, em detrimento dos locais habituais. Se o nosso ritmo de vida difere do ritmo de vida padrão, podemos ficar efectivamente isolados. Uma das vantagens de uma grande cidade são os serviços disponíveis durante vinte e quatro horas. Deste modo, um reajustamento dos horários, é um meio importante de modificação do acesso. Quando foram eliminadas as restrições do comércio ao Domingo, o acesso às compras aumentou significativamente, à custa dos empregados de balcão das lojas.

Existem muitas variações no meio de acesso, o que tem consequências no valor desse acesso. O transporte físico é uma coisa, o acesso visual ou auditivo é outra diferente. A informação pode ser transportada mais rapidamente e com menos energia do que os organismos materiais. Por isso, as comunicações substituem muitos meios volumosos de transporte. O próprio transporte surge sob muitas formas: canos, barco, automóveis, caminho-de-ferro, sapatos, bicicleta, esteiras rolantes. Cada meio transporta coisas diferentes – apenas fluidos, ou adultos e não crianças – e tem uma velocidade e uma capacidade de carga apropriadas, ou uma taxa de fluxo potencial. Um meio de transporte pode estar sob domínio público, outro pode ser fornecido por uma entidade privada, e outro ainda pode ser composto por veículos independentes.

Os canais de movimento fazem parte de um meio de transporte, tanto quanto os seus veículos. Alguns canais são muito especializados: um tubo de gás transporta apenas gás. Outros são muito gerais: ao longo de uma rua, fluem muitos tipos de produtos, de pessoas e de informações. Apesar de a maioria dos meios de transporte permitirem uma troca nos dois sentidos, alguns limitam o fluxo a uma só direcção: por exemplo, um ecrã de cinema ou uma televisão têm um só sentido. Os troncos flutuam rio abaixo; o carro do carvão regressa vazio. As características modais são um modificador óbvio da qualidade do acesso. Um meio pode ser mais eficiente do que outro, ter um alcance maior, ou proporcionar mais capacidade de resposta ao seu utilizador, mesmo que imponha inconvenientes sérios aos seus vizinhos. Deste modo, a política de transportes está concentrada na preocupação com o desenvolvimento de uma mistura ideal de meios, na diminuição do conflito entre os diversos meios, na promoção da mudança de um meio para outro, ou na facilitação das transferências.

O acesso não é apenas uma qualidade a maximizar, embora muitas teorias urbanas de localização o considerem axiomático.* Ter tudo instantaneamente disponível não é mais

---

* De facto, o exemplo é a crítica da grande cidade que William Cobbett escreveu, em 1826: "Estou convencido que as instalações actualmente existentes para movimentar os seres humanos de um local para outro são uma das maldições do país, destruidoras da indústria, da moral e, é evidente, da felicidade. É um grande erro pensar que as pessoas ficam estúpidas por permanecerem sempre no mesmo local". Ainda assim, o maior prazer de Cobbett era viajar pelo campo em Inglaterra, observando o estado da terra e as pessoas. Certamente que com estas afirmações Cobbett estava a referir-se apenas às viagens das outras pessoas.

Cobbett

desejável do que seria viver num mundo infinitamente adaptável. Além disso, o acesso não pode ser medido pela simples quantidade de elementos que podem ser alcançados a determinados níveis de custo e de gasto de tempo. A mera quantidade perde o seu significado assim que é alcançado um nível de satisfação. O valor vira-se então para o grau de escolha oferecido de entre os recursos acessíveis. Provavelmente é melhor ser capaz de alcançar cinco lojas de alimentos com produtos de diferentes qualidades ou tipos, do que cinco lojas todas idênticas. Deste modo, podemos conseguir exactamente os alimentos que queremos e podemos sentir-nos encorajados a alargar o universo de alimentos de que gostamos. Este é o princípio da diversidade, tantas vezes mencionado nas discussões acerca da qualidade da cidade. Aplica-se a todos os elementos acessíveis. É mais desejável uma grande diversidade de pessoas, de alimentos, de empregos, de lazer, de cenários físicos, de escolas, de livros. A variedade de cenários comportamentais disponíveis significa que é mais fácil para um indivíduo encontrar alguém de quem gosta, ou ser mais competente em certos aspectos. Assim, melhora-se a adequação.

No entanto, é difícil medir a diversidade. Todos os elementos podem, em determinado grau, ser similares ou diferentes uns dos outros, e estas diferenças infinitas podem ser irrelevantes ou fundamentais. O que é semelhante ou diferente depende das necessidades e das percepções do observador. A paisagem monótona da vegetação rasteira que o turista vê, representa uma enciclopédia de informações para o batedor experiente. Uma grande variedade de lojas de alta costura tem pouco interesse para uma pessoa com um orçamento limitado para roupas. Uma compradora de uma casa fica intrigada com todas as mudanças na entrada da frente da sua casa recentemente adquirida, mas mais tarde deverá ignorá-las à medida que tiver de se debater com os arranjos do seu espaço interno. Grande parte da diversidade valorizada nos produtos de consumo modernos parece trivial quando é examinada. Ainda que desejável no abstracto, a diversidade não pode ser identificada ou medida até sabermos como é que as pessoas se apercebem das diferenças e quais são as características da variedade importantes para essas pessoas.

E não só, consideramos que a diversidade é um bem limitado. Somos capazes de fazer escolhas apenas entre um conjunto restrito de alternativas. À medida que aumenta o número de opções, recorremos a auto-limitações – rejeição arbitrária, um amontoado de escolhas em grandes classes, ou um desvio da atenção. Demasiadas opções paralisam a capacidade de escolha. Grande parte da tensão da vida urbana reside na abundância de ofertas, na pressão constante para escolher e decidir. Portanto, uma qualidade desejável do acesso pode aproximar-se da "revelação" discutida no capítulo oito. Um bom ambiente é um local que oferece um acesso óbvio e fácil a uma variedade moderada de pessoas, produtos e

*ver fig. 69

cenários, apesar de esta variedade poder ser expandida se uma pessoa desejar despender energia adicional – um mundo explorável, cujas vastas diversidades possam ser procuradas ou ignoradas perfeitamente à vontade.

Deste modo, o uso da diversidade como critério depende de se conhecerem os níveis de escolha que as pessoas desejam e podem tolerar. É verdade que este nível pode aumentar com a experiência e com a formação, e que as pessoas podem lidar mais facilmente com as opções e acabar por valorizar mais a diversidade se viverem mais tempo num ambiente estimulante e variado. Mas à medida que o nível de opções continua a aumentar, as pessoas começam a valorizar o isolamento, a simplicidade e o controlo do acesso. Por isso, uma fantasia comum do ambiente ideal é aquela em que o nível de acesso também é variável, consoante a vontade pessoal. Muitas pessoas, quando questionadas sobre qual seria o melhor local para viverem, imaginam uma casa com um jardim, próxima do centro de uma grande cidade. A capacidade de controlar o acesso – fechar o fluxo quando se deseja – é, portanto, por si própria, um valor importante. Gostamos de telefones que possam ser desligados, de locais remotos aos quais se chega apenas com um veículo próprio e rápido, e de uma secretária que filtre as chamadas. Numa escala maior, o controlo do sistema de acesso é essencial para manter a hegemonia política ou económica. Registar quem controla os principais canais de comunicação e a extensão a que estes podem excluir certas pessoas da utilização desses canais representa, portanto, uma apreciação significativa de um local, tal como veremos no próximo capítulo.

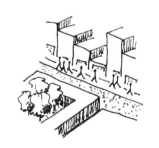

O acesso que pode ser alcançado a determinado custo num aglomerado populacional, ou o custo de alcançar nesse local determinado nível de acesso, pode ser comparado a um acesso correspondente num outro aglomerado populacional. Quando se fala do transporte de pessoas, pensa-se normalmente no custo em relação ao tempo despendido. Outras medidas podem ser mais importantes para produtos mais volumosos, menos perecíveis e de valor inferior. No entanto, mesmo no caso do transporte pessoal, que é habitualmente o mais importante tipo de carga, existem outros custos: dinheiro, energia, esforço físico, perigo pessoal, ou o aborrecimento dos congestionamentos e de uma paisagem feia. Estas dimensões plurais impedem-nos de conhecer um custo global, a não ser que tudo possa ser convertido em dinheiro. Como substituto mais adequado utilizamos o tempo como medida básica, restringido por certos limites nas outras dimensões. Deste modo, podemos medir o custo em termos de tempo de escolha entre vinte oportunidades de emprego de determinado género, partindo do princípio de que não é possível pagar a utilização de um automóvel privado e de que não é possível entrar em áreas inseguras ou desconhecidas. Infelizmente, a análise do acesso e dos seus custos restringe-se habitualmente a estes movimentos documentados em estatísticas oficiais, ou seja, os movimentos que são mais visíveis e mais dispendiosos. Os automóveis são mais planeados do que os pés, os adultos mais do que as crianças, o movimento nas ruas é mais planeado do que o movimento no interior dos edifícios.

O próprio tempo é um custo variável: tempos de deslocação abaixo de vinte minutos podem ser indiscutivelmente bons, enquanto que os tempos que ultrapassam uma hora aumentam drasticamente o seu fardo. O tempo de espera e de transbordo parece muito maior do que o tempo passado em movimento, de tal maneira que as pessoas preferem conduzir um automóvel, ainda que mais devagar, do que esperar por um autocarro rápido. Mas os custos de tempo também podem ser invertidos. As pessoas preferem viver a dez minutos do local de trabalho do que viver por cima da loja. Os custos energéticos da viagem só recentemente foram reconhecidos. Existem também custos sociais, que só parcialmente são pagos pelo viajante – o aumento da poluição do ar e do ruído, a invasão da privacidade, as despesas com as ruas e com o espaço de estacionamento, ou o fardo dos acidentes rodoviários e da morte. Muitas lutas urbanas centram-se actualmente na redução do acesso a áreas locais, para melhorar a sua segurança e sossego.

A ênfase habitual no custo da viagem reflecte o pressuposto de que a viagem é um puro desperdício de tempo, um factor improdutivo, tal como os ornamentos em pele ou os intervalos para café. Supostamente, todas as pessoas detestam o tempo de viagem, contrariamente ao que acontece com o intervalo para café. No entanto, a condução por prazer é a forma mais comum de lazer ao ar livre nos Estados Unidos. Uma viagem agradável, em boa companhia, através de uma bela paisagem é uma experiência positiva. Podemos pensar na viagem como um prazer, em vez de pensar nela como um mal breve e necessário. É possível ter paisagens bonitas, veículos agradáveis e oportunidades de trabalho, de lazer ou de companhia na estrada. Andar a pé, de bicicleta ou correr são actividades que podem ser encorajadas por razões de saúde e de prazer. A divisão arbitrária que a nossa cultura faz entre o trabalho e o prazer reflecte-se no transporte, tal como em muitas outras coisas. Qualquer medição comparativa do acesso deve ter em conta os benefícios do movimento, assim como os da chegada.

Existem vários meios de melhorar o acesso, muitos dos quais foram bem desenvolvidos e enriquecidos com a experiência acumulada. Automaticamente, pensamos na melhoria da rede rodoviária. A capacidade ou a velocidade do canal podem ser aumentadas através do alargamento, realinhamento ou pavimentação de uma estrada, ou através do aprofundamento de um curso de água ou do prolongamento da pista de um aeroporto. As estradas podem estender-se a novos territórios, ou a sua textura pode ser mais espessa. O padrão existente pode ser revisto, para se tornar mais seguro e

69 A escolha múltipla quase deixa de fazer sentido.

70 O transporte não representa apenas um custo. As paradas e os passeios são velhos conhecidos. Em Filadélfia, na época em que o carro eléctrico era uma novidade, os grandes passeios nocturnos aos subúrbios em carros iluminados eram um entretenimento. Algumas excursões eram bailes de máscaras, com bandas que tocavam música.

mais eficiente, criando uma hierarquia de estradas, através de uma nova concepção ou da redução das intersecções, ou através da racionalização do padrão local de estradas. Os terminais principais, como as estações de caminho-de-ferro e os aeroportos, são primeiro aproximados, frequentemente através de espaços livres extensos, para melhorarem o acesso ao centro e, de seguida, são novamente afastados, à medida que aumenta o congestionamento, o ruído e a poluição em seu redor. Existe uma tensão endémica entre o acesso fácil, a vitalidade e a boa adequação.

O designer de um novo aglomerado populacional está sempre consciente (e por vezes obcecado) com estas ligações entre o traçado das estradas e o bom acesso. As barreiras ao movimento podem ser removidas com a construção de uma ponte ou com a criação de acessos adequados para as cadeiras de rodas. Os sinais e a criação da paisagem podem ser usados para tornar mais fácil a orientação, ou mesmo para melhorar a qualidade da experiência do movimento. Estes mecanismos são familiares para o engenheiro de transportes e a sua concretização absorve sectores substanciais do orçamento público.

O acesso também pode ser melhorado através da alteração do meio de transporte. Os automóveis, os barcos, e os aviões são cada vez mais rápidos, seguros, com mais capacidade ou menos ruidosos. Podem ser usados novos meios de transporte ou meios algo negligenciados – como a bicicleta – que prometem poupanças nos custos, na comodidade ou na segurança. As mudanças na distribuição das viagens por meio de transporte podem ser encorajadas para se alcançar uma mistura mais eficaz ou mais vital. Deste modo, uma cidade central congestionada deverá melhorar o seu trânsito público com algum custo para o automóvel individual, ou converter as ruas da zona central em áreas comerciais para peões.

Também se podem tentar manipular as origens e os destinos das viagens. Pensa-se que este é o aspecto mais fundamental do fenómeno da viagem (será que é realmente?) e mais frequentemente analisado na literatura sobre planeamento. Não é tão frequentemente posto em prática, excepto nos novos aglomerados populacionais, ou nos casos em que se transfere intencionalmente para um novo local uma fábrica ou um edifício de escritórios.

A origem e o destino podem ser aproximados através do aumento da densidade geral de ocupação de um aglomerado populacional, ou pelo menos através de um maior agrupamento dos destinos mais comuns, apesar de, num limite dependente do meio de transporte dominante, a densidade mais elevada poder aumentar tanto o congestionamento que acaba por anular as vantagens da proximidade. A malha de usos pode ser mais requintada, na esperança de que a viagem entre a casa e o emprego se torne mais curta porque as casas e os locais de trabalho estão misturados. Podemos então, inadvertidamente, reduzir o acesso quando reduzimos a densidade, quando separamos as casas das fábricas ou quando segregamos grupos por rendimentos. Mas ao contrário do primeiro conjunto de políticas, que tomam a viagem como um dado adquirido e tentam aumentá-la e torná-la mais rápida, estas operações sobre o padrão de origem e de destino têm efeitos sobre o acesso que não são bem entendidos. Para se terem certezas acerca da diminuição das viagens, têm que se construir cidades da empresa, proporcionar lojas da empresa e albergar os trabalhadores junto à fábrica. Também se poderiam prender as pessoas!

Uma redistribuição no espaço não é o único meio de reduzir a carga sobre o sistema de acesso. É possível proceder igualmente a uma redistribuição no tempo. O escalonamento das horas de trabalho ou os ajustamentos planeados individualmente acerca do tempo de viagem de fim-de-semana são práticas comuns. Actualmente, realizam-se algumas experiências com o "tempo flexível" no local de trabalho e com períodos de férias mais longos e marginalmente repartidos. Ambas as medidas reduzirão certamente os picos de congestionamento.

A autonomia é uma outra estratégia. Se trabalhamos em casa, se cuidamos dos legumes da família, ou se nos aquecemos com recurso ao sol, então apreciamos o acesso ao emprego, à alimentação e à energia com menores custos de transporte.* A autarquia nacional é o mesmo ideal a uma escala maior. O contra-argumento é que ao aumentar a autonomia podem aumentar os custos da insegurança do abastecimento e podem diminuir as vantagens do contacto alargado entre as pessoas. A quinta familiar auto-suficiente é um ideal americano persistente, mas representou uma vida isolada e arriscada. O aumento do transporte global e da comunicação têm sido associados à melhoria dos padrões de vida. No entanto, continua a ser verdade que se a medida do acesso é a capacidade de alcançar coisas, então uma redução na necessidade real de transporte, num sistema altamente sobrecarregado, pode aumentar essa capacidade potencial, desde que a redução da carga não conduza a uma degradação no próprio sistema de transporte.

O acesso à informação pode ser substituído pelo acesso a pessoas e a coisas. O telefone substitui as viagens de trabalho rotineiras, e a televisão substitui uma ida ao cinema. A melhoria do sistema de comunicação é uma forma barata de aumentar o acesso à informação e, por substituição, também a outras pessoas e recursos. Os telefones, a televisão, a rádio, as ligações dos computadores e os correios estabelecem as relações fundamentais, mas à medida que o volume aumenta, as melhorias no processamento da informação tornam-se mais

---

* Mas não a custo zero. Também precisamos de nos movimentar no interior do local da casa.

importantes do que as próprias ligações. Estes dispositivos têm produzido fortes impactos na qualidade geral de vida e os seus impactos continuam a aumentar. No entanto, o seu impacto na forma física dos aglomerados urbanos ainda não é completamente evidente. Apesar de substituírem muitas antigas viagens rotineiras, não conseguem substituir diálogos mais subtis e, além disso, parecem estimular a necessidade de novas viagens. É evidente que o telefone aumentou bastante a comunicação entre pessoas distantes e, contudo, ainda não é evidente se conseguiu alcançar a dispersão espacial de actividades que se previa, ao substituir simplesmente os anteriores movimentos das pessoas. Certamente que não reduziu o volume de viagens.

O grande salto na tecnologia das comunicações origina problemas específicos: de excesso de informação, de ameaça à privacidade, ou de uma recepção excessivamente passiva de mensagens num só sentido. Se a nossa medida de uma boa cidade se resume à taxa de comunicação no interior dessa cidade, então estes dispositivos conseguiram alcançar melhorias espectaculares. Mas se a medida é a capacidade de alcançar elementos do tipo e da variedade desejadas, então a melhoria, apesar de real, é mais modesta.

Ainda não terminámos a nossa lista de melhorias, uma vez que podemos alterar mais do que a tecnologia. Podemos modificar a gestão dos transportes ou das comunicações, como quando se reorganizam os correios ou o trânsito, ou quando se impõem controlos de tráfego. As regras de trânsito e a polícia reduzem a incidência de acidentes e de atrasos. O medo dos perigos possíveis durante a viagem é por si só uma grande restrição do acesso: muitos idosos ficam presos nos seus apartamentos na cidade com medo de serem assaltados e as crianças são fechadas com receio da utilização dos meios de transporte.

Podem ser aplicados subsídios públicos para aumentar o acesso. É uma forma politicamente visível de aumentar a disponibilidade dos serviços públicos de trânsito e uma forma menos visível de aumentar o raio de acção do automóvel. As estradas públicas são agora consideradas uma questão de percurso e talvez não falte muito tempo para que possamos considerar todo o sistema de transportes como um serviço público, cujos custos são divididos entre os utilizadores e a sociedade no seu conjunto, na sequência de políticas sociais de utilização desejável. Têm surgido algumas sugestões no sentido de não se pagarem os sistemas de metropolitano e de se fornecerem bicicletas públicas. Cuba fez a experiência com um sistema telefónico grátis. São comuns as tarifas reduzidas para as crianças e idosos, assim como o fornecimento grátis de cães-guia para os invisuais. A estratégia contrária consiste em transferir para o utilizador imediato, tanto quanto possível, todos os custos do acesso, através dos impostos sobre o combustível e sobre os veículos, das portagens, das tarifas de tráfego mais elevadas, dos encargos postais e do pagamento da televisão (será que podemos acrescentar portagens para bicicletas ou peões? impostos sobre os sapatos? impostos sobre os sinais de trânsito?). A vantagem reside no facto de serem os beneficiários a suportar os custos e, assim, supostamente verificar-se-á uma utilização menos ruinosa do sistema. A desvantagem é que o acesso será ainda mais limitado pelos rendimentos e os requisitos básicos podem passar a estar fora do alcance de algumas pessoas. No caso de as pessoas terem rendimentos idênticos e serem capazes de fazer uma escolha informada, a tendência é o pagamento directo do custo, se esse pagamento for possível e não for demasiado dispendioso de administrar. Na ausência destas condições, a igualdade exige uma abordagem de serviço público, pelo menos para o acesso básico.

Por último, o próprio viajante pode ser ensinado a aumentar o seu acesso. Pode ser ensinado a orientar-se num território estranho, a ultrapassar barreiras, a utilizar veículos, ou a utilizar o sistema de estradas ou a rede de comunicações. Muitas pessoas ficam bloqueadas pelos seus próprios medos, ignorância e incapacidade. A educação das crianças, dos invisuais ou das pessoas com deficiência mental, para que possam utilizar os transportes públicos, é uma forma de as emancipar.

Apesar de o acesso ser importante em qualquer aglomerado populacional, é especialmente importante em condições instáveis, quando a capacidade de movimentação ou de transformação dos funcionamentos é essencial para a sobrevivência. Deste modo, o bom acesso é um forte componente da adaptabilidade, tal como assinalámos. Socialmente, deve ser importante em sociedades plurais e complexas, especialmente se estiverem ameaçadas pela destruição de sectores completos da sua população. Nas sociedades pobres, o acesso ao trabalho, aos familiares e aos recursos básicos é uma necessidade premente. Nas sociedades mais ricas, deve ser prestada mais atenção à variedade, ao acesso às informações e ao alcance das actividades especializadas. O sistema de acesso pode ser um elemento estratégico no aumento do sentido do ambiente. A igualdade do acesso entre grupos da população é sempre importante, assim como é crucial a igualdade entre as pessoas que controlam o sistema. O acesso rápido e ubíquo tem efeitos secundários indesejados, sob a forma de acidentes, ruído e intrusões indesejadas. O controlo do espaço pelo utilizador está habitualmente em conflito com o critério do acesso, tal como será explicado no capítulo onze. Conseguir um vasto acesso às características desejadas, preservando ao mesmo tempo a privacidade e o controlo locais, exige alguma agilidade na modelação do padrão físico e institucional.

Existem inúmeras formas de medir os componentes do acesso. São mais difíceis de encontrar medidas mais gerais, que

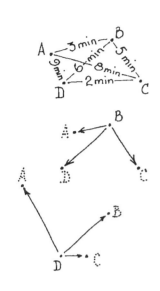

abranjam a acessibilidade dos aglomerados populacionais no seu conjunto para sectores completos da população. Nesta situação, há muitas questões enigmáticas. Uma delas, comum às outras dimensões, é que o acesso expressivo não é um valor absoluto, mas depende do motivo para o qual as pessoas pretendem o acesso. A medida "objectiva" é contaminada pelos desejos e pode variar em função dos diferentes grupos de pessoas. Mas podemos comparar o acesso às coisas que normalmente todas as pessoas desejam. Podemos também fazer generalizações, considerando o acesso aos recursos fundamentais, tais como as outras pessoas ou as informações, que podem ser orientados para diferentes propósitos. Mas não podemos excluir os valores "subjectivos".

Existe ainda a questão de definição da diversidade, tal como já vimos anteriormente. Mais uma vez, a definição vai depender das diferenças apreendidas e desejadas. E existem dificuldades técnicas, tais como a elaboração de um mapa geral da relação entre o tempo e a distância.* A representação do "carácter atractivo" ou do custo negativo de um percurso é outro problema difícil de resolver.

O mapa da relação entre o tempo e a distância, apesar de todas as suas dificuldades, é um meio de representar o acesso generalizado. Um outro meio é cartografar as áreas abertas ou fechadas a grupos variados, ou que eles sentem como tal. As ligações presentes ou ausentes entre as localidades podem ser mostradas e analisadas através da teoria dos gráficos. Podem indicar-se áreas (ou grupos de pessoas) acima ou abaixo de determinado padrão de acesso (a dois edifícios de um parque, a dez minutos de distância de automóvel de vinte empregos de certo género). Os níveis quantitativos de acesso podem ser analisados estatisticamente pelo grupo populacional.

Podem ser elaborados mapas de potencial, nos quais se adicionam as quantidades de qualquer tipo de característica

---

* São muitas vezes elaborados mapas distorcidos que apresentam a relação entre o tempo e a distância a partir de um local para todos os pontos circundantes. O problema surge quando se pretende obter um mapa da relação entre o tempo e a distância geral, legível entre qualquer combinação de pontos. Este mapa transforma-se numa confusa rede tridimensional de linhas de viagem proporcionais em tempo, rectas ou curvas, e que passam por cima e por baixo umas das outras. Mesmo este modelo complicado implica que a taxa das viagens ao longo de qualquer linha, através de uma área muito elementar, seja a mesmo em ambas as direcções ao longo da linha. Por outras palavras, não é permissível (tal como acontece no mundo real) que uma pessoa se movimente mais depressa ao longo de uma área do que uma outra pessoa, só porque desce uma encosta em vez de a subir, ou porque viaja num comboio rápido, ou de avião, ou porque tem um automóvel mais rápido. Um mapa geral da relação entre o tempo e a distância numa dimensão plana só é possível se a proporção das viagens em diferentes direcções e entre diferentes áreas for constante, ou se variar apenas muito gradualmente e regularmente, como acontece num oceano sem vento ou numa planície sem trilhos.

acessível a partir de determinado ponto, divididas pela sua distância ou pela relação entre o tempo e a distância a partir desse ponto, e as quantidades daí resultantes são apresentadas num mapa de contornos. A unidade mais comum nos mapas de potencial são as pessoas por minuto ou por quilómetro, uma vez que se considera que a proximidade das pessoas é um substituto geral para todos os outros tipos de acesso. Mas os mapas de potencial podem mencionar outros elementos para além das pessoas: por exemplo, ares de parque por minuto, ou empregos por minuto. A diversidade do acesso pode mesmo ser abordada, ou seja, podem localizar-se as cinco escolas mais próximas, diferentes umas das outras em função de uma regra definida (por exemplo, diferentes em termos de dimensão, de ensino, de integração social ou de qualidade académica), e somar o inverso da relação entre o seu tempo e distância total relativamente ao ponto definido. A distribuição espacial resultante destas quantidades é um mapa de contornos da acessibilidade relativa de várias escolas.

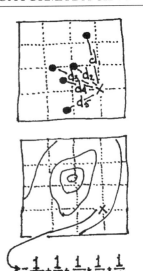

Os mapas e as estatísticas destes géneros podem ser ainda comparados para pessoas diferentes – para as pessoas que têm ou não têm automóvel, para as pessoas que vêem ou para as que têm deficiências visuais – de maneira a analisar a igualdade. Ou podem ser comparados em horas diferentes, para demonstrar as variações à noite ou nos picos de movimento dos transportes.

Ser mais específico acerca das medidas requer um contexto mais específico. Na cidade norte-americana actual, podem prever-se normalmente três tipos de análise mais úteis: um mapa do potencial geral de acesso para as pessoas, mapas de acesso subpadrão e um mapa de comparação entre o alcance possível e o raio de acção efectivo. Para ser mais específico, um analista pode:

1. Calcular e cartografar a variação no potencial da população de um aglomerado populacional para a relação entre o tempo e a distância, através dos meios geralmente disponíveis. Pode demonstrar-se ainda como é que este campo varia se as pessoas forem avaliadas por rendimentos ou se os únicos meios de transporte disponíveis forem os transportes públicos ou andar a pé. Pode calcular-se igualmente o acesso potencial a certas coisas muito desejadas em termos genéricos, tais como os empregos ou os espaços abertos. É possível analisar os pontos altos e baixos, as súbitas inclinações neste campo e sobre quem incidem. Os mapas de potencial são pouco comuns na análise do planeamento, mas são representações concentradas muito importantes.

2. Estabelecer padrões de acesso mínimo a certas actividades e a certos locais considerados básicos para uma vida normal pelas pessoas que actualmente ocupam o aglomerado populacional. Podem ser as características disponíveis a uma escala regional, tais como o comércio, os serviços médicos, as escolas, os espaços abertos, os centros das cidades, ou as

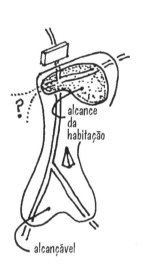

alcance da habitação

alcançável

oportunidades de emprego correspondentes às capacidades existentes. Nesses casos, a relação máxima entre o tempo e a distância é medida pelo meio de transporte geralmente disponível para as pessoas numa localidade. Por outro lado, pode desejar-se o acesso a características à escala local, tais como um infantário, uma loja local, uma paragem de trânsito, determinada variedade de habitações, um local privado ao ar livre, um local vazio ou desaproveitado, um ponto de encontro, ou um número mínimo de pessoas de diferentes classes sociais. Nestes casos, a relação máxima entre o tempo e a distância é medida pela viagem a pé. Em qualquer dos casos, pode elaborar-se um mapa de pontos da população nesse aglomerado populacional, mostrando a distribuição das pessoas que têm menos acesso do que o padrão estabelecido. As pessoas também podem ser analisadas por classe. Estas análises do acesso subpadrão, apesar de só muito raramente serem realizadas em termos sistemáticos, são familiares no trabalho de planeamento.

3. Para grupos seleccionados, em algumas localidades específicas do aglomerado populacional, cartografar o território que se considera "alcançável", isto é, o território que se acredita ser acessível, a um custo razoável, em tempo razoável e sem perigo, sem desconforto ou sem qualquer sensação de exclusão. [O analista também pode anotar as estradas em que as pessoas gostam de viajar, isto é, onde o custo pode ser negativo.] Comparar este território mental com as barreiras objectivas ao movimento, com as áreas realmente exclusivas ou perigosas, com as regiões que estão de facto demasiado distantes ou que são demasiado dispendiosas de alcançar. Pode comparar-se também com o território efectivamente usado por estas pessoas, por prazer ou por necessidade. Deste modo, é possível analisar-se se o "alcance da habitação" de grupos diferentes é limitado pela escolha, por obstáculos objectivos, ou por obstáculos mentais.

Estas análises do acesso são fundamentais não só para um estudo da qualidade do aglomerado populacional, como também têm uma utilidade óbvia nos estudos sobre a igualdade social e sobre a economia regional. O acesso é uma vantagem fundamental de um aglomerado populacional e o seu alcance e distribuição são um índice básico da qualidade do aglomerado populacional. Ninguém quer o acesso máximo, mas apenas um nível ideal, ainda que este nível possa ser aumentado se as pessoas se mostrarem dispostas a explorá-lo. É uma questão de alcance potencial e os obstáculos ao acesso podem ser físicos, financeiros, sociais ou psicológicos. O acesso a que coisas e para que pessoas tem de ser analisado, assim como o meio e o custo (que pode ser negativo). As três subdimensões importantes do acesso são a diversidade dos elementos a que se tem acesso, a igualdade do acesso para diferentes grupos da população e o controlo do sistema de acesso. Este último aspecto é um meio fundamental de aplicação do controlo social. Algumas variações nítidas no acesso podem representar características extremamente desejáveis, ainda que sejam controladas pelo indivíduo.

Existem dispositivos bem conhecidos para melhorar o acesso, como a instauração de novos canais e meios de transporte, a reorganização da origem e do destino, a abolição das barreiras físicas e sociais, o aumento da legibilidade do sistema, a substituição da comunicação pelo transporte, a modificação da gestão e do controlo, os subsídios e a formação do próprio viajante. Existem inúmeras formas de medir o acesso, como os mapas da relação entre o tempo e a distância, os diagramas de ligação, os mapas de potencial, os mapas de acesso subpadrão, o "alcance das habitações" e o mapa mental do território alcançável. O acesso é central para os estudos sobre a economia produtiva, mas também para a compreensão do sistema social e para a análise do impacto psicológico da cidade.

11

Controlo

Ver fig. 71

O espaço e o comportamento que lhe está associado têm de ser regulamentados. O homem é um animal territorial: utiliza o espaço para gerir os seus intercâmbios pessoais e reivindica direitos sobre o território para preservar os recursos. As pessoas exercitam estes controlos sobre pedaços de terra e também sobre os volumes que acompanham as próprias pessoas. No entanto, o nosso tema é o controlo de pedaços de terra. Os controlos espaciais têm fortes consequências psicológicas: sentimentos de ansiedade, satisfação, orgulho ou submissão. O estatuto social sustenta-se, ou pelo menos manifesta-se, através do domínio espacial. Um dos principais motivos para a guerra tem sido a luta por um local e os governos são unidades sustentadas pela terra. Estes são fenómenos penetrantes.

Vou abordar o controlo do espaço humano. A ratazana conhece outros territórios, através dos quais vagueiam os seres humanos como excêntricos perigosos. As propriedades humanas abrangem uma rede mais densa de propriedades dos animais. Esta complexidade pode vir a ser um dia um elemento importante na avaliação de um aglomerado populacional. Por enquanto ainda a ignoramos. Ainda assim, somos forçados a admitir que não somos donos da terra. A propriedade é uma convenção humana que distribui o actual controlo, suficiente para os objectivos humanos, por entre as pessoas existentes. Não é nem permanente nem total.

Estamos acostumados a uma forma particular de controlo do espaço: a propriedade legalmente definida de uma área bem delimitada, que inclui todos os direitos não explicitamente excluídos pela lei ou por um contrato, que é mantida "para sempre" e é completamente transferível. Parece-nos muito estranho o facto de outras culturas poderem ter noções diferentes. Além disso, mesmo entre nós, os controlos informais sobrepõem-se aos controlos legais.

O primeiro direito espacial é o direito de presença, o direito de estar num local, ao qual pode ser acrescentado o direito de excluir as outras pessoas (de facto, grande parte do nosso sentido de propriedade remonta agradavelmente aos prazeres de podermos expulsar os outros). Em circunstâncias normais, tenho o direito de estar em qualquer passeio público, mas não tenho o direito de impedir que outras pessoas estejam nesse mesmo local.

O segundo direito é o do uso e da acção, o direito de nos comportarmos livremente num local ou de usarmos as suas instalações sem nos apropriarmos delas. Este direito pode ser restringido por certos limites explícitos ou genericamente compreendidos, ou pode ser expandido por alguma espécie de poder, de maneira a limitar os actos dos outros. Posso regulamentar de modo relativo o comportamento nos passeios,

71 As pessoas estabelecem territórios invisíveis à sua volta. Em outros locais, os territórios são explicitamente marcados (e, por vezes, violados).

tal como o meu próprio comportamento é regulamentado. Todos podemos andar e empurrar os nossos automóveis ao longo do pavimento, mas nenhum de nós pode ser demasiado barulhento ou violento, ou bloquear a passagem a outros.

O terceiro direito é o da apropriação. Quando a tenho, posso utilizar em meu benefício os recursos de um local ou utilizar as suas instalações de tal maneira que impeço que outros as utilizem. Se o desejar, posso espalhar cereais no passeio para os secar, ou cortar a relva à beira do passeio para a utilizar como alimento para os animais. Num grau maior ou menor, posso monopolizar os benefícios do local.

O quarto é o direito de modificação. Actualmente, posso mudar o local conforme considero adequado, ainda que permanentemente. Posso mesmo destruí-lo, ou evitar que outros o façam. Posso partir o pavimento para utilizar como entulho. Numa situação extrema, sou livre de fazer o que quero, independentemente das consequências externas. Posso partir o pavimento à noite com um martelo pneumático, mesmo que o barulho acorde os meus vizinhos, ou posso cobri-lo de minas terrestres. Estão-me impostas duas restrições: a proibição de incomodar as pessoas que não estão na minha propriedade e a proibição de provocar danos permanentes. Pode fazer-se o que se quiser com o caminho, desde que se faça em silêncio e desde que se tome em consideração que outras pessoas também quererão percorrer esse caminho no futuro.

O quinto é o direito da disposição. Posso oferecer os meus direitos sobre o caminho a quem bem entender. Nesse caso, o meu controlo é permanente e transferível, tal como o dinheiro.

Pensamos em tudo isto como aspectos de uma só coisa, a verdadeira propriedade. Mas estes direitos são separáveis e não inevitáveis. Em algumas culturas a terra pertence a quem a usa em determinada altura. Isto implica apenas os direitos de presença, utilização e apropriação, e estes direitos são extintos quando se abandona o uso activo. Outros controlos, como os direitos de transferência, de modificação ou de exclusão pertencem à tribo ou aos deuses. O controlo pode ser explícito e codificado, ou implícito, informal e mesmo ilegítimo, como no caso de um grupo de adolescentes que controla o seu território. Pode ser eficaz ou ineficaz, contínuo, temporário ou recorrente.

De que modo é que as variações no controlo afectam o que é bom num local? Uma dimensão primária é seguramente a congruência do uso e do controlo, ou seja, o grau em que os utilizadores e habitantes reais de um espaço o controlam efectivamente, em comparação com o grau ou permanência do seu investimento nesse local. Será que as famílias são proprietárias das suas casas? Será que os lojistas são proprietários das suas lojas? Será que os estudantes e os professores controlam as escolas e os trabalhadores o local de trabalho? A gestão de condomínios, as equipas de operários nas fábricas, as cooperativas de produtores, as "escolas livres" e o controlo comunitário das instalações do bairro são propostas actuais para aumentar esta congruência do controlo espacial. A congruência do utilizador tem duas vantagens: a melhor adequação resultante do controlo exercido pelas pessoas mais familiarizadas com o uso do local e mais motivadas para o melhorar, e a maior segurança, satisfação e liberdade de funcionamento que assim lhes é atribuída.

Esta regra tem de ser modificada de várias maneiras. Em primeiro lugar, deve ser expandida, de algum modo, tendo em conta os utilizadores futuros e potenciais, e não apenas os actuais. O controlo do utilizador não deve negar às outras pessoas as oportunidades básicas de que usufruem os próprios proprietários. A regulamentação por parte dos actuais utilizadores implica muitas vezes a exclusão de pessoas que estão num outro local, mas que podem ter um interesse legítimo no uso do local ou de um local semelhante. A soberania local nos subúrbios pode negar a liberdade de todas as classes e raças a terem a casa suburbana que desejam. Uma entidade externa representante dos utilizadores potenciais tem então de determinar como podem os estranhos ter acesso a um local, e como podem partilhar a sua utilização e controlo, no caso de a negação desta vontade os privar de igual oportunidade. Por exemplo, não é necessário determinar que uma pessoa deve ter direito a juntar uma família na sua própria casa, uma vez que essa pessoa é livre de estabelecer outra família numa outra casa. Mas se esta pessoa for excluída de uma zona residencial, terá perdido uma liberdade importante. Procuram-se controlos que alcancem objectivos locais sem uma exclusão completa e extensiva, tais como o direito inglês de livre circulação no campo, mas não nas proximidades de uma casa ou que provoque prejuízos nas colheitas. Pensa-se em pequenas áreas de controlo local, entrelaçadas com acesso público e com terrenos abertos sujeitos a controlos muito indulgentes. A gestão das áreas, com excepção das áreas mais pequenas, tem de ser moderada pela participação dos utilizadores potenciais de qualquer outro local.

De facto, o inquérito pode ser virado de pernas para o ar. Em vez de olharmos para os cenários espaciais para verificar se são regulamentados pelos seus utilizadores, podemos olhar para as entidades típicas de qualquer sociedade – indivíduos, famílias, grupos de trabalho, grupos de observação, organismos religiosos, grupos étnicos ou de classe com identidades próprias – para ver se têm uma "base terrestre", isto é, um local que controlam. Pode cartografar-se o alcance do espaço aberto a estes grupos e até que ponto o território onde desempenham as suas actividades diárias está sob o controlo de outras pessoas. Em qualquer bom aglomerado populacional, devem existir locais intensamente privados para as pessoas e para fortes grupos primários, e também algum tipo de terrenos livres ou "abandonados" que fiquem ao seu alcance sem serem controlados efectivamente por qualquer poder exterior.

A questão do utilizador futuro pode ser ainda mais complexa. Mais uma vez, será necessária uma autoridade externa preocupada com os interesses de longo alcance, sobretudo quando os actuais utilizadores não mantêm laços emocionais com aqueles que deverão surgir no futuro. Mas de que modo se podem defender os interesses de pessoas que ainda não existem? Somos forçados a retroceder nos valores mais gerais e persistentes que o futuro utilizador desconhecido muito provavelmente deverá partilhar. Como consequência, um bom sistema de controlo deverá incluir formas através das quais o controlo local, ainda que congruente, seja obrigado a manter a vitalidade, a capacidade de manipulação e a elasticidade no futuro.

Mas resta ainda um outro problema que reside no facto de não sabermos se os utilizadores de um local são competentes para exercer o controlo. Em alguns casos, um cenário é utilizado por pessoas tão heterogéneas e em trânsito que o controlo do utilizador é pouco provável. Um sistema de metro, cujas estações fossem propriedade da comunidade que vive por cima dela, cujos guarda-linhas dispusessem da linha à sua vontade e cujos veículos fossem geridos pelos seus condutores, teria certamente dificuldades previsíveis. Em outros casos, uma vez que o controlo requer esforço, os utilizadores locais podem ceder voluntariamente certas funções à gestão de especialistas, quando os objectivos são claros mas as técnicas são complexas, como no caso dos sistemas de esgotos ou dos sistemas de controlo de incêndios.

Em outros casos ainda, os utilizadores imediatos podem estar (ou podem parecer estar) menos informados ou menos preocupados, ou podem ser (ou parecer ser) menos capazes do que outros utilizadores mais distantes. Esta é a situação das pessoas que cuidam de outras, que nos é familiar no berçário, na prisão e no hospital. Aparece sob uma forma menos total quando um especialista tem mais dados sobre uma função especial (ou durante um período temporário) do que as pessoas que lhe estão directamente ligadas. A torre de um aeroporto controla o tráfego aéreo que chega (ou assim pensamos); a direcção dos serviços de saúde controla a canalização de uma casa; e a protecção civil assume o comando numa situação de desastre. Com alguma frequência, a própria escala dos problemas num local (ou que um local causa) transcende as capacidades dos utilizadores para os resolverem. Uma família é competente para cuidar das plantas nas traseiras da casa, mas é impotente para manter a qualidade do ar nesse local.

Ao discutirmos estas limitações da congruência, temos de fazer uma distinção entre os casos em que os utilizadores são por natureza, ou pela natureza da situação, incapazes de exercer um controlo eficaz, e aqueles em que podem vir a ser capazes de exercer esse mesmo controlo. Na primeira classe estão as pessoas que a sociedade julga serem constitucionalmente incapazes: demasiado limitadas, demasiado velhas, demasiado novas, demasiado doentes ou demasiado malévolas. (Mas a sociedade deveria ter cuidado ao fazer esse julgamento. Muitos provincianos, prisioneiros, doentes e crianças são mais capazes de gerir um local do que julga a sociedade, e o próprio exercício dessa capacidade pode ajudá-los a recuperar a sua saúde ou a sua juventude.) Neste mesmo grupo estão as áreas usadas pelas pessoas em trânsito e os problemas que transcendem o poder local, como a poluição do ar. (Mais uma vez, sejamos cuidadosos. É possível que a forma do cenário possa ser a fonte da discrepância. Os arranha-céus e os sistemas de metro são difíceis de gerir pelos utilizadores locais. As habitações são mais fáceis, assim como os pequenos autocarros, uma vez que podem ser separados do sistema de ruas que os suporta.)

C. Ward 1977

Em outras situações, a discrepância entre o problema e a capacidade local podem ser apenas aparentes ou solúveis. A gestão deve ser exercitada pelas pessoas melhor informadas, todavia, as informações incluem valores, sentimentos e experiências, assim como factos e técnicas. Os utilizadores locais são mais ricos em valores, sentimentos e experiências. Ceder o controlo de incêndios a especialistas não é doloroso, uma vez que o valor é claro e amplamente partilhado, ao passo que a técnica é complexa. Ceder a gestão das crianças gera questões mais substanciais. Dar mais informações aos utilizadores locais, ou mudar a escala de um cenário, pode por vezes diminuir a discrepância entre o utilizador e a congruência do problema.

O critério de equilíbrio da congruência é, portanto, a responsabilidade: as pessoas que controlam um local devem ter os motivos, as informações e o poder para o fazerem bem, um compromisso para com o local e para com as necessidades das outras pessoas e criaturas que aí habitam, uma disposição para aceitar o fracasso e corrigi-lo. É louvável o aumento tanto da congruência como da responsabilidade, através da educação e do sistema de gestão. Isto sugere que o controlo do local deve ser devolvido aos seus utilizadores a pouco e pouco, à medida que desenvolvem a sua competência para exercer esse controlo. A formação das pessoas como gestores locais é uma tarefa social útil, assim como a reformulação do cenário, para criar oportunidades para a gestão do local. De facto, a responsabilidade progressiva pelo local é um meio eficaz de educação geral, tanto intelectual como moral.

Uma dimensão final do controlo é a certeza, o grau em que as pessoas compreendem o sistema de controlo, conseguem prever o seu âmbito e se sentem seguras com ele. Não é o mesmo que dizer que o controlo deve ser inalterável, uma vez que a mudança das situações ou dos valores pode exigir uma transformação. Mas o conflito e a ambiguidade significam desperdício e confusão. Se não existir consenso acerca dos direitos espaciais, ou ainda mais acerca do uso ilegítimo, as pessoas sentem-se inseguras e dedicam as suas energias à autodefesa. Num bom aglomerado populacional, os direitos espaciais são notórios, aceites e claros e correspondem à realidade do controlo. A suavidade com que este controlo pode ser transferido é esta mesma medida, prolongada no tempo. No entanto, o conflito é normal e mais adiante abordarei alguns dos meios para lidar com ele. O elevado grau de certeza e a baixa congruência significam opressão.

Existem muitas variações possíveis no nosso conceito de propriedade normal da terra que podem moldá-la mais aos requisitos de bom aglomerado populacional. Será que poderíamos aceitar limites mal definidos, onde os direitos se sobrepusessem e fossem transitórios? Seria possível permitir uma propriedade transitória de certos espaços públicos, de maneira a corresponder ao que tantas vezes é a realidade social? Será que a propriedade da maioria dos terrenos poderia não ser transferível, revertendo para um organismo público ou para um beneficiário quando o proprietário morresse ou se mudasse, como acontece por vezes através do mecanismo de usufruto vitalício? Será que a propriedade pode excluir o direito de modificação permanente (como acontece no processo de conservação por servidão), ou ser compatível com algum direito de passagem público, ou com uma presença não danificadora, ou com a utilização por parte de outras pessoas?

O meio dominante de transferência do controlo é uma característica importante do aglomerado populacional. Será que acompanha uma troca de dinheiro, ou segue uma linha de herança tradicional? Será que se mantém nas mãos de uma comunidade permanente? Será que resulta da força, passando de uma mão violenta para outra? Ou será que cada mudança acontece de acordo com a vontade de um agente central, que explicitamente redistribui o espaço a intervalos (e que era a antiga teoria feudal)?

A determinação dos responsáveis futuros pelo controlo é uma questão importante para os actuais utilizadores. No entanto, a sua participação nesta questão pode ser menor do que o seu interesse na utilização e comportamento actuais. Uma vez que as transferências de controlo têm efeitos a grande escala e impactos a longo prazo, a comunidade mais alargada pode sentir-se justificada por reivindicar o direito de as gerir. O sistema de transferência tem muito a ver com a adaptabilidade de um aglomerado populacional. A segurança da posse não é incompatível com a negação do direito de utilização.

A dinâmica de controlo ultrapassa bastante as questões de transição. O grau e a natureza do controlo mudam constantemente: novos grupos reivindicam o seu espaço; o comportamento permitido muda, tal como os recursos que têm de ser protegidos ou explorados. Estas mudanças têm de ser controladas, de maneira a detectar mudanças indesejáveis: desigualdade ou incongruência crescentes, maior exclusão ou maior incompetência. Além disso, o controlo entrará por vezes numa espiral autodestrutiva: talvez no sentido descendente – como quando o comportamento começa a escapar a qualquer regulamentação e os grupos de controlo perdem a sua confiança

– ou talvez no sentido ascendente – como quando um controlo ameaçado se torna progressivamente mais rígido, determinando acções e direitos cada vez mais pormenorizados. Estas instabilidades também deverão exigir algum tipo de intervenção. Mais uma vez, o estado ideal de congruência tem de ser equilibrado por algum tipo de regulamentação externa.

Existem numerosos meios físicos através dos quais o controlo pode ser distribuído e assegurado. Um deles é a demarcação de limites: através de sebes, cercas, sinais e marcos no terreno. Outro é aumentar a visibilidade no espaço, num só sentido, para o grupo que exerce o controlo, de modo a tornar mais fácil o controlo. Estes são os dispositivos referidos no livro de Oscar Newman, Defensible Space, dedicado ao controlo espacial através de meios físicos.

O espaço também é controlado pela manipulação do acesso. São erguidos muros e outras barreiras ao movimento. O acto de entrada é concentrado nos portões, onde pode ser controlado e, se necessário, repelido. As estradas são construídas dentro de um aglomerado populacional, ou entre aglomerados populacionais, para permitirem o movimento rápido das tropas ou da polícia quando o controlo é ameaçado. Outras estradas são becos sem saída ou desvios, para aumentarem a privacidade de um local. As cidades islâmicas fizeram um uso excepcional de muitos destes meios, uma vez que o controlo privado era um valor importante e era tantas vezes colocado em perigo.

Newman

Bianca 1979

Se os territórios forem relativamente pequenos (por exemplo, jardim ou casa versus parque ou edifício de apartamentos), e se puderem ser modificados ou conservados com um esforço modesto, então é mais fácil para os indivíduos ou para os pequenos grupos alcançarem o controlo. Pelo contrário, as grandes formas, ou as que requerem recursos especiais de conservação, favorecem o controlo por parte de grandes organizações. Um paquete, um avião a jacto, uma mina a céu aberto, uma estação de metro e um satélite a energia solar, exigem uma organização social de comando diferente da que é necessária para um pequeno barco de pesca, um balão de ar quente, uma turfeira, uma bicicleta ou um painel solar no telhado. Algumas publicações recentes acerca das futuras colónias no espaço analisam extensivamente os seus requisitos técnicos, dando pouca importância ao restrito controlo espacial que será necessário e às suas misteriosas implicações para essa pequena sociedade colonial.

Johnson

Os símbolos podem ser usados para reivindicar controlo. Criam-se barreiras e caminhos simbólicos, tais como sebes baixas ou linhas pintadas nas auto-estradas. Os períodos de tempo podem ser controlados, tal como os pedaços de espaço. O comportamento pode ser demarcado audivelmente e ficar assim restrito a períodos de tempo específicos. Na fábrica, durante as horas de trabalho, entre os toques da sirene, as acções dos trabalhadores são regulamentadas pela gestão. O mesmo acontece nas salas de aula durante as horas de aula, ou na igreja ao Domingo.

A dimensão, a elevação e a distância espacial são frequentemente utilizadas quer pelos reis no trono quer pelos directores executivos dos grandes arranha-céus. O acto de aproximação pode ser concebido para aumentar a submissão, tal como foi feito de maneira tão especial em Pequim e é feito, numa dimensão bastante inferior, no escritório moderno. Os uniformes e os cartões de identificação são mecanismos de controlo espacial, utilizados por vezes em algumas fábricas e outras vezes para controlar todos os movimentos das populações. Mas os meios físicos têm de ter correspondência nas convenções sociais para serem eficazes. Devem existir leis sobre os direitos da propriedade, convenções comuns sobre o território do grupo e do espaço pessoal, formação sobre o comportamento espacial adequado, um registo dos direitos espaciais.

Uma das formas de minorar o conflito espacial consiste em clarificar e alargar o consenso social acerca dos direitos no espaço, para que todas as pessoas saibam quem controla um local e qual a forma mais adequada de agir dentro dele. Algumas sociedades tradicionais têm conseguido controlar com alguma facilidade o seu território, uma vez que possuem um variado e sólido leque de costumes no que diz respeito à terra, e que são reforçados pelo dogma religioso. Mas o costume também resiste à mudança, ou sucumbe perante ela. Será que é possível criar um costume estável, ainda que evolutivo, acerca do controlo do espaço?

Actualmente, dependemos sobretudo da autoridade central para mediar os conflitos e para cuidar dos interesses dos utilizadores ausentes e futuros. A polícia é responsável por essa tarefa, apoiada pelas instituições legais e de planeamento. Caso contrário, em qualquer local pessoas diferentes poderiam atacar-se umas às outras, interferir mutuamente ou considerar bizarro ou ofensivo o comportamento das outras pessoas. No entanto, prezamos a liberdade e desejamos actuar de acordo com formas livremente escolhidas. Mais, o espectáculo da diversidade humana é uma das atracções da grande cidade. Aplicar esse controlo discreto e mínimo, necessário para manter os utilizadores heterogéneos em paz uns com os outros, ainda que livres, é uma arte delicada.

A tolerância apoia essa arte – ensinando formas de coexistência no espaço e no tempo. Controla-se uma área mínima, de uma forma mínima, e procura-se manter a indiferença relativamente a acções estranhas dos vizinhos. O cosmopolita tolerante não é facilmente perturbado por aquilo que as outras pessoas fazem, mas observa-as com um distanciamento divertido e calmo. A fragmentação psicológica e social actua no lugar da polícia ou de uma divisão no espaço e no tempo. No entanto, juntamente com a tolerância pode surgir a indiferença.

O quarto meio de redução do conflito é a divisão do espaço em parcelas relativamente pequenas, claramente demarcadas, para que haja pouca interrupção mútua. Esta é a técnica da compartimentação, já mencionada na abordagem à adequação. Utilizamos escritórios limitados, salas privadas, casas cujos interiores estão bem definidos em relação ao exterior, guetos étnicos e pátios de manobras dos caminhos-de-ferro. O limite da área espacial está isolado (uma parede que abafa o ruído, uma cintura verde) e os efeitos externos, tais como a poluição e o acesso estão regulamentados. Uma vez que a maior parte dos usos são intermitentes, esta situação pode produzir um espaço pouco utilizado no aglomerado populacional.

Para evitar esse desperdício, a propriedade pode ser dividida no tempo, assim como no local. A mesma casa pode ser ocupada por turistas diferentes, semana após semana, e os professores sucedem-se uns aos outros nas mesmas salas de aula. Não consideramos que esta situação seja uma forma de propriedade e, todavia, é. A propriedade formal do local, por períodos de tempo recorrentes e específicos está actualmente a ser institucionalizada em urbanizações que funcionam como segunda habitação. Neste caso, existe uma regulamentação do limite de tempo (o momento de transição) e dos impactos "externos" de utilização, além dos efeitos sobre um vizinho espacial, de maneira a englobar as condições do local para um sucessor. Mais uma vez, esta situação requer um supraproprietário: um locatário ou um grupo maior que controla as transições entre proprietários temporários. Apesar de tudo, a formalização do controlo de uma sucessão de usos num local pode ser uma boa forma de reduzir o desperdício espacial. Os locais difíceis de encontrar e desejáveis podem assim ser racionados: casas junto à água ou em locais selvagens, apartamentos no interior das cidades, locais sagrados (como acontece hoje em dia em alguns locais sagrados de Jerusalém), terrenos de caça, locais de trabalho, locais de reunião. Nos casos em que o controlo temporário do uso é permanentemente recorrente e não efémero, cada um dos proprietários deve tomar cuidados maiores. Ao negligenciar o tempo, desperdiçamos os nossos recursos espaciais. Áreas extensas permanecem durante muito tempos sem serem usadas. À não utilização sucede-se o congestionamento.

Browne

As instâncias do controlo conjunto de uma grande área, que não depende nem de um costume antigo, nem da perspectiva genérica de uma autoridade superior, nem da acomodação mútua numa sociedade tolerante, nem do parcelamento cuidadoso no espaço e no tempo, são relativamente raras. Certas comunidades cooperativas (tais como a Comunidade Oneida) conseguiram alcançá-lo, mas as circunstâncias eram bastante especiais. O controlo verdadeiramente cooperativo requer um dispêndio muito grande de energia nas comunicações e nas decisões do grupo.

A força permite alcançar o controlo do local e o controlo

do local é usado para demonstrar e aumentar a força. A forma de qualquer cidade colonial é um bom exemplo. A elevação, a distância, as barreiras, o acesso, a grandeza, o estilo, a regularidade, a hierarquia e até mesmo os nomes e a instituição dos locais confirmam o poder dominante. As sociedades modernas também são marcadas por grandes desigualdades no controlo do espaço desfrutado pelas diferentes classes. Deste modo, uma avaliação significativa de qualquer aglomerado populacional é uma análise dos locais controlados pelos vários grupos sociais.

O reverso deste fenómeno é o papel persistente das áreas periféricas na história – regiões de controlo reduzido, onde pequenos grupos conseguem manter a sua independência e onde as forças de mudança e de resistência se podem refugiar. As revoltas são planeadas nas montanhas, nos desertos e nas grandes áreas das florestas. As heresias cristãs sobreviveram durante séculos nos Alpes e nos Pirinéus. Estes locais abrigam sociedades sobreviventes, cujas formas de vida especiais podem ser mais úteis no futuro se o contexto predominante se alterar. Desse modo, uma falha no controlo espacial das margens pode promover a adaptabilidade a longo prazo. De igual modo, os lotes abandonados da cidade abrigam plantas nativas, agrupamentos de animais e permitem que as crianças escapem ao controlo dos adultos. Neste momento, estão a surgir novos terrenos abandonados no centro das metrópoles.

O controlo exige esforço, e um aglomerado populacional bem controlado (no nosso sentido do termo e não no sentido de uma opressão) exigirá sempre um elevado grau de hábil energia política, especialmente quando as questões relativas ao local se tornam tão abrangentes e tão complexas como acontece actualmente. O preço desse controlo é a educação, as comissões, as discussões e a manutenção incansável da organização política. Na realidade, o facto de não se exercer o controlo pode conter valores que ultrapassam a mera poupança de esforços. Um sinal de maturidade é a capacidade de apreciar o desenvolvimento dos outros – permitir que actuem à sua própria maneira, apesar de conservarem as condições vitais de todos com um esforço mínimo. Muitas vezes, controlamos os espaços demasiado intimamente: aparar a relva, afastar as crianças, pôr a andar indivíduos suspeitos, pintar, limpar o pó, reorganizar até à perfeição. Um controlo mais selectivo reduz os custos e aumenta a abertura espacial para outras pessoas.

Infelizmente, misturar utilizações ou permitir que se sucedam umas às outras no tempo exige camadas de controlo mais complexas. Mesmo a conservação de terrenos abandonados "sem controlo" exige controlo. O grau de controlo pode não ser, afinal, a questão principal, mas antes a selectividade e a quantidade do controlo, e quem o exerce.

O controlo do espaço é importante para a qualidade ambiental em todo o género de contextos sociais: rico ou pobre, centralizado ou descentralizado, homogéneo ou heterogéneo, estável ou fluido. Mas é particularmente fundamental numa sociedade em mudança e pluralista, onde o poder não está igualmente distribuído e onde os problemas são em grande escala. Numa sociedade autoritária, o controlo descentralizado do local deve ser uma válvula de escape, até mesmo um possível factor de mudança (embora os revolucionários contestem este ponto).

O controlo político ainda se concentra em demasia na área, mesmo quando muitas funções políticas não têm carácter espacial ou têm um raio de influência muito extenso. O ideal destrutivo do nacionalismo, que pressupõe que todo o mundo deve ser dividido em unidades de terra associadas a poderes militares e civis independentes, ameaça-nos com o holocausto. A nossa equação da política em unidades de terreno pode ser considerada uma mentalidade obsoleta. Não conseguimos encarar o controlo político como algo distinto do local, ou estabelecer o controlo do local à escala dos problemas da poluição mundial, das iniciativas das empresas, da catástrofe nuclear e da falta de água, de alimentos e de energia.

A região metropolitana é uma área na qual existem grandes interdependências. Nos Estados Unidos, não temos controlo eficaz a esse nível e pouco sentido de comunidade sobre o qual se possa basear um controlo eficaz. Encontramos efectivamente sentimentos ressuscitados de identidade na comunidade local. Infelizmente, apesar de estes sentimentos serem frequentemente fortes e apesar de a comunidade local ser capaz de tomar a seu cargo certas tarefas de manutenção ambiental, as questões mais importantes ultrapassam (ou deixam-se ultrapassar por) esse nível de controlo. Tornar realidade o controlo comunitário do espaço comunitário exigirá mudanças drásticas na nossa economia, no nosso poder político e no nosso modo de vida. As unidades eficientes de controlo do espaço, conhecedoras das questões actuais e coincidentes com o seu raio de acção, são, muito provavelmente: a família (mesmo que seja uma família modificada e alargada); o pequeno bairro residencial ou o pequeno local de trabalho, nos quais ainda se mantém a associação por afinidade; a comunidade política de dimensão moderada, na qual a política representativa ainda se concretiza face a face; a grande região urbana; e, partindo de cada uma delas, as grandes regiões do mundo. O controlo do local é uma necessidade. Quando é devidamente construído proporciona benefícios psicológicos. Mas nem todo o poder público deve ligar-se ao local.

Existem duas formas de análise da dimensão do controlo do local em qualquer aglomerado populacional. Em primeiro lugar, devem identificar-se os cenários comportamentais típicos e os principais sistemas de comunicação, e nos casos protótipicos, deve perguntar-se:

Quem é o proprietário deste local ou sistema? Será que existem conjuntos diversos de propriedade no seu interior?

72 A planície de cheia do Rio Arno, mesmo no centro de Florença. Esta abandonada terra de ninguém é um refúgio agradável na intensidade de pedra de uma grande cidade. Quantos utilizadores consegue ver?

73 Os terrenos abandonados são excelentes parques de diversões.

Será que existem ambiguidades e conflitos de controlo? controlos informais ou ilegítimos?

Quem pode estar aqui presente e quem são os excluídos?

Quem regulamenta o comportamento de quem?

Quem pode modificar ou preservar o local ou sistema e usar os seus recursos?

Será que as pessoas que exercem o controlo têm as informações, os motivos e a capacidade de o fazerem bem?

Será que existem intromissões no controlo por parte de grupos exteriores, ou problemas que escapam ao controlo?

Será que há consenso entre os utilizadores acerca da realidade e da correcção do controlo? Será que os utilizadores se sentem livres para agir conforme querem e da maneira que julgam ser a melhor para o local?

Será que o padrão de controlo está a mudar? como está a ser transferido o controlo?

Será que há grupos excluídos do controlo que poderiam ter legítimos interesses actuais ou futuros sobre esse mesmo controlo?

Este género de análise dos cenários e dos canais de comunicação mais importantes deve ser uma descrição fundamental de qualquer aglomerado populacional. Pode ser cartografado, sob uma forma condensada, para mostrar elementos como a variação na escala e no tipo de controlo, o grau de congruência ou de competência, a presença de conflito ou de mudança, e por aí adiante.

Uma segunda abordagem nesta análise é a observação dos grupos cruciais da sociedade e a colocação de perguntas semelhantes sobre quais são os locais que os membros habituais desse grupo controlam e onde têm de se sujeitar a outras condições. Mais uma vez, podem existir mapas de resumo, mostrando os locais que eles realmente controlam (o seu "terreno base"), as áreas e canais abertos à sua presença ou utilização, os espaços e tempos onde são controlados por outros utilizadores, e as áreas "livres" – as áreas abandonadas – a que podem ter acesso.

Resumindo, um bom aglomerado populacional é aquele em que o controlo do local é certo, responsável e congruente tanto para os seus utilizadores (actuais, potenciais e futuros) como para a estrutura dos problemas do local. A importância relativa destas dimensões e o seu nível de adequação dependem do contexto social e ambiental do aglomerado populacional.

As posições nestas dimensões podem ser identificadas no terreno. Existem alguns dilemas comuns e algumas formas comuns de os enfrentar. O estado ideal, para o expressar em termos vagos, gerais (e talvez mesmo contraditórios), é um controlo local responsável, capaz e certo, aberto aos utilizadores potenciais e conservador relativamente ao futuro, intercalado por áreas de baixo controlo, tolerante perante a diversidade e a diferença. A continuidade de qualquer sociedade humana depende do bom controlo do espaço onde vive, mas o controlo responsável também é fundamental para o desenvolvimento do indivíduo e do pequeno grupo. Nas nossas mentes, o controlo está associado ao estatuto, ao poder e ao domínio.*
No entanto, o controlo pode ser subvertido pelas intenções de uma sociedade aberta e igualitária.

* Tal como a sensibilidade dos locais tem sido habitualmente associada ao poder régio ou à teocracia.

12 Eficiência e justiça

A eficiência é o critério de equilíbrio: relaciona o nível de concretização numa execução com uma perda numa outra. As eficiências dos aglomerados populacionais só podem ser comparadas através da observação de qual delas atinge o melhor nível numa dimensão, tendo em conta uma quantidade fixa de outros valores despendidos ou concretizados. Uma vez que os valores que integram o cálculo, não são objectivamente coincidentes uns com os outros (por exemplo, dinheiro versus uma imagem ambiental clara), as comparações "objectivas" da eficiência só podem ser feitas quando todos os custos e benefícios, à excepção de um, se mantiverem constantes.* Podem fazer-se sempre comparações subjectivas entre essas variações mais complexas. Fazemos escolhas desse género todos os dias. Podemos explicitar essas escolhas necessárias, mas não as podemos medir.

Ao estabelecermos comparações, os custos e os benefícios de criação e manutenção de um sistema devem ser analisados em conjunto, pelo menos durante um espaço de tempo moderado. Mostramo-nos dispostos a considerar apenas os custos iniciais e os benefícios da continuidade, apesar de negligenciarmos os custos da continuidade e, por vezes, também os benefícios imediatos do acto de construção. É como se fazer qualquer coisa fosse um sofrimento puro e usá-la daí em diante fosse um prazer puro. Pelo contrário, deveríamos avaliar uma corrente de valores e custos. Infelizmente, no nosso caso, a maioria dos valores não pode ser quantificada excepto no sentido grosseiro de mais ou menos e, assim, não se podem pôr de lado explicitamente no presente. É necessário expressar simplesmente uma preferência de entre os futuros cujos valores declinam, aumentam, atingem um certo patamar, flutuam ou variam de outras formas. Pode ser-se levado a uma avaliação ainda mais restrita: a avaliação simplesmente de um presente contínuo, com o seu sentido de direcção rumo ao futuro.

Grande parte dos custos mais importantes na concretização de um bom aglomerado populacional, são perdas em outros domínios não espaciais. Calcular esses custos é um primeiro passo no sentido de saber quanto se deve investir nas qualidades do aglomerado populacional, relativamente à concretização de outros objectivos humanos. É provável que estes custos possam expressar-se através de valores tão diversificados como o dinheiro, os gastos de energia ou de recursos materiais, o esforço político ou a tensão psicológica. Uma teoria sobre a forma da cidade tem de incluir

---

* Excepto, é evidente, no caso raro de uma alternativa ser melhor do que outra em *todos* os aspectos.

necessariamente um estudo sobre a maneira como estes custos podem ser reduzidos. Por exemplo, o que é uma cidade barata, ou uma cidade que poupa energia? Mas a teoria nada diz acerca de como estes custos não espaciais devem ser avaliados e comparados. Só pode tentar encontrar meios de reduzir esses custos externos, para alcançar os seus objectivos específicos sem avaliar se essa redução é importante ou trivial. Por exemplo, custa menos dinheiro construir casas térreas do que apartamentos em altura com espaços idênticos. Mas uma extensão de casas térreas requer mais energia para o aquecimento e para o transporte de um lado para o outro do que os apartamentos mais densos com sistemas de aquecimento central. A teoria da forma deve procurar padrões que sejam ao mesmo tempo mais baratos e menos consumidores de energia do que qualquer das alternativas, mas não tem soluções para o equilíbrio entre dinheiro e calorias. A teoria também não abrange, centralmente, a eficiência produtiva, que é muitas vezes o que as pessoas querem dizer quando usam a designação geral da eficiência. A eficiência produtiva de um sistema económico é afectada pelo acesso e pela adequação dos aglomerados populacionais nos quais funciona, mas é evidente que não é na sua totalidade, ou mesmo em grande medida, determinada por eles.

No entanto, com o decorrer do tempo a teoria poderá vir a revelar algo mais acerca dos custos internos do seu próprio universo, tal como a economia se manifesta com mais confiança quando a eficiência é medida apenas em termos económicos. Neste sentido mais limitado, uma cidade "eficiente" é a que oferece um elevado nível de acesso sem qualquer perda do controlo local, ou uma cidade com uma imagem vívida e legível, e que, mesmo assim, é adaptável a mudanças futuras. Poderá então ser útil fazer uma lista de algumas áreas onde as dimensões de execução estão em conflito umas com as outras. Podem ser estes os elementos mais importantes sobre os quais se devem desenvolver cálculos de eficiência (neste sentido mais limitado, de carácter interno relativamente à teoria) e nos quais as formas espaciais mais inovadoras e "eficientes" podem ser mais úteis. Sempre que possível, a teoria deve ir mais longe no sentido de demonstrar como se pode avaliar a importância relativa destes valores em conflito em qualquer contexto cultural, político e económico.

Certos conflitos entre as dimensões são bem evidentes:

1. Um ambiente vital entra frequentemente em conflito com o controlo descentralizado dos utilizadores, uma vez que muitos efeitos biológicos são invisíveis, pelo menos para o leigo e a curto prazo. Além disso, os cenários preferíveis para um utilizador directo podem facilmente ser prejudiciais à saúde de outros, senão mesmo dele próprio. O conflito pode ser solucionado através da aceitação da perda de um lado ou outro (através da imposição de controlos centrais nas lareiras, por exemplo, ou através da opção por se respirar ar poluído), ou

incorrendo em custos não espaciais "externos", tais como o dispendioso ar condicionado ou as grandes campanhas publicitárias para reduzir a preferência dos utilizadores por lareiras abertas. No entanto, uma solução "eficiente", no nosso sentido limitado, interno à teoria, seria uma lareira atraente e barata que só emitisse ar quente não poluído (por exemplo, uma lareira aberta que queimasse hidrogénio?). Uma teoria mais madura também poderia explicar por que motivo o ar prejudicial à saúde poderia ser devidamente aceite em determinado ponto da política de desenvolvimento, de modo a encorajar a autonomia do utilizador, mas não em fases posteriores.

2. O ideal de um ambiente vital entra frequentemente em conflito com o de um ambiente adequado, quando por boa adequação queremos dizer conforto. Um cenário bem concebido e cheio de botões não exige nenhum esforço aos nossos músculos, nem aos nossos corações. Como tal, os botões diminuem a execução numa outra dimensão e são ineficazes, mesmo que alcancem uma adequação confortável. Um cenário eficiente deve ser fácil de administrar. Além disso, o que conduz à saúde imediata do indivíduo pode nem sempre ser ideal para a sobrevivência da espécie. Um ambiente que, de algum modo, provoque a tensão das pessoas pode ter vantagens evolutivas. No entanto, talvez esta não seja uma preocupação imediata.

3. O sentido opõe-se muitas vezes à adaptabilidade da adequação. Um local vívido, estruturado e expressivo pode facilmente ser rígido e inadaptável. Um local flexível, adaptável a muitas utilizações pode parecer não ter forma, ser cinzento e estar mal definido. As soluções "eficientes" nesta intersecção específica são as que criam a sensibilidade, apesar de imporem pequenas restrições ao futuro, como poderá acontecer ao concentrarem-se em pontos centrais para organizarem uma área, em vez de utilizarem limites precisos para uma zona. Como alternativa, o espaço adaptável pode ser relegado para o interior dos blocos, enquanto que a imagem do aglomerado populacional é composta pelas avenidas principais mais permanentes. Para além disto, perante uma escolha obrigatória entre os dois critérios existem certas situações de incerteza e transição nas quais a adaptabilidade é sempre fundamental, e outras em que é crucial que as pessoas se sintam seguras.

4. As adequações actual e futura são frequentemente contraditórias. Ser adaptável implica normalmente estar livremente adequado ao presente e vice-versa. Aquilo a que se pode chamar uma "adequação livre e bem adequada" é difícil de obter, excepto através do fornecimento de reservas algo dispendiosas de capacidade em excesso. (É evidente que este plano dispendioso é eficiente no nosso sentido limitado, mesmo que possa ser ineficiente no sentido mais habitual e económico da palavra). Um elevado nível de acesso numa região pode ser uma solução eficiente mais genérica. Um outro pode ser a conservação da capacidade de reserva com fornecimento e

manutenção baratos, como os espaços abandonados sem utilização ou os espaços selvagens. Um outro ainda é uma boa adequação actual que também seja bastante manipulável.

Na medida em que aqui o conflito habitual se concentra numa só dimensão geral (a da adequação), talvez seja possível construir uma base racional para equilibrar a adequação actual e futura. Ou seja, poderíamos investigar como é que as variações nos recursos, nas capacidades de previsão, na mutabilidade social ou ambiental, na estabilidade dos valores ou na orientação cultural relativamente ao tempo afectam a importância relativa que se dá ao fornecimento da adequação futura.

5. O bom acesso para todas as pessoas entra frequentemente em conflito com o controlo local do território. Sob que circunstâncias deve uma pessoa ser favorecida em vez de uma outra? Será que existem formas eficientes de satisfazer ambas as exigências?

6. Os níveis elevados de acesso pessoal podem provocar graves problemas de saúde, como acontece quando os nossos queridos automóveis poluem o ar e fazem mais vítimas mortais do que as guerras mais desesperadas. Será que o peróxido de hidrogénio, os carros eléctricos ou as bicicletas não seriam uma solução mais eficiente? Curiosamente, os sistemas de metropolitano, a não ser que tenham sido modificados com elevados gastos, não são eficientes neste sentido específico, na medida em que, apesar de aumentarem a segurança, diminuem a mobilidade pessoal. Escusado será dizer que os metropolitanos podem ser, apesar de tudo e por vezes, a solução mais racional. Podem mesmo ser mais eficientes do que outros sistemas no sentido económico normal, isto é, conseguem transportar as pessoas a um menor custo de pessoa por quilómetro quando o aglomerado populacional é muito denso. Mas essa não é a nossa medida de eficiência.

Apesar de a eficiência tratar do modo como se distribuem os custos e os benefícios num qualquer grupo, entre os vários tipos de valor, a justiça é o modo como os custos e benefícios de todos os tipos se distribuem pelas pessoas. Uma distribuição justa é variável consoante as diferentes culturas. Em algumas culturas, a justiça significa a conformidade com os costumes ou com o passado. Os produtos podem ser distribuídos de acordo com a hereditariedade ou com a posição social das pessoas, que se consideram reflexos do seu valor ou das suas capacidades intrínsecas. Em outras sociedades e de certa maneira na nossa, a distribuição baseia-se no poder comparativo, embora isso não nos pareça justo, a não ser que o poder seja legitimado pelo dinheiro ou pela posição. Para nós, apesar de essas regras terem alguma força, a principal base da distribuição é a capacidade de pagar, um facto que normalmente não nos ofende, a não ser que exclua alguns produtos básicos como a liberdade política ou os recursos essenciais à sobrevivência. Na medida em que a nossa convicção oficial é a de que o poder de compra deriva de uma combinação da capacidade individual com o esforço produtivo, a regra do dinheiro parece-nos justa. Além do mais, as distribuições de acordo com o dinheiro simplificam a gestão da distribuição e libertam o indivíduo para a escolha dos produtos que muito bem deseja. Os produtos são tabelados de acordo com o grau de desejo geral e, assim, são racionalmente distribuídos.

Mas as distribuições em função do preço serão bastante desiguais, a menos que todas as pessoas tenham o mesmo rendimento monetário, que o possam gastar como muito bem entenderem, num mundo em que todos os produtos tenham equivalentes em dinheiro. As distribuições de determinados bens podem manter-se seguramente desiguais, devido às valorizações individuais, aos preços daí resultantes e aos padrões de gasto, ao passo que a capacidade geral de escolha poderia ser equitativa. Porque a igualdade é muito frequentemente adoptada como ideal de uma distribuição justa, quer se pretenda aplicá-la a todas as distribuições, ou apenas a certos poderes capacitadores fundamentais, como os rendimentos. Tal como pareceu aos nossos antepassados, a igualdade parece ser uma evidência por si só. Possivelmente seria a única regra com a qual todas as partes concordariam, se tivessem igual poder de compra e fossem igualmente ignorantes em relação aos acontecimentos futuros quando se sentassem para elaborar uma constituição para o jogo da distribuição. Esta é a hipótese clássica do "contrato voluntário".* Não só a igualdade parece obviamente justa, como nos atrai pela sua simplicidade intelectual e reflecte uma perspectiva moral que descortina valor intrínseco em todas as pessoas, independentemente das suas fraquezas ou imperfeições. A igualdade também parece mais fácil de aplicar, pelo menos em teoria, do que outras regras, na medida em que elimina a necessidade de medir a posição, a necessidade, ou o valor relativos.

Todas as pessoas sabem quanto se está longe de atingir este ideal igualitário em todas as sociedades modernas, mesmo nas socialistas. A maioria de nós ficaria satisfeita se pelo menos se começassem a reduzir as actuais desigualdades. Mas há enigmas teóricos, mesmo neste ideal. Em primeiro lugar, será que todos os produtos e custos deviam ser igualmente distribuídos (1,5 quilogramas de batatas, 35 metros quadrados de espaço e 27 horas trabalho árduo para todas as pessoas), ou apenas alguns produtos "essenciais", tais como os alimentos, os cuidados de saúde e a educação, ou apenas um "início de vida" igual, ou apenas alguns poderes capacitadores gerais, tais como o dinheiro e a liberdade de expressão? Além disso, como é que se resolve a necessidade? Certamente que uma

---

* Reparem na circularidade inevitável deste raciocínio "objectivo" que pressupõe a igualdade como princípio hipotético.

pessoa com deficiências de alguma ordem ou uma pessoa doente tem mais necessidades do que uma pessoa saudável? E quanto à capacidade intrínseca: será que uma criança precisa da mesma quantidade de produtos que um adulto? E quanto à contribuição potencial: será que uma pessoa com uma elevada inteligência inata deve receber uma educação especial e ser excluída de trabalhos árduos, ou deve pedir-se-lhe que desenvolva esforços intelectuais especialmente intensos? De facto, o velho lema utópico "cada pessoa deve dar de acordo com os seus meios e receber de acordo com as suas necessidades" parece-me um ideal mais elevado do que a igualdade pura. No entanto, é um ideal extremamente difícil de implementar.

Por entre estes obstáculos clássicos em que tropeçamos, procuramos pedaços de justiça, utilizando vários dispositivos simplificadores. Um dos dispositivos consiste em estabelecer alguns patamares mínimos ou satisfatórios de igualdade: "todas as pessoas deviam ter pelo menos doze anos de educação", ou "ninguém devia estar a mais de trinta minutos de distância das lojas para poder satisfazer as suas necessidades diárias". Neste caso, a justiça concentra-se no que se consideram ser os elementos mínimos essenciais. Um segundo dispositivo concentra as regras da igualdade nos produtos que parecem ser fundamentais para a obtenção de outros produtos. No nosso caso, podemos mostrar-nos particularmente preocupados com as igualdades da vitalidade, do acesso ou do controlo territorial, tal como, em outros domínios, se fala de rendimentos, da liberdade de expressão e de voto. Um terceiro dispositivo concentra-se no grupo menos favorecido e insiste no facto de que quaisquer mudanças têm de, pelo menos, melhorar a situação desse grupo. Esta é a estratégia "máximín" da teoria de decisão, ou o "princípio da diferença" tão cuidadosamente exposto por John Rawls.

Rawls

Estamos a anos-luz de um mundo justo. Muitas mudanças profundas têm de preceder a nossa aproximação a esse mundo, mudanças nas distribuições reais dos produtos e do poder, no nosso antropocentrismo e nas nossas atitudes relativamente a outras pessoas com idade, classe, raça ou sexo diferentes dos nossos. Um sistema verdadeiramente justo poderia ser um mundo de tal modo organizado que todas as suas pessoas tivessem uma oportunidade igual de revelar os seus próprios potenciais latentes, ao mesmo tempo que colhessem os benefícios do desenvolvimento concretizado pelos outros. Este é evidentemente um guia de aplicação complicada. É uma regra justa, mas não uma regra directamente equitativa.

As regras da distribuição têm de parecer justas, uma vez que a justiça reside na mente. As regras têm de ser suficientemente claras para que todas as pessoas as possam compreender; têm de ser estáveis, previsíveis e contínuas em relação à experiência passada e presente. Uma distribuição feita de acordo com uma regra de valor hereditário, claramente compreendida e amplamente aceite, pode deixar todas as pessoas muito mais satisfeitas do que uma divisão centrada numa base de necessidades mal compreendidas e em mudança. Se esta regra hereditária também for capaz de assegurar as necessidades básicas de todas as pessoas e encorajar o seu crescimento como pessoas poderá, de facto, ser a regra de justiça adequada nesse caso. Mas a igualdade, temperada, de algum modo, pela necessidade e pelo potencial, é uma noção que persiste na mentalidade ocidental.

O que tem a justiça a ver com as nossas dimensões de execução? Na medida em que estas dimensões são qualitativas e complexas, não podemos esperar pela criação de um guia simples como a igualização dos rendimentos. Mas podemos notar alguns pontos fundamentais.

É evidente que todas as pessoas deveriam ter direito aos requisitos vitais básicos – alimentos suficientes, ar e água puros, e uma protecção razoável contra perigos e tóxicos. Como nunca é discutido em abstracto, este princípio acaba por ser frequentemente contornado na realidade. O custo da protecção ambiental pode ser elevado e pode recair desigualmente sobre interesses diferentes. Muitas vezes é difícil identificar a fonte de um perigo ambiental – ou a fonte (tal como o automóvel) pode estar tão amplamente dispersa e tão bem entrincheirada que se torna difícil de controlar. A obrigação de preservar o habitat para as gerações futuras é particularmente difícil de conseguir, uma vez que os perigos podem acumular-se lentamente, sem provocar quaisquer danos aparentes na situação actual, ao mesmo tempo que as gerações futuras se mantêm caladas. No entanto, este é o benefício ambiental mais importante que devemos legar ao futuro.

Se tivermos em conta o sentido, as questões de justiça podem parecer menos fundamentais, uma vez que se abordam aqui mais satisfações de ordem emocional e intelectual do que de pura sobrevivência. Todavia, certamente que é necessária alguma orientação correcta para todas as pessoas. Uma vez que esta qualidade é, na maioria da vezes, um produto indivisível, produzido por meios que beneficiam grandes sectores da população ao mesmo tempo, ou é algo que pode ser alcançado em pequenas escalas através da concessão do controlo territorial local, os problemas da distribuição equitativa surgirão mais raramente através deste produto do que através de outros. No entanto, poderão surgir alguns problemas se pensarmos na cidade como um dispositivo de comunicação simbólica, que pode ser manipulado para expressar determinado conjunto de valores culturais e não outro, uma vez que a liberdade de comunicação e de pensamento é, de facto, uma questão importante de justiça. Além disso, a sensibilidade desempenha um papel importante no ambiente da infância. Na medida em que a importância de uma cidade é um ingrediente importante do seu valor educativo, aqui está uma área na qual podemos defender que a distribuição justa tem de ser uma distribuição desigual, baseada na necessidade. As crianças especialmente dotadas podem justificar oportunidades especiais de enriquecimento. As qualidades específicas da identificação e da orientação têm uma importância particular para as pessoas com alguma espécie de deficiência. A menos que estas questões sejam devidamente abordadas, essas pessoas deverão ter uma fatia muito desigual de acesso a outros bens.

De facto, a igualdade do acesso surge imediatamente à seguir à vitalidade como questão fundamental da justiça ambiental. As vidas das pessoas com alguma espécie de deficiência, dos jovens, dos idosos, dos pobres, dos doentes, das raças subjugadas, das classes e dos sexos são gravemente diminuídas quando se restringe o seu acesso a outras pessoas, áreas, serviços e actividades. A exclusão pode ser uma expressão de privilégio, ou um dispositivo intencional de controlo opressivo, ou simplesmente uma consequência não intencional de outras escolhas, como aconteceu aos adolescentes dos subúrbios norte-americanos. A capacidade de movimentação em segurança em qualquer parte da cidade desempenha um papel importante no desenvolvimento dos primeiros anos da adolescência. A igualdade substancial do acesso ambiental, pelo menos até um certo âmbito razoável de espaço e de diversidade do cenário, é certamente uma característica fundamental de uma boa cidade. A implementação deste princípio particular de justiça implica subsídios públicos de transporte e de comunicações, assim como esforços especiais para libertar as pessoas com movimentos restritos em função de alguma característica pessoal. A liberdade de movimentos e de comunicação são componentes fundamentais dessa liberdade pessoal e de pensamento que tanto prezamos.

Quando consideramos a relação da justiça com a adequação, enfrentamos um quadro mais complicado. A bandeira da igualdade tem sido muitas vezes içada precisamente neste âmbito, particularmente no que diz respeito à habitação, às escolas e aos parques. É certo que deveria existir um mínimo básico desses espaços disponíveis para todas as pessoas e é com tristeza que comparamos uma mansão de Newport com um apartamento num bairro social. Mas uma vez assegurados os requisitos vitais, o espaço mínimo e básico pode mudar substancialmente à medida que mudam os recursos sociais e os estilos de vida. Um bom ambiente apresenta uma adequação qualitativa e quantitativa entre a forma e o comportamento desejado, mas essas características da forma não precisam de estar uniformemente divididas por todas as pessoas. Talvez possamos aceitar melhor uma desigualdade entre as instalações físicas fornecidas aos indivíduos, desde que se tenha alcançado um mínimo social muito simples (tal como é considerado pela sociedade para qualquer vida normal) e desde que os indivíduos tenham alguma igualdade de meios através dos quais possam adquirir produtos de vários géneros. Nesse caso, neste domínio particular, o critério simplificador dos rendimentos e do poder iguais, em vez de tentar igualizar um grande conjunto de instalações desejadas, parece ser a regra mais convincente. Partindo do princípio, é evidente, que esses mínimos de partida podem ser colocados num patamar mais elevado para as pessoas em situação de desvantagem e que alguns patamares da capacidade de manipulação e da reversibilidade também podem ser ajustados, para que seja possível fazer justiça relativamente às gerações futuras.

Por último, chegamos ao controlo. A distribuição justa de um género de controlo espacial pode ser considerada fundamental, uma vez que a capacidade de preservação de um território privado (e talvez também de acesso a algum "terreno abandonado" no qual o comportamento é aberto) é outro componente importante da liberdade. A justiça pode exigir que todas as pessoas possam participar no controlo dos cenários de actividade em que tenham um interesse vital e aos quais se mostram dispostas a dispensar um esforço substancial (desde que esse controlo não limite indevidamente o acesso e a participação de outros). Como tal, e por uma questão de justiça, os professores e as crianças podem querer ter voz activa na gestão da escola, os trabalhadores na gestão do local de trabalho, etc. A análise da participação do controlo espacial por parte de vários grupos sociais seria, tal como o registo da igualdade do acesso, uma evidência básica na análise da justiça.

Concluo que as igualdades essenciais da vitalidade, do acesso e do controlo do território do grupo pequeno e privado, assim como a conservação do futuro habitat e a perspectiva de crescimento das crianças, são as áreas mais importantes da justiça ambiental. A tudo isso poderíamos acrescentar mínimos de satisfação para os cenários de comportamento básicos, tal como são temperados pela necessidade individual e pelas normas sociais. Os requisitos individuais especiais podem ter alguma importância na distribuição da sensibilidade. Uma distribuição justa para as futuras gerações é a questão mais importante e a mais difícil de analisar.

O meio espacial é uma influência permanente com grande inércia. É como o dote genético e a estrutura social nos moldes persistentes como distribui as oportunidades de vida. A justiça dessa distribuição é, portanto, um dos aspectos mais críticos do valor ambiental. Os comentários anteriores estão claramente ligados à cultura e não podem ser defendidos como sendo eternamente justos. Reflectem as preocupações ocidentais com a igualdade e com a liberdade, e a preocupação do autor com o desenvolvimento do indivíduo.

Vamos agora olhar para trás, por entre o nosso denso bosque de valores, para ver como é que eles corresponderam aos critérios gerais definidos no início do capítulo seis. Na maioria dos casos são bem sucedidos. São gerais e encontram-se no mesmo nível de generalidade. Estão explicitamente ligados à forma da cidade, partindo do princípio que permitimos que as percepções e as instituições de controlo devem ser consideradas como características da forma da cidade. Podem ser ligados a objectivos importantes que surgem na grande maioria das culturas, senão mesmo em todas elas. Se cobrem todas as características dos aglomerados populacionais relevantes para todos os objectivos culturais é algo que só poderemos observar mais adiante. É provável que não o consigam, mas também parece provável que consigam abranger a grande maioria dos objectivos e nada na teoria estabelece um limite sobre a lista final. São dimensões de execução, mensuráveis a partir de dados recolhidos. No entanto, podem fraquejar em dois aspectos e este facto merece alguns comentários.

Em primeiro lugar, até que ponto são independentes uns dos outros? Onde é que um cenário de uma dimensão implica a execução fixa de outra? Na medida em que existe essa interdependência, a análise é mais difícil, embora as dimensões não sejam, por esse motivo, completamente inúteis. A interdependência só surge depois de um estudo detalhado, mas as nossas suspeitas mantêm-se. Poderia haver uma ligação entre o acesso e o sentido, pois para ser acessível um local também tem que ser sensível. No entanto, o contrário não é necessariamente verdade. Além disso, uma subdimensão muito valorizada do acesso – o grau em que os habitantes locais podem abrir ou fechar as comunicações conforme a sua vontade – é claramente um aspecto específico da dimensão geral do controlo. Aqui encontramos uma sobreposição directa. Associa-se um emaranhado mais confuso de dimensões à adaptabilidade e ao controlo do que nos outros casos. Se um local é altamente manipulável e controlado a nível local, então seria de esperar que também fosse bem adequado e sensível. Neste caso, é difícil de imaginar a independência. Mas um local pode ser bem controlado e não ser manipulável, e vice-versa. No entanto, em todas as outras situações a independência parece pelo menos possível. Podemos, por exemplo, pensar em alguns locais bem adequados que são fracos habitats para a vida, ou em locais controlados que tanto são acessíveis como inacessíveis, ou em lugares adaptáveis que são sensíveis ou insensíveis, e por aí adiante. É evidente que a concretização numa dimensão pode apoiar ou entrar em conflito com a concretização em outra, sem perdas para a possível independência dimensional. Como tal, o bom acesso é um dos dispositivos úteis para se alcançar a adaptabilidade, ou para aumentar a sustentação, mas um local acessível não precisa de ser adaptável ou sustentado. O controlo do utilizador local pode muitas vezes entrar em conflito com o acesso geral ou com a segurança, mas não por necessidade. A boa legibilidade é um meio de aumentar o acesso às informações, no entanto, não é um requisito para esse acesso.

A segunda questão, e também a mais difícil, é a relação

destas dimensões com a variação cultural. É evidente que as diferentes culturas valorizam de maneira diferente as posições ao longo destas dimensões; as dimensões são concebidas para permitirem precisamente isso. Mas será que estas culturas as poderiam definir de maneira diferente, para que nenhuma análise acerca da posição de uma dimensão pudesse ser concretizada até que a cultura fosse especificada? A vitalidade parece independente da definição cultural, uma vez que se baseia na biologia humana. O mesmo acontece, em grande medida, com o acesso e com a adaptabilidade em relação à adequação futura, na medida em que a tecnologia, as instituições de controlo e as atitudes do local são definidas como parte da forma ambiental. O sentido não é independente da cultura quando se fala em significados complexos. Mas na maioria das suas subdimensões, tal como as descrevi, o sentido está prioritariamente relacionado com a forma, com a experiência comum, e com a natureza da percepção e da cognição humanas. O controlo também pode ser especificado principalmente por referência à forma (porque definimos a forma de maneira a incluir as instituições de controlo espacial que também fazem parte, obviamente, da cultura). A adequação é o elemento estranho. Na medida em que a adequação é a correspondência entre o comportamento e a forma só pode ser descrita a um nível superficial de inadequação se se observar simplesmente a actividade num local. Quando verificamos a apropriação e a dificuldade de adequação, tal como é sentida pelos utilizadores, situamo-nos no meio de todos os seus costumes e atitudes. Até a definição está dependente da cultura e, como tal, não se podem fazer muitas generalizações acerca das características da forma que são eficazes para se alcançar uma boa adequação, tal como pode se pode fazer para as outras dimensões. Ficamos com um foco de preocupação e com um método de observação generalizado.

Se nestas dimensões as posições desejáveis variam com a situação, seria reconfortante estabelecer algumas hipóteses gerais acerca do modo como variam. Existem várias diferenças fundamentais entre as sociedades que podem ser importantes para o nosso objectivo: o nível de recursos disponíveis, a homogeneidade dos valores, o grau em que o poder está concentrado e a estabilidade relativa da sociedade e do cenário. A matriz apresentada mais adiante apresenta algumas especulações iniciais sobre o modo como as avaliações destas dimensões podem variar conforme a situação social. A variação da situação é expressa como uma oposição grosseira entre pólos.

São puras suposições e constituem apenas passos iniciais no desenvolvimento de hipóteses que poderão ser testadas. Podemos resumir esta matriz de suposições dizendo:
1. À medida que uma sociedade vai ficando cada vez mais rica, existe uma mudança nos interesses. A sensibilidade, em particular, pode tornar-se mais valorizada, mas a adequação e

o controlo continuam a ser importantes. Muitas dimensões podem tornar-se menos fundamentais – não por serem menos valorizadas, mas porque é mais fácil encontrar um substituto para elas ou pagar o preço do insucesso.

2. De qualquer maneira, a vitalidade é importante, mas numa sociedade homogénea muitas das outras dimensões são menos fundamentais ou mais fáceis de obter.

3. A estabilidade da sociedade e do cenário representa uma diferença fundamental e nítida. Todas as dimensões são menos fundamentais ou mais fáceis de alcançar numa situação estável.

4. Uma sociedade centralizada (ou pelo menos as pessoas que estão no seu centro de poder) deve valorizar e usar estas dimensões com objectivos diferentes de outras sociedades ou de outras pessoas, em vez de mais ou menos. No entanto, julgo que o acesso pode ser mais fundamental para essa sociedade e é menos provável que ela consiga alcançar uma boa adequação.

Talvez possa ser feita uma suposição ainda mais global e ilusória: excepto no que diz respeito ao sentido e à vitalidade, uma sociedade rica, estável e homogénea está menos dependente da qualidade do seu ambiente do que uma sociedade pobre, instável e plural. Mas estas suposições (ou hipóteses, para ser mais digno) referem-se apenas a tendências gerais da avaliação em qualquer sociedade. No seio dessa sociedade, as pessoas e os pequenos grupos estabelecem os seus próprios objectivos e patamares ao longo destas dimensões, de acordo com os seus próprios valores profundos e situações. Um emigrante pobre de uma cidade do terceiro mundo deve salientar o acesso a empregos, a serviços e a recursos vitais básicos. Um turista deve centrar-se no sentido do local. Uma criança pode estar mais preocupada com a capacidade de manipulação, com a liberdade, com a segurança e com um mundo que lhe revele a sua importância à medida que a criança desvenda os seus segredos. As dimensões são construídas para permitir que estas variações se revelem explícitas.

Mesmo para grupos tão particulares, não podemos desenvolver um único índice do que é bom, uma vez que isso exigiria que todas as dimensões e subdimensões fossem quantificadas de acordo com uma unidade comum. Apesar de os nossos valores serem mensuráveis, pelo menos num grau grosseiro, a sua integração deve ser deixada ao julgamento pessoal e social. Além disso, só menciono as qualidades formais da cidade. O que é bom em qualquer aglomerado humano, considerado como uma entidade, depende de muito mais do que da sua forma.

Então, o que é a boa forma da cidade? Podemos agora, finalmente, dizer as palavras mágicas. É vital (sustentada, segura e consonante); é sensível (identificável, estruturada, congruente, transparente, legível, reveladora e significativa); é bem adequada (tem uma correspondência íntima entre a forma e o comportamento que é estável, manipulável e flexível); é acessível (diversificada, igualitária e pode ser gerida localmente); é bem controlada (congruente, segura, responsável e intermitentemente livre). E todas estas características são alcançadas com justiça e eficácia internas. Ou, nos termos mais gerais do capítulo seis, é um local contínuo, bem ligado e aberto que conduz ao desenvolvimento.

		Vitalidade	Sentido	Adequação	Acesso	Controlo
A sociedade é:	rica	importante para ambas, mas	geralmente mais valorizado	mais fácil de atingir mas mais complexa; adequação futura menos fundamental	substitutos disponíveis; a diversidade é valorizada	importante para ambas
	pobre	mais fundamental quando a margem é mais estreita	mas o significado simbólico é valorizado mesmo quando é pobre	mais simples mas mais fundamental	crucial, especialmente para os recursos básicos	
A sociedade é:	homogénea	importante para ambas	mais fácil de alcançar	mais fácil de alcançar	menos importante?	menos importante?
	heterogénea		mais difícil, mas mais rica	mais complexa	importante, para evitar a alienação	importante
A sociedade é:	estável	mais fácil de alcançar	mais fácil de alcançar	mais fácil de alcançar	menos importante	menos importante
	instável	mais fácil de manter	mais fácil	a adequação actual é mais difícil de manter; a adequação futura é crucial para a sobrevivência	crucial para a sobrevivência	crucial
A sociedade é:	centralizada	mais fácil de alcançar através de padrões e do conhecimento técnico	utilizado para exprimir e apoiar o domínio	menos provável de ser alcançada; a adaptabilidade formal é valorizada	fundamental para o controlo	supressão do controlo local
	descentralizada	mais fácil de alcançar excepto através de costumes estáveis e conhecimento alargado	exprime diversidade	mais provável de ser alcançada; a capacidade de manipulação é valorizada	menos fundamental	favorecimento do controlo local

Algumas variações hipotéticas na concretização e na avaliação das dimensões de execução em relação às variações na situação social

III
ALGUMAS APLICAÇÕES

13 A dimensão da cidade e a noção de bairro

Tendo sugerido algumas belas palavras será que as podemos aplicar a problemas práticos? Será que elas nos ajudam a compreender, um pouco melhor, algumas das controvérsias que ainda subsistem acerca da forma urbana? Algumas questões importantes têm-se revelado absorventes nestes debates. Algumas delas são reincidentes, outras são emergentes, outras estão a desaparecer e outras ainda já desapareceram e estão novamente a surgir. Provavelmente deve haver muitas mais prestes a surgir.

A primeira de todas essas questões foi a da dimensão de uma cidade. A insuficiência dos aglomerados populacionais muito pequenos e a opressão e confusão dos aglomerados demasiado grandes, assim como a angústia do crescimento e do declínio, conduziram à ideia de que uma cidade, tal como um organismo, deve ter uma dimensão adequada, na qual o seu crescimento se deve estabilizar. Esta ideia remonta à história do pensamento. Platão propôs que uma boa cidade deveria ter uma população de 5040* proprietários de terras ou cidadãos, um número que seria mantido através da emigração e através de regras de sucessão. Platão não conseguiu explicar por que razão era este número em particular o número correcto, mas podemos supor que ele considerava que um número factorial era o ideal porque podia ser dividido de modo flexível em vários grupos iguais (e talvez também por razões matemáticas mais místicas) e que o factorial 6 (ou 720) era, na sua opinião, demasiado pequeno, ao passo que o factorial 8 (ou 40 320) era demasiado grande. Aristóteles, em A Política, foi mais cauteloso ao dizer que "dez pessoas não constituem uma cidade, que com cem mil pessoas já deixa de ser uma cidade". Uma cidade devia ser suficientemente grande para ser "auto-suficiente de modo a poder viver-se uma vida boa como comunidade política", mas não tão grande ao ponto de os cidadãos perderem o contacto pessoal uns com os outros, já que "para decidir sobre questões de justiça e distribuir os cargos de acordo com o mérito, é necessário que os cidadãos conheçam o carácter pessoal de cada um". A população total de Atenas, na época de Aristóteles, devia ascender a cerca de 250 000 pessoas, entre homens livres e escravos, dos quais talvez 40 000 fossem cidadãos. Mas a maioria das cidades-estado gregas tinham 10 000 habitantes, ou menos.

Existe uma vasta literatura sobre a questão da dimensão da cidade. Parece ter sido um assunto de enorme interesse para a geração anterior à nossa, mas recentemente esse interesse

---

* 5040 é o factorial 7, que é 1x 2 x 3 x 4 x 5 x 6 x 7.

intensificou-se mais uma vez. A nossa ansiedade acerca desta questão é recorrente. A dimensão normalmente considerada ideal progrediu desde as 5 040 a 20 000 pessoas de Aristóteles, e tem vindo progressivamente a aumentar, situando-se actualmente entre as 250 000 e as 500 000 pessoas. As tentativas de agir em função desta crença numa dimensão ideal remontam às tentativas fúteis de travar o crescimento da cidade de Londres durante a época isabelina, que teve como consequência o aumento do preço das habitações e proporcionou boas oportunidades para a corrupção. A redução ou a estabilização da dimensão da cidade é actualmente um lugar-comum da política nacional em quase toda a Europa e nos países socialistas, e é pelo menos uma questão de fé em grande parte do resto do mundo.
Pinchemel
Richardson 1973

Até há pouco tempo, a maior parte dos esforços para fazer parar o crescimento das maiores cidades conseguiram alcançar poucos resultados, nomeadamente um conhecido programa em Inglaterra e as medidas mais severas adoptadas na U.R.S.S. No entanto, parece que mais recentemente as fortes medidas adoptadas em Cuba, no Vietname e na China – que em diferentes graus incluíram uma aplicação do racionamento dos alimentos em cada localidade, o desvio de investimentos para o campo e a emigração induzida ou forçada de estudantes e de adultos da cidade – começaram finalmente a travar o crescimento das grandes áreas urbanas. Actualmente, sob um novo regime, as repercussões insatisfatórias dessa emigração involuntária chinesa para o campo está novamente a vir ao de cima nas grandes cidades. A política anti-urbana do recentemente derrotado governo do Camboja tem sido ainda mais dura, provocando o despovoamento virtual de Phnum Pénh e a destruição de todos os seus serviços e equipamentos públicos. Entretanto, nos países mais desenvolvidos, como os Estados Unidos, surgem provas de que a maré assumiu a sua própria orientação e de que as maiores cidades e áreas metropolitanas estão a perder população.*

O conceito de uma dimensão limite é, evidentemente, um componente integrante do modelo orgânico. Os argumentos a favor de uma dimensão ideal baseiam-se nos seus efeitos sobre as relações sociais, sobre o controlo político e social, sobre a vitalidade do ambiente por causa da poluição acumulada, sobre os níveis toleráveis de estímulos sociais e perceptuais, sobre o tempo de viagem, sobre a produção económica e sobre os custos de manutenção das cidades com dimensões diferentes. Na sua maioria, são modos diferentes de expor as nossas dimensões anteriormente definidas. Mas, apesar de haver muita literatura deste género, ela não possui grandes provas. A maior densidade de informações está no trabalho recente de Irving Hoch, da Real Estate Research Corporation e de P. A. Stone, na Grã-Bretanha.
Stone

---

* Ou será possível que as nossas regiões urbanas se estejam a tornar tão vastas que ultrapassam as nossas divisões dos censos?

Em resumo, há provas de que alguns tipos de poluição do ar (um aspecto da vitalidade) estão positivamente correlacionados com a dimensão da cidade, do mesmo modo que o tempo de percurso até ao local de trabalho (um componente do acesso). Por outro lado, grande parte dos factores quantificáveis não demonstra qualquer correlação, ou pelo menos a sua ligação é duvidosa. Além disso, os rendimentos reais e a produtividade são maiores nas grandes cidades. Como tal, a maioria dos economistas conclui que as grandes cidades são economicamente mais eficazes do que as mais pequenas, ainda que sejam talvez menos agradáveis para as pessoas viverem nelas. Este factor negativo é compensado por salários reais mais elevados e, por isso, as pessoas preferem viver em locais maiores. Não se conseguem discernir, na dimensão da cidade, factores limitadores significativos. As políticas públicas para limitar a dimensão da cidade envolvem custos invisíveis e devem ser evitadas.

Estas conclusões reflectem a perspectiva normal do economista: uma ênfase nos factores quantificáveis que podem ser convertidos num índice comum ($), o uso dos conceitos de equilíbrio e de escolha consciente num mercado perfeito, a ideia de que uma cidade é como uma empresa em competição com outras cidades, etc. Dá-se pouca atenção a quem paga e a quem beneficia nas grandes cidades (justiça), à verdadeira liberdade de escolha do local e aos valores sociais e pessoais que não podem ser convertidos em dinheiro (a sensibilidade, só para dar um exemplo). É irónico que estes ataques sobre a teoria da dimensão da cidade se desenvolvam à medida que a teoria se transforma em base de apoio da política na maioria das outras nações, precisamente numa altura em que surgem tendências que demonstram algum afastamento das pessoas relativamente às grandes cidades no nosso próprio país.

Infelizmente, as provas de que existe uma dimensão ideal para a cidade são, de facto, muito poucas. Será que esta importante questão é, afinal e depois de todo o nosso trabalho mental, uma questão vazia de conteúdo? Muitos dos efeitos que atribuímos à dimensão da cidade, tais como o congestionamento, associam-se mais correctamente à densidade geral de uma cidade e particularmente à densidade dos seus centros de emprego, numa altura em que muitas pessoas têm que convergir para uma área relativamente pequena em cada dia de trabalho. Não é obrigatório que o congestionamento surja em cidades extensas, de densidade baixa e com vários núcleos, mesmo que sejam extremamente grandes.

Há algumas modificações relativamente a essa questão que lhe podem conferir mais substância. Em primeiro lugar, é evidente que qualquer cidade pode ter uma dimensão ideal – baseada na sua geografia, cultura, economia, sistema político, modo de vida, etc. – mesmo que não exista um ideal generalizado. Ou pode aplicar-se um mesmo ideal a todas as cidades no seio de uma cultura forte e homogénea. Mas esta possibilidade ainda terá que ser demonstrada, excepto no caso de restrições tão graves como as que podem ser impostas por um local muito limitado. Se estes ideais diferentes forem incluídos numa teoria geral terão de ser associados a um método geral para se obter um ideal particular. Até hoje ainda ninguém propôs esse método.

Uma posição intermédia, e que se aproxima bastante mais do padrão dos verdadeiros aglomerados populacionais, está em no reconhecimento de que, apesar de não existir um ideal único, existe um sistema de aglomerados populacionais preferidos, constituído por uma série de locais cujas dimensões estão distribuídas de modo ideal. A teoria do local central, na sua investigação acerca do modo como os locais de mercado de diferentes dimensões devem estar distribuídos numa região uniforme, atingiu essa classificação hierárquica. As aproximações a esta classificação podem ser encontradas em casos reais onde as condições são relativamente equilibradas e estáveis. Como tal, este é o padrão certo. Deveria existir, como aspecto da política. Colocamos um pouco em causa o salto entre o existe e o devia existir, e se a eficiência do marketing (tendo em conta uma longa lista de igualdades e pressupostos) devia ser a regra fundamental na forma da cidade.

Berry 1970
Christaller

É muito provável que se algum dia se vier a encontrar uma base para a dimensão ideal, ela surja sob a forma de um conjunto de dimensões para diferentes funções e especialmente para as diferentes preferências dos residentes, através de dimensões como a identidade, o acesso e o controlo. Mas parece menos provável que se consiga desenvolver esta base através de uma única série determinada, ou mesmo que se consiga avançar grandemente com a determinação de uma série, até que seja possível avançar na interligação entre a dimensão e as dimensões de valor em determinado tipo de cidades.

Existe ainda a possibilidade de não haver nenhuma dimensão ideal, até mesmo para uma só cidade, mas antes uma série de patamares nos quais se encontram alguns dos benefícios e dos custos mais significativos (particularmente custos), à medida que o crescimento ultrapassa os limites impostos. Estes custos estabilizam à medida que o crescimento aumenta em direcção ao próximo patamar de dimensão. Em determinada altura, por exemplo, será necessária uma nova e dispendiosa estação de tratamento de esgotos para preservar um habitat vital e essa adequação deverá então ser preservada através de um ciclo completo de crescimento. Conhecendo estes patamares, a política deve tentar manter-se imediatamente abaixo deles, ou, se o crescimento não puder ser limitado, passar por cima deles rapidamente e com uma larga margem.

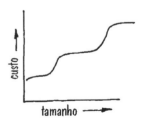

Esta atitude parece intuitivamente sensata. Quando os aglomerados populacionais são pequenos relativamente à dimensão das obras públicas necessárias para o seu desenvolvimento, e quando as obras necessárias são poucas ou tendem a ter patamares semelhantes, parece sensato analisar a situação como base para uma política pública. Mas quando o aglomerado populacional é grande e complexo, é provável que os custos dos patamares dos diferentes serviços e organismos necessários se sobreponham a tal ponto que não deixa de ser possível encontrar-se um padrão gradual claro. Baseámos com demasiada frequência a política sobre a forma da cidade em factores isolados quando estava em jogo um conjunto de factores bastante mais complexo: utilizámos a dimensão preferida de uma sala de aula para determinar a população adequada para um bairro e os índices relativos ao valor dos terrenos para determinar a "maior e melhor" localização das actividades. Só nos aglomerados populacionais mais pequenos é que se considera razoável procurar uma coincidência nos patamares. Mas a ideia aponta efectivamente para a possibilidade mais geral de a taxa de mudança na dimensão poder ser mais importante do que a própria dimensão.

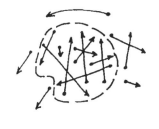

Para além disso, existe alguma confusão acerca do modo como deve ser medida a dimensão. Existe um consenso generalizado que aponta para o facto de a variável fundamental ser a quantidade de pessoas residentes, em vez de, por exemplo, o número de trabalhadores, ou a extensão geográfica do aglomerado populacional, ou os metros quadrados de superfície, ou o volume de produção em termos monetários. Mas os residentes de que unidade? Será que estamos a falar, por exemplo, da região onde as pessoas mudam de transporte, de uma área no interior da qual não pode ser definida nenhuma fronteira mais pequena que não seja atravessada por um número significativo de pessoas que viajam diariamente para o trabalho? Se assim é, estas regiões são bastante extensas nos países desenvolvidos e estão lentamente a aumentar, ao ponto de escaparem às definições convencionais de região metropolitana (de facto, esta ruptura na definição pode explicar algumas das aparentes perdas mais recentes de população nestas regiões). Uma vez que tanto a diversidade como o nível de acesso parecem aumentar à medida que a população aumenta na região onde se verifica a mudança de transportes, deveria haver vantagens nas dimensões maiores, por razões de produtividade económica e de satisfação pessoal. A sustentação poderia ser mais segura. A adaptabilidade também deveria ser melhorada, uma vez que haveria mais localizações alternativas, mais empregos, mais bases de produção, mais fontes de serviços, etc. Não há razões evidentes para um aumento dos custos em níveis semelhantes de serviços, nem para uma menor adequação a um comportamento desejável*.

---

* Reparem que estou aqui a especular somente acerca da dimensão em densidades comparáveis e com diferentes actividades. Densidades elevadas ou segregações exactas das actividades devem ter efeitos muito próprios.

Apesar dos nossos mais profundos receios acerca das cidades "intermináveis", não existe necessariamente uma razão que indique os sentidos têm de sofrer numa vasta área de mudança de transportes. Esta região poderia (pelo menos em teoria) ser tão diversa, tão satisfatória e ter tanto significado como (e não ser mais "sufocante" do que) uma vasta área agrícola ou uma extensa área selvagem.

Verificam-se problemas graves de controlo político à medida que a dimensão aumenta e é possível (mas não inevitável) que determinados géneros de poluição do ar e da água sejam mais difíceis de controlar. É provável que haja uma maior dependência de novas fontes de energia e materiais, e um problema ainda maior de eliminação dos resíduos. Mas nada disto parece ser, à primeira vista, impossível de resolver (excepto talvez a questão política anteriormente mencionada). Tal como muitos outros efeitos, estes problemas podem estar mais intimamente relacionados com a densidade do que com a dimensão em si mesma.

A probabilidade de encontrarmos uma dimensão ideal para uma região de mudança de transportes parece longínqua. Além disso, à medida que as comunicações melhoram, mais e mais pessoas podem trabalhar em casa, pelo menos durante uma parte da semana e, ainda assim, continuarem a ser membros activos de sistemas produtivos em larga escala. Se assim for, o importante espaço de vida torna-se um espaço de comunicações, em vez de uma região de mudança de transportes – ou seja, uma região no interior da qual qualquer tipo de fronteira, por mais pequena que fosse, serviria para interromper um fluxo significativo de mensagens diárias. Nesta altura, a questão da dimensão regional parece dissolver-se perante os nossos olhos. À medida que as cidades se tornam cada vez menos tangíveis, objectos delimitados, a velha charada já não pode ser colocada e muito menos resolvida.

Mas há agrupamentos mais pequenos cuja dimensão pode ser analisada para se encontrar o valor ideal. São as regiões dos serviços com vários organismos, importantes para o acesso, e com vários níveis de unidades políticas, cruciais para o controlo. De facto, é provavelmente esta última dimensão que a maior parte das pessoas tem em mente quando diz que detestam a grande cidade porque é "incontrolável", e o motivo para que as sondagens de opinião nos Estados Unidos, revelem normalmente uma preferência acentuada pela vida nos subúrbios e nas pequenas cidades*. É nas unidades governamentais de 20 000-40 000 pessoas que os cidadãos comuns se podem tornar activos na política quando assim o desejam, se sentem ligados a uma comunidade política identificável e sentem que exercem algum controlo sobre as

---

* Se as pessoas estiverem a uma distância razoável de algum grande centro urbano – ninguém se mostra disposto a abdicar dos modernos padrões de acesso!

questões públicas, por muito limitadas que sejam as medidas nas decisões regionais, nacionais e empresariais das pequenas cidades. Os requisitos que Aristóteles tinha em mente quando falava acerca da dimensão da cidade eram precisamente os de ordem política. Em qualquer economia política pode haver dimensões ideais para as unidades políticas, que vão desde as regiões até às cidades, passando pelas localidades. Mas estas considerações referem-se mais à organização política do que à organização espacial, excepto no facto de a estrutura política poder ser reforçada ao proporcionar uma identidade legível e no modo como se distribuem os serviços localizados. A escala dos aglomerados populacionais interdependentes é hoje em dia extremamente vasta e exige uma unidade política a nível regional, de modo a gerir os recursos espaciais necessários aos sistemas regionais. Como tal, podemos querer fortalecer a administração regional e as "cidades" pequenas e autónomas no interior de uma única região urbana, ao mesmo tempo que dissolvemos a "grande cidade" que se encontra entre as duas na escala. Além disso, na procura de um melhor controlo, podemos colocar a hipótese de devolver algumas funções políticas simples às pequenas regiões administrativas locais, tal como veremos mais adiante*.

A questão da dimensão física pode, de facto, ser significativa e até mesmo generalizável, à escala da unidade local, na qual as pessoas se conhecem pessoalmente porque residem na proximidade umas das outras e onde a dimensão – para além de outras características, tais como a homogeneidade social, o padrão das ruas, a identidade das fronteiras e os serviços comuns – pode desempenhar um papel fulcral na promoção do controlo, da adequação actual e da sensibilidade. Os bairros deste género provavelmente não têm mais de cem habitações, no máximo, e é até muito provável que tenham entre quinze e trinta habitações. São bastante mais pequenos do que o "bairro" que, na doutrina clássica do planeamento, deve ter uma dimensão adequada à de uma escola primária.

Esta ideia de um bairro urbano tem passado por períodos altos e baixos. No primeiro quarto deste século, era uma unidade de análise social usada pelos pioneiros da sociologia urbana. Desenvolveu-se então a ideia de que o bairro era a base territorial adequada de um grupo socialmente apoiado, no seio do qual haveria muitos compromissos pessoais. Os teóricos do planeamento, encorajados pelos seus modelos orgânicos,

---

* Surge aqui uma outra questão. Estamos habituados a um mundo em que o governo é sempre uma unidade territorial, excepto no que diz respeito a algumas autoridades criadas com fins específicos, ao passo que os centros de poder privados são muitas vezes definidos em termos de funcionalidade e não em termos de espaço. Será que esta correspondência entre o poder espacial e público é a melhor maneira de se organizar a administração? Fico satisfeito por passar ao lado desta questão, uma vez que uma nova resposta poderia ter consequências perturbadoras para nós.

pegaram na ideia de bairro como bloco básico de construção de uma cidade. Deveria ser uma unidade espacial definida, livre de todo o tráfego que a intersectasse e tão auto-suficiente nos serviços diários quanto possível. A unidade foi dimensionada à área de captação da escola primária típica e as captações de outros serviços deveriam adaptar-se a este módulo, ou a múltiplos integrantes deste mesmo módulo. Esta ideia ainda é influente na concepção de cidades em todo o mundo. Tem vantagens de simplicidade para a concepção; permite ruas sossegadas; assegura alguma adequação dos serviços às necessidades.

Mais tarde, o pressuposto social desta ideia foi completamente destruído. Não correspondia às condições da maior parte das cidades norte-americanas, onde os contactos sociais podiam estar territorialmente baseados numa escala mais pequena (como um único bloco), mas estavam dispersos por grandes sectores da cidade. Estas relações baseavam-se no parentesco, no trabalho ou em interesses variados, em vez de se basearem no local. Esta dispersão espacial parecia ser verdadeira para todas as pessoas, com excepção de alguns residentes de mais baixos rendimentos dos guetos étnicos. A unidade espacial limitada não se adequava à rede de interacção social. Além disso, quando a ideia de bairro foi implementada, de facto, na concepção da cidade deu origem a uma série de unidades estereotipadas. As áreas de captação de diversos serviços não conseguiam ser facilmente adaptadas a um módulo único e estavam sempre a mudar. As amizades dos adultos não se baseavam no facto de as crianças frequentarem a escola primária e as dimensões administrativamente eficazes destas escolas deformaram o tecido urbano, quando eram consideradas como a medida fundamental. O acesso sofreu.

Logo após a ideia de bairro ter sido completamente demolida aos mais elevados níveis intelectuais* reapareceu com toda a força proveniente de baixo. Várias ameaças às áreas locais existentes – ameaças de renovação urbana, ao autocarro da escola, aos novos transportes expresso, à expansão institucional, ou de invasão étnica – originaram uma vaga de resistência, organizada sobretudo ao nível do bairro. As pessoas demonstraram que, apesar de os seus empregos e mesmo as suas amizades não seguirem as linhas do bairro, podiam mesmo assim unir forças a esse nível quando era necessário defenderem-se. Estas organizações de bairro orientaram-se por questões concretas e mostraram-se resistentes à mudança, em vez de serem geradoras de mudança. Desde então, tornaram-se politicamente activas a níveis mais elevados e mais formais da administração. A política de bairro reapareceu. A noção de bairro demonstrou ser útil como arma de controlo.

---

* Refiro-me, naturalmente, às nossas
escolas superiores de planeamento.

Investigações recentes acerca do modo como as pessoas idealizam uma cidade revelam que a designada comunidade local é muitas vezes um elemento importante dessa estrutura mental. O bairro pode não ser essencial para as suas relações sociais, mas é, juntamente com as principais estradas, uma peça fundamental da sua estrutura mental. Desse modo, por ser uma unidade ideal de organização social e organizadora do acesso aos serviços públicos, a noção de bairro torna-se um conceito de controlo e, ainda que isso seja porventura menos importante, um conceito de sensibilidade. Já não é um espaço no qual as pessoas se conhecem umas às outras porque vivem lado a lado, mas um espaço definido por todas as pessoas, a que todas as pessoas dão um nome e no qual as pessoas consideram ser relativamente fácil unirem-se quando as situações se tornam perigosas. Estas comunidades existem nas mentes dos habitantes da cidade e existe muitas vezes um certo consenso acerca dos seus limites e das suas características estereotipadas. Esse consenso é reforçado oralmente e pelos meios de comunicação social. Os organismos públicos da cidade usam--no como base para o estabelecimento de relações a nível local, o que fortalece ainda mais toda a estrutura.

Uma vez que a questão básica é o controlo, a questão para a concepção da cidade é, em primeiro lugar, saber se este tipo de organização comunitária pode, e deve, ser reforçada através da forma espacial e, em segundo lugar, quais são os elementos do aglomerado populacional que poderão ser adequadamente colocados sob controlo comunitário e de que modo é que isso poderá acontecer. Parece evidente que a concepção do aglomerado populacional pode reforçar uma imagem previamente definida da comunidade por meio de separações, da instauração de centros locais, do desvio das principais redes rodoviárias, da exploração das irregularidades do terreno, e de outras diferenciações de carácter físico. Desde que estas compartimentações visuais não bloqueiem os padrões gerais de acesso e não limitem os contactos sociais, ou as áreas dos serviços, aumentam a legibilidade, diminuem o ruído e o perigo da rapidez do trânsito, e aumentam a possibilidade de organização e de controlo locais, sem custos significativos.

Mas se forem impostas barreiras à circulação, ou se as pessoas forem encaminhadas a comprarem em determinado local e a trabalhar num outro, ou a utilizarem determinado serviço, então o acesso e a adaptabilidade entram em declínio. Para além disso, se forem desenvolvidos esforços para aumentar a homogeneidade social de um local, que é muito mais poderosa do que a concepção física como meio de indução de um sentido de comunidade, então surgirão todas as questões que serão debatidas mais adiante, sob o título de "malha". A homogeneidade física e social planeada é certamente defensável ao nível do bairro social mais pequeno e "verdadeiro"*, uma

---

* Com menos de 100 habitações.

vez que melhora a coesão social, a adequação, o controlo e o sentido, sem prejudicar seriamente o acesso de ninguém. Mas é mais perigosa à escala comunitária. Para além disso, o prazer de viver numa zona identificável com ruas calmas e seguras, com serviços diários facilmente acessíveis e próximos, e na qual as pessoas se podem organizar politicamente quando surge a necessidade de controlo, é seguramente uma característica legítima de um bom aglomerado populacional. Além disso, para alguns grupos etários, sobretudo para os mais novos, a existência de uma comunidade social baseada no local é bastante importante. As áreas residenciais locais identificáveis permitem igualmente a cada indivíduo a participação na melhoria do meio circundante.

A defesa do bairro* vai ainda mais longe. Os defensores dos locais pequenos e da descentralização insistiram no facto de estas divisões administrativas locais terem de ser capazes de controlar o seu próprio espaço residencial e, até certo ponto, a sua própria economia e serviços públicos. Quaisquer tentativas de auto-suficiência em aspectos como a alimentação, a energia e a construção são, sob esse ponto de vista, recomendáveis. As empresas locais deviam oferecer empregos na região e manter os lucros localmente, em vez de os "perderem" para elementos exteriores. Uma sociedade organizada a nível local podia administrar a escola, gerir os espaços abertos e patrulhar as ruas.

Verificam-se duas dificuldades nesta posição. A primeira, é que se opõe ao equilíbrio da actual política económica, nos países capitalistas e nos países socialistas. Nos Estados Unidos, por exemplo, os negócios controlados a nível local e baseados na mão-de-obra, nos recursos e no capital locais, têm dificuldades de sobrevivência, e têm ainda mais dificuldades em igualarem a produtividade das empresas nacionais ou regionais. A auto-suficiência é um sonho do passado. Os grupos em desvantagem, que dependem unicamente da acção comunitária, podem ficar presos às suas próprias dificuldades, destruindo o seu próprio acesso. Acomodam-se simplesmente às zonas mais baixas do poder. Além disso, muitas questões ambientais, tais como a poluição, os transportes, a política de habitação ou as finanças públicas, não podem simplesmente ser resolvidas a este nível. São incongruentes com esta escala. Mas as hortas locais e os abastecimentos locais de energia, a habitação gerida a nível local, os parques locais, os centros de dia locais e as patrulhas de rua de carácter local podem ser úteis e satisfatórios. A confiança e a organização obtidas através do fornecimento de serviços locais pode ser um passo em frente

---

* Talvez seja melhor utilizar antes uma outra expressão – divisão administrativa local –, reservando "bairro" para aquela área muito pequena na qual as pessoas se conhecem simplesmente porque vivem na porta ao lado, e "comu-nidade" para a entidade social coerente.

no sentido de os cidadãos alcançarem o controlo de acontecimentos mais importantes. Deste modo, a administração local pode melhorar a vitalidade e o controlo e ser um caminho para se atingir um melhor controlo a níveis mais importantes. Mas será certamente um erro restringir, ou mesmo concentrar, a estratégia a nível local como chave para a mudança social.

A segunda dificuldade no controlo local é de carácter ético. O controlo dos espaços locais desliza facilmente para a exclusão ou para a expulsão das pessoas indesejáveis. A exclusão pode não ser uma questão muito grave à pequena escala do verdadeiro bairro, mas nos níveis da divisão administrativa local e superiores transforma-se numa privação importante do acesso. O controlo local dos subúrbios, se amplamente exercido, tem como consequência encarcerar os grupos de mais baixos rendimentos na zona interior da cidade, ou afastá-los para alguns sectores de expansão menos favorecidos. Os custos das habitações aumentam neste espaço restrito de manobra. Uma aversão legítima à imposição de longos percursos das crianças até à respectiva escola torna-se uma defesa contra a segregação escolar. A qualidade dos serviços locais deve variar bastante quando não puder ser imposto e sustentado um conjunto global de padrões. Os interesses a curto prazo podem superar os objectivos a longo prazo. Mais uma vez, o controlo local tem de ser restringido a essas funções e definido por limites que impeçam o surgimento destas dificuldades éticas.

Como tal, apesar de o controlo do utilizador ser admirável, o controlo ao nível da divisão administrativa pode não ter, por um lado, a eficácia do controlo regional ou nacional e não alcançar, por outro lado, as satisfações directas e a simplicidade ética do controlo exercido pelos bairros muito pequenos e verdadeiros ou pelas famílias. Apesar de tudo, o controlo limitado da divisão administrativa e sobretudo a existência de uma estrutura de divisão administrativa sobre a qual se possa erguer a organização política, quando for necessária, são duas características importantes de qualquer aglomerado populacional. Áreas comunitárias locais legíveis, ruas sossegadas e serviços locais cómodos têm um valor evidente. Construir conjuntos de habitações pequenos, definidos e homogéneos pode, em alguns casos, apoiar os verdadeiros bairros sociais. O que parece ser inadequado para a nossa sociedade é o conceito da unidade do bairro grande, autónomo, bem definido e rígido, com dimensões normalizadas, ao qual estão ligadas todas as relações físicas e sociais. Numa outra economia – organizada em comunidade e relativamente coerente nos seus valores, onde o pequeno seja realmente belo, o controlo local pode tornar-se uma característica central da concepção do aglomerado populacional.

14 Crescimento e conservação

Se a dimensão absoluta de um aglomerado populacional é menos importante do que pensámos, excepto talvez à escala do bairro ou num sentido político, não podemos ficar indiferentes à taxa de mudança da dimensão. Um crescimento rápido significa uma agitação constante, instalações inadequadas aos requisitos e instituições incapazes de responder às necessidades. A paisagem é marcada pela construção. O sentido sofre e o acesso fica confuso. Os acontecimentos parecem ficar fora de controlo e as decisões tomadas sob tensão podem não ser as melhores. Mas mais graves talvez sejam as constantes quebras e reatamentos de laços sociais indispensáveis e os conflitos políticos surgidos entre os nativos e os recém-chegados.

Alguns destes problemas resultam de um crescimento da dimensão total, ao passo que outros resultam do movimento das pessoas, qualquer que possa ser o crescimento líquido daí resultante. A mobilidade e o crescimento dos locais não são iguais. Pode haver grande movimentação de pessoas de um lado para outro com poucas consequências nas taxas globais de crescimento. Actualmente, nos Estados Unidos, a migração total é aproximadamente dez vezes superior aos seus efeitos no crescimento líquido. Grande parte do mundo, e os Estados Unidos em particular, estão em movimentação: imigrantes, refugiados, pessoas que procuram emprego, veraneantes, turistas, viajantes e reformados. Nos casos em que é voluntário, este fluxo humano, tal como a mobilidade de capital, tem vantagens significativas, uma vez que traz capacidade e mão-de-obra para locais onde podem ser melhor aproveitados e traz pessoas para locais da sua preferência. Mas grande parte desta mobilidade não é voluntária, daí que envolva custos sérios, entre os quais a depressão psicológica que não é, de maneira alguma, um custo menor.

Pode haver algumas maneiras ambientais de lidar com estes custos emocionais. Pensa-se em melhores comunicações e informações, em rituais de transição, na formação dos recém-chegados de modo a compreenderem os novos locais, no transporte de artefactos para além da mobília, na migração de comunidades inteiras, nas relações "de irmandade" entre os locais de exportação e de importação, nas segundas habitações situadas em ambos os locais, e por aí adiante. Mas considerações deste género raramente integram a política pública que oferece apenas, quando oferece, um subsídio para pagar os custos directos de realojamento. A movimentação da população é uma realidade do nosso tempo e há métodos de melhorar as suas qualidades humanas. Mas as consequências da rapidez da mobilidade são tais que há boas razões para que surjam políticas que a possam moderar.

Controlar a movimentação das pessoas é retirar-lhes uma liberdade individual importante, limitar-lhes o acesso mais fundamental. Nos Estados Unidos, esta atitude é teoricamente inconstitucional, mas todos os controlos alargados de crescimento a nível local têm esse efeito indirecto. A liberdade de circulação entre nações tem vindo a ser cada vez mais limitada, do mesmo modo que (e porque) a migração está ao alcance das pessoas mais pobres. Se o nosso objectivo é a igualdade de acesso, o controlo da taxa de crescimento ao nível do aglomerado populacional deve ser acompanhado, pelo menos, por um racionamento da oportunidade de realojamento que não discrimine com base nos rendimentos. Mesmo nas sociedades mais controladas têm sido tomadas medidas severas para impedir a migração ou para a orientar para locais convenientes à estratégia económica. Devemos interrogar-nos não só sobre qual é a taxa ideal de crescimento, mas também acerca de qual é a melhor maneira de a atingir. Será que devemos limitar a movimentação das pessoas, parar a construção de habitações, evitar a expansão dos empregos ou criar padrões de desenvolvimento tão elevados que os custos desencorajem a vinda de novas pessoas? É evidente que os dispositivos mais humanos são aqueles que incentivam o investimento nos locais onde as pessoas se encontram e não aqueles que o evitam nos locais para onde as pessoas desejam ir ou o promovem nos locais onde elas não estão. O crescimento aparente também pode ser provocado pela substituição e alargamento das instalações. Apesar de esta situação poder consumir (e também criar) recursos, pode ter algumas consequências negativas na deslocação da população. Além disso, é necessário não esquecer que a nossa preocupação é o crescimento dos aglomerados populacionais e não outras mudanças caluniadas ao abrigo da mesma designação, tais como o crescimento do consumo, da produção, dos resíduos ou do crime.

De qualquer modo, é evidente que o crescimento na dimensão de um local ou uma mudança na sua função podem ser muitas vezes demasiado rápidos para que se possa concretizar um ajustamento bem sucedido da vitalidade e da adequação. Apesar de, em tempos, o crescimento ter sido aplaudido, e de ainda o ser na economia, mais recentemente acabámos por ver os perigos que ele encerra e algumas pessoas defendem um "crescimento zero", tal como Platão defendia. Mas a estabilidade absoluta é difícil de manter. Além do mais, tendo em conta o envelhecimento das populações e dos locais, a composição do conjunto modifica-se acentuadamente quando acontece uma transição de um crescimento constante para uma estabilidade permanente. Esta mudança de composição – por exemplo, a mudança para grupos etários mais avançados numa população estável – pode ter as suas próprias consequências desagradáveis. Em segundo lugar, uma política concentrada na estabilidade pode mais facilmente precipitar um declínio.

Rust

Deste modo, parece razoável pensar-se que existe uma taxa de crescimento média ideal. No entanto, e apesar de tudo o que tem sido dito e da quantidade de medidas públicas aplicadas, ainda não se efectuaram estudos sérios para saber se existem taxas de mudança ideais para os locais. A que taxas podem ser proporcionadas, de modo contínuo, a boa adequação, o bom sentido e o bom acesso?

Regressemos por instantes ao segundo argumento, contrário ao do crescimento zero, o argumento do possível declínio. Vemos o mundo através de metáforas e a metáfora aqui é que um aglomerado populacional é um organismo que se diminuir de dimensão, quase morre. Ou será que é um motor que ora avança, ora pára ou recua; e quem sabe até onde poderá ir nesse recuo? Todos os planificadores lamentam o declínio. As nossas teorias analisam o crescimento, mas não a perda. Contudo, apesar de o rápido declínio (tal como o rápido crescimento) poder representar uma catástrofe, também existem valores importantes numa taxa de crescimento negativa e moderada, tais como um bom acesso para uma certa abundância de espaço e de instalações, menos tensão, aumento da adaptabilidade e do controlo, e uma legibilidade histórica mais forte. Os turistas e os veraneantes procuram precisamente locais como estes, e muitas vezes os nativos permanecem neles por opção própria. Será que podíamos planear o declínio de modo a conseguir alcançar esses valores?

Daí que seja possível que existam taxas de crescimento ou de declínio ideais em determinadas situações gerais. A estratégia pública pode ser uma tentativa de manutenção dentro de uma taxa ideal relativamente a ambos os lados do ponto zero, por razões de custo, de legibilidade, de controlo e de competência política. As taxas ideais podem referir-se a mudanças na densidade assim como na dimensão, ou a taxas de intercâmbio de população. Estas taxas ideais poderiam ser diferentes em escalas diferentes do território. Um aumento muito rápido do declínio num local pode ser tolerável se for devidamente apoiado, apesar de as regiões maiores terem de se manter mais perto da estabilidade. No entanto, possuímos muito poucas informações acerca destes ideais.

Os controlos baseados em taxas de mudança, em vez de em limites absolutos, parecem ter algumas vantagens. Em vez de se estabelecer um limite máximo permitido de dimensão ou de densidade, ou uma utilização fixa, eles limitam a velocidade à qual essa dimensão, densidade ou utilização se podem alterar. Knowles, por exemplo, sugere regras para o acesso solar que dependem do contexto de um local, e que se alteram à medida que esse mesmo contexto se altera. A densidade permissível de uma cidade poderia então crescer suavemente, de modo consistente com a densidade já existente e com o passado e futuro imediatos. Os problemas de uma mudança demasiado rápida, muitas vezes confundidos com os da magnitude absoluta, poderiam, deste modo, ser directamente evitados. Ao mesmo tempo, a adaptabilidade não seria restringida e a acção pública seria orientada pela realidade actual e não por previsões duvidosas de longo alcance. Abandonar os limites fixos pode privar as pessoas de uma certa sensação de segurança, mas que é, de qualquer modo, uma falsa sensação de segurança. Sugeri anteriormente a importância de se tentarem encontrar elementos constantes e sensatos no seio da própria mudança e de como a forma ambiental pode apoiar essa procura. Mas a lei também tem os seus próprios problemas com as regras das taxas. Esses problemas legais reflectem a mesma procura psicológica de segurança.

Apesar de tudo, quando se analisa com alguma ponderação esta questão pode-se pensar que o conceito de uma taxa de mudança ideal é tão ilusório como a própria dimensão ideal. O que é "bom" numa mudança pode depender mais da sua forma do que da sua taxa quantitativa: será que foi um salto abrupto seguido de uma estagnação, de uma oscilação terrível, de uma expansão interminável e constante ou de uma curva de crescimento em S, passando de uma plataforma para outra? As oscilações repetidas, por exemplo, podem originar dificuldades padrão. Ou a forma e a magnitude da mudança podem ter de ser consideradas em conjunto. Contudo, até mesmo o efeito de uma simples taxa nas nossas dimensões ainda tem de ser investigado. As formas de crescimento e de declínio são características intrínsecas da forma urbana, com consequências múltiplas e interessantes. Não deveriam ser fontes de satisfação ou de alarme automáticos.

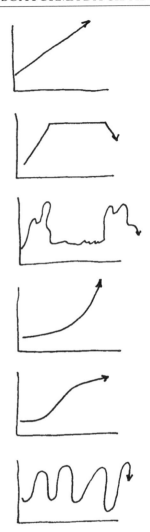

Em todo o mundo desenvolvido, muitas pessoas estão preocupadas com a conservação do ambiente natural ou do ambiente histórico. As duas orientações tiveram origens distintas, mas presentemente estão a fundir-se. Salvar o ambiente tornou-se uma causa sagrada, na qual se despendem muitas energias. Estes esforços são normalmente tentativas de salvamento de última hora, concretizados devido a alguma espécie de forte pressão económica no sentido da mudança. São apoiados por uma boa parte da opinião pública nos países desenvolvidos. Muitas pessoas estão convencidas de que os campos ou os sectores mais antigos das cidades são muito mais atraentes do que qualquer área possível com novos edifícios.

Destas duas atitudes, a admiração pelo ambiental natural é a mais disseminada e a mais profundamente enraizada. Remonta à reavaliação romântica da natureza, dos séculos XVIII e XIX. Sob essa perspectiva, a natureza não era feia e perigosa, mas sim bela e sublime. Os senhores e os mercadores prósperos começaram a construir casas no campo e os mais ricos passavam férias no campo. Em vez de ameaçar o homem, a natureza era ameaçada por estes poderes recém-descobertos. As pessoas (isto é, as pessoas que não necessitavam de trabalhar nesses locais) sentiam-se saudáveis e descontraídas no campo, mas tensas e alienadas na cidade. A cidade era vista como uma infeliz necessidade económica, que se expandia descontroladamente pelas zonas rurais. As florestas e as pequenas quintas eram destruídas para darem lugar a residências e fábricas, ou a vastos campos de exploração agrícola. A água, o ar e o solo eram poluídos. Esta degradação poderia ser irreversível e conduzir a um fim desastroso: um deserto resultante da acção humana, oceanos poluídos com resíduos, uma alteração climática repentina, a eliminação em série das espécies ou o ar irrespirável. Deste modo, as cidades eram consideradas como uma enorme ameaça para o nosso habitat. Por um lado, a ecologia, que era uma ciência em desenvolvimento, deitou por terra alguns destes receios mais extremos, mas, por outro, lançou as bases científicas para estas atitudes, ao demonstrar a interligação do mundo vivo e o modo como as suas perturbações se fazem sentir de maneiras surpreendentes.

A preservação do campo também foi usada, conscientemente ou não, como meio de exclusão social. As apropriações de terras para reservas naturais e a imposição de dimensões mínimas aos lotes foram dispositivos eficazes que serviram para manter afastadas dos subúrbios as pessoas de mais fracos rendimentos. Deste modo, reconhecia-se que a conservação da natureza era simplesmente um lema das classes mais elevadas, articulado pelos mais ricos para servir os seus próprios objectivos.

Tanto quanto sei, esta última afirmação é falsa. A preferência por cenários naturais é partilhada por todas as classes, pelo menos nos Estados Unidos. Esta preferência pode não ser tão generalizada nos países em que a maior parte da população vive ou recorda a pobreza dos meios rurais, mas a sua quase universalidade neste país tem sido amplamente demonstrada. Estas preferências são bastante específicas: em favor da paisagem produtiva e bem administrada da pequena quinta familiar; em favor das margens dos lagos e dos mares; e em favor das paisagens dos parques: locais relvados e abertos, com árvores espalhadas, pequenos bosques, água nas proximidades e uma bela perspectiva dos montes e das montanhas. O culto das áreas selvagens – locais que ainda não sofreram a acção do homem – é um gosto mais restrito, mas que também está a crescer. Infelizmente, já são poucas as áreas selvagens, excepto nas regiões polares, nas cada vez menores florestas tropicais e nos grandes desertos.

Se a natureza é o mundo intacto, sem a acção do homem, então para a preservar é necessário isolar as poucas regiões naturais ainda puras sem a intervenção humana, inclusive da intromissão de pessoas que amam as áreas selvagens. Será que estas terras virgens também têm de ser protegidas de outras alterações "naturais", como a erosão ou os incêndios florestais causados pelos relâmpagos? A área selvagem deve ser protegida para seu próprio bem, para estudos científicos e para a satisfação mental de se saber que ela ainda existe, mesmo que não seja acessível.

Ver fig. 60

Se, por outro lado, seguirmos as nossas preferências impuras e admitirmos que as paisagens administradas, como as quintas, os parques, os pequenos lagos e os bosques são constituintes da natureza apreciada, então como é que podemos excluir a cidade? Se a natureza é o sistema vivo e o seu habitat, o homem faz parte desse sistema vivo e uma cidade é tão natural como qualquer bosque ou ribeiro. Por isso, temos de explicar quais são os aspectos da natureza que preferimos proteger ou eliminar.

A cidade e o campo habitado, sempre constituíram uma unidade. Por vezes, tem sido a unidade do explorador e do explorado, mas têm estado sempre ligados entre si, social, económica e politicamente. O campo que idealizamos é normalmente o campo sem trabalho, tal como demonstra Raymond Williams. A paixão pelo cenário rural nos Estados Unidos pode, em parte, ser explicada pelo nosso distanciamento actual relativamente ao árduo trabalho rural. No entanto, também é verdade que no século XIX, em algumas áreas deste país, aconteceu um período limitado de prosperidade rural, baseado na quinta familiar.* A maior parte das nossas memórias rurais referem-se a este período, se não mesmo ao período ainda mais breve (e mais desagradável) em que o gado circulava livremente nas pastagens naturais.

R. Williams

Nada disto consegue diminuir o forte sentimento contemporâneo pelas árvores, pela água e pelo cenário rural. O campo pode ser idealizado, mas é certamente apreciado. É um local bastante adequado e cheio de significado, pelo menos para uma estadia temporária ou mais permanente quando apoiada por serviços urbanos e acesso. Se esta preferência é utilizada para servir a exclusão social, isso acontece porque algumas classes têm mais poder económico e não porque são as únicas amantes da natureza.

Os critérios da vitalidade são motivos legítimos para a conservação do ambiente rural. São igualmente aplicáveis à zona interior da cidade e são indubitavelmente mais importantes nessa área. O sentido mental da ligação com a natureza no sentido mais geral (ou seja, com o mundo na sua globalidade e especialmente com a rede das suas criaturas vivas) é uma satisfação humana básica, o aspecto mais profundo da sensibilidade. O cenário rural transmite essa sensação, especialmente se o compreendermos e tivermos um papel funcional a desempenhar dentro dele, mas a paisagem urbana também pode transmitir a mesma intuição. Quer se trate do campo ou da cidade, não é uma mera questão de salvar plantas e animais, mas de fazer com que a sua presença seja significativa. O movimento do Sol e das marés, os ciclos das ervas daninhas, dos insectos e dos homens, também podem ser celebrados nas calçadas da cidade. Quando conseguirmos

---

* E um período mais recente de prosperidade baseada na agricultura empresarial.

admitir que a cidade é tão natural como a quinta e tão susceptível de conservação e de melhoria, poderemos trabalhar sem as falsas dicotomias entre a cidade e o campo, entre o artificial e o natural, entre o homem versus outros seres vivos.

A preservação do ambiente histórico teve no seu início um motivação política. Nos Estados Unidos, o movimento surgiu pouco antes da Guerra Civil, como um sinal de ansiedade no sentido de evitar e depois sarar aquela desastrosa quebra da unidade nacional. Mais tarde, esteve explicitamente relacionado com a "americanização" dos destruidores imigrantes estrangeiros. Posteriormente, foram acrescentadas outras motivações: restauração arquitectónica correcta, investigação arqueológica e depois a promoção turística, à medida que o prazer pelos locais históricos se generalizava. Actualmente, este prazer tornou-se num gosto de tal modo enraizado que áreas urbanas completas são preservadas ou restauradas de acordo com o seu estado inicial, não só para os turistas, mas em consideração pelos seus residentes permanentes.

Muitas vezes, são novos residentes, atraídos pela qualidade histórica da área. O mercado responde ao influxo com um rápido aumento do valor das propriedades. Os residentes mais antigos, de rendimentos médios ou baixos, são substituídos por outros que podem pagar os preços inflacionados e para quem a qualidade histórica vale bem o preço. Tudo isto faz parte de um processo mais geral de "renovação", actualmente habitual em muitas das nossas zonas interiores da cidade. Em contraste com a sua função política original, a preservação histórica é agora fomentada pelas classes mais poderosas e por motivos económicos.

Esta nostalgia pelo passado, numa época de mudança, está a difundir-se por todas as classes económicas, tal como aconteceu com a preferência pelo ambiente "natural" na sua época. Além disso, a preservação histórica incorpora um enigma intelectual semelhante. Do mesmo modo que todos os ambientes fazem parte da natureza, também todos os objectos são históricos – todos existiram previamente, todos estiveram relacionados com alguns acontecimentos e pessoas e, portanto, todos têm um significado histórico. Temos que escolher o que devemos manter. Os critérios utilizados têm sido políticos, ou pelo menos baseiam-se em qualidades estéticas definidas pelos especialistas, ou assentam simplesmente na sobrevivência: o que quer que seja que consiga resistir a determinado espaço de tempo vale a pena ser preservado. As coisas tão depressa são novas como no momento seguinte estão fora de moda, já estão gastas e são postas de parte; e só mais tarde renascem como históricas. A onda de redescoberta segue-se ao presente, com um espaço de tempo decente que permita uma distância suficiente. Esse intervalo parece estar a diminuir: era de cem anos e agora aproxima-se dos trinta ou quarenta anos. À medida que o tecido físico existente se torna cada vez mais passível de preservação, a questão do que deverá ser preservado e a luta com as forças que exigem mudanças ambientais torna-se mais aguda.

A luta é ainda mais agudizada devido ao conceito generalizado (ainda que, curiosamente, possa contradizer o menosprezo paralelo pelas coisas actualmente novas) de que as coisas antigas eram melhores num momento original e que desde então têm vindo gradualmente a degradar-se. O verdadeiro crente restaura o objecto preservado de acordo com o seu estado inicial de pureza e esconde qualquer evidência de função moderna, do mesmo modo que a natureza tenta camuflar a presença do homem. A história parou num período dourado; a mudança é uma estranheza. Como tal, desenvolve-se todo um conjunto de conhecimentos específicos sobre a questão da restauração adequada. Uma vez que a função actual já não pode ser negada nas extensas áreas da cidade, são estabelecidos limites precisos: o exterior dos edifícios é restaurado, apesar de o seu interior ser irrelevante. Além disso, a restauração concentra-se em algumas zonas históricas.

Tal como nos deliciamos com os cenários rurais onde não há trabalho, ficamos satisfeitos ao ver a história purificada, desligada da mudança, livre da fealdade e da tensão do passado. Gostamos de Williamsburg, tal como gostamos de uma quinta, porque não necessitamos de trabalhar nela. Além disso, a história que é visível para nós é uma história escolhida, seleccionada de entre um enorme leque de objectos históricos. Quem a escolhe são os especialistas das classes média e alta, com as suas perspectivas bastante desenvolvidas acerca da correcção arquitectónica da forma dos edifícios.

Como tal, podemos criticar o movimento de preservação histórica em três aspectos interrelacionados: em primeiro lugar, pelo facto de frequentemente servir para desalojar as pessoas que vivem nas áreas a restaurar; em segundo lugar, por transmitir uma perspectiva falsa da história, purificada e estática (poder-se-ia dizer que é claramente sensata, mas também falsa); e, por último, porque os valores nos quais se baseiam os critérios de preservação são estreitos e especializados. Além disso, a preservação em grande escala, prejudica a adequação a novas funções e impede a adaptação futura.

Mais uma vez, tudo isto não serve para diminuir a força e o significado do movimento de preservação. Por muito elitista que actualmente possa ser, a atitude está a disseminar-se pelas outras classes. Os prazeres da restauração são reais. As pessoas começaram a prestar atenção ao meio que as rodeia, a preocupar-se com ele e a apreciá-lo. Os bairros das zonas interiores da cidade, locais onde anteriormente não se faziam quaisquer investimentos e que estavam votados ao abandono, estão a ser restaurados para serem bem aproveitados. A conservação pode proporcionar benefícios económicos, não só como atracção turística, mas também porque poupa recursos físicos dispendiosos que, de outro modo, seriam desperdiçados. Assim, o mundo urbano torna-se mais diversificado e interessante.

Se pensarmos na conservação histórica como um problema de sensibilidade – como um meio de enriquecermos a nossa imagem do tempo – então algumas das contradições enigmáticas do movimento podem desmoronar-se. Conservamos as coisas antigas, não pelo seu valor próprio, nem numa tentativa quixotesca de parar a mudança, mas para melhor transmitir um sentido de história. Esta atitude implica uma celebração da mudança e dos conflitos de valores que acompanham a história. Significa ligar o processo do passado à mudança e a valores actuais, em vez de tentar separá-lo deles. Há uma série de aspectos que se tornam mais fáceis de concretizar: autorizar a presença da função de alteração, evitar a dicotomia entre interior e exterior, escolher mais abertamente entre as formas passadas que admiramos ou desprezamos, modificar objectos antigos de um modo criativo, libertar as formas "correctas" das mãos dos especialistas e autorizar os diferentes valores dos utilizadores. O ambiente pode intensificar a percepção do residente acerca da mudança e ajudá-lo a ligar o passado com o seu presente e com o seu futuro. O perito em conservação, o residente ou o trabalhador podem entrar em diálogo, para o qual cada um contribui com a sua própria percepção do local. Neste processo, cada um deles acaba por vislumbrar um significado mais profundo, por sentir uma continuidade mais forte. Os utilizadores até podem sentir orgulho por um local anteriormente opressivo, uma vez que trabalharam e sobreviveram nesse mesmo local. A sua modificação desse local pode exprimir tanto interligação como libertação.

Pelo menos potencialmente, estes dois poderosos movimentos de conservação, os da natureza e os da história, podem não só transformar-se num só movimento, como também podem ser ligados à conservação da comunidade humana, que também tem uma história e faz parte da natureza. Se essa ligação fosse concretizada, nunca tentaríamos preservar simplesmente um local. Nem sequer tentaríamos conservá-lo, excepto se pudesse ser demonstrado que esta conservação tinha para nós um valor tangível no presente ou no futuro. Em vez disso, o objectivo seria manter a continuidade da própria comunidade, e da imagem da história e da natureza que são propriedade dos seus membros. Se a coligação dos movimentos de conservação puder ser forjada nessa base, então o conceito de continuidade local tornar-se-á uma ideia fundamental na remodelação dos nossos aglomerados populacionais.

15 Texturas e redes urbanas

A textura interna de um aglomerado populacional é provavelmente mais importante para a sua qualidade do que muitos dos padrões grosseiros dos mapas que normalmente atraíram a atenção do design. Por exemplo, em contraste com algumas das questões mais indefiníveis que acabámos de considerar, as implicações da densidade do aglomerado – uma característica tantas vezes confundida com a dimensão – são consideráveis. As preferências da maioria (mas não de todos) os grupos populacionais dos Estados Unidos vão no sentido de uma densidade residencial relativamente baixa. Estas preferências têm-se mantido estáveis desde há bastante tempo. O actual "regresso à cidade" parece ser uma contracorrente menor (e específica de uma classe) relativamente ao fluxo principal, que recupera fôlego de cada vez que há uma crise petrolífera ou quando o custo das habitações sobe mais rapidamente do que os rendimentos. Mas a grande maré de desejo ainda vai no sentido exterior, direccionando-se actualmente no sentido dos ex-ex-subúrbios, ou das pequenas cidades e do campo situado fora das regiões metropolitanas oficiais. Além disso, esta preferência parece ser partilhada pelas maiorias de muitos países desenvolvidos, apesar das diferenças na cultura, na política económica ou nas doutrinas dos seu líderes e planificadores profissionais. Até no Japão urbano, onde uma pequena habitação num pedacinho de terreno custa cinco a dez vezes o rendimento anual de uma família da classe média, em que o pedaço de terra onde pode ser estacionado um automóvel pequeno pode custar duas a três vezes o preço do automóvel e onde as deslocações a partir dos subúrbios podem demorar duas horas para a ida e regresso, em comboios incrivelmente superlotados, apesar de tudo, a procura de uma residência unifamiliar continua a ser persistente.

Esta preferência maioritária tem algumas razões óbvias: desfrutar a natureza, gostar de um ambiente puro e sossegado, desejo de controlo da sua própria casa – com a segurança, satisfação e poupança que daí advém – e a ideia de que uma residência numa área de baixa densidade é um bom local para educar as crianças. Esta preferência pela densidade pode ser reforçada pelas preferências pela dimensão dos bairros sociais e pela unidade política que mencionei anteriormente, e pelos símbolos de estatuto e de vida suburbana, ou pela oportunidade de afastamento relativamente a outras classes sociais ou a outros grupos étnicos. É evidente que esta última característica não é uma função da densidade, mas da segregação espacial que nos Estados Unidos tem acompanhado a suburbanização.

Apesar de estudos recentes acerca da correlação da dimensão da cidade com vários problemas sociais se terem revelado inconclusivos, a ligação entre o aumento da densidade residencial e o aumento da poluição, do ruído e de um clima mais fraco está bem definida. Os custos de construção estão também intimamente ligados com a densidade. Os custos em termos de capital para a construção de novas habitações nos Estados Unidos – situa-se ao mesmo nível o custo do terreno em bruto e a quantidade de espaço fechado – aproxima-se do custo mínimo para um conjunto de habitações em locais de densidade elevada se tivermos em conta todos os custos, nomeadamente os dos serviços públicos, das estradas e dos organismos públicos. É ligeiramente mais baixo para unidades densas de três andares sem elevador e provavelmente desceria ainda mais para unidades mais altas, se as pessoas aceitassem viver nelas. Os custos aumentam substancialmente quando a densidade se afasta deste ponto mais baixo em qualquer das direcções – no sentido, por um lado, das residências unifamiliares ou, por outro, no sentido dos apartamentos em arranha-céus. Parece haver conclusões semelhantes na Grã-Bretanha, onde as habitações são construídas a um custo inferior quando se situam perto das dez unidades habitacionais por acre. Nos países em que a indústria da construção civil está organizada de modo diferente e em que os padrões das habitações variam dos nossos, as densidades de custo mais baixo também devem variar. Um aglomerado populacional em zonas devolutas pode ser mais barato, ou uma zona uniforme de apartamentos pré-fabricados em arranha-céus. A questão é que – ao contrário de correlações incertas com a dimensão da cidade – os custos de capital, as preferências e as qualidades ambientais (novamente as nossas dimensões) variam acentuadamente de acordo com a densidade residencial de uma cultura e com a política económica, e esta variação pode ser analisada.

    É evidente que não existe uma densidade residencial ideal geral. Não só há diferenças substanciais entre as nações, mas também entre os grupos sociais das diferentes nações: adultos solteiros, idosos, pessoas sofisticadas de centros urbanos, famílias com crianças, residentes temporários e as várias classes de rendimentos. A preferência pela vida no centro da cidade tem-se mantido como gosto minoritário neste país e parece aumentar um pouco à medida que os custos de habitação aumentam. Mas esta situação acontece face à preferência dominante e contínua pelos subúrbios e pelos cenários rurais. No entanto, nenhuma cidade boa pode ser completamente de subúrbios, como Broadacre City, de Wright, ou inteiramente de arranha-céus, como no modelo de Le Corbusier, ou mesmo ser totalmente construída com "doze habitações por acre", que era o dogma da cidade jardim.

    Algumas dimensões não estão directamente ligadas com a densidade. As considerações sobre o sentido são muitas vezes citadas por oposição à vida em locais de densidade baixa. Os subúrbios "não têm forma" ou são "monótonos"; falta-lhes o sentido vívido de local que as cidades densas têm. Este ponto de vista é duvidoso e é certamente a perspectiva de um estranho. Só pode ser testado invocando o sentido de local do próprio habitante. Todos os estudos existentes indicam que em qualquer nível de densidade há locais monótonos e sem significado, assim como locais intrigantes e cheios de significado. O sentido depende de muitas outras coisas – da forma visível, das relações sociais, do sentido de controlo, dos meios de acesso, da experiência diária – que provavelmente podem ser alcançadas, ou não, em qualquer grau razoável de proximidade residencial (apesar de os meios para alcançar a legibilidade variarem seguramente de acordo com a densidade).

Inversamente, têm-se verificado algumas tentativas para ligar a patologia social com a elevada densidade dos aglomerados populacionais, partindo da premissa de que um aumento na frequência do estímulo e dos encontros, particularmente com estranhos, juntamente com uma perda da capacidade para controlar esse acesso, sobrecarrega a capacidade humana de resistência, originando assim o crime, a neurose, a tensão, os problemas de saúde e a alienação social. As analogias são retiradas de algumas experiências surpreendentes efectuadas com ratos, mas os dados relativos aos seres humanos são muito menos conclusivos. As pessoas conseguem aliviar uma sobrecarga de estímulos através de muitos e variados dispositivos psicológicos. Os estudos psicológicos das multidões parecem encontrar alguma ligação entre a tensão e o facto de se estar num local cheio de gente. Mas há muito poucas provas que demonstrem os efeitos da densidade residencial, depois de se afastar a influência das classes, da organização social e de outros factores.

Nos Estados Unidos, pode existir alguma ligação entre a saúde e o número de pessoas por compartimento, mas é uma fraca ligação. As habitações públicas em Hong Kong, construídas com densidades incrivelmente elevadas, não são acompanhadas por elevadas taxas de criminalidade ou de ruptura familiar, provavelmente por causa da organização e dos valores sociais do povo chinês que aí vive. Os acampamentos da tribo !Kung podem conter menos de 40m2 de espaço total de acampamento por pessoa e as crianças passam o tempo todo dentro destes acampamentos extremamente densos. No entanto, estes aglomerados populacionais no deserto são densos por opção e não há sinais de tensão biológica entre os seus habitantes.

Os receios das multidões sociais foram reforçados pelo conceito de "sustentabilidade" retirado da ecologia e da criação de animais. Em qualquer região de pastorícia, por exemplo, há um número máximo de cabeças de gado que pode pastar naquele local, ano pós ano. Quando se excede este número, a cobertura de relva degenera-se, inicia-se a erosão e as plantas não comestíveis apoderam-se do solo. Nesse caso, por analogia, deve existir um número máximo de população humana sobre a terra e, através de uma analogia ainda mais ténue, um nível máximo de densidade urbana, um limite de habitat. No caso da cidade, pelo menos, evoluímos não só dos animais para os seres humanos, mas dos ciclos de energia locais para as regiões interdependentes extremamente vastas, e de um comportamento estático para tecnologias muito dinâmicas. A capacidade máxima de sustentabilidade da terra para a espécie humana é imaginável, mas varia de acordo com formas desconhecidas para a tecnologia. Quando é aplicada a uma única área urbana, a ideia é bastante duvidosa.

Apesar destas falsas pistas, a densidade residencial tem relações evidentes e descortináveis com outras dimensões: qualidade vital, custos, adequação a um comportamento desejado, controlo e adaptabilidade. A crítica aos subúrbios aponta especificamente para o seu efeito sobre o acesso, tendo em consideração uma falha energética e em nome daqueles que não sabem conduzir ou que não têm autorização para o fazer. Os idosos, as pessoas com algum tipo de deficiência, os pobres e os adolescentes sofrem de incapacidades específicas de acesso nestes locais de baixa densidade. É evidente que na análise da densidade e do acesso o meio de transporte tem que ser tomado em consideração. Novos meios de transporte de baixa densidade poderiam modificar estas consequências. Além disso, grupos de actividades de densidade relativamente elevada podem aumentar o nível de acesso, mesmo no interior de uma densidade residencial relativamente baixa. Por isso, a densidade das habitações é sempre uma decisão fundamental na concepção da cidade. Define o quadro de todas as outras características e tem implicações de longo alcance.

A densidade do local de trabalho também exerce um forte impacto na qualidade de vida, assim como nos custos, no acesso e na adequação da produção, no entanto, pouco se fala acerca desse aspecto. As densidades de actividades de outros géneros, tais como as dos serviços e dos centros comerciais, são importantes, não só para o acesso a essas actividades, mas também para o sentido e para tornar mais fáceis os encontros sociais. Densidades deste género podem ser aumentadas a nível local, mesmo enquanto se mantêm a níveis baixos as médias da área residencial, alcançando, desse modo, as comodidades de ambos os níveis de densidade. O padrão de tempo da densidade também merece a nossa atenção. Uma densidade espacial baixa, de instalações fixas, pode ser complementada por congregações temporárias ocasionais, tais como convenções, dias de mercado e festivais.

A densidade, em todas as suas variadas formas, é uma questão complexa, mas substancial, que tem muitas ligações ao valor de um aglomerado populacional. Atormentada por inúmeros mitos, consegue, apesar de tudo, produzir impactos muito reais nas dimensões de execução e que têm de ser devidamente investigados para cada situação.

A malha de um aglomerado populacional é outra característica fundamental da sua textura, uma característica muitas vezes confundida com a densidade. Por "malha" pretendo referir-me ao modo como os diferentes elementos de um aglomerado populacional se misturam no espaço. Estes elementos podem ser as actividades, os tipos de edifícios, as pessoas, ou outras características. A malha de uma mistura é requintada quando elementos similares, ou pequenos conjuntos deles, estão amplamente dispersos por entre elementos diferentes, e grosseira quando vastas áreas de um espaço estão separadas de áreas extensas de um outro espaço. Uma medida inversa do requinte da malha pode ser a distância média de todos os (ou de uma amostra de) elementos de um mesmo género, relativamente ao vizinho mais próximo e diferente. O requinte é a principal característica da malha, mas a nitidez é uma outra característica, ainda que menos crucial. A malha é nítida quando a transição de um conjunto de elementos semelhantes para os seus vizinhos diferentes é abrupta, e é disforme se a transição for gradual. Pode obter-se uma medida possível da nitidez dividindo uma região num conjunto arbitrário de pequenas células e depois contando o número de pares de células adjacentes que a mistura faz variar num valor percentual mínimo. Deste modo, uma malha pode ser requintada e nítida, requintada e disforme (o que pode designar-se por mistura "grisalha"), grosseira e nítida (altamente segregada), ou grosseira e disforme; e estes termos qualitativos podem ser quantificados.

A malha é simplesmente uma maneira de tornar explícita uma característica espacial das cidades muitas vezes mencionada, e que é designada por diferentes palavras como segregação, integração, diversidade, pureza, utilização mista da terra ou agrupamento. Nas suas mais variadas formas, a malha é fundamental para que um local seja considerado bom. Utilizemos como exemplo a malha de residência das pessoas por classe social, ou seja, o grau de segregação social de uma cidade. É um problema dominante nos Estados Unidos. De facto, pode muito bem ser uma das questões mais importantes da forma espacial neste país. A malha de residência por classe nas cidades americanas é marcadamente grosseira, ainda que por vezes disforme, e é provável que se torne cada vez mais grosseira. Na medida em que as pessoas podem escolher o seu local de residência, optam normalmente por locais próximos dos seus semelhantes. Esta escolha deriva de conflitos comportamentais (especialmente por causa da educação das crianças), devido aos receios da violência ou das relações sexuais entre diferentes classes sociais, como símbolo de posição social, como meio de protecção do investimento numa habitação, em consequência de aspirações sociais pessoais ou para os filhos, para se ter acesso a melhores serviços, ou simplesmente porque as pessoas podem mais facilmente encontrar amigos entre os seus semelhantes. Uma vez que os diferentes grupos têm oportunidades de escolha também muito desiguais, esta preferência resulta numa disposição acentuadadamente grosseira e classificada. Depois do seu surgimento, é reforçada pela exclusão consciente de outros grupos raciais e económicos.

As causas para a produção de uma malha grosseira são poderosas e a preferência por uma vida perto de pessoas de uma classe social semelhante está disseminada, não só nos Estados Unidos, mas talvez em todo o mundo. Em cada cultura há grupos que se segregam a si próprios. Actualmente, nos Estados Unidos a segregação está a alterar-se dos grupos étnicos para as classes de rendimentos. Se essa malha virá a ser reforçada ou suprimida é uma característica da economia política, uma vez que um mercado do tipo capitalista exagera-a, ao passo que uma economia socialista centralizada pode alterá-la consideravelmente, como se pode ver na Polónia, por exemplo.

A malha tem um impacto profundo em muitos outros valores, para além dos que são directamente procurados pelos residentes. Uma malha grosseira diminui o acesso a outro tipo de pessoas e a outros modos de vida. As desigualdades no acesso a recursos e a instalações também podem aumentar com a segregação espacial. A violência e a tensão podem aumentar, ainda que, se a malha for muito grosseira e nítida, as oportunidades de violência entre os grupos possam diminuir ou voltar-se para o seu interior. A coordenação regional e o controlo são mais difíceis num aglomerado populacional de malha grosseira, ao passo que o controlo local pode, pelo contrário, ser melhorado.

A doutrina profissional exige que a malha de residência por classes seja requintada e disforme. O modelo orgânico insiste no facto de cada pequena área ser um microcosmos do conjunto. No entanto, esta doutrina tem sido, na prática, muito negligenciada, ou tem sido ineficaz, excepto em algumas nações socialistas. Quando se tentam atingir objectivos como a igualdade, a comunicação entre os grupos e a capacidade de ultrapassar barreiras, tem de se defender uma malha de residência muito mais requintada do que a que existe actualmente neste país. Mas os valores que impelem tantas pessoas para a segregação (tais como a segurança ou as relações primárias mais fáceis) defendem que dentro de qualquer mistura devem existir conjuntos de semelhanças relativamente homogéneas e "puras", de modo a que as pessoas se sintam à vontade entre os seus semelhantes. Ao mesmo tempo, por razões de igualdade, a mistura nas áreas maiores deve ser mais equilibrada e o acesso regional deve ser mais elevado. Deve haver também zonas de transição ("manchas"), nas quais a posição social seja mais ambígua, de modo a que as pessoas possam "atravessar" se assim o desejarem.*

* Idealmente, seria desejável ver não uma sociedade sem divisão de classes, mas uma sociedade em que as classes fossem numerosas e se diferenciassem por diferentes modos de vida, em vez de por uma escala de poder e de riqueza, que apenas sobe ou desce. Mas esta é uma outra história.

Qualquer que seja o valor da escolha, a malha de residência é claramente uma característica importante de qualquer cidade. Reduzir a malha da cidade norte-americana é uma batalha difícil. Para se ser eficaz é necessária uma interferência significativa no mercado imobiliário, nas disposições legais, na aplicação de subsídios elevados para a habitação e nos controlos regionais ao desenvolvimento. Poderá ainda exigir medidas muito mais radicais, tais como a socialização da terra, tornar as habitações num serviço gratuito, ou colocar restrições à posse vitalícia das terras. A malha grosseira do aglomerado populacional tem raízes profundas na nossa sociedade.

A mistura residencial por classes não é a única característica importante associada à malha. A malha do tipo de actividades também é importante: por exemplo, saber se o trabalho e a residência devem ser separados e se os próprios locais de trabalho devem estar localizados em zonas extensas de actividades produtivas similares. Tal como a malha residencial, a malha de actividades também se torna cada vez mais grosseira devido à escala de desenvolvimento e à estabilização crescentes, e por causa de um mercado melhor controlado. Neste caso, a doutrina profissional nada a favor da maré em vez de ir contra ela. Como o planeamento trabalha em grande escala tende a distribuir áreas extensas só de escritórios, de armazéns, de habitações ou de entretenimento. Uma malha grosseira de actividades torna o controlo central mais fácil e a procura dos serviços mais previsível. Evitam-se os conflitos e os incómodos entre as actividades. Podem apoiar-se operações em grande escala e o espaço para o crescimento futuro torna-se mais fácil de alcançar. Os transportes e os sistemas de serviços públicos podem ser planeados com mais eficácia quando se destinam a um só tipo de actividade. É possível obter mais lucros com um controlo da terra em grande escala. Uma malha de actividades mais grosseira é uma característica ainda mais acentuada nos países socialistas, com os seus poderosos instrumentos de planeamento central.

Apesar de tudo, o crescimento faseado, assim como a confusão, os objectivos cruzados e a obstinação individual, contribuem para reduzir a malha dos nossos esquemas esplendorosamente simples. Alguns críticos são favoráveis a uma malha de actividades mais requintada. Uma malha grosseira significa um pobre acesso e um longo tempo de transporte. Reduz as hipóteses de comunicação e de educação. Por exemplo, as crianças podem nunca ver os seus pais a trabalhar e a construção de um novo edifício pode ser o último processo industrial visível que a maioria das pessoas consegue efectivamente observar. A malha grosseira reforça a instituição grandiosa, ao passo que actualmente se celebram as virtudes da pequenez. À medida que o planeamento demasiado centralizado perde alguma da sua credibilidade, pode parecer mais sensato o desenvolvimento em pequenos incrementos.

A malha grosseira contribui para a fragmentação predominante da vida (embora muitas pessoas apreciem a separação entre o local de residência e o local de trabalho). Um mundo no qual o trabalho, a residência e o lazer estejam integrados tem sido um objectivo importante para muitos pensadores sociais. "Urbanizar o campo e ruralizar a cidade" é a doutrina marxista assente. Em Cuba, os lotes urbanos vagos são ocupados com a plantação de tabaco, as pessoas na cidade são pressionadas no sentido de trabalharem nas quintas situadas na periferia e as habitações rurais isoladas são agrupadas em pequenos aglomerados urbanos. Os proponentes do bairro nos Estados Unidos defendem as quintas na cidade para produzirem alimentos e os painéis solares para fornecerem energia, do mesmo modo que a progressiva urbanização da vida no campo reduz a polaridade entre a cidade e o campo como extremos opostos da escala. Os prazeres de uma paisagem, na qual as diferentes ocupações, a residência e o lazer acontecem lado a lado são frequentemente enaltecidos na literatura de viagens. Estas obras são, evidentemente, escritas por estranhos e seria útil saber qual é a opinião dos habitantes reais, já que certamente têm opiniões diferentes. No entanto, pelo menos as memórias de infância tornam claro que uma malha de actividades requintada é um meio de crescimento benéfico.

Kropotkin

Hart

Como é habitual, não pode ser estabelecida uma regra geral, excepto no sentido de reduzir a malha de actividades tanto quanto possível, até se encontrarem custos sérios de conflito ou de adequação. Um aglomerado populacional diversificado e de malha requintada é atractivo no abstracto, apesar de cada tipo de actividade ter a sua própria escala de agrupamento. De qualquer modo, a mistura de actividades é uma medida importante. A escala das características do aglomerado populacional é uma função, ou um complemento, do requinte ou da grosseria da sua malha. Um local com uma malha requintada é constituído por pequenos edifícios, pequenos espaços abertos e pequenas empresas. Estas partes mais pequenas podem ser mais facilmente adequadas às diferentes actividades dos seus ocupantes, estão mais sujeitas ao seu controlo e são mais facilmente sentidas como estando ligadas a valores e a experiências individuais do que as características mais vastas de uma malha grosseira.

Podem ainda ser referidos outros aspectos da malha: a malha de densidade e de acesso, por exemplo. Muitas pessoas, quando lhes é solicitado que descrevam a casa dos seus sonhos, escolhem uma residência cuja porta da frente dá acesso a um passeio urbano bem animado, ao passo que nas traseiras só há o silêncio do campo. Se uma só porta separa uma vida agitada de uma vida serena, os prazeres são evidenciados em cada um dos lados pelas ideias que lhes estão associadas. As memórias de infância estão repletas destas delícias. Os "padrões" de

Ver fig. 74

Christopher Alexander recorrem frequentemente às receitas de uma malha de actividades com densidade e acesso requintados.

Alexander 1975

O mercado de bens imobiliários tende a destruir tais anomalias, uma vez que a terra é valorizada e desenvolvida através de regras gerais de acesso. O planeamento eficaz em grande escala tem um efeito semelhante. Muitos dos exemplos de uma malha requintada de densidade são fruto de irregularidades naturais, da ineficácia do sistema de acesso ou da acção deliberada dos proprietários abastados. Estas transições repentinas surgem nos casos em que o mercado de bens imóveis foi "derrotado" ou em que a especulação e o desenvolvimento foram repentinamente parados – como aconteceu nas subdivisões norte-americanas da década de 1930 ou na actual cidade socialista de Havana. A "divisão por zonas agrupadas" é um dispositivo legal que pretende alcançar e preservar algumas destas vantagens.

À escala regional, o acesso deveria ser uniformemente distribuído por razões de igualdade e de adaptabilidade, mas há vantagens significativas nas formas que produzem uma malha local bastante requintada e nítida de densidade e de acesso. Esta malha poderá ser alcançada através de bolsas dispersas de espaços abertos, através do agrupamento, através de estradas de acesso limitado, através de "rendilhados" (termo usado por Alexander para representar extensões lineares de desenvolvimento num meio rural), ou através de uma variação na densidade da construção e das actividades, dispostas em pequenos conglomerados agrupados. Uma malha requintada deste género raramente é vista na cidade moderna, mas tem vantagens notórias de diversidade de cenário, de escolha do habitat, de acesso entre diferentes funções vitais e tem uma forma visível interessante.

Pode também haver uma malha de tempo de duração de uma actividade. Neste caso, algumas áreas podem distinguir-se por serem activas durante o dia e durante a noite, ao passo que outras têm actividade só em determinadas horas e mantêm-se calmas em outras horas. Os locais podem dedicar-se a um só género de actividade durante o dia (malha grosseira no sentido temporal), uma actividade pode suceder repentinamente a outra (uma mistura temporal relativamente nítida e requintada), ou as funções podem suceder-se umas às outras mas sobreporem-se (uma malha disforme e requintada). Uma praça pode ser um mercado durante a manhã, um local de recreio para as crianças durante a tarde e um local de conversa para os adultos à noite, com todas as oportunidades de interacção (e de conflito) permitidas pelas fronteiras temporais de transição. O velho e o novo, o temporário e o permanente, podem ser justapostos ou separados. As mesmas considerações podem servir tanto para a malha temporal como para a malha espacial: uma mistura requintada e nítida tem vantagens substanciais de acesso, de diversidade e de interesse, dentro dos limites que podem ser impostos por uma boa adequação e

74 As traseiras das elegantes casas de Beacon Hill, em Boston. Um jardim calmo no coração da cidade é um prazer valorizado por todas as pessoas.

pelas maiores exigências de controlo. A maior parte das pessoas fala com prazer de locais onde as actividades contrastantes se sucedem umas às outras. O vazio periódico de um espaço com uma só actividade parece ser ineficaz (mas pode não ser; essa apreciação requer alguma análise). O nosso planeamento dá ênfase aos padrões espaciais e negligencia a organização temporal das coisas.

Podem ainda ser identificados outros tipos de mistura, aos quais se pode aplicar o conceito de malha: uma malha de controlo (grandes áreas de um proprietário versus um mosaico requintado de locais públicos e privados, de terrenos comuns, de áreas reservadas às crianças e de terra de ninguém); uma malha de microclima; uma malha de ecossistemas (extensa pradaria versus jardim complexo); e por aí adiante. As malhas de residência, de outras actividades e de densidade e acesso podem ser os parâmetros mais importantes da forma do aglomerado populacional, mas muitos outros podem ser considerados. Esta caracterização da mistura é provavelmente muito mais importante para a qualidade do aglomerado populacional do que muitos dos aspectos da forma que nos têm preocupado, tais como a dimensão total, os contornos do aglomerado populacional ou o padrão bidimensional do sistema de ruas.

Antigamente, pensava-se que a discussão acerca dos sistemas de acesso girava em torno das escolhas dos padrões das ruas: lineares, radioconcêntricos ou em grelha rectangular. Mas o padrão de mapa das ruas dificilmente parece ser crucial na cidade actual, vasta e desenvolvida, pelo menos como questão teórica, apesar de o facto de se saber até onde vai uma rua poder ser, como é evidente, importante num caso particular.

Blumenfeld 1967

Actualmente, o debate mais geral diz respeito aos meios de transporte. Qual é a mistura de meios mais desejável e até que ponto os meios dessa mistura devem ser segregados? (Mais uma questão da malha.) Que subsídios ou outros dispositivos são justificáveis para se alcançar a mistura desejada? É evidente que as respostas dependem da densidade e da malha do aglomerado populacional, bem como da cultura, da economia política e dos meios técnicos. A vitalidade está em risco por causa da poluição provocada pelos diferentes meios e pelas suas taxas de acidentes. O controlo e a adequação também estão envolvidos, uma vez que os meios individuais respondem melhor à pessoa do que o transporte colectivo, e alguns meios são mais adequados para determinadas situações, como seja o transporte de caixas ou de utilizadores com algum tipo de deficiência. As dimensões de execução alteram a base do debate "automóvel versus metropolitano" (como se estas máquinas fossem monstros alegóricos envolvidos num combate mítico), ou dos simples requisitos energéticos destes veículos, ou da sua capacidade de transporte por minuto em cada faixa de rodagem, para a experiência e valores das pessoas que são transportadas. Mesmo quando se define a mistura modal, as dimensões de execução podem clarificar a concepção dos elementos. Como é que as crianças de oito anos de idade podem passear pela cidade em segurança? Será que os ciclistas podem pendurar-se nos comboios? Será que os veículos públicos podem ser dotados com a capacidade de controlo à pequena escala que o automóvel possui? Como é que uma pessoa que vem das compras com sacos e com duas crianças pequenas pode viajar de autocarro? Em que circunstâncias é que as pessoas podem apreciar os contactos sociais ao mesmo tempo que viajam, ou deliciar-se com a paisagem que passa? Como é que as ruas locais podem ser novamente mais seguras e sossegadas sem impedir o acesso dos veículos às habitações situadas à face da rua? E por aí adiante.

O automóvel particular torna as nossas cidades menos habitáveis: mata, mutila e sobrecarrega o ar com o seu ruído e com os fumos dos escapes. Consome o petróleo e é dispendioso. Qualquer sistema que dependa dele em excesso é um sistema desigual, uma vez que o acesso das pessoas que não possuem automóvel é inevitavelmente mais fraco do que o acesso dos automobilistas. No entanto, tem vantagens óbvias de orgulho, de acesso directo e de controlo do utilizador, que contribuem para a sua utilização persistente. A igualdade sugere a necessidade de duas inovações técnicas convergentes: um veículo público cujos percursos possam ser mais cuidadosa e amplamente dispersos e que possa oferecer melhores respostas aos diferentes destinos individuais; e veículos particulares que sejam menos poluentes, menos perigosos e menos dispendiosos, e mais fáceis de utilizar pelas pessoas que não podem conduzir. É improvável que dispositivos técnicos elaborados, tais como o metro, os monocarris, as passadeiras automáticas e outros mecanismos como os elevadores, as esteiras rolantes, etc., consigam preencher este vácuo. O aperfeiçoamento de dispositivos mais antigos e mais simples oferece alguma esperança – pequenos autocarros com horários e percursos flexíveis, bicicletas protegidas contra condições atmosféricas adversas, táxis para grupos de pessoas.

A adaptabilidade deve favorecer meios simples e plurais e não canais especializados. O acesso deve ser não só mais uniformemente alargado a toda uma região urbanizada, mas também mais uniformemente pelo dia (e pela noite), de modo a que a escolha e o acesso individuais possam aumentar. Isto implica, como é evidente, mudanças na densidade, na malha e no tempo de duração das actividades, assim como na gestão e na utilização de meios de transporte mais baratos e mais flexíveis. No entanto, mesmo que estes níveis de acesso regional sejam aumentados e tornados igualitários, um bom aglomerado populacional deve diversificar ou mesmo diminuir o acesso à escala local – permitindo que os residentes locais limitem o tempo de duração, o tipo ou a densidade do tráfego local, se assim o desejarem.

Os vastos subúrbios norte-americanos de baixa densidade têm três deficiências notórias: a sua malha grosseira de utilização e de classe social, o seu elevado custo de construção e de conservação, e a sua dependência do automóvel particular, que os deixa vulneráveis à escassez de combustível e torna o acesso difícil para os estranhos, para os mais novos e para os idosos. Remodelar o subúrbio no sentido de prolongar a sua utilidade é uma tarefa prioritária do urbanismo norte-americano. Parte dessa tarefa deve ser a invenção de um veículo público que possa funcionar de modo satisfatório nas densidades suburbanas.

Viajar pode ser uma experiência positiva; não precisamos de a encarar apenas como um custo. Potencialmente, o sistema de acesso é uma peça fundamental da bagagem educativa. Alarga o âmbito individual, mas, para além disso, o acto de viajar através de uma cidade pode ser, por si só, enriquecedor. Tirar partido dessa possibilidade, especialmente para as crianças, significa abrir o sistema de transportes, torná-lo mais seguro e mais fácil de utilizar, fornecendo guias de orientação, tratando-o com seriedade, como uma oportunidade educativa. Viajar pode ser um prazer se prestarmos atenção à experiência humana: as sequências visuais, as oportunidades de aprender ou de conhecer outras pessoas.

A densidade, a malha e o sistema de acesso – a textura interna de uma cidade – são as características principais de avaliação da sua execução. A natureza do seu crescimento e da sua mudança também são importantes, mas conhecemos relativamente pouco acerca desses efeitos. A dimensão de uma cidade e os seus contornos num mapa podem ser muito menos importantes do que pensávamos. Os conceitos de comunidade local e de conservação como meios de manutenção da comunidade local são ideias de organização fundamentais na modelação da forma da cidade. Mas têm um impacto e um significado diferentes daqueles que normalmente lhes atribuímos.

As dimensões de execução reaparecem regularmente por entre as razões de escolha entre estas possibilidades da forma. Por vezes, transformam a discussão, quando a encaram nos seus próprios termos. É evidente que não são as únicas razões da escolha. Os custos externos – perdas nos valores situados para além da teoria da forma – surgem com alguma frequência. No entanto, de um modo geral, estas questões podem ser discutidas no interior de uma estrutura das dimensões de execução, dos conceitos da forma da cidade e nos cálculos dos custos externos. Actualmente, é uma estrutura imperfeita. Se as relações entre as formas, as dimensões e os custos fossem completamente explicitadas poderia ser uma estrutura suficiente.

16 Modelos de cidade e design de cidade

Nenhuma discussão sobre a forma da cidade pode ignorar o papel do design na escolha entre as possibilidades da forma, ou deixar de pensar na ligação entre a teoria fria e o caloroso entusiasmo do processo criativo ou entre este último e as decisões reais que dão forma a uma cidade. As decisões sobre o design são amplamente baseadas em modelos que estão na mente do designer. Presumivelmente, esses modelos ligam-se a teorias mais gerais, mas os modelos e as teorias podem ser surpreendentemente independentes uns dos outros. Para começar, a palavra "modelo" é uma palavra ambígua. Na linguagem comum, é uma miniatura física tridimensional de um edifício, de uma máquina ou de uma paisagem, ou é o automóvel do ano, ou é uma pessoa que exibe roupas novas. Não me refiro a esses. É também a palavra académica actual para uma teoria abstracta acerca do modo como funciona um objecto, na qual os elementos de um sistema e as relações entre esses elementos, são claramente especificados, de preferência em termos quantitativos. As metáforas da cidade descritas no capítulo quatro eram, de certo modo, modelos grandiosos desse género, mas não eram quantitativos e os seus elementos não foram claramente especificados. De qualquer modo, neste capítulo não vou falar em modelos nesse sentido.

Não há muito tempo, modelo era um adjectivo que significava "merecedor de emulação" e esta é a tradição que irei seguir. Para o nosso objectivo, um modelo é uma imagem de como o ambiente urbano deveria ser construído, uma descrição de uma forma ou de um processo prototípico a seguir. O nosso tema aqui é muito mais a forma ambiental do que o processo de planeamento, mas os modelos da forma devem ter em consideração a criação e o processo de gestão. A exposição do modelo pode ser precisa e explícita, ou vaga e irreflectida. Pode ser gráfica, verbal ou matemática na sua forma, ou pode mesmo ser transmitida sem linguagem, simplesmente através de um exemplo concreto. Os modelos vão desde os protótipos detalhados normalmente seguidos, quase inconscientemente – como os passeios das ruas –, até aos importantes padroes propostos por razões conscientemente desenvolvidas – como a ideia da cidade satélite. Vou defender a sua necessidade, mas também uma utilização mais racional desses modelos.

Os critérios, os padrões e as dimensões de execução são meios através dos quais os modelos são avaliados, mas não são em si próprios modelos, excepto quando se tornam suficientemente pormenorizados e especificam a forma (tal como uma contrariedade prescrita). As políticas e as estratégias podem incluir modelos, mas uma vez que são decisões sobre acções futuras, têm de incluir muito mais e podem até não utilizar qualquer tipo de modelo. O processo de design utiliza sempre modelos, embora um modelo básico possa ser obscurecido por uma inovação aparente ou um modelo estranho possa ser convertido com algum objectivo surpreendente e inovador. A utilização de modelos não se limita à criação de novos locais, mas é igualmente importante na gestão e remodelação (!) de locais já existentes.

Há duas maneiras de estabelecer regras acerca da forma, por prescrição ou especificando a sua execução. Os modelos identificam-se mais com a primeira medida do que com a segunda: "construa uma janela de sacada" em vez de "faça com que seja possível que uma pessoa no quarto possa ver para cima ou para baixo ao longo da rua". Mas a distinção não é tão evidente quanto parece. Ambas as afirmações fazem parte de uma série contínua e mais extensa de meios e objectivos. A janela de sacada pode ser construída de diversas formas e necessita de instruções detalhadas para a sua construção, ao passo que olhar para cima e para baixo ao longo da rua é mais útil para outros objectivos mais genéricos, tais como a sociabilidade ou a segurança. Apesar de tudo, qualquer prescrição específica (ou modelo) é importante relativamente à intenção de execução que lhe está associada e habitualmente essa intenção de execução não consegue descrever uma forma ambiental reconhecível.

Uma vez que as intenções de execução são mais abstractas e genéricas do que os modelos, têm de ser características de qualquer teoria geral. São também consideradas como o melhor meio de definir regulamentos e linhas orientadoras, uma vez que conseguem responder com exactidão ao efeito subjacente pretendido, apesar de deixarem os meios flexíveis e abertos à inovação. Mas os padrões de execução podem não ser sempre os preferíveis nas situações reais. Necessitam de testes bastante elaborados, normalmente após a execução, testes para verificar se estão a ser bem aceites. Ao deixarem espaço para a inovação, é provável que aumentem a incerteza do design e, consequentemente, o tempo e o esforço de que este necessita, do mesmo modo que aumentam o esforço sobre as pessoas que terão de implementar a nova forma. Apesar de uma nova forma satisfazer a execução básica pretendida, pode ter efeitos secundários imprevisíveis, ou não se adequar a outros elementos do meio ambiente. Por exemplo, se o grau de sombra pretendida no Verão for especificado (em vez de se especificarem as árvores) a solução inesperada poderá ser uma série de painéis metálicos opacos feios, causadores de uma ruptura maciça da terra e de uma sombra desagradável, tanto no Inverno como no Verão. Os protótipos usuais são relativamente fáceis de especificar e de construir, provavelmente adequam-se a outras partes habituais e deverão produzir consequências conhecidas. Como tal, apesar de as intenções de execução serem os elementos constituintes da teoria geral, podem ou não ser úteis como orientação directa para a acção. Têm tendência a ser mais capazes no que diz respeito aos elementos essenciais, onde os ganhos na

Baer

flexibilidade e na inovação valem bem os custos e os riscos inerentes à sua utilização. No design e na avaliação mais rotineiros as pessoas trabalham directamente a partir de vários modelos ambientais implícitos ou imprecisos: ruas sem saída, saídas de emergência, alicerces, habitações, secções transversais de auto-estradas, centros cívicos, centros comerciais, jardins frontais, parques, entradas das traseiras, reentrâncias laterais, áreas de subúrbio – a lista é enorme e, no entanto, bem familiar. Para ser útil, uma teoria tem de ser capaz de ligar as suas intenções a estas imagens mentais comuns e indispensáveis, apesar de a explicação da sua utilidade depender da situação concreta em que se encontra um qualquer design.

O modelo mais útil é aquele em que a dependência da situação em que vai ser aplicado é cuidadosamente declarada, e em que também é especificada a execução pretendida para esse modelo. Nesse caso, o modelo pode ser testado e melhorado. Estas são as características que integram os modelos ambientais desenvolvidos por Christopher Alexander, a que ele chama "padrões". De igual modo, quando se elaboram regulamentos públicos ou linhas orientadoras, os raciocínios que estão na sua origem deveriam ser dados a conhecer, de modo a serem sujeitos a uma correcção política. Um regulamento híbrido pode especificar uma forma aceitável e convencional (tal como o pormenor de uma parede ou a secção transversal de uma rua) e especificar igualmente qual a execução pretendida, de modo a que as pessoas que estão a ser regulamentadas possam propor uma nova forma para esse fim, se estiverem dispostas a passar pelos necessários testes pormenorizados da execução.

Alexander 1975

A maior parte dos modelos referem-se somente a uma forma completa e por causa disso têm sido muito criticados. Não têm em consideração o processo através do qual se chega à forma. Uma vedação construída por vizinhos tem um impacto bastante diferente de uma outra construída por guardas armados. Ainda mais, esta ênfase numa forma completa ignora a realidade da mudança contínua, na qual nenhuma forma é uma característica permanente. Isto leva-nos a pensar que a preocupação com a forma é a marca de uma mente que se concentra nos objectos em vez de se concentrar nas consequências para as pessoas. Alguns planificadores evitam, assim, qualquer tipo de análise séria sobre a forma. O processo é a chave. "Não é o que se faz, mas a maneira como se faz". Não interessa o que é quando se terminar; de que modo é que foram tomadas as decisões e como é que serão levadas a cabo?

As consequências humanas de qualquer ambiente são a medida da sua qualidade e não a forma em si mesma. Nem o próprio processo. O processo pode ser tão cego relativamente às consequências humanas quanto fanático relativamente à forma. Um parque de jogos local, construído através de um processo genuinamente participado, mas confuso e com mau aspecto na sua forma final, é um fracasso tão grande quanto um design lindíssimo imposto à comunidade – e pode ser um fracasso ainda maior. Em situações específicas, umas vezes a forma, outras vezes o processo, podem ser a consideração dominante, mas normalmente funcionam em conjunto. Como é que surge uma característica, o que é agora, como é gerida e como se altera, é algo que tem de ser avaliado. Idealmente, os modelos especificam a forma, a criação e a gestão como uma só característica. Infelizmente, a maior parte dos modelos tende a fixar-se num só aspecto em detrimento dos outros. Mas a correcção necessária não é uma negligência da forma.

Alguns modelos são úteis como dispositivos reguladores e muitos deles são bastante utilizados: reentrâncias, limites de altura, utilização mista dos terrenos, padrões locais das ruas e por aí adiante. No entanto, muitos deles, dado que se referem a qualidades não muito precisas e dado que a sua aplicação depende em grande parte da situação concreta, são mais úteis como linhas orientadoras para o design e para a decisão.

Observe-se, por exemplo, a rede axial barroca como modelo frequentemente utilizado no passado para orientar o design das novas cidades e das cidades mais antigas. É uma concepção coerente e bem desenvolvida da forma da cidade. Declara que se pode organizar qualquer paisagem vasta e complexa do seguinte modo: escolhe-se um conjunto de pontos dominantes num terreno e colocam-se estruturas simbólicas importantes nesses pontos. Ligam-se esses pontos centrais através de ruas principais, suficientemente largas para suportarem o tráfego das artérias e modeladas como aproximações visuais aos pontos simbólicos, ou nodos. Os limites destas ruas devem ser controlados de modo a conferir-lhes um sentido de unidade, através de instalações e equipamentos especiais, bem como restrições sobre a altura, as fachadas e as utilizações. Depois de se concluírem estas medidas, os triângulos interiores entre as artérias de ligação podem ser ocupados por padrões de ruas mais complexos e menos controlados, e por edifícios de vários géneros. O modelo tem algumas vantagens específicas. É uma ideia simples e coerente que pode ser rapidamente utilizada numa grande diversidade de paisagens complexas. Major L'Enfant, ao usar o modelo numa altura em que este já tinha sido bem desenvolvido, foi capaz de vistoriar, conceber, planear, desbravar, adquirir materiais, leiloar lotes e iniciar a construção da futura cidade de Washington – em nove meses e com a ajuda de dois topógrafos. O modelo permitiu-lhe saber o que procurava e como decidir. Se a cidade que daí resultou não é tão distinta e tão vívida quanto ele esperava, isso deve-se, em parte, à sua insensatez na sobreposição exagerada do modelo barroco sobre uma grelha desigualmente espaçada. E também, se ficou a dever à gestão subsequente do desenvolvimento de Washington, que nunca seguiu o seu modelo de poderoso controlo central e que, de facto, não o poderia ter feito.

Com um controlo central eficaz, o modelo funciona bem na organização de paisagens extensas e irregulares, virgens ou

Ver fig. 75

Sutcliffe

desenvolvidas (por exemplo, Paris, com Haussman). Cria uma estrutura geral memorável sem impor um controlo excessivo sobre todas as partes e sem necessitar de um nível inalcançável de investimento de capitais. Na verdade, é uma estratégia para a aplicação económica do poder central. Produz fortes efeitos visuais e lança as bases para o simbolismo público. Por outras palavras, é um método útil para se alcançar a sensibilidade e se distribuir o controlo público e o controlo privado. Num aspecto, pelo menos, é uma forma flexível, uma vez que as mudanças podem acontecer no interior dos blocos criados pela rede de interligação sem, de algum modo, perturbarem o padrão geral. No entanto, apesar de se atingir a flexibilidade local, as mudanças mais genéricas na utilização e no fluxo são mais difíceis de alcançar, uma vez que os nodos e as suas ligações são características permanentes e simbólicas, e têm de conservar a sua importância.

Como sistema de acesso, é uma estratégia válida para descongestionar a confusão do tráfego e tem um desempenho razoável no que diz respeito à movimentação de um ponto central para outro ponto central (turistas ou procissões), ou para fluxos locais que utilizem meios de transporte manobráveis, de velocidade reduzida e eficientes em termos de espaço, tais como o cavalo, a bicicleta ou andar a pé. No entanto, esta forma é difícil de atravessar por veículos de grande velocidade, de longa distância e que necessitem de muito espaço. O movimento alargado tem de seguir uma via irregular de ponto para ponto, e cada ponto é um pico de congestionamento, para onde convergem muitas vias.

Apesar de visualmente ser bastante poderosa à escala intermédia de uma cidade central ou de um grande parque ou jardim, a rede triangular irregular pode ser bastante confusa em escalas maiores. Os pontos centrais e todas as ligações entre eles têm de ser reconhecíveis e memorizadas. Não podem ser aplicadas estratégias cognitivas gerais de orientação ou um padrão global. Finalmente, apesar de o modelo realçar determinadas utilizações, tais como as de carácter simbólico público ou as actividades comerciais que favorecem as partes frontais das artérias, tem reduzida aplicação nas habitações comuns ou nos locais de trabalho.

Deste modo, este conceito particular pode ser analisado em termos de situação apropriada e de execução prevista ao longo das diferentes dimensões. Tem uma vasta utilidade, mas está longe de ser universal. É uma noção que se desenvolveu ao longo de vários séculos, inicialmente nas florestas de caça reais (em que os motivos principais eram descortinar a caça e chegar rapidamente até ela) e depois no planeamento da Roma papal (em que o motivo era melhorar e controlar os movimentos das procissões dos peregrinos). Após L'Enfant, Haussman utilizou o modelo em Paris para melhorar o acesso na parte central da cidade, para criar novos e lucrativos locais de construção e para deslocar e controlar a classe trabalhadora. Historicamente, sempre foi um modelo de elite: um modo de

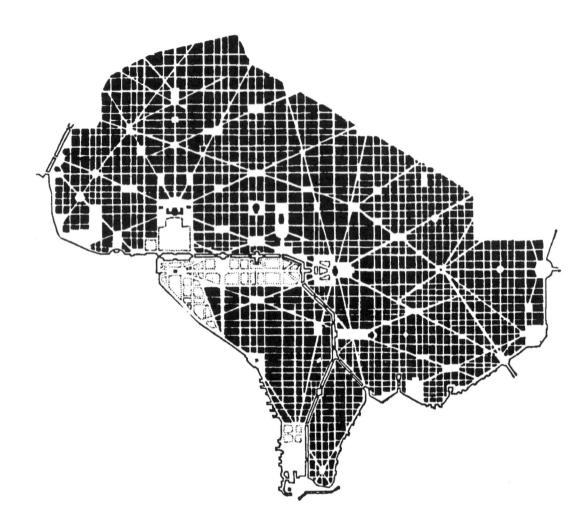

75 O plano para a cidade de Washington, D.C., desenhado pelo Major Pierre Charles L'Enfant, em 1791. Traçou-se uma rede de ruas radiais que ligava os edifícios principais às características dominantes do terreno sobre uma grelha rectangular variável e irregular. Este plano híbrido, juntamente com a incapacidade do governo federal para implementar os controlos propostos por L'Enfant, resultou na construção de uma cidade com paisagens elegantes e intersecções confusas.

utilizar a cidade como expressão do poder central e uma estratégia para alcançar o esplendor e o controlo visuais com os meios disponíveis. Tendo em conta esse objectivo, é um modelo que resulta.

O anexo D apresenta um catálogo, com algum pormenor, deste género de modelos de cidade e enumera algumas das suas referências fundamentais. O agrupamento utilizado nesse anexo é arbitrário. Alguns modelos representam padrões globais de aglomerados populacionais em esboço ou esqueleto, tais como a estrela radial, a cidade linear, as diferentes grelhas, os "rendilhados", os eixos axiais barrocos já abordados, a forma "capilar", a caixa dentro da caixa da cidade sagrada indiana, a noção de cidade satélite, ou as megaformas, as coberturas em forma de bolha e os aglomerados populacionais subterrâneos e flutuantes inventados mais recentemente. Outros modelos concentram-se no padrão de local central, tais como as hierarquias centrais, os padrões multicentrais ou sem centro, os centros ou faixas lineares, os centros de bairro, os centros cívicos, os centros com funções especiais ou móveis, os centros comerciais fechados, e por aí adiante.

Há ainda outros modelos que prescrevem algumas recomendações acerca da textura geral da cidade, se deve ser contínua ou organizada em células, como os bairros, se a malha de pessoas e actividades deve ser requintada ou grosseira, se deve ser difusa, compacta ou até mesmo dispersa e qual deve ser o seu carácter espacial básico. Há modelos para o sistema de circulação: para a composição modal e para a separação entre os meios, para os padrões de canais preferidos e para o conceito de hierarquia dos canais, para minimizar as distâncias de viagem e para o design dos próprios canais.

Há modelos adoptados de modo extremamente entusiasmado para determinado tipo de habitações: edifícios altos e estreitos, torres, edifícios densos sem elevador, apartamentos com jardim, moradias com quintal, residências no centro da cidade e moradias independentes, assim como algumas inovações mais recentes. Conseguimos encontrar ainda mais modelos para os espaços abertos – padrões de distribuição como as cinturas verdes, os espaços verdes, as redes verdes e dispersões requintadas, assim como protótipos de algumas espécies de espaços abertos: parques regionais, parques de cidade, praças, caminhos que atravessam espaços verdes, parques infantis, parques de aventura e pequenos espaços abertos. Finalmente, há modelos para a organização temporal, para a gestão do crescimento, estratégias de desenvolvimento, preferências de permanência e ideias sobre o tempo de utilização.

Uma vez que cada um destes modelos é descrito naquele extenso anexo, seria enfadonho repetir aqui a sua descrição. Estes conceitos são aí apresentados como uma lista desconexa. São blocos que podem ser utilizados em várias combinações e por diversos motivos. Como tal, não contêm a convicção das grandes metáforas normativas referidas no capítulo quatro, que combinam o motivo, a forma e uma perspectiva da natureza dos aglomerados humanos numa teoria conexa.* É evidente que as próprias teorias normativas gerais implicam escolhas entre os vários modelos elementares. Cada um destes modelos tem os seus defensores, inflexíveis ou sensatos.

Apesar de a lista não estar completa, abrange a maior parte dos conceitos que estão na mente das pessoas quando discutem a forma da cidade. À medida que as resumimos, podemos obter uma nova visão do actual estado de coisas. A lista está agrupada da maneira mais fácil, de acordo com algumas categorias mais familiares de características físicas de uma cidade: sistemas de ruas e de transportes, habitação, espaço aberto, centros, padrões gerais de mapas. Mas uma vez que não é um sistema logicamente inclusivo esconde as falhas de toda a série. Por exemplo, contém muito pouco acerca do local de trabalho, ou sobre os espaços marginais de uma cidade – os baldios, as áreas das margens, os espaços de transição, os terrenos desocupados, as áreas de armazenamento desactivadas e os locais pouco utilizados. O sistema de ruas é uma preocupação proeminente, mas não o que resta do sistema de fluxos: os fluxos de bens, de resíduos, de energia ou de informações, que não são transportados nos veículos em circulação. Deste modo, as questões da conservação e da gestão dos materiais e das fontes de energia, ou das informações, não podem ser facilmente solucionadas. Os aspectos sensoriais da cidade, apesar de implícitos em alguns dos modelos, não são claramente especificados. A maior parte destes modelos são modelos da forma física e poucos de entre eles tratam dos padrões institucionais e dos processos que lhes estão associados. São muito frequentemente conceitos estáticos, poucos incluem a forma da mudança. As utilizações temporárias e os utilizadores móveis normalmente não são considerados. O progressivo desenvolvimento dos habitantes ou da sociedade e de como tudo isso deve ser autorizado ou de como pode ser apoiado, nunca são mencionados. A transição de uma sociedade tradicional para uma sociedade moderna, ou das características das cidades para as novas formas emergentes da sociedade,

---

* Nem a convicção de Christopher Alexander, na sua obra extraordinária com o título *A Pattern Language*, e que é também uma longa e interligada explanação acerca do que é um bom ambiente. De facto, é precisamente por causa desta conexão que eu não defenderia este conceito, uma vez que esses padrões são indicados como formas "intemporais" e "naturais" de construção, correctas para todas as pessoas, locais e estações. As variações da cultura, da política económica ou dos valores individuais são submersas. A forma dogmática destas Tábuas de Leis desvirtua o seu conteúdo humano e as suas próprias convicções acerca da participação do utilizador. No entanto, é um livro importantíssimo – a primeira tentativa contemporânea de que tenho conhecimento explícita acerca do ambiente espacial no seu conjunto e acerca das razões para o considerar bom. Os próprios padrões estão impregnados de muito bom senso, especialmente para a nossa própria cultura e situação.

Alexander 1975

não são objecto de reflexão. Nenhuma destas deficiências pode ser facilmente solucionada. São o resultado do modo como as nossas ideias acerca das cidades evoluíram, nomeadamente os problemas com que os profissionais se defrontaram e os pressupostos teóricos que trouxeram para esses problemas.

Será possível pensar-se num modelo que trate da forma, do processo e da instituição como um todo? Os exemplos são raros. O modelo familiar de uma habitação isolada, de uma família nuclear e da propriedade privada da terra liga a forma à instituição, mas não o processo. Um acampamento de caravanas como meio de alojar refugiados ou mão-de-obra temporária liga a forma com o processo. Mas a forma não está muito bem desenvolvida e o processo é banal e limitado: existe hoje e deverá ter desaparecido amanhã. Somos portanto forçados a imaginar um modelo deste género, embora ainda não tenha sido devidamente experimentado. Este modelo imaginário pode ser designado por "rede alternativa".

O padrão básico é aquele em que as principais artérias formam uma grelha aberta e irregular, suficientemente espaçada para proporcionar um amplo espaço aberto entre os interstícios. A parte frontal da artéria é ocupada por um conjunto de utilizações da terra relativamente densas e contínuas. Ortogonalmente à grelha arterial, e afastada meio intervalo dela, encontra-se uma grelha de padrão similar, reservada a peões, ciclistas, cavaleiros e outros viajantes mais lentos e hesitantes. As suas partes frontais são ocupadas por utilizações de entretenimento, e por utilizações que servem as necessidades destas pessoas. Ambos os sistemas de grelha, apesar de irregulares para se adaptarem à terra e à sua história, são grelhas regulares no sentido topológico. Ou seja, cada grelha consiste em dois conjuntos de linhas contínuas, que se intersectam mutuamente e que mantêm a sua ordem sequencial umas relativamente às outras. Estes direitos de passagem foram originalmente estabelecidos por uma autoridade regional de planeamento. Nos blocos entre estes dois sistemas de grelhas, a terra é lavrada, plantada, desocupada, ou ocupada por pequenos grupos relativamente auto-suficientes, que dão pouco valor ao acesso. Este terreno interior é servido por um sistema labiríntico de faixas com pouca capacidade, que penetram em direcção ao interior a partir de uma ou de outra grelha.

O sistema de grelha arterial "rápido" é propriedade de um organismo público que também controla a sua parte frontal imediata, ao passo que as utilizações dessas partes frontais estão na posse dos particulares. A grelha "lenta", apesar de aberta ao público, é gerida por associações locais das partes frontais. Ambos os direitos de passagem são permanentes, embora a sua estrutura e a sua gestão não o sejam. Os terrenos intermediários pertencem a particulares, ou estão na posse de pequenos grupos comunitários e estão relativamente livres do controlo público, apesar de a densidade de utilização ter de ser baixa. As densidades são moderadamente elevadas ao longo das artérias e as utilizações, ainda que regulamentadas, estão minuciosamente misturadas. As utilizações ao longo da grelha lenta também são mistas, mas são de baixa intensidade e têm uma maior predominância de actividades recreativas.

Podem ser facilmente executadas pequenas adaptações ao longo destas linhas, ou podem ser acrescentadas adições mínimas aos terrenos intermédios próximos das suas fronteiras. Por iniciativa da autoridade regional, e desde que haja concordância da maioria dos proprietários e das associações frontais, pode efectuar-se uma inversão periódica dos dois sistemas de grelha, de modo a permitir mudanças mais significativas. Ou seja, uma única linha "lenta", ou uma parte dela, pode passar a ser controlada pela gestão pública como uma nova artéria. À medida que esta nova via for terminada, a artéria paralela será encerrada e cedida às associações locais frontais. As utilizações de cada linha antiga são abandonadas ou assumem novos locais na adequada linha renovada. As artérias antigas são desocupadas para novas utilizações de entretenimento, ao passo que alguns pontos importantes no terreno são guardados e reutilizados. O amplo espaço aberto ao longo do antigo local de entretenimento permite uma nova ordem de movimento e uma utilização intensiva. Deste modo, o aglomerado populacional mantém uma reserva permanente de espaço de circulação e pode acumular gradualmente uma "camada sucessiva" de estruturas notáveis, preservadas durante épocas consecutivas. No entanto, as características simbólicas verdadeiramente permanentes não se localizam em nenhuma das linhas, mas nos espaços intermédios fora da linha, para poderem ser preservadas sem qualquer perturbação.

Este modelo composto refere-se ao mesmo tempo ao padrão do mapa, ao padrão do fluxo, à malha de utilização e de densidade, à distribuição do controlo, ao padrão de mudança cíclico e ao modo como este é implementado. Presumivelmente, estes elementos devem adequar-se uns aos outros. Os motivos são a adaptabilidade (embora algo convulsiva) e o acesso generalizado e bom, combinado com um elevado grau de acesso aos espaços abertos, com uma malha nítida de acesso local, com uma grande variedade de densidade e de actividades, e com uma diversidade de escolhas modais. Um meio eficiente de controlo central alia-se a um meio conveniente de escapar a esse mesmo controlo central. O modelo produz três habitats bastante diferentes, ainda que interligados (a parte frontal da artéria, a parte frontal "lenta" e o interior rural), e um forte sentido do tempo, através do ciclo das grelhas e da retenção das localizações simbólicas permanentes. Parece adequar-se a uma paisagem de baixa densidade, rica em terrenos e em veículos de transporte.

Tem os seus antecedentes na aldeia de rua única, na grelha em "secção" do Midwest norte-americano, na rede axial barroca, e em muitas áreas semi-rurais dos Estados Unidos, cujas novas habitações reocuparam as bermas das estradas das antigas comunidades rurais, ao mesmo tempo que permitem que os terrenos mais afastados regressem à floresta. O estratagema da renovação através da alteração tem outros precedentes: já mencionei a reconstrução periódica do templo xintoísta, em Ise. No entanto, no modelo proposto, as dificuldades administrativas de inversão da utilização dos dois sistemas de grelha em simultâneo podem ser formidáveis. Uma vez que o modelo não é testado, a sua verdadeira execução é desconhecida, tal como não se sabe se é desejado por algum grupo, ou se encerra incompatibilidades destrutivas. Especulativo e vulnerável a críticas (como deveria ser), serve para ilustrar o que se pretende com um modelo que aborda o funcionamento conjunto da forma, do processo e da gestão.

Têm que ser usados modelos de algum género: não se podem gerir problemas reais e complexos, sob a pressão do tempo, sem se utilizarem protótipos pré-concebidos. Em algumas, raras, ocasiões os designers com maior talento concebem novos modelos a partir de metáforas mais gerais, através de uma nova combinação de modelos antigos ou alterando a sua aplicação de um modo surpreendente. Estes novos modelos passam depois por um longo período de desenvolvimento e de teste antes de poderem ser considerados aptos a serem utilizados. No caso de não existir um modelo para algum aspecto de um aglomerado populacional, esse aspecto normalmente não é solucionado. Quando observamos propostas de planeamento de todo o mundo, sentimos o poder destas ideias familiares: novos aglomerados no Gana, em Cuba, nos Estados Unidos e na U.R.S.S. parecem extraordinariamente semelhantes e lidam com características similares.

A dificuldade não está na nossa utilização dos protótipos, mas no facto de o nosso conjunto ser tão limitado e estar tão distante do objectivo e da situação. Apesar de as dimensões de execução poderem ser universalmente válidas e de os padrões de execução poderem ser aplicados em termos gerais em qualquer cultura e em qualquer circunstância, os modelos da forma têm que ser encarados como um arsenal de possibilidades. Uma análise mais sistemática dos precedentes e a elaboraçao e análise dos novos protótipos são tarefas muito importantes para o design da cidade. De facto, deveríamos ocupar-nos com a previsão do design, com a criação de protótipos úteis para novas situações e para novos motivos que só agora começam a desenvolver-se.

Na prática, a maior parte dos designers e dos decisores não tratam estes conceitos como possibilidades de escolha, mantêm-se antes fiéis a um único conjunto. Acreditam numa cidade ideal, apesar de compreenderem a impossibilidade de um campo ideal ou de uma residência ideal. Apesar de o ideal de cidade ter de ser manipulado para se adequar a uma situação real, é apenas um compromisso lamentável. O designer não pode mudar para outros modelos ou ligar o seu modelo aos objectivos dos utilizadores particulares.

Ninguém cria uma forma sem um precedente. Mas deveríamos poder movimentar-nos mais flexivelmente entre os nossos modelos. Isto significa uma mudança no nosso processo de design. Significa também que devem ser desenvolvidos conjuntos mais vastos de modelos (o que não é fácil) e que devem estabelecer-se ligações explícitas entre as situações, os clientes e a execução adequados e um modelo (o que é ainda mais difícil).

Uma vez que estes modelos não são neutros, mas estão intimamente ligados aos valores (como acontecia com a rede barroca que mencionámos anteriormente), as teorias normativas de valor coerente, tendem a favorecer determinados modelos em detrimento de outros, ou (erradamente, tal como tentei explicar) a propor um conjunto de modelos como solução universal. Deste modo, a perspectiva de que "a cidade é uma máquina", é atraída para padrões claros, repetitivos, constituídos por peças uniformes, substituíveis e separadas: grelhas regulares, edifícios isolados e elementos semelhantes. Mas seria um erro pensar que a grelha rectangular é uma característica marcante desta perspectiva da máquina. As grelhas eram regularmente utilizadas pelos teóricos cósmicos chineses, por razões bastante diferentes. Para distinguir a presença de uma teoria normativa funcional deve observar-se a forma, a utilização e o motivo em conjunto. As cidades orgânicas não precisam de ter ruas sinuosas. Os sistemas de ruas regulares e não hierarquizadas não se restringem às sociedades igualitárias.

O ponto de vista normativo que apresentei também dá alguma preferência a modelos particulares, embora a escolha seja mais abrangente como resultado da maior generalidade da teoria. Prefere modelos com uma malha de utilização e de carácter relativamente requintada, com um elevado grau de acesso a locais, a pessoas, a serviços e a informações, com uma diversidade de locais, com uma integração estreita do trabalho, da residência e do lazer, e com uma densidade geral baixa, com espaços abertos e centros agitados. Muitos modelos específicos poderiam incorporar estas características bastante vagas; outros não. A teoria é geral, mas não é indiferente à forma.

O design é a criação animada e a avaliação rigorosa das formas possíveis de alguma coisa, inclusivamente do modo como se faz. Essa alguma coisa não tem que ser necessariamente um objecto físico, nem o design se expressa somente através de desenhos. Apesar de se terem feito algumas tentativas para reduzir o design a sistemas de pesquisa ou de síntese completamente explícitas, o design continua a ser uma arte, uma mistura peculiar de racionalidade e de irracionalidade. O design lida com qualidades, com ligações complexas e também com ambiguidades. O design da cidade é a arte de criar

Alexander 1964
Lynch 1976

possibilidades para a utilização, gestão e forma dos aglomerados populacionais ou das suas partes mais significativas. Manipula os padrões no tempo e no espaço e tem como justificação a experiência humana diária desses padrões. Não lida somente com coisas grandes, mas também com indicações para coisas pequenas – como os assentos, as árvores e o facto de as pessoas se sentarem nas entradas das suas habitações – sempre que essas características afectam o desempenho do aglomerado populacional. O design da cidade preocupa-se com os objectos, com as actividades humanas, com as instituições de gestão e com os processos de mudança.

O design da cidade pode ocupar-se da preparação de um plano de tráfego, de um plano da linha costeira, de um estudo alargado do acesso regional, de uma estratégia de desenvolvimento, de uma nova cidade, de uma extensão suburbana, ou de um sistema de parque regional. Pode desenvolver protótipos de habitações ou de locais de trabalho, um programa para as paragens dos autocarros, ou uma análise do bairro. Pode tentar proteger as ruas do bairro, revitalizar uma praça pública, melhorar a iluminação, os edifícios ou o pavimento, estabelecer regulamentos para a conservação ou desenvolvimento, construir um processo de participação, escrever um guia, ou planear uma celebração da cidade. Utiliza técnicas próprias: diagnósticos de área, planos de enquadramento, estratégias sequenciais, zonas de conservação, designs ilustrativos, conexão e serviço de design, controlos e guias de desenvolvimento, regras de processo, controlo dos locais e a criação de novas instituições dos locais. As suas características peculiares são consequência da escala e da complexidade do seu domínio, da fluidez dos acontecimentos e da pluralidade dos actores, assim como dos seus controlos imperfeitos e sobrepostos.

Tendo apresentado este esplêndido conjunto de materiais e de técnicas, também tenho de admitir que o design da cidade raramente é posto em prática – ou, mais frequentemente, é mal utilizado em termos de grande arquitectura ou de grande engenharia: o design de cidades inteiras como objectos físicos únicos, planos extensos de locais ou de redes de serviços públicos, construídos de acordo com um plano preciso, num período de tempo pré-determinado. O verdadeiro design da cidade nunca se inicia com uma situação virgem, nunca prevê um trabalho terminado. Na verdade, pensa em termos de processo, de protótipo, de orientação, de incentivo e de controlo e consegue conceber sequências vastas e fluidas juntamente com pormenores concretos. É uma arte ainda pouco desenvolvida – um novo tipo de design e uma nova perspectiva da sua matéria de trabalho. Um conjunto de modelos bem desenvolvido, que pudesse integrar a forma e o processo, seria de grande valor para ele. No entanto, estes modelos e as construções teóricas devem ser suficientemente independentes e simples para permitirem a remodelação contínua de objectivos, de análises e de possibilidades inerentes à conduta do design da cidade.

17 Uma utopia de local

Farei uma exposição mais pessoal acerca do bom ambiente para poder ilustrar ainda melhor a teoria. Esta posição tem em consideração as dimensões de execução. Sendo uma opinião pessoal, dificilmente poderá agradar a todos, embora eu inclua tanta diversidade quanta me é possível. Talvez ninguém quisesse juntar-se a mim neste estranho local, mas pode servir para ilustrar de que modo podem surgir propostas concretas a partir de declarações muito gerais.*

A maioria das propostas utópicas perdem de vista o espaço ou a sociedade. Há fantasias espaciais brilhantes que aceitam a sociedade tal como ela é e utopias sociais que esboçam algumas características espaciais desligadas, de modo a darem colorido e uma aparência de realidade. As suas propostas espaciais são tão banais e convencionais quanto as ideias dos arquitectos acerca da sociedade. Só nas anti-utopias podemos encontrar exemplos onde a opressão física incita à opressão social de uma maneira muito directa e circunstancial. O inferno, pelo menos, é vívido e convincente. De facto, é difícil apresentar uma visão coerente de uma sociedade nova e desejável num mundo novo e desejável.

Nesta obra tento alcançar algo mais modesto: sem perder de vista a sociedade ou aceitando-a tal como ela é, proponho deixá-la sem explicação, excepto nos aspectos derivados de alguma característica do local. Pretendo demonstrar como as características utópicas podem surgir a partir do facto de se pensar no modo como as pessoas se relacionam com o ambiente que as rodeia, em vez de surgirem de uma fantasia técnica, auto-absorvida, por um lado ou, como consequência mecânica de uma determinação social, por outro. Os valores podem ter origem na relação das pessoas com os objectos, assim como na relação das pessoas umas com as outras. Para ser mais preciso, os valores surgem a partir da nossa relação com as pessoas nos locais e a minha apreciação é apenas um passo na direcção dessa perspectiva holística. Isto não é uma negação da importância dos valores gerados socialmente, mas simplesmente um desvio da atenção para um aspecto tradicionalmente negligenciado. O cenário espacial não estabelece somente limites; é a fonte de satisfações. Quando se pergunta a alguém como é que gostaria de viver, a resposta está normalmente repleta de pormenores espaciais. As influências éticas passam do local para o homem e vice-versa; as nossas concepções sobre o que está correcto derivam da natureza das coisas que nos rodeiam, assim como da nossa própria natureza.

* Ou será que a utopia é que deu origem à teoria?

Imaginem um campo urbanizado, uma paisagem muito variada mas humanizada. Não é urbana nem rural no sentido tradicional, uma vez que as habitações, os locais de trabalho e os locais de reunião situam-se entre árvores, quintas e ribeiros. No interior desta vasta área rural, existe uma rede de pequenos centros urbanos intensos. Esta área rural é tão complexa e interdependente a nível funcional, como qualquer cidade contemporânea.

Ultrapassa as antigas fronteiras políticas e ocupa, ou está prestes a povoar, muitos géneros de habitats actualmente evitados: encostas de montanhas, mares pouco profundos, desertos, pântanos, o gelo polar. Nesse sentido, o mundo é mais uniformemente habitado e até mesmo os locais que não estão permanentemente ocupados são usados com mais frequência do que anteriormente. As cidades já não são ilhas rodeadas por uma barreira de recifes de subúrbios, inundados por um mar rural. Nem esse mar é um vazio que necessita de ser atravessado, uma mina de alimentos e energia ou um local longínquo e sossegado no qual se pode descansar. A maioria das pessoas já não pensa na "cidade-natal", mas sim na "região-natal". Cada região desenvolve-se à sua própria maneira.

Esta expansão do aglomerado populacional não aconteceu facilmente, dado que uma boa adequação entre os homens e os locais requer uma modificação de ambos. Nos pólos e no mar aberto havia enormes problemas de aborrecimento, de tensão e de doença, até que as pessoas aprenderam a responder a esses locais e encontraram um meio de os dotar com valores humanos. Essa descoberta fez delas pessoas diferentes. Os esforços para ocupar permanentemente as profundezas do mar, assim como para ocupar a lua e os planetas, têm falhado até hoje. Ainda não conseguimos adaptar-nos a estes espaços estranhos, nem eles a nós. Mas já há ambientes subterrâneos labirínticos com jardins, pássaros das cavernas, um clima interno, iluminação específica, espaços íntimos e maravilhosos. As pessoas que nasceram nestes locais têm saudades deles quando estão à superfície.

Apesar de quase todos os géneros de terrenos e de algumas águas estarem de algum modo ocupados com sucesso e apesar de o aglomerado ser contínuo no sentido de estar interligado, a maior parte da superfície do globo ainda é pouco ocupada pelo homem. Vastas áreas, em todos os géneros de terrenos, são usadas para agricultura extensiva e sempre em mudança, florestas, pastagens, espaços abertos, áreas selvagens e desertas. Estas terras e mares abertos também estão ligados, e por isso entrelaçados, com a superfície ocupada.

Tudo isto não resultou num cataclismo. As áreas urbanas mais antigas foram gradualmente reconstruídas à medida que a propriedade comunitária as tomou a seu cargo – abertas com jardins e diversões, com especializações diminuídas, com as suas infra-estruturas convertidas para novas utilizações. As reservas particulares foram abertas ao público; os edifícios foram limpos, transplantados e reconstruídos. Foram construídos novos centros nos subúrbios exteriores e nas áreas rurais. Antigos centros de aldeia, outrora submersos na onda da metrópole, começaram a emergir. Os edifícios dispersos foram agrupados e as actividades produtivas foram trazidas para as zonas residenciais.

Os antigos centros urbanos intensos foram conservados na sua maior parte, mas também foram radicalmente reconstruídos e reutilizados. São paisagens naturais, tão exigentes como uma floresta tropical ou um cume alpino. Aglomerados populacionais e modos de vida especiais adaptaram-se às características peculiares desses locais. Alguns foram convertidos em áreas selvagens e outros preservados como monumentos históricos. As cidades antigas são restauradas e modeladas de modo a evidenciarem o seu carácter, tal como sucede a qualquer paisagem. Alguns edifícios específicos – arranha-céus, moradias, apartamentos de luxo, grandes fábricas – mostraram-se mais difíceis de adaptar e foram abandonados ou destruídos numa qualquer encenação dramática. Mas a maioria dos edifícios antigos, se a sua estrutura ainda estava em boas condições, descobriu novas utilizações. Cada local evoluiu visivelmente em relação ao que era inicialmente, e este crescimento, apoiado na diversidade das terras e da sociedade, resultou numa variedade rica. A história do aglomerado humano está inscrita de um modo vívido.

A terra (ou melhor, o espaço, agora que existem aglomerados populacionais subterrâneos, nos mares pouco profundos e mais recentemente no ar) pertence às pessoas que a utilizam. Mas esta posse representa apenas o direito de controlo e de usufruto actuais, e a responsabilidade de manutenção actual. A propriedade eterna, absoluta e transmissível por parte de um só indivíduo é um sonho impossível, que se evaporou. Actualmente, as pessoas reconhecem que o tempo de duração da vida de qualquer proprietário é breve, ao passo que o local subsiste e que os territórios de muitas outras criaturas se sobrepõem ao seu próprio território. No sentido mais permanente, as áreas centrais intensamente urbanizadas e as principais vias de transporte são propriedade das administrações locais ou regionais, ao passo que todo o restante espaço está nas mãos de organismos regionais especiais.

Estas entidades imobiliárias regionais, que se perpetuam a si próprias, mas que estão sujeitas à supervisão pública são, de algum modo, organismos religiosos. Elas conservam os recursos ambientais básicos, protegem a diversidade das espécies e mantêm o ambiente disponível para utilizações futuras. Não são, no entanto, sociedades de preservação. Consideram-se gestoras a muito longo prazo, preocupadas não com o "desenvolvimento" nem com a "preservação" mas com pequenas perturbações, mantendo o aglomerado populacional fluido e evitando becos sem saída. São depositárias de bens de todos os que não estão representados – de outras espécies e das futuras gerações humanas –, cujos motivos são obscuros e cujas oportunidades devem ser preservadas. Não desenvolvem grande planeamento e exercem pouco controlo, excepto para assegurar esta preservação. Têm o poder e a estreiteza de espírito concentrados num objectivo determinado. Dividem os seus terrenos entre grupos de residentes permanentes sempre que podem. Sentem-se como se pertencessem à terra, do mesmo modo que a terra lhes pertence.

Estas entidades imobiliárias concedem arrendamentos para usufruto actual do espaço e, por vezes, para a exploração dos seus recursos não-renováveis, a indivíduos, a empresas e a outros organismos públicos ou privados, e a grupos sociais residentes – tais como as famílias, os grupos de famílias, os clãs, as comunas e outros grupos semelhantes. Há limites quanto ao volume que pode ser arrendado a qualquer grupo ou pessoa. Os arrendamentos variam em extensão, mas os que são afectados aos grupos residentes são os maiores. Este género de arrendamentos é renovável e geralmente dura toda a vida dos membros do grupo, de tal modo que um vigoroso grupo residente, que renove regularmente a sua qualidade de associado (e só estes grupos) pode ser indefinidamente proprietário de um espaço do aglomerado populacional. Quando as comunidades residentes perdem os seus membros, devido à morte ou à migração, se desagregam devido a desentendimentos, ou fracassam economicamente, as terras que lhes tinham sido atribuídas voltam para a posse das entidades imobiliárias para serem novamente cedidas. As comunidades são normalmente pequenas e estão organizadas em torno do parentesco, dos laços étnicos, ou da sua ligação ao local, mas também em torno de actividades conjuntas de produção e de consumo, ou de estilos de vida comuns, e estes últimos laços estão muitas vezes relacionados com a natureza do local. Os laços sociais e os laços ao local estão interligados. Os grupos residentes mantêm normalmente os seus próprios serviços e instalações produtivas. A maioria das pessoas pertence a algum grupo residente, embora possa trabalhar ou estudar em outro local, fazer parte de uma outra instituição ou empresa e ter outros laços sociais. O terreno dos não-residentes pode ser arrendado por um período definitivo a organismos públicos (estradas, escolas) ou a organizações semi-públicas, a indivíduos, a cooperativas ou a instituições privadas.

Deste modo, apesar de algum espaço ser controlado temporariamente por uma grande variedade de organismos funcionais, indivíduos ou empresas, grande parte dele está nas mãos dos grupos residentes, e esses títulos de propriedade têm maior duração. No entanto, esses títulos de propriedade modificam-se, em resposta a alterações na função, na sociedade e na ecologia. Não há concessões permanentes, excepto para alguns locais sagrados ou simbólicos, para áreas selvagens permanentes e para os vastos direitos de passagem das principais vias de transporte. À medida que a propriedade e as utilizações da terra se alteram, o padrão da administração local e dos serviços públicos também se altera, ao passo que os territórios subjacentes das entidades imobiliárias se mantêm.

Os arrendatários planificam o seu próprio território, ao passo que as administrações regionais planeiam as estradas, as áreas centrais e as infra-estruturas necessárias, e também controlam os utilizadores locais de modo a evitar danos externos. Organismos inter-regionais ou internacionais podem sobrepor-se às decisões regionais nas questões cruciais de distribuição dos recursos, de transportes ou de exclusão social, particularmente no caso de uma região deter o monopólio quase exclusivo do local, dos materiais, das fontes de energia ou das comodidades. A estes níveis, os conflitos entre os interesses regionais devem ser enfrentados e penosamente resolvidos, embora não através de violência organizada. Essas peculiares entidades dedicadas à guerra, chamadas nações, já não existem, como é evidente. Deste modo, a gestão do espaço é principalmente uma questão regional, resultante da inter-relação entre três géneros principais de actores: as entidades imobiliárias, as administrações regionais e as comunidades residentes. As entidades imobiliárias têm objectivos simples, e a longo prazo, de conservação e de abertura contínua. Os governos estão preocupados com a qualidade regional a médio prazo e com a distribuição dos serviços entre os diversos grupos de pessoas. Eles exercem controlo através das linhas orientadoras e dos padrões de execução, e também através das principais obras e serviços. Mas são os grupos locais que através da utilização e da construção determinam a forma e a qualidade reais do ambiente.

Qualquer pessoa ou pequeno grupo estável pode, na sua própria região, obter um arrendamento sobre um espaço residencial modesto mas adequado, uma vez que o controlo de grande parte da terra é sucessivamente renovado e as políticas inter-regionais controlam as proporções básicas do número de homens em determinado espaço, de modo a que nenhuma região seja perigosamente sobrelotada e outra esteja vazia. Qualquer pessoa pode ter um espaço privado, no interior ou no exterior. As crianças, tal como os adultos, também têm este direito. As pessoas podem acampar num baldio durante algum tempo ou alugar quartos num qualquer centro urbano, mas ninguém pode multiplicar os seus domínios residenciais permanentes. Uma pessoa não pode continuar a possuir um local que já não é utilizado ou manter um local antigo depois de se juntar a um novo grupo residente, ou depois de deixar uma região. No entanto, um residente que esteja de partida pode pedir que o local do qual acabou de abdicar passe para as mãos de alguém que ele conhece, que gosta do local e não possui outro. Tal pedido é sempre cuidadosamente analisado.

A migração para outras regiões é sempre possível, embora os organismos inter-regionais utilizem controlos ou a persuasão, de modo a estabilizar as taxas de crescimento ou de declínio regionais. Um espaço residencial pode ser um pedaço de terreno; um espaço subterrâneo, debaixo de água ou no ar; uma habitação não usada; ou um volume no interior de uma estrutura. Os residentes e os utilizadores gerem os seus próprios locais e suportam os consequentes custos de construção e de manutenção. Eles podem conceber e até mesmo construir, ou podem contratar um especialista para o fazer, sob a sua orientação.

Não se exige aluguer às poucas concessões permanentes de terras (principais direitos de passagem, localizações simbólicas, áreas selvagens isoladas). Nem há alugueres impostos sobre os modestos espaços residenciais distribuídos a particulares e a pequenos grupos, nomeadamente o espaço dedicado a qualquer actividade de subsistência mínima, tal como a educação local ou a produção de alimentos e vestuário para consumo local. Estes arrendamentos não são transmissíveis; regressam à entidade ou à administração pública, por morte ou abandono do espaço. Os custos de manutenção dos serviços essenciais nestes locais e de gestão da distribuição e do planeamento da terra, são normalmente suportados por impostos regionais ou pelos lucros dos arrendamentos. O espaço residencial mínimo e os seus serviços básicos são serviços públicos.

O espaço reservado para actividades mais vastas e não permanentes, como os espaços muito desejados e não existentes em grande abundância, e o espaço arrendado a indivíduos e a organismos públicos nos centros e ao longo das principais vias de comunicação, são arrendados por um prazo definido ao licitante que oferecer mais, e os lucros são usados pela administração pública ou pelas entidades imobiliárias. Estes arrendamentos são transmissíveis, são limitados na sua dimensão, assim como no seu prazo, e estão sujeitos a restrições, de modo a conservarem a sua utilidade futura. É evidente que estas distribuições dos arrendamentos não podem apropriar-se antecipadamente do fornecimento adequado de espaços residenciais mínimos num outro local. As instituições e os organismos públicos e semi-públicos competem neste mesmo mercado de arrendamento. A consequente perda dos subsídios secretos associada à posse indefinida de terrenos inestimáveis (e a transferência desse subsídio para os grupos residentes) tem sido especialmente difícil para os grandes organismos, nomeadamente as universidades e os militares. Todas as instituições públicas e privadas viram os seus custos inflacionados e têm de conseguir justificá-los.

Nenhum espaço físico individual é controlado por uma outra pessoa, a não ser por escolha do próprio, porque é legalmente incapaz, ou porque a sua residência é temporária. As localizações especialmente desejadas não são permanentemente ocupadas por antecipação. Qualquer pessoa pode ter o seu próprio local se assim o desejar, ou pode juntar-se a um grupo residente. Deste modo, a propriedade permanente é regional e a estratégia básica de gestão da terra é estabelecida a esse nível, ainda que por duas entidades diferentes, a entidade imobiliária regional e a administração regional. A criação e a manutenção da paisagem, bem como a oferta de serviços locais, são descentralizadas e estão sempre em alteração. Na estrutura dos centros e das principais vias de comunicação, a região é um mosaico de pequenos territórios diversificados, onde o habitante, o utilizador, o gestor e os proprietários temporários tendem a coincidir.

Este sistema de distribuição da terra não surgiu, como é evidente, de um dia para o outro, e certamente que isso não aconteceu sem que houvesse resistência. A terra começou a ser dividida em regiões há muito tempo, no início por entidades imobiliárias dispersas, criadas por instituições ou por administrações locais. Inicialmente, assumiram o controlo de terras abertas que necessitavam de ser conservadas. Mais tarde, os fundos públicos foram aplicados em áreas aptas a serem desenvolvidas, de modo a promover um planeamento ordenado. As comunidades residentes em cada local começaram a tomar posse dos respectivos locais através da compra ou, como as pessoas que se apoderam ilegalmente de terras, por ocupação, e cederam-nas às entidades imobiliárias, de modo a garantirem o seu título de propriedade. As próprias entidades imobiliárias começaram sistematicamente a adquirir terrenos vazios e abandonados e a regionalizar direitos de desenvolvimento. As propriedades de maiores dimensões foram tomadas à força através da intervenção política, por vezes suavizada por compensações monetárias ou por determinações quanto a um período terminal a partir do qual os alugueres poderiam passar a ser recebidos pelos anteriores proprietários. Os proprietários mais pequenos receavam ser expulsos e agarraram-se emocionalmente às suas propriedades. Mais uma vez, a transferência foi por vezes imposta, mas na maioria das vezes baseou-se na persuasão, na compra e em garantias de posse vitalícia. Embora estas propriedades pudessem representar todas as poupanças de uma vida, a futura residência e subsistência ficavam asseguradas e os alugueres podiam continuar a ser cobrados junto da entidade imobiliária, mesmo durante toda a vida. Deste modo, o controlo da terra modificou-se radicalmente, mas a sua utilização mudou mais lentamente. Surgiram disputas territoriais, que ainda persistem, entre as entidades imobiliárias e entre elas e as administrações locais, o que exige negociações lentas. Não é invulgar ouvir uma pessoa queixar-se acerca do espaço residencial que lhe foi atribuído, ou vê-la procurar um outro local. Os grupos residentes estão mais satisfeitos com as suas propriedades, mesmo que de vez em quando haja fricções. Há inúmeros enclaves que ainda não foram adquiridos pelas entidades imobiliárias, mas neste momento é evidente que a maior parte das terras – mais uma vez excluindo algumas reservas permanentes ou alguns casos especiais – acabará por cair nas suas mãos. Este crescimento local fragmentado significou que a administração e o controlo da entidade imobiliária tiveram muitas variantes locais, diferentes de região para região, ainda que os princípios básicos de gestão da terra continuassem a ser bastante gerais.

Cada pequeno território pode ter o seu próprio estilo de vida, os seus próprios géneros de edifícios e paisagens, e até os seus próprios padrões de serviços públicos e de transportes. Estes padrões localizados são regulamentados pelas entidades imobiliárias e pelas administrações regionais para assegurar a segurança e a saúde (tanto das pessoas como da terra), e para evitar as interferências dos vizinhos. Por outro lado, há pouca regulamentação quanto às formas internas. Deste modo, a ocupação é "retalhada" e está misturada com faixas e pedaços de terrenos desocupados, sem controlo directo de um grupo (embora façam parte do território da entidade imobiliária) e, por isso, aberta a uma utilização espontânea e diferente. Estes locais abandonados são um reservatório de espécies (como as pragas de animais, como é evidente). Os maiores locais abandonados parecem misteriosos, manchados de medo e de ansiedade. Desempenham uma função que antigamente cabia às quintas abandonadas das áreas rurais em declínio e às "áreas cinzentas" degradadas da zona interior da cidade.

Como tal, a terra que não é cuidada está sempre à mão, ao passo que "as áreas selvagens" (no sentido de áreas vastas que não sofreram a acção do homem) estão pelo menos na mente de cada um de nós e ao nosso alcance, embora o acesso a essas áreas possa ser bastante difícil. Uma área selvagem pode ser uma ilha, uma montanha, um grande pântano, uma mata sem quaisquer caminhos, um enorme desfiladeiro. Outros terrenos são dedicados a refúgios rurais isolados, ou a enclaves onde as pessoas podem viver, se assim o desejarem, de acordo com regras antiquadas ou exóticas.

Nas áreas habitadas existe uma malha requintada de mistura de actividades. A produção, o consumo, a residência, a educação e a criação continuam a acontecer na presença umas das outras. Ninguém necessita de se deslocar para longe para realizar qualquer destas actividades, embora qualquer pessoa se possa deslocar se assim o desejar. A integração espacial e temporal das actividades suporta a sua integração funcional. Ensinar e aprender não se limita aos edifícios da escola, à infância, ou a um organismo público. Qualquer actividade produtiva tem os seus aspectos educacionais e recreativos. As crianças vêem o mundo em funcionamento e os pais que trabalham observam os seus filhos a aprender. Melhor ainda, trabalham e aprendem em conjunto.

Esta paisagem nova e confusa contrasta com as monoculturas extensivas do passado, que entraram em ruptura numa espectacular série de falhas interligadas: os grandes campos da agro-indústria, as grandes florestas de pinheiros desenvolvidas para serem cortadas, as regiões mineiras, os terrenos desocupados, os vastos subúrbios, as estâncias de Verão especializadas, os esplêndidos hospitais e campus universitários, as enormes zonas de escritórios, as gigantescas áreas industriais, os aeroportos, os portos e os pátios de manobras para os comboios – todos os locais cujos habitantes exerciam funções isoladas, especializadas ou temporárias: trabalhadores migratórios, turistas, lenhadores, lavradores, donas de casa, estudantes, passageiros, pacientes, secretárias. Actualmente, evita-se uma especialização da terra em larga escala; ou, quando não há escapatória, ameniza-se essa especialização encorajando uma utilização temporária, ou oferecendo uma outra sede para esses utilizadores temporários.

Não que tenham desaparecido todos os grandes trabalhos de engenharia. As barragens, as centrais eléctricas, os portos, as auto-estradas e as linhas de transmissão ainda existem, especialmente quando servem para aumentar o acesso através e entre as regiões. Há ainda organismos suficientemente grandes para as gerir. O que desapareceu foi o sacrifício de um vasto terreno dedicado a uma única utilização, juntamente com o vasto controlo espacial que isso exigia. Deste modo, há oficinas nos campos e por entre as habitações encontramos lojas sossegadas. Ao lado delas há piscinas, locais para piqueniques, casas de férias para os veraneantes. As culturas são mistas, ao estilo de um jardim. As fronteiras entre as diferentes utilizações são consideradas as partes mais interessantes de uma paisagem. Esta mistura de utilizações reduziu a eficácia da produção, ao ponto de a medida de eficácia ter sido novamente calculada.

A integração funcional corresponde ao grau de integração social. Os pequenos territórios locais são distintos no seu modo de vida, mas estão juntos. Nenhuma região vasta é interdita às pessoas. Todas as pessoas têm consciência da variedade que as rodeia. Seguras nas suas habitações podem conservar as normas e o comportamento que valorizam. Mas pelo menos estão em contacto com outros modos de vida. E uma vez que muitas comunidades têm características comuns que não são permanentemente atribuídas a cada pessoa – tais como um conjunto de crenças e de interesses, ou um método de orientação das suas próprias vidas – é possível para as pessoas (a um elevado custo pessoal, como é evidente) mudarem de um grupo para outro. Além disso, muitas pessoas que partilham as mesmas ideias juntam-se, por vezes temporariamente, para partilharem o seu modo especial de ser, como por exemplo os entusiastas da fotografia, os descendentes dos finlandeses, os homossexuais, os teólogos radicais e aqueles que deixaram de ser ricos. Estes modos permanentes e temporários de distribuir os grupos sociais no espaço podiam ser vistos nas primeiras cidades, mas nessa altura eram marginais se comparados com as distinções opressoras de etnia e classe.

Apesar de actualmente a densidade geral de ocupação ser baixa, devido a toda esta mistura e diversidade de utilizações e desperdício, ainda se podem ver torres enormes, bem como fábricas e locais de reunião de dimensão moderada, e grupos de habitações compactos e complexos. Os edifícios mais pequenos surgem em agrupamentos mais apertados e há centros públicos intensos dedicados a escritórios, a residências de elevada densidade, à produção especializada, à comunicação, à distribuição e ao consumo e entretenimento sofisticados. Os cosmopolitas livres escolhem viver nesses centros, ou ao longo das principais vias de comunicação, tal como, durante algum tempo, muitos adolescentes, jovens adultos e até algumas pessoas mais velhas.*

Estes centros de estímulo e de decisão mantêm-se activos durante vinte e quatro horas. A maior parte deles são consequência dos primeiros locais centrais, embora tenham sido criados novos centros em regiões pouco ocupadas, de modo a tornar esses centros acessíveis a todas as pessoas, como acontece com as terras desocupadas e com os locais mais calmos. O espaço central é arrendado pela administração local que fornece os serviços comuns. Resplandecentes, activos e vivos, estes centros ocupam invariavelmente locais históricos transformando-os continuamente. Cada um deles tem o seu próprio carácter, que tem origem na sua longa história como locais habitados. São os pontos simbólicos em torno dos quais se pode organizar mentalmente a região rural com padrões desligados e em mudança, os focos da identidade regional. As características naturais são intensificadas de modo a fortalecerem esse simbolismo. Precipícios, lagos e montanhas podem ser produzidos em locais onde não existe nenhuma outra forma notável. Algumas pessoas sentem-se alienadas nestes locais em alteração e impessoais, e apreciam vivamente esse estado de alienação.

Vimos que há partes de uma região que estão isoladas, ao passo que outras, particularmente os centros, são bastante acessíveis. A paisagem é uma alternância entre o sossego e o movimento, entre a privacidade e a sociabilidade. Uma grelha importante de transportes públicos, no interior de um vasto direito de passagem, abrange toda a região. É distorcida de modo a adaptar-se às características naturais, para evitar, por um lado, as terras selvagens e, por outro, para servir os centros. No entanto, é regular e contínua. Esta grelha, tal como os centros, as áreas selvagens e alguns locais simbólicos, está

---

* No entanto, não se devem designar estas pessoas de "reformados", uma vez que actualmente é difícil separarem-se da actividade a não ser que fiquem gravemente doentes. As pessoas doentes e perturbadas só raramente são afastadas das outras pessoas. As vidas não são segregadas em épocas de educação, de produção e de descanso, do mesmo modo que isso não acontece com o espaço.

permanentemente localizada. Por ela passam as principais condutas que transportam pessoas, produtos, mensagens, resíduos e energia.

É usada uma grande variedade de meios de transporte. O barulho e a poluição são provocados por eles ou, se assim não aconteceu, a sua utilização é rigorosamente limitada. Há comboios, passadeiras rolantes, escadas rolantes, autocarros, mini-autocarros, passagens, camiões, táxis de grupo, barcos, cavalos, cadeiras de rodas e pequenos automóveis com motores de potência reduzida, dirigíveis, planadores e ultraleves. É frequente as pessoas caminharem, andarem de bicicleta, de skate ou fazerem esqui, usando a sua própria energia para se deslocarem. Quando observamos esta lista, ficamos consternados ao verificar que esta preguiçosa utopia não inventou nenhum meio de transporte novo, excepto para a diversão. Melhorou os meios já existentes, utiliza-os melhor e não depende de um só.

Existem redes regionais, separadas da grelha principal, dedicadas ao movimento lento e seguro ou ao puro prazer do movimento, ou que servem como percursos históricos. Muitas destas estradas especiais são conservadas por "sociedades responsáveis pelas estradas" voluntárias, ao passo que a grelha principal é controlada por uma administração regional. No interior da grelha, uma rede capilar de estradas e de caminhos, propriedade de muitas entidades privadas, abrange a região, e esta rede expande-se e contrai-se à medida que as utilizações se alteram. Nos centros, a rede de transportes divide-se em três dimensões. No ar, é canalizada e não passa sobre determinadas zonas. No subsolo, há fantásticos sistemas de passagem, mas debaixo de água movimentamo-nos com menos restrições. Todas as estradas são concebidas para tornarem as viagens mais interessantes.

Todas as pessoas são livres de se movimentarem. Há veículos para os mais novos, para os mais velhos e para as pessoas com algum tipo de deficiência; há maneiras fáceis de transportar pacotes ou de transportar crianças pequenas. Não há obstáculos que impeçam o avanço de uma cadeira de rodas; não há obstáculos que possam colocar em perigo os invisuais. Não há ruas locais que as crianças não possam atravessar com segurança. De facto, as crianças são encorajadas a andar observar, ouvir, testar, admirar, aprender. O direito de acesso público está bem definido, ainda que seja necessário que não implique danos para a paisagem ou intrusão directa na privacidade. O litoral, os lagos e os ribeiros são acessíveis. Qualquer pessoa pode viajar para o estrangeiro. Embora a maioria das pessoas esteja localmente enraizada, deverá ter passado alguns anos das suas vidas a vaguear de um lado para o outro. A diversidade histórica e cultural deste mundo magnífico é muito atraente para os jovens adultos e importante para o seu desenvolvimento. No entanto, viajar ainda implica a perda de algum tempo, assim como o dispêndio de energia pessoal. Viajar diariamente ou com um objectivo determinado tem vindo a diminuir, uma vez que as pessoas estão mais perto do seu local de trabalho e o lazer é encarado mais como uma renovação da própria personalidade num local familiar do que uma espécie de fuga. Apesar de tudo, as pessoas também têm mais experiência de locais distantes do que antigamente.

Fora dos locais de retiro e das áreas selvagens, os dispositivos simples de comunicação são fáceis de encontrar e de utilizar: telefones locais, rádios, écrans de televisão, terminais de computador, caixas postais, placares de informação. O envio de mensagens está descentralizado e os canais de emissão e de recepção são mais vantajosos. As transmissões têm origem a nível local; há jornais de parede, pequenas edições, teatros de rua. A utilização da paisagem para difundir a comunicação enfraqueceu os meios de comunicação social. É fácil (e seguro) localizar e conversar com uma pessoa que partilhe as nossas ideias, num local público, através de vídeoconferência, ou através de avisos e dos diversos meios de correio.

Os transportes e as comunicações básicos são serviços públicos gratuitos, financiados por fundos públicos. Não só as ruas são livres para se circular, como também os transportes locais, os telefones, os correios, e até mesmo os veículos mais simples, como as cadeiras de rodas, as bicicletas, e os patins podem ser utilizados em qualquer local.

Grande parte dos edifícios utiliza um mínimo de material e de energia importados. A técnica das estruturas evoluiu de modo a utilizar qualquer material local abundante – areia, terra, argila, rocha, madeira, relva –, a conseguir dominar as forças locais e a desenvolver sistemas de construção mais fáceis de erigir e de modificar. A maioria dos edifícios são simples, luminosos e baixos. São aquecidos e arrefecidos pela luz solar, pela madeira, pelo aquecimento geotérmico, pela evaporação e pelo movimento das correntes de ar naturais, em vez de despenderem energia em estruturas fechadas. O exterior dos edifícios responde às variações do tempo: abrindo e fechando, fornecendo luz ou escurecendo. Os espaços estão dispostos de modo a produzirem uma grande variedade de microclimas.

Infelizmente, muitas estruturas volumosas e desconfortáveis permanecem desde épocas anteriores. As cidades não podem ser transformados de um dia para o outro; a sua inércia é muito grande. Foi despendida muita perícia para tornar estes edifícios mais antigos habitáveis – escavando-os, atravessando as suas paredes e telhados, reduzindo a sua densidade de utilização, fazendo modificações internas. Alguns ainda necessitam de grandes dispêndios de energia. As pessoas que têm de viver nos apartamentos sobreviventes, ou de trabalhar nas velhas fábricas ou arranha-céus, podem ter uma redução do aluguer, ou podem receber um bónus de rendimentos ou de prestígio. Outras pessoas gostam de viver nestes locais nostálgicos. Ocasionalmente, como já vimos, as áreas mais antigas da cidade tornaram-se numa nova área selvagem, ou são exploradas por causa dos seus materiais.

O material reciclado é utilizado com mais frequência do que as matérias-primas. Os resíduos são convertidos ou a sua destruição é acelerada. As estruturas são concebidas para poderem ser reutilizadas ou para serem destruídas e facilmente reconstituídas. Testar ou avaliar um design ou um material é um processo no qual é necessário ter em consideração o modo como ele pode ser reconstruído ou destruído. Todo o processo dos resíduos, da sua eliminação e conversão, é encarado como interessante e útil, tão merecedor de celebração como a produção. A recolha, a eliminação e a limpeza dos resíduos são actividades tão honrosas como cozinhar ou construir.*

A baixa densidade média, o elevado nível de acessibilidade e o carácter retalhado do desenvolvimento, significam que o ambiente é facilmente alterado de modo a adaptar-se a novas utilizações e a novos utilizadores. As adaptações podem ser conseguidas com pequenas utilizações de poder e de esforço. Esta qualidade da adaptabilidade é também valorizada no design dos equipamentos. A primeira questão que se coloca relativamente a uma nova máquina é "Como é que a posso arranjar quando se avariar?" A segunda questão poderá ser: "Posso usá-la manualmente?"

Em muitos domínios, encontramos dois níveis de consumo: um limitado, normalizado, simples e necessário, fornecido a baixo preço ou livre de encargos como bem comum, o outro mais dispendioso, variado e adquirido por iniciativa individual. Água potável, casas de banho, alimentos e medicamentos essenciais, educação básica, transportes e comunicações básicos, e vestuário utilitário são a razão comum de existência e o encargo comum. Embora em quantidades limitadas e do género mais simples, estão facilmente disponíveis nos locais públicos. A sua produção, distribuição e manutenção são uma iniciativa pública. Apesar das extravagâncias ocasionais, o padrão material de vida não é elaborado, excepto num sentido simbólico. Os níveis de consumo estão abaixo das taxas de reposição dos recursos ou dão tempo suficiente para permitirem que esses recursos sejam substituídos. À medida que as regiões se voltaram para a utilização dos seus recursos locais verificaram-se perdas no transporte internacional de bens e de energia, o que foi mais notório nos elementos escassos e insubstituíveis no ponto de origem, ou que necessitavam da exploração de mão-de-obra. Actualmente, o petróleo é comercializado em pequenas quantidades como lubrificante, uma alteração que trouxe algumas mudanças bastante perturbadoras no uso do poder (e no equilíbrio do poder) em todo o mundo.

---

* Recordam-se do Lixeiro em *News from Nowhere*, de William Morris?

Apesar de as pessoas a nível mundial terem agora alimentos e abrigo suficientes, e recursos básicos para uma vida digna, os cidadãos das regiões outrora consideradas desenvolvidas tiveram que abdicar de muitos luxos. Num sentido quantitativo, houve uma nivelação por baixo do consumo. De certo modo, esta situação foi imposta às regiões mais ricas devido ao aumento do poder das regiões em desenvolvimento. Por outro lado, foi uma libertação voluntária – uma mudança generalizada de atitude. Houve mudanças surpreendentes em termos de dieta, de vestuário e de equipamento, e mudanças mais profundas ao nível das atitudes na aquisição de bens materiais.

Tendo em conta que as necessidades físicas fundamentais estão asseguradas, possuir uma grande quantidade de bens materiais já não é um sinal de prestígio, embora algumas pessoas mais velhas, secretamente desafiadoras, ainda pensem desse modo. Para diversão dos mais novos, essas pessoas armazenam coisas, medem a posição social pela propriedade, e ficam desapontadas quando os seus descendentes parecem indiferentes às heranças. De facto, as pessoas ainda fazem testamentos, mas estes são encarados como uma expressão de sentimentos, como "as últimas palavras", em vez de serem encarados como documentos legais para a transmissão da propriedade. Esta mudança de atitudes em relação à posse dos bens materiais demonstrou ser um dos obstáculos mais difíceis na comunicação entre gerações. O roubo e o vandalismo perderam importância, e a família perdeu a sua função como dispositivo de segurança e de transmissão da propriedade. Apesar de o capital físico ainda ser acumulado e mantido por grupos e empresas, já não é um assunto da máxima importância para as pessoas.

Nessas regiões do globo que ainda se recordam da dura pobreza, a posse de bens em abundância ainda é actualmente uma grande aspiração. Mas esta atitude também está a mudar, seguindo o caminho dos valores do mundo anteriormente dominante. No entanto, as pessoas não são, de modo nenhum, ascéticas. Pelo contrário, encontram grande prazer no mundo físico, na criação e no consumo de objectos requintados de um modo elegante. Foi o controlo exclusivo dos bens, ou a sua abundância que perdeu interesse. O prazer dos objectos reside na possibilidade de os conceber, de os usar ou mesmo de os destruir.

As pessoas estão conscientes de todo o processo vivo que as rodeia e sentem-se parte desse processo. Apesar de não recearem perturbá-lo – como de facto não conseguem evitar fazer – observam a agitação provocada pelos seus gestos. Percorrem um trilho e observam o modo como as plantas da berma respondem à sua passagem; abandonam um edifício e observam a fauna e a flora que o reocupam. Há pessoas que realizam experiências intencionais ou tentam comunicar com outras espécies.

A responsabilidade de um grupo pelo seu território inclui o bom funcionamento dos outros seres vivos nesse local, tal como a preocupação quanto à sua contínua utilidade humana. Os residentes podem ser responsabilizados pelas entidades imobiliárias pela morte de um pântano, por exemplo, e por uma administração regional por ofensas a um vizinho. Pode ser-lhes solicitado que conservem ou reabasteçam o solo, um lençol de água, ou plantem árvores. As pessoas e a terra pertencem umas às outras. Inicialmente, os residentes podiam utilizar o solo de modos menos correctos e serem desalojados por esse motivo, mas são os terrenos desocupados que representam o problema mais duradouro. Nesses locais, é mais fácil conseguir que a manutenção obedeça aos padrões convencionais, mas já não é tão fácil fomentar uma atitude de preocupação.

Poucas pessoas têm animais de estimação, do mesmo modo que o contrário raramente é observado. Os animais que restam coexistem com os seres humanos numa base mais independente do que anteriormente. É evidente que os animais que cooperam com o homem ainda são comuns: os cavalos, as vacas, os cães pastores, os cães de guarda, os golfinhos, os ratos treinados para encontrar canos e fios partidos. O consumo de carne diminuiu, embora os vegetarianos ainda sejam uma pequena minoria. Alguns destes grupos estabelecem distinções entre plantas "inferiores" e plantas "superiores", que podem ou não ser comidas. Outros grupos oferecem os seus mortos aos animais.

Uma vez que há faixas de terrenos abandonados por entre os terrenos desenvolvidos, sobrevivem muitas espécies intoleráveis para o homem. Espécies temporariamente ameaçadas podem ser conservadas em reservas, ou podem ser introduzidas em outros locais, quando se conseguem prever as consequências. Em resumo, os seres humanos já não são uma doença incontrolável da natureza, mas acabaram por aceitar alguma responsabilidade inerente ao facto de serem a espécie dominante – criados e não donos. O facto de essa possibilidade incluir mesmo uma aceleração ou um desvio da evolução começa a perturbar as pessoas.

Apesar da atenção prestada à reciclagem dos materiais, também se presta alguma atenção ao ciclo do aglomerado humano. O crescimento e o declínio regionais podem ser modificados, mas ninguém tenta preservar uma dimensão final ou um carácter final. A mudança é esperada; os locais evoluem, mesmo que seja necessário evitar uma alteração repentina ou irreversível. Há estratégias para o declínio e para o crescimento. Os processos de ocupação, reocupação e desocupação estão solucionados. A devolução recentemente celebrada de Manhattan a um agrupamento de pequenas comunidades dependentes da pesca, de diversões especiais e do aproveitamento de materiais de construção usados provocou uma admiração generalizada. É uma paisagem de ruínas, como a Roma medieval. Ao contrário de Roma, é um local saudável e aprazível, e não está oprimido pela história. No entanto, possui aquele sentido mágico de poder e de entusiasmo que atrai tantos visitantes.

Viajar por todo o mundo é uma actividade incentivada, mas a sofisticação mundial baseia-se na ligação segura ao local, tal como o bem-estar social depende de um sentido de identidade individual. A mobilidade é equilibrada por laços aos locais, e por locais e retiros simbólicos e permanentes. É evidente que alguns grupos são móveis por natureza e o seu território estável é uma estrada ou o mar, pelos quais passam regularmente, e uma série de locais nos quais fazem regularmente uma pausa.

A grande maioria das pessoas passa as suas vidas num só grupo e num só local, interrompidas por períodos intermitentes de viagens. Contudo, algumas pessoas já experimentaram uma transferência permanente, ou os seus parentes ou vizinhos já o fizeram. Essa transferência é sempre um acontecimento muito recordado, cuidadosamente preparado. A mudança é precedida por um longo reconhecimento e avaliação. Os pequenos grupos movimentam-se em conjunto. Há rituais estabelecidos para "encerrar" um local antigo e para "abrir" um novo. As mudanças são voluntárias, mas podem ser distantes, seguindo os incentivos ou as persuasões das autoridades inter-regionais. Não são só as dimensões da população mundial que estão a ser regulamentadas, o seu padrão também está constantemente a ser ajustado, de modo a conseguir atingir-se uma melhor utilização dos recursos mundiais.

As alterações ambientais também foram formalizadas em centros experimentais. Os voluntários experimentam algumas hipóteses sobre a modificação de um local ou de uma sociedade – um novo tipo de família, numa estrutura especialmente concebida, por exemplo, ou um ritmo temporal de actividade livre num habitat subterrâneo. Os voluntários controlam as suas próprias experiências e podem abandoná-las ou modificá-las. Se for funcional, a experiência torna-se uma demonstração. Outras pessoas repetem a experiência por si próprias – por prazer, para confirmação, ou para ajudar a escolher um modo de vida. Muitos grupos residentes tiveram as suas origens numa experiência bem sucedida sobre uma sociedade estabelecida, embora na sua própria evolução possam ter-se afastado do padrão original. Deste modo, os caminhos para o futuro estão a esgotar-se e as suas consequências estão a ser examinadas.

Quase todas as pessoas, mais novas e mais velhas, podem remodelar os seus próprios cenários de algum modo e, até certo ponto, são responsáveis por eles: os mais pequenos pelo seu canto num quarto ou num jardim, o adulto por uma paisagem complexa. Determinadas pessoas podem ser encarregadas de funções ambientais específicas. Os adolescentes mais velhos, uma vez que gostam de brincar com o fogo, são os bombeiros, enquanto os invisuais controlam a poluição sonora. As crianças cuidam e brincam com os animais mais pequenos, ou recolhem lixo (será que podemos permitir que brinquem com o lixo?). Também se arranjam tarefas para as pessoas com algum tipo de deficiência mental, para os doentes e para as pessoas com algum tipo de outras deficiências, de modo a que todas as pessoas encontrem um significado numa preocupação comum pelos locais. Esta participação leva as pessoas a compreenderem-se e também a unirem-se. O ambiente não é simplesmente uma ocasião de esforço cooperativo. É conscientemente concebido com a intenção de reforçar a cooperação e por vezes mesmo de a solicitar. Uma vez que a maior parte dos grupos sociais tem espaços territoriais definidos, as imagens mentais do local e da comunidade são normalmente congruentes uns com os outros. Os centros e os pontos importantes são símbolos de valores comuns. São intencionalmente moldados para acolherem esses significados.

Os elementos da paisagem também são tornados memoráveis por si próprios. As estradas, por exemplo, já não têm uma secção transversal padronizada, ou um conjunto de pormenores monotonamente impostos. Cada caminho tem o seu próprio carácter. Adequa-se à paisagem natural e cultural à sua maneira e revela a sua própria sequência de perspectivas. Os edifícios têm personalidades. Os locais adquirem sons e odores distintos em ocasiões especiais.

A concepção da paisagem – criação do local – é uma arte admirada. Há pequenas equipas desejosas de assumirem a responsabilidade pela modelação e gestão de um pedaço de terreno público, pois é um caminho para o reconhecimento. Os esforços recentes para a criação da paisagem são amplamente criticados. Os cenários antigos são reformulados ou, se forem considerados clássicos, são conservados e tornam-se objecto de apreciação crítica. Algumas paisagens iniciais são particularmente recordadas pelo seu papel histórico ao criarem o primeiro entusiasmo gerador de utopia.

Uma gestão agradável da terra – o modo como um local é usado, conservado e modificado pelas estações, pelos altos e baixos da actividade – é tão apreciada quanto o design mais requintado. De facto, o design e a gestão não são distintos. Ambos clarificam e aprofundam a imagem comum de uma região e dão às suas características uma presença vivida, à qual se podem ligar significados. As pessoas aprendem a ter consciência do meio que as rodeia, através de todos os seus sentidos. Têm uma percepção activa dos lugares: escavando-os, movimentando-se sobre eles, fazendo ecos, lançando-lhes fogo. Outras artes – o teatro, a poesia, a escultura, a música – estimulam esta consciência e tornam a paisagem ressonante. Os contos e os poemas desenvolvem o significado de um local; os quadros e as fotografias fazem com que um local seja visto segundo uma nova perspectiva. Escrevem-se dezenas de livros de orientação diferentes. Estas também são consideradas artes de criação dos locais.

A luz, o movimento, o som e o odor são manipulados de modo a tornar os locais mais atraentes para os sentidos. Uma escultura branca obscurecida pode ser colocada num escuro pinhal, ou alguns equipamentos movidos pelo vento podem ser utilizados numa superfície aquática. Numa espécie de árvore penduram-se pequenos sinos distintivos, esta árvore exala um odor especial e forte, e tem um modo peculiar de ser iluminada à noite. Um pássaro associado a essa árvore num poema memorável pode ser intencionalmente atraído para perto dela. Um clima local é dramatizado. As liquefações espectaculares e intensas da neve da Primavera, na costa nordeste, são bem conhecidas. As celebrações especiais estão reservadas para os locais especiais. O cimo de um monte é usado apenas para casamentos e vitórias, e um pequeno vale é reservado para piqueniques retrospectivos na Primavera.

Quando não interfere com a privacidade, a paisagem torna-se mais transparente. As pistas para as suas funções secretas são deixadas à vista. Os processos económicos são expostos. A ligação entre a produção e o consumo é imediata: os grelhados são feitos ao ar livre, as pessoas constróem as suas próprias habitações, as modas são concebidas ao lado dos teares e as bicicletas são escolhidas na linha de montagem, com o conselho das equipas das linhas de montagem. Mas ainda é difícil apresentar actividades mais remotas e mais abstractas deste modo tangível. Como se pode comunicar o trabalho de um contabilista; ou de um gestor de futuros?

A actividade pública é visível e os símbolos dos grupos residentes são exibidos. O funcionamento interno de um elemento funcional – talvez dos canos de água, ou de um relógio – existem para ser observados, se alguém estiver interessado. Há livros de orientação para o sistema de esgotos, com instruções para se saber qual é a estação do ano e a hora do dia através da observação da corrente. Sinais, marcas obscuras, vestígios de actividade, dispositivos de audição, diagramas, sensores remotos, lentes de aumento, filmes em câmara lenta, periscópios, vigias – qualquer destes dispositivos pode ser usado para tornar perceptível um processo: não imediatamente aparente, como é evidente, ou apresentado apenas através de uma qualquer lição preparada. Aprender é uma descoberta e ninguém deve ser obrigado a prestar atenção à paisagem se tiver outras coisas de que tratar. Mas os caminhos existem para serem observados, se cada pessoa os quiser descobrir. O ambiente é um livro magnífico, um drama – uma exibição de informações muito rica sobre o local, a função, a sociedade humana, as estrelas e o concerto dos seres vivos. É uma educação – não uma ilustração dos conhecimentos num livro, não o tema de uma viagem de estudo.

Todas as pessoas recebem formação para interpretarem um local, do mesmo modo que todas as pessoas recebem formação para lerem um livro. Interpretar um local significa conseguir compreender o que acontece nele, o que aconteceu ou poderá acontecer, o que significa, como nos devemos comportar nele, e como esse local se relaciona com outros locais. As facções interpretam os seus arredores de modo diferente e impõem as suas impressões a outros. Como tal, podem apresentar-se simultaneamente duas interpretações contraditórias ao estupefacto observador. Os vestígios históricos são preservados e modificados à medida que os conceitos do passado são revistos. Os artefactos que explicam as tradições culturais são considerados recursos da paisagem, como a madeira, o solo e o carvão. São conservados, tanto quanto possível, no cenário em mudança. A história é identificada à medida que acontece. As tendências presentes e as possibilidades futuras são apresentadas.* A parte do dia e a altura do ano são dramatizadas, tal como os importantes acontecimentos sociais e os ritmos difusos da actividade humana. O ambiente é uma celebração do local, do tempo e do processo.

Existem locais "lentos" e locais "rápidos"; locais cujo dia começa ao amanhecer e outros que estão vivos à noite. Até mesmo as medidas periódicas são diversificadas: um local pode ter horas com noventa minutos, ou as suas semanas podem conter treze dias. Em alguns locais, os períodos podem não ser tão rigorosamente medidos, mas serem flexíveis, para se adequarem ao trabalho entre mãos, ou a um estado de espírito comum. É evidente que se mantém um tempo de referência padronizado, utilizado para manter a coordenação social, tal como existe uma linguagem normalizada entre dialectos e um sistema rodoviário importante para ligar territórios diferentes. No entanto, as pessoas conseguem fazer corresponder as suas vidas aos seus ritmos pessoais.

O mundo está adaptado aos sentimentos humanos. Há locais sagrados, locais trágicos e misteriosos, paisagens de agressão e de amor. Através dos costumes e dos rituais associados a esses locais, as pessoas podem experimentar e exprimir as suas emoções mais profundas. Um cenário pode ser um símbolo do paraíso, ao passo que outro pode exprimir os medos e as ansiedades mais profundos. As características da terra são intencionalmente exploradas de modo a produzirem estes locais emotivos – grutas, enseadas e promontórios, cumes de montanhas, lagos e florestas, ravinas, quedas de água, planaltos áridos, terras áridas – tal como acontece a pequenos locais inseridos no ambiente construído – tribunais afastados, cúpulas, compartimentos subterrâneos e piscinas pequenas.

Emergiu um conjunto de locais sagrados que tecem uma imagem da terra como unidade diversificada e sagrada. Estão nos vulcões, debaixo de água, nos céus; são frios, quentes, húmidos ou secos. Expõem o tempo da Terra e o tempo do universo. Alguns locais olham para as estrelas e há satélites

---

* É evidente que também deverá haver contradições.

sagrados que observam a Terra. As pessoas fazem peregrinações de um local para outro, em diferentes etapas das suas vidas. Podem visitar um local rapidamente, para experimentar o seu significado especial, ou podem permanecer durante mais tempo contribuindo para a sua evolução. Algumas pessoas continuam a dedicar-se aos locais, tornando-se, de certo modo, sacerdotes do vento, do fogo, da terra ou da água. Estes locais falam uns com os outros por vibrações através da terra ou do mar, por luzes ou ondas do ar, pela troca de substâncias materiais, por mensagens levadas por pássaros e peixes.

Os rituais ambientais e os modos especiais de agir, fazem parte integrante do design sagrado, tal como o próprio local. Em alguns locais, ou em certas alturas, as acções são rigidamente controladas; o discurso, o gesto, a postura e o vestuário são minuciosamente determinados. Outras alturas dedicam-se à exuberância e à desordem. As acções obscuras são apropriadas para a gruta e o ritual do chá para a casa de chá. Em casa há acções rituais similares que todos os membros de uma comunidade ajudam a desempenhar. Os acontecimentos ao ar livre celebram a Primavera ou o Solstício, as inundações, o derreter do gelo do Inverno, o regresso das andorinhas e dos turistas, o lamento partilhado de um povo num local de tragédia comum. O planeta é um festival, um drama e uma recordação.

As pessoas sentem-se expostas ao que as rodeia. Muitas pessoas procuram locais que as desafiem, mesmo com risco de vida. Os edifícios elevados são escalados como se fossem montanhas. O gelo polar é um teste à sobrevivência. Os homens e as mulheres aprendem ao fazerem. Descobrem novas capacidades humanas, novas capacidades de compreensão, de movimentação e de sensação, novos jogos e recursos. Ou redescobrem uma capacidade antiga mas esquecida.

Algumas pessoas consideram-se responsáveis pela evolução de outras formas de vida, como se fossem deuses demasiado limitados. Ao observarem as alterações nos animais e nas plantas que os rodeiam, protegem e incentivam as mudanças que parecem benéficas, isto é, que parecem aumentar a viabilidade e capacidade da própria espécie, em vez da sua utilidade económica para o homem. Alguns entusiastas tentam mesmo estimular a mudança evolutiva, considerando-se a si próprios como seus agentes conscientes. Outras pessoas receiam esta modelação e consideram que não temos esse direito. Mas todas as pessoas concordam que o desenvolvimento individual, da comunidade e do local onde se vive é uma arte maior e uma ciência superior, a acção ética fundamental.

Estas notas utópicas são inadequadas porque tratam da relação do homem com o local e só tangencialmente das relações do homem com outros homens. Não há aqui nada acerca do nascimento ou da morte, do casamento, do parentesco ou da comunidade, do poder, da economia, do conflito ou da cooperação, excepto se estas características surgirem como resultado da sua relação com o local. Além disso, a narrativa ignora as consequências espaciais que podem surgir de uma melhor ordem social, uma vez que olham numa só direcção, ao longo da interligação entre o ambiente e a sociedade. A falha é intencional: apresento um tema negligenciado. Neste caso, estas notas não são piores do que outros discursos utópicos, que cometem o erro oposto.

Mas também demonstram uma outra falha importante: não nos dizem como chegaremos ao próximo milénio, ou se tudo se poderá adequar em conjunto. Uma estratégia eficaz necessita de uma análise aprofundada do presente, da construção de um futuro integrado e do conhecimento da dinâmica de uma alteração social e ambiental que possa ligar ambas. Tudo isto representou apenas um recital de desejos. Mesmo assim, desejar é um meio de descobrir e de comunicar – um método de aprender como actuar no presente.

Por isso, estas propostas ambientais não têm necessariamente relação com um conjunto de propostas sociais. O ambiente físico e a sociedade não são meros espelhos um do outro. O primeiro, em particular, é lento na apresentação das suas reflexões. Conserva as imagens de muitos estados históricos prévios e difunde imagens próprias. Desse modo, poderíamos imaginar várias sociedades consonantes com estas ideias ambientais. Mas não em número demasiado elevado.

Existe pouca semelhança entre estas propostas e a organização do ambiente em sociedades que foram radicalmente reestruturadas em épocas recentes, tal como a U.R.S.S., Cuba ou a China, embora o Córdon de Havana seja um símbolo paisagístico de integração do trabalho e entretenimento, e o Kibbutz israelita ou a comuna agro-industrial chinesa possam prefigurar o campo urbano de utilização mista, organizado em territórios locais. Os cenários espaciais de grande parte do mundo socialista parecem ser, pelo menos a esta distância, parecidos com os do mundo capitalista e as suas atitudes ambientais não são muito diferentes. As pequenas comunas, que se mantêm fiéis às fendas do mundo ocidental, exibem algumas características mais avançadas, mas o fosso é ainda muito grande. A indiferença do pensamento clássico utópico relativamente às qualidades do local repete-se no plano da realidade.

E, no entanto, os temas deste capítulo não são revelações. Surgem em muitas fontes históricas e contemporâneas: de facto, na comuna, mas também na quinta, no jardim, na "aldeia urbana", no território das tribos, na casa de Verão, no acampamento em zonas selvagens, no lote de terreno desocupado e cheio de ervas daninhas e na recordação das paisagens da infância, no recinto sagrado, na cidade histórica, nos prados, nas zonas costeiras, nos bosques, nos riachos, na praça animada e (neste caso tenho de corar ligeiramente), até mesmo nos desprezados subúrbios norte-americanos. As ideias surgem dos escritores, dos pintores, dos fotógrafos, dos realizadores e dos poetas. Ouço-as dos estudantes e vejo-as nos guias, nas notas de reminiscências e antropológicas.

Apesar de a imagem ter poucas semelhanças com a metrópole contemporânea, esses fantásticos aglomerados populacionais não podem ser simplesmente eliminados, a não ser que também vamos com eles. A reconstrução total é impossível – política, económica e psicologicamente. Além disso, nem todos os processos e condições actuais são perversos. A própria metrópole em disseminação estabelece a plataforma para um estilo de vida mais disperso. A infra-estrutura técnica para as áreas rurais urbanizadas já está a ser colocada no terreno.

Reconstruir o ambiente é uma ideia interessante apenas porque envolve tantos aspectos: os sentimentos mais profundos e a forma exterior, a integração da ciência, da arte e da ética, a relação do indivíduo com a sua comunidade local e, contudo, também com a unidade da humanidade, com a interacção e com o desenvolvimento da vida humana e não-humana. A renovação da terra e dos aglomerados humanos que sobre ela habitam poderia ser o maior empreendimento humano desde o Neolítico.

Epílogo: uma apreciação

Chegámos ao fim e agora é necessário reconsiderar acerca de tudo. A teoria tem várias deficiências. A mais flagrante é a falta de uma teoria complementar acerca do modo como as cidades nascem e funcionam. Teci algumas considerações desse género, mas a teoria não é a perspectiva abrangente que foram as teorias cósmica ou orgânica, e que não foram as análises económica e comportamental. Até que seja associada a afirmações funcionais permanecerá incompleta. As afirmações funcionais e normativas são igualmente necessárias e nenhuma delas precede a outra, quer em causa quer em importância. O valor e a função são inseparáveis e ambos podem ser analisados de modo crítico. O motivo original desta teoria é utilitário – como fazer cidades melhores – mas é também uma pesquisa intelectual legítima das relações entre os homens e os objectos que os rodeiam.

Contra estas propostas pode apresentar-se mais do que uma acusação acerca do seu carácter incompleto. Em comparação, digamos, com a teoria orgânica, que é uma declaração coerente acerca do que é e de como deveria ser uma cidade, baseada na metáfora de um organismo vivo, e que apresentei, pode parecer que esta teoria não é, à primeira vista, mais do que uma lista de características atraentes. Nada na teoria explicita que todos os factores relevantes estão devidamente listados ou que não se contradizem uns aos outros.

Esta seria uma crítica justa, se fosse dirigida à origem destas ideias. No início, a sua substância era uma listagem de todo o género de valores imagináveis. À medida que se desenvolveu, essa lista imperfeita foi simplificada e interrelacionada até se tornar inclusiva e não auto-contraditória. Algumas marcas desse processo estão registadas no anexo C. No decurso da selecção e organização, as dimensões foram ligadas a uma perspectiva mais geral da natureza das cidades e do seu valor fundamental. É verdade que nada explica o motivo porque estas cinco dimensões de execução são as correctas e não outras. Todavia, a estrutura suporta e liga pelo menos um conjunto substancial de especulações. A sua coerência interna está sujeita a escrutínio. Parece pelo menos um resumo razoável de um vasto leque de declarações acerca de locais com valor.

Se, à medida que a comparamos com outras teorias normativas, parece faltar uma afirmação vívida e positiva acerca de uma boa cidade, esse é o resultado da tentativa de generalização, algo que nunca foi feito pelas teorias mais antigas. A utilização das dimensões de valor, em vez de padrões universais, obscurece inevitavelmente a força da declaração normativa. O esboço utópico é talvez mais atraente, porque é uma escolha específica de uma posição pessoal. Todavia, apesar de todas as suas tentativas para permitir a diversidade, será seguramente desagradável para algumas pessoas.

As decisões acerca das cidades, se forem abertas ao nível da decisão, necessitam de trocas de ideias. Uma das principais razões para aperfeiçoar esta teoria até à sua forma actual foi de carácter político. Há aspectos das dimensões que podem ser estabelecidos nos processos públicos de decisão: são negociáveis. A teoria pretende ser útil, não apenas num qualquer contexto cultural, mas também para os amadores envolvidos num debate aberto. Mais uma vez, esta atitude afasta-a da teoria normativa anterior.

Se não é defendida nenhuma forma ideal, isso não significa que a teoria seja neutra relativamente aos valores. Não só lida com os valores, como também marca a sua posição acerca deles. Em primeiro lugar, ao escolher as próprias dimensões de execução, já manifesta uma intenção sobre o que é valioso numa cidade. Em segundo lugar, permite certos critérios universais baseados em regularidades biológicas humanas – normas para a poluição, percepção e capacidade física, por exemplo. Em terceiro lugar, mesmo nas dimensões em que são possíveis variações, muito se pode afirmar no que diz respeito a âmbitos ideais, ou sobre o modo como essas variações acontecem à medida que se altera a cultura e a situação. A teoria é extremamente valiosa, mas o conteúdo é explícito e pode ser explicitamente alterado de acordo com as circunstâncias.

De facto, as críticas podem voltar-se para o outro lado, precisamente quando nos apressamos a proteger uma parede ameaçada. Todas as teorias normativas, afirmarão estes críticos, são naturalmente preconceituosas e pessoais. Só as observações neutrais e factuais podem ser universais. Apesar de as normas culturais e pessoais do autor estarem mais habilmente ocultas do que em obras semelhantes, elas também estão presentes. Este é mais um contributo profissional numa série notável: mais uma tentativa – talvez inconsciente – para impor os valores de um grupo sobre outro.

Confesso ter uma preferência pessoal persistente pela sobrevivência do homem e pela evolução humana, mas para além disso nego a acusação. É verdade que as dimensões de valor surgiram originalmente da experiência pessoal ou das afirmações pessoais de outros indivíduos. Não se pode começar de nenhum outro modo. Contudo, essas afirmações parecem estar suficientemente limpas de excentricidades e de preconceitos para poderem ser consideradas universais, na medida em que se baseiam nos aspectos constantes da natureza humana, ou em outros elementos gerais, porque são sempre dimensões de preocupação. Para se verificar se isso é verdade, tal como a questão da coerência interna, é necessário proceder a testes. A teoria só poderá ser contestada quanto for demonstrada, não porque alguma cultura imponha o seu próprio valor peculiar sobre o acesso, sobre o controlo, ou sobre qualquer outro aspecto, mas porque isso é fundamentalmente indiferente para essas culturas e porque elas valorizam alguns aspectos bastante diferentes do aglomerado.

A ser verdade, qual é a utilidade de tudo isto? Abordei vários aspectos relacionados com o urbanismo nos capítulos treze a quinze. Certamente que a teoria não determinou essas questões; as conclusões parciais a que cheguei nesses capítulos também se basearam em outras considerações – em primeiro lugar, nos custos e nos conceitos externos da forma da cidade – além das dimensões específicas desta teoria. Mas a aplicação clarificou o debate ao indicar as linhas mais importantes da discussão. Além disso, à medida que a teoria desenvolve um conjunto mais rico de propostas sobre as ligações entre a forma da cidade e as dimensões de execução, e à medida que clarifica o modo como essas ligações dependem do contexto, o debate poderá passar a utilizar melhor a teoria.

As dimensões podem ajudar a organizar uma investigação intelectual, do mesmo modo que um estudo acerca da história de uma cidade, ou das relações entre as pessoas e o ambiente. Em termos mais práticos, podem ser usadas para avaliar as cidades existentes, mostrar em que locais a execução é pobre e onde deve ser melhorada. Podem ajudar a comparar localizações alternativas para uma actividade, ou a decidir entre propostas diferentes. Podem desempenhar um papel importante na exposição das injustiças. Traçar a acessibilidade de uma cidade para os grupos sociais diversificados, ou o seu controlo relativo dos respectivos elementos seria uma análise demasiado radical.

Os programas para a modificação do ambiente podem ser determinados em termos de dimensões através da especificação dos tipos ou dos graus de acesso, da adequação, etc.. pretendidos. A programação é o primeiro passo no design. As decisões mais importantes tendem a ser tomadas nesta altura, e são muitas vezes obscuras. É um meio de lidar explicitamente com a sua influência sobre a qualidade. Os níveis de concretização a atingir nas dimensões ou nas sub-dimensões podem ser afirmações da política num plano abrangente da cidade. Posteriormente, depois de serem medidos os resultados reais, o plano, ou os recursos a ele dedicados podem ser racionalmente revistos.

Uma definição detalhada das dimensões pode sugerir novas possibilidades. Levantar a questão do acesso alargado a toda a cidade para as crianças, por exemplo, faz-nos pensar em novos veículos, em novos programas de formação, em novos papéis para os adolescentes, em novas formas de cidade. Apesar de não haver nada, em nenhuma teoria de execução, que conduza automaticamente a um novo meio de concretização da execução, uma declaração clara acerca de um problema muitas vezes estimula a mente no sentido de um salto criativo. Uma estrutura sistemática para discutir a execução, na qual a execução esteja directamente ligada à forma, pode sugerir novas

. Ward 1977

possibilidades a um designer, e também pode orientar a execução nesse jogo meio consciente de fuga, de busca e de selecção que constitui o processo criativo. É verdade que as teorias também podem inibir o design, ao concentrarem em demasia a mente. Qualquer pessoa criativa manuseia-as de um modo algo céptico e preserva as suas ambiguidades. De qualquer modo, e depois de terem sido criadas, as teorias servem para testar alternativas. Além disso, na medida em que as ligações entre a forma e o valor são tornadas simples e claras, elas podem ser jangadas salva-vidas para as pessoas apanhadas pelos frenéticos turbilhões de decisão que, infelizmente, muitas vezes representam acontecimentos cruciais no longo processo de desenvolvimento de uma cidade.

É óbvio que estas ideias especulativas necessitam de muito mais reflexão. Por enquanto, a teoria não é mais do que um conjunto de hipóteses relacionadas. Toda a noção de controlo ambiental ainda não foi devidamente abordada, mesmo estando na origem de tantos conflitos desesperados, e sendo mesmo um assunto tão gasto na biologia. Como se exerce o controlo ambiental e com que efeitos? Como pode ser mediado o conflito? Como se pode conciliar a liberdade com o controlo necessário? Como pode o sistema de controlo ser ajustado às circunstâncias em alteração? O que queremos dizer apenas com controlo e como se consegue concretizar esse controlo? Estas são questões antigas dos seres humanos, mas surpreendentemente novas no design da cidade – pelo menos como temas para uma racionalização sistemática.

O sentido à escala da cidade, pelo menos num dos seus aspectos, foi amplamente analisado, uma vez que é uma questão querida dos designers e também de interesse para as pessoas que estudam a percepção e o conhecimento. Contudo, também aqui há falhas substanciais, tais como a percepção do tempo no ambiente, ou dos meios de se alcançar a sensibilidade numa sociedade plural e em mudança. No que diz respeito à vitalidade, apesar de todo o trabalho consistente nessa área (e da sua aplicação menos consistente), ainda temos muito que aprender acerca do efeito do ambiente na educação das crianças. Os enigmas éticos envolvidos na sobrevivência e no bem-estar de outras espécies são ainda mais obscuros.

O acesso e a adequação já foram estudados em profundidade, ainda que, no caso do acesso, de um modo bastante superficial. Decorre actualmente um trabalho cuidadoso sobre esta última dimensão, mas algumas questões fundamentais continuam a ser um enigma: como se poderá proporcionar adaptabilidade para o futuro, ou como se poderá alcançar uma adequação básica que depois permita às pessoas adaptarem o local e a função um ao outro de um modo criativo. Por isso, surgem-nos questões suculentas enquanto navegamos por entre estas dimensões.

Mas se meditarmos acerca destas questões em abstracto

não teremos muito com que nos ocuparmos. Temos que observar a execução de locais reais para as pessoas que neles vivem. Não há teoria nenhuma que possa ser considerada madura enquanto não demonstrar de que modo é que a execução tende a variar com o contexto político e social: com a concentração de poder, com a homogeneidade ou pluralidade de valores, com a estabilidade de uma sociedade, com a sua política económica, com os seus recursos e tecnologia, já para não falar do carácter físico do seu ambiente geral. Deve indicar as posições ao longo das dimensões que mais provavelmente serão escolhidas: como é que um poder central rico mas ameaçado pode sentir-se inclinado a valorizar o sentido, por exemplo, em comparação com as escolhas dos grupos igualitários pequenos e relativamente pobres. É improvável que a teoria possa prever as posições tomadas. Seria de prever que houvesse tendências gerais de variação, devido ao tipo e à situação social, contudo, os valores também são o resultado do desenvolvimento histórico de uma cultura. Não são pré-determinados por lei.

As dimensões não podem ser estudadas isoladamente, quer do seu contexto social, tal como referimos, quer ainda umas das outras. Que elementos são mutuamente independentes de tal modo que a sua execução varia sem afectar outros tipos de execução? Por outro lado, que elementos devem ser sempre modificados em série, ou que elementos estão necessariamente em conflito mútuo? À medida que os conflitos surgem, a eficácia torna-se importante e começa o jogo das compensações.

No final do segundo capítulo, enunciei um conjunto de condições para uma teoria normativa útil sobre a forma da cidade. A minha proposta foi ao encontro de muitas dessas condições, ou pelo menos parece poder vir a inclui-las. No entanto, num dos aspectos, não conseguiu efectuar grandes avanços: na capacidade de avaliar a forma e o processo em conjunto, na medida em que eles variam durante um certo período de tempo. Embora o problema seja frequentemente abordado no texto, a teoria não apresenta novos meios de avaliação de uma sequência. Podem apresentar-se variações na execução ao longo do tempo, mas têm de ser compreendidas e avaliadas de acordo com métodos que ainda se situam para além da análise racional.

O protótipo descrito no capítulo dezasseis e a utopia descrita no capítulo dezassete sugerem, no entanto, como é que a forma e o processo podem ser integrados num só modelo. Partindo do ponto de vista do design da cidade, a investigação deve dar prioridade ao desenvolvimento e à análise de novos protótipos. A provisão de design foi esgotada e algumas prateleiras estão vazias. Por isso, usamos estereótipos irreflectidos ou negligenciamos completamente algumas questões. Mesmo quando temos modelos aplicamo-los nas situações erradas ou não estamos conscientes das suas implicações. A criação de novos modelos, ligados ao contexto e à execução desejada, e os seus testes em situações simuladas e reais são cruciais para o design da cidade. Os campos do design não estão habituados à pesquisa e os campos definidos apontam para as suas próprias questões de investigação. No que diz respeito a esta questão, o trabalho de Alexander é um começo.

Há ainda muito para fazer, o que representa uma bênção. Uma teoria útil e intelectualmente interessante sobre a forma da cidade é, de facto, possível.

ANEXOS

Breve análise da teoria funcional

Chapin 1964

Abu-Lughd 1971, 1974
Hoyt
Rasmussen 1955, 1967

Bridenbaugh 1938, 1955
Briggs
Burke
Dyos
Fogelson
Mumford 1961
Reps
Warner 1972

Dickinson
Vance

Banham
Clay

Este é um catálogo abreviado das teorias existentes acerca da génese e da função da cidade, teorias essas que colocam a questão "como é que a cidade chegou à forma que actualmente apresenta?" e uma outra questão intimamente relacionada com esta, "como é que ela funciona?" Estas teorias encaram a cidade sob perspectivas muito diferentes, embora alguns pontos de vista específicos estejam muito mais desenvolvidos. Neste catálogo organizo as teorias agrupando-as de acordo com títulos metafóricos, ou seja, de acordo com as imagens dominantes através das quais elas modelam a concepção da cidade. Estas imagens controlam os elementos a analisar e dão forma ao modelo de função.

1. *As cidades são processos históricos singulares.* Alguns estudiosos da cidade não acreditam na possibilidade de uma teoria geral da génese urbana. Encaram cada cidade como um processo singular, cumulativo e histórico, cuja forma específica actual resulta de uma longa cadeia de acontecimentos individuais, sujeita a um grande número de acidentes históricos e de local, assim como às amplas influências da cultura, do clima e da estrutura política e económica. Uma cidade só pode ser explicada através de uma história e cada cidade tem a sua própria fábula. Não se pode generalizar, excepto no que diz respeito a pequenos elementos com papéis repetitivos, tais como os padrões de crescimento que se encontram frequentemente fora das portas da cidade, ou a influência da localização do centro de poder, ou as funções dos vaus, dos desfiladeiros e dos locais de paragem para os transportes. Até mesmo o significado destes elementos comuns está ligado à cultura.

A maior parte do trabalho de geografia urbana foi desenvolvido nestes moldes, sem princípios explicativos sistemáticos. Os historiadores e os romancistas urbanos produziram uma literatura rica sob este ponto de vista. Muitos observadores das cidades fazem generalizações centrando-se numa técnica de observação em vez de se concentrarem numa teoria explicativa. Isto é, cada cidade é única, mas pode alcançar-se pelo menos um modelo de observação das cidades. Estes métodos revelam a função actual e as camadas acumuladas da história da cidade.

O poder desta perspectiva anti-teórica reside na sua capacidade de explicar características especiais e de aceitar o papel das acções criativas. Salienta os processos evolutivos da história, um elemento dinâmico que muitas vezes falta nas teorias que irei inventariar mais adiante. O tema geral é a interacção da continuidade com a mudança. Infelizmente, esta atitude tem pouca capacidade de previsão geral, excepto para apontar o efeito uniformizante da inércia urbana. Numa situação específica pode servir para prever acontecimentos próximos, mas a história pode tomar rapidamente um outro rumo.

Estes estudos históricos especiais são úteis quando se analisa a acção local num sítio específico, quando se abordam decisões imediatas, padrões concretos e uma modificação das forças contínuas. Distinguem-se quando se propõe o enriquecimento e a depuração de uma característica especial. Transmitem um sentido de qualidade do ambiente, na medida em que as teorias gerais mais abstractas, que são seguidas, não a conseguem transmitir. No entanto, é difícil extrair valores gerais da cidade a partir destas obras, com excepção do valor da singularidade* e talvez o sentimento geral de que os ambientes que cresceram a um ritmo constante, durante longos períodos de tempo, e ainda sobrevivem, são, por isso mesmo, bons ambientes. Esta é a regra da "viabilidade", o grandioso imperativo do desenvolvimento e da sobrevivência da evolução.

A regra pode não ser muito sugestiva, mas a literatura desenvolvida ao abrigo desta perspectiva apresenta um verdadeiro manancial de informações. É extremamente agradável de ler, o que não se pode dizer de muitos materiais de referência. Em duas facetas esta perspectiva histórica dá sinais de desenvolvimento de uma perspectiva mais geral e mais coerente. Uma dessas facetas é a dos estudos marxistas, muito recentes, sobre o desenvolvimento da cidade, e que serão analisados mais adiante. A outra faceta é o trabalho dos arqueólogos que tentam explicar o desenvolvimento inicial da cidade em várias regiões do mundo. Ambas prometem uma perspectiva histórica mais sistemática. A perspectiva histórica actual, ainda que difusa, constitui a fonte mais interessante de conhecimentos sobre a cidade.

2. A cidade é um ecossistema de grupos humanos. A maior parte da literatura teórica seguiu ora uma ora outra destas perspectivas sobre a cidade. A primeira, a perspectiva ecológica, iniciou-se com o trabalho de Robert Park e Ernest Burgess, em Chicago, em 1925, e assumiu uma posição dominante, temporariamente posta de lado, mas que está a ser recuperada sob uma forma mais complexa. No início, encarava as cidades como um padrão minucioso de zonas ocupadas por actividades económicas e pelas casas das várias classes sociais. Partindo da perspectiva sociológica, que encara as pessoas como um sistema de grupos relativamente estáveis, tentou explicar o padrão de área geral, nomeadamente o modo como ele se alterava. Empregou imagens da ecologia do ambiente, por um

Adams

---

* Será que se pode pensar que isso inclui a necessidade de conservar um inferno único?

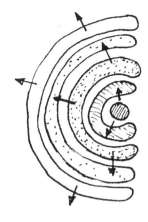

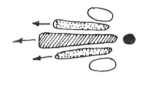

Hoyt

Berry 1977
Boudon
Morrill

lado, e dos padrões de utilização da terra desenvolvidos pelos planificadores, por outro. O seu tema principal foi a cidade contemporânea da Europa Ocidental ou da América do Norte.

Nesta perspectiva, os padrões são encarados como pontos num mapa, as pessoas são integradas em grupos gerais, ao passo que o modo de análise se tornou cada vez mais estatístico. Normalmente, parte-se do princípio de que existe um aglomerado populacional com um centro único, e as medições espaciais e os padrões dos mapas são estabelecidos em função desse mesmo centro. Utilizam-se imagens espaciais, como os anéis, as ondas, os eixos, os sectores e os núcleos múltiplos, para caracterizar os padrões. Os grupos humanos são observados a partir do exterior, sobretudo em termos do local onde vivem e trabalham, e do modo como modificam esses locais. Construiu-se uma dinâmica simples, baseada num crescimento sucessivo em direcção ao exterior, na "idade" de uma área e em princípios de atracção e de repulsa social. A substituição progressiva de um grupo por outro (derivada de uma analogia com a sucessão das plantas) é um conceito importante. Considera-se que funciona no interior de um padrão habitual e geral da cidade, como por exemplo um conjunto de anéis concêntricos, uma estrela ou um conjunto de sectores.* É uma descrição empírica baseada no desenvolvimento das cidades das nações capitalistas "desenvolvidas". A análise apresenta algumas generalidades poderosas acerca dos padrões e fornece um meio de comparação entre os padrões de diferentes cidades. Conceitos como o crescimento sectorial, a sucessão étnica e as ondas de densidade são úteis para a previsão de mudanças futuras, a curto prazo, nas cidades modernas, desde que não aconteçam perturbações de monta na estrutura social e económica.

O trabalho neste campo voltou a florescer sob a forma da "ecologia factorial", que utiliza as técnicas sofisticadas da estatística moderna para analisar as alterações das correlações entre as misturas complexas dos grupos sociais no espaço. O objectivo é prever a futura distribuição pormenorizada do trabalho e da residência por género, tendo em conta uma distribuição existente. Este trabalho é rigorosamente quantitativo, mas ainda assim empírico, e não apresenta uma explicação teórica forte e coerente. Os enormes cálculos da análise factorial e da correlação parcial, que utilizam computadores que operam com os dados dos censos modernos em pequenas localidades, são uma espécie de expedição de pesca intelectual. Até à data, a pescaria tem sido pequena e sem grande interesse.

---

* Uma vez que anéis, sectores e outros conceitos semelhantes fazem parte das poucas imagens de que dispomos para descrever as formas nos mapas, são utilizados universalmente como base de análise, até mesmo em teorias bastante divergentes. Tal é o poder – e a necessidade – das imagens mentais.

Estas teorias abordam acontecimentos dinâmicos, mas é uma dinâmica de curto prazo e parte do princípio da continuação do actual conjunto de forças. Neste sentido, a teoria não é histórica. Implicitamente, a perspectiva é uma justificação do status quo, e ao mesmo tempo serve como sua explicação. As "forças" de atracção e de repulsa social – as clivagens étnicas, o impulso para subir de classe de rendimentos – são seguras, ou pelo menos inevitáveis. O espaço é um meio neutro através do qual os grupos sociais comunicam uns com os outros. A cidade é uma distribuição quantitativa de locais de trabalho e de locais de residência. Outros aspectos da qualidade ambiental – como a forma tridimensional, a qualidade da percepção ou o significado social – são mais difíceis de abordar. Os valores que podem ser extraídos para as cidades, para além dos que servem de suporte às formas das coisas, dizem respeito à estabilidade e ao "equilíbrio", ou à mistura social das comunidades locais. Os estudos podem ser úteis para as análises da integração social e da igualdade na distribuição dos recursos espaciais. O material, infelizmente, é de leitura monótona.

Estas críticas não são tão facilmente aplicáveis a alguns dos estudos ecológicos mais recentes acerca das comunidades locais, estudos esses que são uma espécie de renovação da antiga tradição de Chicago. Os melhores estudos são excelentes descrições (ainda que empíricas) de um sistema holístico local dos grupos sociais, do comportamento, das imagens mentais e da forma física. São um apoio bastante útil para o desenvolvimento de acções a nível local. São descrições interessantes de pequenos grupos humanos que operam no seu habitat natural.

Suttles

3. A cidade é um espaço destinado à produção e distribuição de bens materiais. Actualmente, a segunda perspectiva teórica dominante é a análise da cidade como se fosse uma máquina económica. É uma perspectiva com uma longa história e produziu o corpo teórico mais claro e mais coerente até à data. As cidades são encaradas como padrões de actividades no espaço e facilitam a produção, a distribuição e o consumo de bens materiais. A ideia principal é a de que o espaço impõe um custo de produção adicional, por causa do tempo e dos recursos necessários para movimentar as coisas através desse mesmo espaço, e as actividades económicas devem organizar-se de modo a minimizar esses custos. Secundariamente, no entanto, o espaço também é um recurso: fornece o local onde se produz ou consome e, por isso, as actividades também competem por pedaços desse espaço, e por localizações de transporte no seu interior. Os pedaços de espaço podem ter características específicas que influenciem o seu valor para a produção – tais como o clima, a inclinação da superfície ou a fertilidade do solo – mas esta é uma consideração terciária.

Na maquinaria de optimização, da teoria económica clássica, estas teorias apresentam o espaço como um custo de transporte e um local a ocupar. A noção básica é a de equilíbrio: as múltiplas decisões de homens com intenções meramente económicas tendem a equilibrar o padrão espacial, e esse equilíbrio permite a produção e a distribuição mais eficaz dos produtos, tendo em conta o conjunto de recursos disponíveis. Deste modo, estas teorias são estáticas, apesar de ocorrerem mudanças restauradoras após cada mudança de recursos, ou nas alturas em que se impõem ou removem obstáculos ao mercado aberto.

sard
atcliff
hünen

Um dos ramos da economia espacial centrou-se nas localizações industriais, particularmente na extracção e no processamento dos recursos, em que as mercadorias pesadas e volumosas têm de ser transportadas a longa distância. Neste caso, a pergunta é: "onde é que se deve localizar uma fábrica, tendo em conta a dispersão espacial dos seus vários recursos, mercados, mão-de-obra e indústrias de suporte?" A análise conduz à determinação de um ponto de equilíbrio, a uma localização mais eficiente, tendo em conta os valores dos diferentes produtos, e os vários custos de transporte por unidade de distância. Serve igualmente para explicar a tendência das indústrias interligadas para se agruparem numa localização de compromisso e de essas aglomerações, depois de estabelecidas, exercerem outras atracções de localização.

As economias de escala e o efeito das economias e das deseconomias externas desempenham um papel importante nestes cálculos. As teorias procuram não só explicar a história passada da localização industrial, mas também indicam onde se devem localizar as indústrias, uma vez que o equilíbrio da localização se verifica não só quando o mercado é livre, mas também porque essa noção representa um ideal a alcançar. O conceito tem, por isso, sido utilizado extensivamente (particularmente em nações socialistas, como a U.R.S.S.) de modo a orientar a distribuição planeada das novas indústrias e dos aglomerados populacionais que lhes estão associados. Dado que se baseia em considerações sobre a eficácia da produção e sobre a minimização dos elevados custos de transporte, favorece um padrão de grandes aglomerados urbanos assentes sobre as indústrias pesadas*. Uma vez que a teoria é muito sensível às variações dos elevados custos dos transportes, tem sido mais útil para determinar e explicar padrões regionais de cidades do que para tratar de padrões espaciais no interior das cidades, onde os custos de transporte são mais obscuros e complexos, e representam um factor menos dominante.

ristaller
rry 1970

Um segundo ramo da economia espacial é a teoria do local central, desenvolvida por Walter Christaller, em 1933. Esta teoria constitui actualmente um conjunto de ideias claro, coerente e

---

* Reparem! O ideal é idêntico ao que se verificou efectivamente na urbanização do século XIX!

bem desenvolvido, através de uma literatura substancial, e testado em inúmeras situações reais. Tal como a teoria da localização industrial, tem maior aplicação a uma escala regional ou nacional. No entanto, e por contraste, é essencialmente mercantil, e não industrial, sendo a sua preocupação principal a distribuição dos produtos, em vez da sua produção. Tendo em conta um espaço incaracterístico, custos de transporte uniformes, produtores e consumidores distribuídos de modo equitativo, economias de escala e princípios específicos para diferentes géneros de comerciantes com liberdade de movimentos, é uma teoria que demonstra que se deve dar maior relevo a uma hierarquia regular de locais centrais de distribuição. Estes centros devem ter áreas de mercado hexagonais, seis das quais se enquadram no interior da área de mercado quasi-hexagonal de um outro centro imediatamente acima na escala hierárquica, e assim sucessivamente.

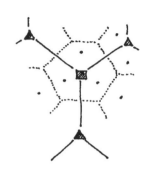

Esta ordenação por categorias, por padrões hexagonais, e a rede triangular de percursos daí resultante rentabilizam ao máximo a eficácia da distribuição e o grau de comunicação económica. Tendo em conta um mercado aberto e um espaço produtivo não alterado, é uma teoria inevitável e boa. Podem encontrar-se alguns exemplos desta teoria na disposição de algumas cidades mercantis, fundadas sobre terrenos regulares, particularmente nas regiões agrícolas. Esta teoria tem sido utilizada com alguma frequência para determinar as localizações das zonas comerciais centrais e planeadas no interior das cidades, e para defender políticas que poderiam "regularizar" a hierarquia das cidades a uma escala nacional.

Ambos os ramos da economia espacial clássica têm tido mais sucesso a nível regional do que no interior das cidades. Os padrões das localizações produtivas no interior da cidade são mais difíceis de explicar em teoria, apesar de apresentarem claramente algumas regularidades. Existe uma tentativa recente de explicação económica de uma localização no interior da cidade, fundada em conceitos desenvolvidos anteriormente por J. H. von Thünen e August Lösch, e que é o modelo radial de aluguer e de acesso. Este modelo baseia-se na concorrência aberta pelo espaço numa cidade com um centro único, o ponto de acesso máximo. As pessoas que se dedicam a actividades diferentes (proprietários de lojas e de fábricas, residentes de várias classes de rendimentos), estão dispostos a pagar preços diferentes por uma unidade de área de terreno citadino a distâncias variáveis desse centro, dependendo do valor que atribuem a uma localização central, da disponibilidade para suportar os custos de transporte interno, da densidade que pretendem para ocupar um espaço e da sua capacidade de pagamento. Estas variações de preço podem ser expressas em curvas que estabelecem a relação entre o aluguer proposto para determinado are e a respectiva distância relativamente ao centro, para cada uma das classes de actividades. O licitante

Alonso
Hurd
Lösch
Wingo

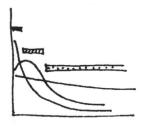

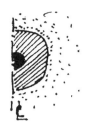

que oferecer mais fica com a localização e, assim, a transição de um uso para outro, à medida que se avança radialmente em direcção ao exterior, é determinada pelas intersecções das curvas dos alugueres. A teoria é elegante e até certo ponto consegue prever o mundo que conhecemos: grandes armazéns e escritórios no centro, de seguida os pobres amontoados e por aí adiante, em direcção ao ponto mais distante. Mas grande parte da complexidade da cidade moderna escapa a esta teoria; muitas das características mais interessantes do espaço e da sociedade não são devidamente consideradas. Tal como as outras teorias da economia espacial, é essencialmente uma perspectiva estática, fundada num equilíbrio em que o espaço é apenas um recipiente vazio que proporciona espaço e impõe custos de transporte. O valor primário é a eficácia económica e a conclusão do processo de equilíbrio é um ideal.

Este vasto grupo de teorias trata da economia formal – aquela fatia da produção e da distribuição que é regulada pela troca de dinheiro – e negligencia a produção dos produtos domésticos, da cultura ou das crianças. Os valores são liberais e clássicos: maior riqueza financeira, trocas alargadas, liberdade individual. A justiça e a distribuição dos recursos deverão surgir provavelmente mais adiante. Implicitamente, estas teorias, tais como as da ecologia social, aceitam o mundo tal como ele é. Explicam o seu funcionamento actual, prevêem o resultado de pequenas mudanças e receitam algumas mezinhas brilhantes.

4. *A cidade é um campo de força*. Tem sido desenvolvido algum trabalho intrigante no sentido de comparar as cidades a campos de força electromagnéticos ou gravitacionais. As cidades consistem em partículas distintas (seres humanos), que estão distribuídos e se movimentam no espaço, comunicam entre si, atraem-se e afastam-se mutuamente. Mais do que qualquer outra coisa, a cidade é uma rede de comunicações. Daí parecer plausível a importação do conceito de campo de força, uma metáfora tão poderosa do universo físico, para tratar das influências múltiplas que actuam a alguma distância. Ao estabelecer uma comparação entre as pessoas e os pontos de cargas eléctricas, ou os corpos com a mesma massa, os aglomerados populacionais e os sistemas de aglomerados populacionais podem ser cartografados como campos contínuos, utilizando a lei do quadrado inverso. Isto é, estes pontos em movimento atraem-se ou afastam-se mutuamente consoante a sua massa ou carga relativa, dividida pelo quadrado da distância entre eles, dado que a influência diminui à medida que se irradia para o espaço e que se expande a área da bolha esférica a partir daquele ponto, uma área que em si própria é proporcional ao quadrado do seu raio.*

---

* Mas será que as influências urbanas operam no espaço tridimensional, sobre um plano, ou algures entre ambos?

Estes mapas de potencial de campo podem então ser utilizados para prever mudanças futuras – nomeadamente as tendências para a aglomeração e distribuição das taxas de crescimento – e também para explicar os fluxos entre as diferentes regiões do campo: fluxos de pessoas que viajam diariamente para o trabalho, fluxos de mensagens telefónicas, fluxos de transporte de cargas, ou de fluxos uma série de outras coisas. A influência das barreiras e das desigualdades iniciais pode ser tomada em consideração, podem atribuir-se "massas" diferentes a cada pessoa, de acordo com o rendimento ou com outras desigualdades, podem utilizar-se as distâncias temporais através de percursos reais em vez de distâncias em linha recta (podem ser tomados em consideração o custo, a capacidade dos percursos ou até mesmo a percepção da distância), o factor exponencial na regra do quadrado inverso pode ser alterado para se adequar às descobertas empíricas, e por aí adiante. O modelo é elegante, simples e pode ser testado; pode até ser modificado de muitas maneiras racionais para se adaptar às irregularidades reais. Assim modificado, ajusta-se convenientemente a muitos casos de distribuição real da população e a padrões de fluxo de tráfego.

Thom

Este modelo tem sido, muito naturalmente, o esteio dos estudos de transporte e é utilizado para prever (depois de uma calibração local) as mudanças no fluxo do tráfego causadas por uma nova auto-estrada, por uma mudança na sua capacidade, ou por uma mudança na localização das utilizações dos terrenos. Oferece também um modelo abstracto abrangente, no qual a cidade é um campo de força em mudança, criado pela variação na distribuição das pessoas e das outras unidades que se atraem ou se afastam, e possui todos os atributos físicos de tensão, velocidade, massa, aceleração, distorções, ondas de choque, etc. Os conceitos da hidrodinâmica podem ser utilizados para explicar as características dos fluxos nos canais. A teoria dos gráficos, a teoria da catástrofe e outros conceitos da topologia podem ser utilizados para descrever as características não métricas do padrão espacial ou a sequência de mudança. Estas aberturas teóricas são intrigantes e nos últimos tempos têm sido desenvolvidos alguns esforços para as explorar.

É óbvio que existem valores implícitos nesta perspectiva. As pessoas são unidades estáticas e não pensantes que têm de responder de algum modo ao turbilhão de forças dinâmicas que as rodeiam. O modelo é dinâmico, mas as regras são imutáveis. A interacção entre as pessoas é encarada como a justificação dominante para uma cidade. Implicitamente, o melhor aglomerado populacional é aquele em que a interacção atinge o seu ponto máximo. Uma vez que não são apenas os padrões espaciais, mas também a tecnologia, os padrões institucionais e a estrutura cognitiva humana que impõem os seus limites ao fluxo de informação, então têm de se propor várias medidas, nomeadamente a utilização de comunicações que transcendam o espaço, reformas institucionais e intensificadores técnicos variados do conhecimento humano.

Apesar de a maximização da comunicação ser um princípio normativo dúbio, pode ser possível adaptar a teoria de modo a optimizar a taxa de comunicação num aglomerado populacional, mas isso implicaria uma definição da taxa ideal. Se isso fosse possível, então seria necessária uma introdução de limites, de barreiras, de repelentes e de outros instrumentos semelhantes no modelo, o que faria com que as unidades se mudassem para determinadas localizações, e que os fluxos tentassem atingir certos níveis, correspondentes a esse ideal definido.

O modelo é demasiado limitado, devido à sua centralização única na comunicação, e está seguramente errado na valorização do intercâmbio máximo. Além disso, ignora as capacidades de aprendizagem dos seres humanos. A sua força reside na sua elegância conceptual, nas possibilidades intrigantes de alguns novos modelos matemáticos das cidades e, finalmente, no facto de a comunicação ser uma razão fundamental para a existência de qualquer aglomerado humano.

5. A cidade é um sistema de decisões interligadas. O computador tornou possível a exploração de uma outra perspectiva da cidade, há muito considerada como uma imagem intuitiva e descritiva, mas cujas consequências não puderam ser analisadas anteriormente. É a perspectiva de que um aglomerado populacional não se desenvolve a partir de si próprio, como um organismo biológico, mas é antes um produto acumulado das sucessivas decisões de muitas pessoas e instituições – actores com objectivos e recursos diversos, e que são continuamente influenciados pelas decisões uns dos outros. Este fluxo de decisões e as mudanças daí resultantes para a forma do aglomerado populacional, podem ser melhor formulados como um sistema complexo, isto é, como um conjunto de elementos definidos ou de estados que se podem quantificar (que, neste caso, são aspectos como os padrões de localização, os inventários das habitações, os locais disponíveis, as capacidades de transporte, as populações, as posições financeiras e outros semelhantes), e um conjunto de interacções que ligam esses elementos e os fazem mudar. Estas ligações representam as múltiplas decisões das pessoas, das empresas e das instituições. Se fosse possível especificar as classes de actores mais significativas, com os seus motivos e recursos, e o modo como as suas decisões são afectadas pelo estado do sistema, e se fosse igualmente possível definir os elementos significativos do sistema, o seu estado actual, e o modo como cada estado é modificado pelo fluxo das decisões, então seria possível construir uma máquina abstracta a partir destes elementos e ligações. Uma vez em movimento, esta máquina deveria ser capaz de produzir uma réplica da sucessão de formas que um aglomerado populacional real assume.

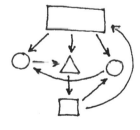

Esta é, indubitavelmente, uma tarefa difícil. Os elementos e as ligações significativos, e os seus estados e relações têm que ser matematicamente definidos. As ligações normalmente utilizadas são as decisões de localização das famílias que procuram um local de residência e as decisões das empresas que procuram uma localização para a produção. Mas podem ser acrescentadas muitas outras ligações, inclusive as medidas legislativas relativas a impostos, subsídios, transportes ou controlo das terras, e os vários programas das agências públicas e semi-públicas.* A sequência das decisões é normalmente organizada em fases sucessivas, a intervalos de tempo regulares, que oferecem a cada actor o seu momento no palco. Deste modo, o cenário muda e a peça continua. Fazer com que uma máquina funcione ao longo das suas várias fases é uma tarefa demasiado enfadonha para o espírito humano, mas não para o computador. Os resultados dessas análises são complexos e volumosos, mas também muitas vezes anti-intuitivos, na medida em que esses acontecimentos reais são aqueles que, muito frequentemente, causam alguma surpresa. Se a análise conseguir concretizar, com sucesso, uma réplica da evolução de um local real, então essa evolução é explicada e o modelo está correcto.

Chapin 1962
Wilson

Forrester

Tem que se desenvolver um grande número de pressupostos de modo a definir os elementos, as ligações, as suas inter-relações e a sua sequência temporal. Pressupostos diferentes podem produzir efeitos marcantes no resultado final. Mas estes pressupostos devem ser desenvolvidos de modo aberto e, como tal, devem sujeitar-se a críticas. Além disso, com algum trabalho, deve ser possível alterá-los e depois voltar a analisar o modelo, para verificar se os resultados são particularmente sensíveis a erros nesse género de pressuposto.

Depois de desenvolvidos, esses modelos deverão conseguir explicar a forma existente da cidade (no sentido de serem capazes de fazer uma réplica dessa mesma forma) e prever mudanças futuras. Em particular, devem permitir a previsão das mudanças que poderão acontecer se for levada a cabo uma ou outra política pública, ou se acontecer um evento externo imprevisível. Estes modelos têm sido bastante utilizados para o desenvolvimento de previsões de fundo no planeamento dos transportes à escala regional e estão a ser desenvolvidos para serem utilizados em planeamentos mais gerais. Até hoje, têm tido algum sucesso apenas na previsão de mudanças a curto prazo, mas esta situação poderá não ser mais do que um problema da sua adolescência.

---

* Estas ligações estão sempre limitadas às decisões humanas – a nossa habitual atitude egocêntrica. Na medida em que o homem é a espécie dominante, talvez este aspecto não esteja muito longe da verdade no caso das cidades. Vamos prosseguir, em silêncio.

Greenblat

Uma variante deste modelo de decisão computorizada é o jogo, no qual os seres humanos recebem determinados papéis, recursos e motivos, e operam simbolicamente sobre os vários elementos da cidade (locais, desenvolvimentos, investimentos, normas, etc.) ligados uns aos outros e às acções dos actores, seguindo modos programados e armazenados num computador. Por outras palavras, os seres humanos com todos os seus modos de agir imprevisíveis, não quantificáveis e disparatados são substituídos por algumas ligações do computador. A evolução de um desenvolvimento suburbano pode ser simulada, por exemplo, com participantes vivos, tal como na vida real, mas durante um curto espaço de tempo. Apesar de não serem estáveis em termos de previsão, estes jogos revelaram-se extremamente úteis para explicar algo acerca do mecanismo de crescimento da cidade, e para dar aos participantes um sentido mais realista do processo. No entanto, os jogos têm uma desvantagem educativa subtil. Apesar de serem interessantes e reveladores, os jogos reforçam a crença de que os papéis e as regras são imutáveis, e de que a vida é uma competição, cuja superfície pode estar em movimento constante, mas cuja estrutura é sempre a mesma.

Os próprios modelos de decisão formal têm outras limitações. Uma delas é a de que, excepto no caso de as pessoas serem introduzidas por meio do jogo, os modelos estão necessariamente limitados a dados quantificáveis e não aceitam qualidades. As informações e os valores normalizados são mais facilmente incorporáveis nos modelos do que as características marginais ou fugidias. O elevado nível de abstracção exige uma selecção rigorosa. As afirmações contidas no modelo têm que ser precisas, o que tanto é uma vantagem como uma responsabilidade, na medida em que os modelos não conseguem suportar a ambiguidade e a confusão tão familiares ao nosso mundo. A metáfora utilizada é, na sua essência, mecânica: o mundo é uma grande máquina, composta por peças distintas e independentes, e por ligações distintas e imutáveis entre elas. A máquina funciona através de ajustes sucessivos, tal como uma complicada máquina a vapor, que passa pelos seus diferentes ciclos. É difícil dizer precisamente quais as limitações que esta metáfora impõe, mas pode pensar-se, com alguma inquietação, se a cidade se assemelha efectivamente a um gigantesco avião.

Também se pode fazer uma crítica puramente estética. Estas máquinas simbólicas e os seus resultados gigantescos não têm qualquer forma apreensível. Os seus resultados são anti-intuitivos e também não conduzem a quaisquer intuições apropriadas. Como é possível descrever o modo como a coisa funciona, se não se repetir novamente a lista completa dos pressupostos que lhe estão associados? Será que se poderia adivinhar qual seria o resultado, da vez seguinte, antes de se ligar o computador? As boas teorias têm que se adaptar à realidade externa que se propõem explicar, mas também à realidade interna ou à estrutura cognitiva humana*.

Outras limitações são mais fáceis de especificar. A vantagem do modelo é a de que é dinâmico – não regressa ao mesmo ponto de equilíbrio, mas consegue construir uma história. Apesar de os elementos poderem modificar-se, parte-se do princípio de que as ligações interrelacionam esses elementos de um modo imutável: o jogo termina, mas as regras perduram. Quando aplicados durante longos períodos de tempo, os modelos tendem, portanto, a diminuir as suas flutuações, atingindo uma espécie de estado eterno, ou, por outro lado, explodem ou desabam, de um modo assustador. Podem inserir-se políticas novas e radicais nestes modelos, mas até que o modelo admita mudanças progressivas nas regras de ligação vai parecer sempre, a longo prazo, que as inovações acabam por morrer ou por nos destruir. Uma vez que não prevêem como é que os motivos e as regras de decisão mudam consoante a situação – e esta é a salvação permitida pela capacidade humana de aprendizagem – estes modelos são melhores para as previsões a curto prazo do que para as previsões a longo prazo**.

Os modelos parecem estar "libertos de valores", mas tendem a aceitar o mundo tal como ele é, prevendo o efeito de pequenas mudanças. Por essa razão, podem levar as pessoas a pensarem que só são possíveis essas mudanças. Uma dificuldade suplementar é o facto de serem financeiramente dispendiosos, de demorarem bastante tempo a elaborar e de o seu resultado ser bastante impositivo no que diz respeito à quantidade e à precisão. Esta situação incentiva as decisões autoritárias, uma vez que as descobertas são imperiosas, a sua utilização é restrita aos que possuem recursos concentrados, e programá-los novamente implica custos elevados, mesmo quando se questiona um pressuposto. São necessários modelos menores, mais simples e parciais, abertos a uma reconstrução mais fácil.

Apesar de todas estas objecções e do desempenho pouco brilhante destes modelos até hoje, eles têm a virtude de forçar uma afirmação explícita dos pressupostos. Além disso, a imagem de uma cidade como um fluxo de decisões plurais parece estar intuitivamente correcta. Através dos motivos dos seus decisores humanos esta perspectiva é a que pode ser mais directamente ligada à teoria de valor.

6. *A cidade é uma arena de conflito.* As teorias ecológicas, económicas e de múltipla decisão da cidade permitem a competição entre os diversos actores. Nas duas primeiras, a

---

* A não ser que também consigamos mudar esse aspecto.

** Mas, temos que admitir, isto aplica-se a todos os modelos de previsão conhecidos.

competição tenta obter recursos semelhantes (posição social ou lucro) e é considerada inevitável e benéfica, conduzindo a um equilíbrio ideal. Na última, a competição é mais complexa, uma vez que actores diferentes podem ter objectivos divergentes e os efeitos das suas acções sobre as acções dos outros podem ser indirectos e obscuros. Ainda de acordo com uma outra perspectiva da cidade, o conflito é a característica dominante da construção da cidade. A cidade é encarada como uma arena de luta. "Quem conquista o quê?" é a pergunta mais importante. A forma da cidade é o resíduo e o sinal de conflito, e é também algo que é moldado e utilizado em combate.

De certo modo, esta é uma perspectiva muito antiga. As novas cidades foram instituídas de modo consistente para dominar uma área rural conquistada, para evitar que um recurso caísse nas mãos do inimigo, ou para defender uma fronteira. Até à era moderna, as fortificações de uma cidade eram o seu principal bem físico. Elas determinavam a sua forma, a sua densidade e a sua localização específica. A capacidade mais importante do designer da cidade era o seu conhecimento de defesa militar. A muralha circundante era o símbolo mais importante da cidade. Internamente, as cidades eram organizadas de modo a preservar o controlo da aristocracia, a reprimir uma classe perigosa ou um enclave de estrangeiros. Como tal, desenvolveu-se um corpo substancial de conhecimentos em torno das questões de defesa espacial, das comunicações militares, dos meios de isolamento e dos meios de exercer o domínio, tanto simbólica como funcionalmente. Em vez de uma máquina económica, a cidade era considerada uma arma que se estendia espacialmente.

Os meios de guerra actuais reduziram, mas não eliminaram, a importância destas noções. Entretanto, o pensamento marxista com o seu centro de interesses na luta de classes como motor da história, virou-se para a cidade como personificação importante dessa luta. Apesar de Engels ter configurado este interesse na sua descrição clássica de Manchester, só recentemente os marxistas começaram a considerar o papel do espaço de um modo mais sistemático. A cidade é considerada um resultado inconsciente do controlo exercido pela classe capitalista – como no caso do crescimento "indesejado" dos bairros de lata –, mas também como algo a que se dá conscientemente uma forma para aumentar esse domínio de classe – como nos espaços livres para novos desenvolvimentos e na construção de habitações para trabalhadores. É um meio físico de expropriação dos excedentes sociais. Apesar de ser também um dispositivo destinado a aumentar a eficácia da produção, este não é o seu objectivo principal, uma vez que a eficácia da produção não é a maior exigência exercida sobre a classe dominante. Além disso, existem várias formas físicas diferentes que deverão permitir uma produção eficiente. Em vez disso, o motivo principal é o controlo do processo de produção e do excesso

Castells
Engels 1958
D. Gordon
Harvey
Lefebvre
Richardson 1977

que este gera. Na perspectiva marxista, este aspecto fomentou a evolução da forma da cidade durante as fases mercantil, industrial e do capitalismo empresarial, e explica as características principais de cada um destes géneros de cidade*.

Esta perspectiva da cidade como resultado de um conflito histórico permite que surjam áreas marginais – por exemplo, os bairros locais – que ainda não foram completamente dominadas por este conflito, e reconhece que existem divisões no seio da classe dominante, tais como as que se levantam entre os interesses dos especuladores imobiliários e dos capitalistas industriais. A teoria encara a cidade como uma sequência histórica a longo prazo, tal como aconteceu com o nosso primeiro grupo de anti-teóricos e admite, portanto, a presença de muitas características sobrepostas e contraditórias, que tanto são relíquias do passado como manifestações antecipadas do futuro. Esta formulação envolve claramente valores individuais como a igualdade, o controlo do utilizador e o desejo de luta e de evolução social.

Infelizmente, as primeiras obras marxistas centraram-se na produção fabril. A habitação e os serviços da cidade foram epifenómenos que não mereceram grande atenção, e que continham desigualdades que seriam facilmente corrigidas assim que os meios de produção primária estivessem nas mãos dos trabalhadores. A importância do capital doméstico e do trabalho doméstico, e as questões ligadas ao seu controlo eram consistentemente negligenciadas. Apesar destas limitações estarem a ser eliminadas, elas tiveram consequências fatais no design e no investimento nas cidades socialistas, senão veja-se a pouca importância atribuída à habitação e aos serviços locais, a rejeição da habitação de baixa densidade e a aceitação dos papéis convencionais para as mulheres e para a família.

Engels 1935
Stretton 1976

A teoria é dinâmica em si mesma, ao contrário da maior parte das teorias resumidas anteriormente, que encaram a mudança como um restabelecimento contínuo e crescente do equilíbrio, funcionando dentro de regras constantes e implicando uma racionalização do status quo. A teoria marxista admite a possibilidade de uma mudança fundamental e, de facto, encara-a como inevitável. Infelizmente, esta teoria não fornece quaisquer indicações precisas acerca da evolução futura da cidade quando tiver terminado a transformação socialista. O dínamo da história apresenta o aspecto curioso de estar prestes a dar uma última grande volta antes de parar para sempre**. A consequência desta visão milenar para a teoria da

---

* No entanto, esta teoria não consegue explicar por que razão as cidades das nações socialistas contemporâneas são tão semelhantes às cidades capitalistas contemporâneas. Será que a luta ainda continua, ou será que só agora surgem e tentam desenvolver-se novas formas contra o peso da história?

** Apesar de haver vozes socialistas – entre as quais a de Mao – que exigem uma revolução perpétua.

cidade é que o desenvolvimento se torna descontínuo. Mesmo dentro dessa imagem, que em breve deverá congelar, ainda não é evidente como será a cidade "final".

Apesar de tudo, como explicação da evolução da cidade real, particularmente durante a era da revolução industrial, a teoria consegue dar conta de muitas anomalias aparentes na forma da cidade e tem, tal como o simples ponto de vista histórico, as virtudes da vivacidade e um sentido de mudança progressiva e em curso, às quais se pode acrescentar a virtude de uma generalização coerente. No entanto, tal como a perspectiva da física social, os motivos e as acções individuais tendem a ser ultrapassados por forças maiores e mais impessoais.

É um facto curioso constatar que a maior parte da literatura acerca da teoria da forma da cidade é terrivelmente monótona. Além disso, é difícil de memorizar: é difícil de recordar a linha principal de um argumento teórico. Uma teoria não é escrita para efeitos de entretenimento, no entanto, quando representa uma explicação sucinta e bem sucedida sobre o funcionamento interior de um fenómeno anteriormente confuso, a sua leitura deve ser, em função da sua própria natureza, absorvente – talvez difícil, mas inesquecível depois de compreendida. Basta pensar nas principais ideias de Darwin ou nas leis fundamentais da mecânica. O facto de a teoria urbana ser tão aborrecida é mais do que desencorajante. Deve constituir um sinal de dificuldades mais profundas.

É evidente que a teoria urbana ainda está fragmentada, e está muito longe de explicar a natureza complexa e inconstante das nossas cidades. Além disso, apesar de a maior parte das teorias tentar ser puramente analítica e "livre de valores", elas estão, na verdade, carregadas de valores. Cada modelo inclui os seus próprios critérios e a sua própria visão do mundo, e esses conceitos estão interrelacionados. Dão-se a conhecer valores como a viabilidade, a singularidade, a complexidade, o equilíbrio, a estabilidade, o status quo, a eficácia, a interacção máxima, a igualdade, o controlo do utilizador e a luta contínua, para mencionar apenas alguns dos mais óbvios. É uma lista curiosa. Deve ponderar-se na sua adequação enquanto regras gerais e na sua capacidade para abarcar efectivamente a inter-relação dos objectivos humanos com a forma da cidade.

B Uma linguagem dos padrões da cidade

No capítulo dois, afirmei que a forma do aglomerado populacional era a disposição espacial das pessoas e das suas acções, o fluxo espacial resultante das pessoas, dos produtos e das informações, e as características físicas que modificam o espaço de um modo significativo para essas acções, nomeadamente os recintos, as superfícies, os canais, as ambiências e os objectos. Incluí as mudanças nessas distribuições espaciais, bem como o seu controlo e percepção. A extensão e a complexidade desta definição é aparente e existem algumas dificuldades familiares, que se encontram sempre que se tenta registar essa forma seguindo meios convencionais.

Em primeiro lugar, os meios de descrição convencionados são bidimensionais, o que poderá representar uma abordagem sensata para alguns objectivos, mas que é pouco apropriada quando se abordam áreas intensivas ou a percepção das cidades. Os mapas têm uma qualidade plana que é muito diferente da experiência do local propriamente dito. Na geografia há maneiras eficazes de contornar esta dificuldade, tais como a utilização dos contornos. Ainda não foi inventado um meio semelhante para descrever a terceira dimensão das cidades. As fotografias aéreas oblíquas ou as perspectivas axonométricas meticulosas podem transmitir uma impressão convincente de uma área urbana ou até uma compreensão clara da sua forma sólida, especialmente se se tratar de uma área relativamente pequena com um carácter tridimensional marcante (as torres de Manhattan ou uma cidade italiana construída sobre um monte). Para regiões mais vastas, ou para uma forma menos decisiva, estes dispositivos perdem grande parte da sua eficácia. Os objectos ficam escondidos uns atrás dos outros, a perspectiva confunde a distinção entre a proximidade e a distância, e a perspectiva aérea não se assemelha em nada à perspectiva no terreno. As fotografias aéreas verticais, a partir de uma perspectiva em estéreo, fornecem dados tridimensionais precisos e detalhados, mas só podem ser estudadas gradualmente, e não como padrões completos. Por outro lado, os diagramas ampliados a partir de perspectivas superiores podem funcionar como retratos vívidos de uma característica fundamental da forma regional, assim que essa característica tiver sido analisada e estiver preparada para ser comunicada por caricatura.

Em segundo lugar, a dimensão do tempo é universalmente negligenciada (excepto, de certo modo, nos estudos de trânsito). As pessoas estão localizadas no local onde dormem. Não se recebe nenhum sentido dos ritmos de maré de uma cidade, tão importantes para as suas funções e qualidade. A mudança secular também é posta de parte, excepto em alguns mapas

---

Martin
Passoneau

Ver fig. 77

76 À medida que as árvores e a sociedade amadurecem, os subúrbios, bastante ridicularizados, ganham uma maior diversidade e um carácter próprio.

77 Esboço axonométrico de uma parte da cidade de Assisi, disposta sobre um monte, em Itália. Os volumes complicados de um pequeno aglomerado populacional estão claramente expostos, mas a técnica gráfica é levada ao limite.

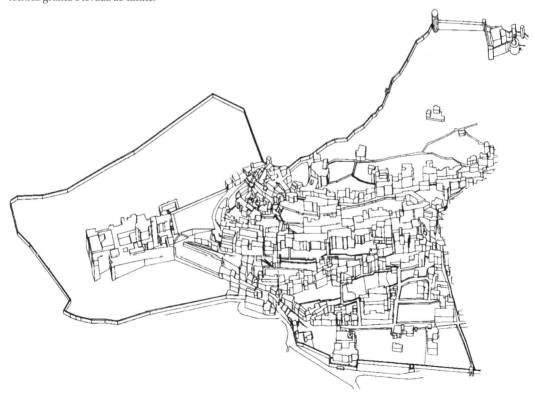

históricos esquemáticos e em grande medida decorativos. As estatísticas do conjunto da população e as estatísticas de ordem económica podem ser apresentadas como uma série temporal, mas não se consegue obter um sentido do desenvolvimento progressivo da forma espacial. Este aspecto normalmente é transmitido – tal como o são muitas outras qualidades importantes da cidade – através de anexos verbais aos mapas. Mais ainda, os dados sobre as cidades são tão volumosos que, muitas vezes, é difícil alterar o registo. As descrições da cidade são estáticas e, normalmente, também estão desactualizadas.

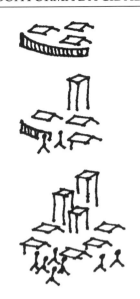

Em terceiro lugar, uma vez que o fenómeno em estudo é complexo e muito alargado, as descrições tendem também a ter uma de duas qualidades contraditórias. Ou apresentam demasiados pormenores ou não apresentam nada de importante. Muitos objectos, tais como alguns edifícios específicos ou algumas ruas secundárias, podem ser irrelevantes, por si só, à escala do aglomerado populacional, apesar do seu impacto acumulado ser bastante significativo. Deste modo, os mapas das cidades são um labirinto de linhas, impossíveis de ler, ou diagramas vazios. Nunca é fácil sintetizar a forma geral de um grande número de objectos, especialmente se esses objectos não forem facilmente separáveis ou se apenas um dos aspectos da sua configuração individual for importante para o conjunto. Os mapas de pontos sobre a população fornecem informações valiosas, apesar de tudo o que deixam de lado, uma vez que as pessoas são separáveis e cada uma delas é importante. Como é que se pode descrever um conjunto de edifícios variados, em diversas ruas, de um modo igualmente sucinto? Por isso, temos algumas dificuldades na leitura das informações essenciais ou no estabelecimento de comparações válidas entre diferentes aglomerados populacionais.

Em quarto lugar, muitas das características espaciais mais importantes das cidades são deixadas de lado. Não se consegue alcançar um grande sentido de condição ou de gestão, nem um grande sentido de propriedade e de controlo quando se observam dados normalizados. Apesar de se registar o fluxo de tráfego, não existe um registo do fluxo de comunicações ou de outras acções importantes desenvolvidas a alguma distância. Quase não se consegue apreender nada acerca da experiência real do local, das suas várias qualidades ou das imagens que os habitantes têm desse mesmo local. Como é que se pode julgar o valor de um local sem se conhecerem esses aspectos?

Persiste ainda um outro problema. Apesar das descrições normalizadas mostrarem concordância quanto à ênfase na actividade humana e na sua relação com a forma física, elas têm tendência a confundir os dois aspectos numa única descrição ambígua, tal como "residência unifamiliar" ou "igreja". Será que se pretende indicar um género de edifício ou as actividades de adoração religiosa ou de residência? Ou, se é registada a noção holística de actividade num local, então por que é normalmente associada a um pedaço de terreno e aos seus edifícios, e é apresentada como permanente? As igrejas e as habitações podem ser convertidas para outros fins com poucas mudanças físicas, e as pessoas podem venerar e até residir em todo o género de locais. O fracasso na separação destes dois fenómenos, para que mais tarde possam ser combinados de modo explícito, especialmente se a sua relação estiver no cerne do assunto analisado, é uma fonte de confusão constante. Além disso, uma vez que as classes de actividades são convencionais, muitas vezes escapa-lhes a distinção essencial ao objectivo em questão. Quando se analisa o impacto do ruído, por exemplo, não serve de muito encontrar uma actividade classificada como "pública ou semi-pública". Será que se referem a um teatro exterior, onde a actuação pode depender de um som subtil, ou a uma central eléctrica, povoada de dispositivos ensurdecedores e zumbidores? O facto de estes sistemas ambíguos de descrição terem sobrevivido durante tanto tempo deve-se à sua utilização numa cultura comum, onde muitos aspectos podem não ser expressos, mas em que, ainda assim, são compreendidos, e onde se pode obter sempre uma explicação verbal suplementar junto de alguém que, por experiência própria, conhece o aglomerado populacional.

Grande parte das informações úteis são registadas de acordo com estas exposições normalizadas, mas deixam de parte muitos outros dados. Os profissionais tendem a utilizá-las como objectos mnemónicos, depois de terem uma vivência efectiva de um local, ou de conhecerem o modo como as informações armazenadas têm de ser renovadas e novamente trabalhadas, de modo aborrecido, para cada novo problema específico. Os profissionais confiam nos conhecimentos do terreno, nas discussões com os residentes locais bem informados e nos sucessivos levantamentos topográficos. Por isso, é extremamente difícil comparar a qualidade de dois locais, excepto no que diz respeito a algumas características grosseiras, tais como a dimensão ou a densidade média. Ninguém, por muita experiência que tenha, consegue olhar para os dados normalizados sobre uma cidade e avaliar a sua qualidade, excepto, talvez, para notar algumas dificuldades óbvias. Têm-se desenvolvido algumas tentativas para comparar as cidades utilizando apenas mapas e estatísticas normalizados. A partir destas representações podem obter-se apreciações gerais acerca do carácter social ou económico das cidades. Mas, através delas, ninguém consegue compreender o carácter físico de um local do mesmo modo que se avalia um conjunto de desenhos de arquitectura. Tem que se viver numa cidade e falar com as pessoas dessa cidade antes de se poder fazer qualquer comentário. Provavelmente, é inevitável que isto aconteça em qualquer avaliação abrangente de um aglomerado populacional, especialmente se comparada com a avaliação de um objecto funcional ou até mesmo de um edifício. Contudo, será que há métodos descritivos que possam transmitir uma "sensação" melhor de um local, que permitam a comparação de uma cidade com outra e a apreensão de problemas e de vantagens prováveis?

Apesar de a maior parte dos profissionais estarem conscientes de tudo o que não está a ser transmitido, talvez tenham menos consciência do modo como o seu pensamento é canalizado pela linguagem que utilizam. A divisão em zonas é um modo natural e óbvio de controlar as mudanças nos edifícios e nos usos para quem esteja habituado a ver as cidades representadas como retalhos de usos dos terrenos, nos quais se combinam usos e formas. As estatísticas sobre a população apresentadas pelas instituições governamentais (e originalmente organizadas desse modo com objectivos eleitorais) ocultam muitos fenómenos importantes e intensificam a fragmentação política. Os dados económicos, em que se negligencia todo o tipo de trabalho produtivo sem objectivos de rentabilidade monetária, centram as suas políticas nas actividades monetárias. As mudanças nos meios de descrição das cidades têm não só de seguir uma melhor compreensão do fenómeno da cidade, como também devem conduzir a uma melhor compreensão geral.

Alguns géneros de linguagens dos padrões espaciais podem ser citados pela sua economia, pela sua precisão e pelo seu poder de descrição de fenómenos muito variados de uma forma elegante. As linhas dos contornos são um meio excelente para explicar as inclinações. A altura e a inclinação precisas podem ser lidas em qualquer ponto e, no entanto, o aspecto geral de uma parte de um terreno pode ser captado num vislumbre. Os mapas de pontos são um meio económico de transmitir distribuições descontínuas. As convenções arquitectónicas de plano e de secção transmitem a essência de um edifício (apesar de não transmitirem dados acerca da sua utilização) num sentido bastante restrito. Estes desenhos convencionais podem variar entre rascunhos e especificações precisas, e podem ser utilizados alternadamente para descrever, conceber e controlar a construção de uma estrutura.

O estudo das cidades não possui nenhuma linguagem básica poderosa. Utiliza dispositivos emprestados pela geografia e pela arquitectura, meios que só parcialmente se revelam úteis. No caso de se conseguir desenvolver uma linguagem específica das cidades, é provável que venha a ser uma linguagem gráfica, uma vez que os gráficos são superiores às palavras (mas nem sempre à matemática) para descrever modelos espaciais complexos *.

Outrora parecia-me sensato pensar que se poderia desenvolver uma única linguagem modelar para o padrão dos aglomerados populacionais. Mas a preparação dessa descrição

---

* Uma pergunta do fundo da sala: *"Então por que é que a maior parte deste género de estudos utiliza palavras?"* Boa pergunta. Vamos prosseguir.

para uma só área demonstrou ser extremamente morosa. Mais importante ainda, quando surge um problema específico de análise ou de design, acaba por se utilizar uma linguagem especializada, normalmente bastante convencional. Desenvolver uma linguagem normalizada da cidade poderá parecer uma ilusão ou algo de prematuro. De momento, estamos limitados a aperfeiçoar as descrições existentes, a inventar e a testar modos parciais e especializados destinados a problemas específicos.

Foley

Apesar de tudo, podem ser definidas as características principais de qualquer descrição geral da forma de um aglomerado populacional. Há duas classes principais de características físicas que terão sempre que ser cartografadas: as pessoas em acção e as instalações físicas que servem de suporte a essas acções. Ambas podem ser subdivididas, uma vez mais, em características que ocupem, de modo permanente ou sucessivo, um local fixo, e em características que se movimentem entre locais ou que façam parte desse sistema de movimento. Como tal, as pessoas podem ser divididas entre as pessoas activas a nível local (a trabalhar, jogar, ensinar, falar) e as pessoas que se encontram em trânsito; ao passo que as instalações têm duas divisões essenciais: espaços adaptados (volumes modificados para facilitar a actividade localizada, por meio de um recinto, por meio de melhoramentos no terreno, por meio do fornecimento de equipamentos fixos); e sistemas de fluxo, ou seja, os que são representados por todas as canalizações, fios, auto-estradas, caminhos-de-ferro e veículos que transportam produtos e pessoas. Deste modo, a actividade e a instalação física já não poderão ser confundidas: uma "residência unifamiliar" deve ser registada como um volume fechado com uma certa dimensão e de determinado género, que em determinada altura pode ser ocupada por uma família nuclear residente. A combinação das duas é semelhante ao "cenário de comportamento" de Roger Barker. Noutras ocasiões e em outros locais, estes elementos primários podem ser combinados de acordo com outras constelações, de maneira a formarem novos cenários de comportamento.

Barker

Os espaços adaptados podem ser classificados de muitas maneiras: como fechados ou abertos, de acordo com o carácter do seu solo, de acordo com o nível de abertura, com o estado, com a acessibilidade e com as qualidades ambientais (luz, som, clima). As instalações de fluxo são os veículos, os canais ou os terminais, e podem ser classificadas de acordo com as suas capacidades, com a velocidade ou meio permitidos, com a sua acessibilidade local, com o seu "domínio" ou alcance potencial, com a sua capacidade para danificar ou degradar as acções, etc. Nem os espaços, nem as instalações de fluxo necessitam de ser apresentados em pormenor, mas apenas as suas intensidades e as suas qualidades habituais para áreas pequenas.

As pessoas podem ser classificadas de acordo com as divisões habituais da idade, do sexo e da classe, de acordo com o tipo de actividade na qual estão envolvidas ou ainda de acordo com a intensidade ou natureza da interacção mútua. Ao registar as pessoas em acção, em vez das "actividades" abstractas, escapa-se não só à confusão entre comportamento e instalações, mas também se aceita o facto de que as actividades são desempenhadas por seres humanos. A actividade em si própria não se materializa falsamente; a adequação de uma acção está ligada à pessoa que a desempenha. A "produção" não melhora apenas pela reorganização de uma linha de produção. As pessoas que trabalham na produção podem ser auxiliadas, tal como as pessoas que obtêm lucros do trabalho. É verdade que esta maneira de encarar uma cidade não dá relevo às acções das máquinas ou dos animais. Onde quer que haja um elevado nível de automação ou onde quer que o sistema ecológico total esteja em questão, a categoria das pessoas em acção poderá ter que ser alargada de modo a abranger as acções de outras entidades.

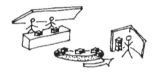

| pessoas em acção | espaços adaptados |
| pessoas em trânsito | facilidades de circulação |

Esta matriz de elementos dois a dois, classificada e quantificada por pequenas regiões do espaço de um aglomerado populacional, com as mudanças cíclicas ou seculares fundamentais indicadas através de um conjunto gráfico ou por símbolos especiais, é a descrição essencial dos fenómenos físicos que abordo no âmbito desta análise. Estas categorias sobrepõem-se, de certo modo, umas às outras (por exemplo, pessoas a trabalhar enquanto estão em trânsito, ou edifícios utilizados como passeios abrigados), mas as sobreposições não são graves. Pelo contrário, estas características são independentes, identificáveis, mensuráveis, podem ser localizadas no espaço e podem ser indicadas de uma forma grosseira ou com subdivisões muito requintadas. Podem ser combinadas de maneira a compor os cenários de comportamento que formam a descrição fundamental de um local. É difícil pensar numa análise física de um aglomerado populacional desenvolvida com esse objectivo que não tenha recorrido a estes dados fundamentais. Numa forma mais clarificada, eles correspondem à perspectiva habitual da cidade utilizada pelos planificadores profissionais.

Apesar de tudo, esta descrição básica não é suficiente para muitos outros objectivos específicos. Normalmente, é essencial conhecer-se um pouco melhor duas outras características, que podem ser divididas da mesma maneira em acções e coisas. Uma dessas características é a informação transmitida através de qualquer meio físico (livros, modulações electrónicas, contas de crédito, discos de computador, discurso) e que é transmitida, armazenada ou processada a nível local. A segunda característica é todo o conjunto de recursos materiais (tais como os produtos, a energia e os antiprodutos ou lixos), que também são armazenados ou processados a nível local, ou que fluem através das canalizações e dos fios, ao longo das estradas e das linhas de caminhos-de-ferro. As comunicações

cidades equivalentes

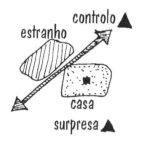

e o processamento das informações com rapidez são símbolos de uma cidade – talvez a sua maior razão de existência nos dias de hoje – e um indicador importante da sua qualidade. De igual modo, começa a considerar-se que um aglomerado populacional faz parte da grandiosa reciclagem de material e de energia que constitui qualquer sistema natural. Tal como antes, a localização ou o movimento dos recursos e das informações podem ser quantificados e classificados através de pequenas regiões do espaço, e as classificações podem ser tão grosseiras ou tão sofisticadas quanto se deseja. Actualmente, estas distribuições podem ser directamente relacionadas com as distribuições das pessoas e das instalações no interior das mesmas subdivisões espaciais, e estas subdivisões, por seu turno, podem ser tão grosseiras ou tão requintadas quanto se quiser.

Mas há mais a acrescentar, e a forma dos dados não é tão clara, nem se pode ajustar de um modo tão elegante. Em primeiro lugar, certamente que haveria uma tendência para relacionar a descrição com um mapa topográfico normalizado, que é um meio bem definido, utilizado para descrever a superfície, o sistema de esgotos, a geologia de superfície e as associações ecológicas básicas do terreno.* Em segundo lugar, será importante fornecer algum género de indicação acerca do controlo do espaço: da sua propriedade, gestão e direitos de acesso, e utilização. Este aspecto pode ser ilustrado através de um mosaico de domínios de controlo ou através de uma caracterização do modelo normal desses domínios numa pequena região normalizada. Além disso e até agora, só existe uma descrição muito vaga da qualidade sensorial do ambiente: os seus espaços visuais, sons e sensações. Mais ainda, parte desta descrição é (tal como a comunicação das informações) uma acção à distância: perspectivas distantes, sequências visuais, o modo como o carácter de um local é modificado pelo seu contexto. Os métodos usados para indicar estas qualidades sensoriais, apesar de cruciais para a experiência de um local, só agora estão a ser desenvolvidos para os grandes aglomerados populacionais. Talvez o mais difícil de tudo, e que se encontra exactamente no centro da experiência da cidade, seja encontrar um modo objectivo de registar o que os residentes pensam acerca do local onde vivem: os seus modos de o organizar e de o sentir. Sem que se verifique alguma espécie de conhecimento destes aspectos é extremamente difícil fazer uma avaliação, uma vez que os locais não são apenas o que são, mas a percepção que temos deles.

Muito provavelmente poderia ser acrescentado bem mais, mas já se levantou uma nuvem suficientemente espessa de dados para registar e compreender. Não é de admirar que não

---

* Incluindo, como é óbvio, as associações urbanas e não apenas as associações das florestas e dos prados "naturais". As cidades são fenómenos da natureza.

se tentem fazer descrições "completas" ou que ainda não tenha nascido uma linguagem "geral". Ainda assim, o que aqui se apresenta pretende ser um enquadramento para uma descrição mais especializada.

A maior parte destes dados pode ser registada como uma distribuição espacial ligada a pequenas subdivisões da área do aglomerado populacional. Para cada subdivisão (talvez um quadrado de uma grelha ou um cubo) podem registar-se dois aspectos acerca de uma qualquer classe de características: o seu tipo modal (ou mistura de tipos) e a sua intensidade ou quantidade por unidade de área ou volume. Deste modo, para cada subdivisão do espaço da cidade, dependendo dos objectivos, podem anotar-se aspectos como a quantidade de espaço de terreno fechado e a percentagem das condições do som; o número de pessoas em trânsito, por hora, através do quadrado; o número de pessoas, por idade e sexo, activas a nível local; o peso (ou valor monetário) de todos os produtos armazenados ou processados nesse local; a taxa de fluxo de informações através desse espaço; as percentagens de espaço controladas pelas diferentes classes de pessoas; o microclima típico e o nível de som; um conjunto de perspectivas habituais ou outro género de caracterização da paisagem modal; a vivacidade relativa com que o público em geral recorda essa área, assim como alguma espécie de medida de valor que lhe atribuem. As quantidades e os tipos que podem ser convertidos em distribuições por pontos, em padrões de retalhos ou em superfícies delineadas. As proporções entre as medidas no mesmo quadrado podem ser calculadas: espaço de terreno por pessoa ou fluxo como percentagem de capacidade.

Podem analisar-se outras medidas relativas à influência dos pontos que rodeiam uma localização determinada. Uma dessas medidas é o gradiente ou malha. Se uma característica é contínua (por exemplo, uma elevação topográfica ou uma variação contínua da densidade da população), então a medida é a inclinação do gradiente, isto é, qual é a rapidez com que essa característica muda, consoante se avança para outros pontos nas proximidades. Se o carácter é descontínuo (sexo ou material de construção) então a medida é a malha ou o requinte da mistura das várias características. Um novo subúrbio pode ter uma malha muito grosseira de edifícios ou de tipos de famílias (ou de sexo, em determinadas alturas do dia), ao passo que o centro mais antigo de uma cidade apresenta uma malha mais requintada. Um dos meios para se medir a malha é calcular a distância média entre cada ponto e o ponto mais próximo com características diferentes. Uma outra descrição mais qualitativa indica se a mistura é relativamente disforme e indiscriminada ("cinzento") ou se é bastante nítida e agrupada. O requinte na mistura de actividades ou na classe pode ser um dos aspectos mais importantes de uma cidade. Igualmente importante, pode ser o modo como os habituais módulos contrastantes da forma e da actividade se relacionam

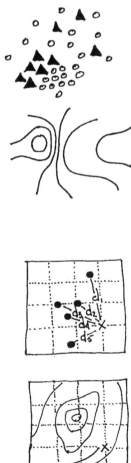

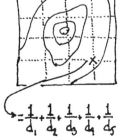

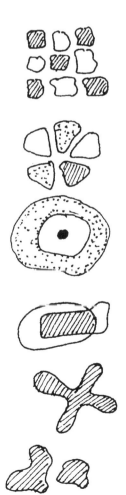

mutuamente (por exemplo, o modo como os pátios residenciais multifamiliares se abrem para ruas comerciais activas).

Em segundo lugar, é possível medir o potencial, em qualquer altura, representativo da influência sobre esse local de todas as características de uma classe que ocupa todos os outros pontos na região. Esta medida parte do princípio de que pode acontecer uma acção penetrante à distância. Este aspecto é normalmente calculado como a soma, para qualquer ponto, da quantidade de características seleccionadas em qualquer outro ponto, dividida pela distância entre esses pontos e o ponto original em questão. Deste modo, o potencial da população de qualquer bloco numa cidade pode ser calculado, em número de pessoas por quilómetro, dividindo a população de todos os outros blocos pela sua distância em quilómetros relativamente ao primeiro bloco e depois adicionando todos esses quocientes. Os blocos com maior potencial deverão estar mais próximos de um número maior de pessoas do que quaisquer outros blocos. Pode ser utilizado qualquer outro tipo de elemento para fazer um cálculo semelhante. Pode, assim, calcular-se o potencial de espaço público aberto, o potencial da densidade de informação, o potencial do valor dos terrenos, o potencial das estruturas que não são à prova de incêndios (se existir algum tipo de preocupação com a possibilidade de um incêndio) ou até mesmo o potencial da intensidade da imagem.*

Tipo, intensidade, proporções, gradiente, malha, potencial e séries temporais são características de pontos ou de pequenas áreas. Podem ser agregados e analisados de muitas maneiras. Uma delas é a conhecida análise das totalidades estatísticas: quantidades totais e relações entre si, composições de percentagens, meios e modos, medidas de centralidade e mudanças ao longo do tempo. Por exemplo, calcula-se a densidade modal da população por quilómetro quadrado, o seu desvio normalizado e a sua percentagem de mudança durante a última década. Apesar de estatística na sua forma, a matéria-prima é constituída por dados espaciais e, assim, a cidade pode continuar a ser analisada como um fenómeno espacial.

Um outro tipo de análise encara a distribuição como sendo, em si própria, um padrão no espaço – um tipo de análise que, infelizmente, não está tão bem sistematizada quanto à análise estatística, mas que é crucial para os nossos objectivos. O meio mais habitual deste género de análise é a preparação de um mapa constituído por um conjunto de retalhos de áreas (um mosaico), que tem um contorno com uma forma, ou que se baseia numa organização por zonas semelhante a um padrão repetitivo conhecido, como os anéis, os tabuleiros ou os sectores.

---

* Uma medida verdadeiramente esotérica! Quando se chega ao ponto mais elevado desta superfície, fica-se a conhecer muito melhor as paisagens mais vívidas e valiosas de um aglomerado populacional.

Apesar de terem um aspecto atractivo sob a forma de mapas, algumas destas características podem revelar-se pouco importantes. O contorno geral de uma grande cidade constitui actualmente uma irrelevância relativa deste género. Mas o conhecido mapa de uso dos terrenos é um ponto alto constante e subliminar, que faz com que se analisem os padrões espaciais de acordo com este tipo de mapa padrão.

Para além dos mosaicos, dos modelos de zonas e dos contornos, uma distribuição também pode ser encarada como uma disposição de pontos centrais de intensidade ou de carácter especial. Como tal, uma cidade pode ter um só centro ou vários centros; os seus terminais de transportes podem ser difusos, concentrados ou podem estar combinados em torno de um anel central; os seus centros podem ter objectivos múltiplos ou ser muito especializados; os seus fluxos de informação podem atingir picos em certos pontos ou ser dispersos; e assim sucessivamente. Uma caracterização por centros permite frequentemente fazer uma descrição sucinta de um padrão complexo, sem que se imponham fronteiras arbitrárias. As características verdadeiramente "rígidas" não são frequentes nos modernos aglomerados populacionais, para lá da escala dos edifícios.

Como alternativa, o padrão pode ser encarado como uma rede que, por si própria, pode ter uma forma, um grau de ligação, uma escala, ou um grau de especialização. Muitas destas características podem ser descritas de maneira precisa na linguagem matemática da teoria de gráficos. A descrição de uma rede é obviamente apropriada quando se descrevem fluxos e instalações de fluxos, mas também pode ser aplicada a outros tipos de ligações: sociais, económicas ou até mesmo visuais. É um dos meios primordiais, juntamente com a organização central, de as pessoas organizarem a sua própria imagem da cidade.

Podem existir outras maneiras de se fazer uma descrição, tais como a caracterização da forma da superfície de variação de uma variável contínua ("a densidade populacional diminui de modo estável de norte para sul e a diminuição mais acentuada ocorre quando se atravessa o rio"). Os diagramas em gráfico, com palavras anexas, ainda são os mais utilizados para transmitir estas formas. A matemática está a tornar-se cada vez mais importante para este género de usos, particularmente através da topologia, uma vez que muitas das relações espaciais importantes dos aglomerados populacionais não são de ordem métrica. Interiores e exteriores, ligação, gradientes, malha, domínio, centros, enclaves e densidade são conceitos da forma provavelmente mais importantes do que analogias geométricas como o quadrado, o triângulo ou o círculo. A teoria de gráficos é útil na análise das redes de estradas e de interacções. As medidas numéricas de dispersão espacial e de distância relativamente ao vizinho mais próximo têm algum valor. A ecologia do ambiente emprega medidas deste género. A "teoria de catástrofe", desenvolvida muito recentemente, poderá abrir novas perspectivas.

Esta revisão dos diversos tipos possíveis de medida, juntamente com a revisão dos tipos de características a medir, torna a complexidade das formas da cidade ainda mais evidente. Descrever um aglomerado populacional de acordo com todas estas formas, em qualquer ocasião, seria um excelente exercício de futilidade. A descrição deve adequar-se ao objectivo e uma boa descrição destaca-se pelo que decide ignorar. No entanto, algumas destas medidas parecem ser cada vez mais importantes na análise dos aglomerados populacionais e surgiram, com alguma frequência, ao longo destas páginas.

A dimensão e a composição estatística pode ser uma medida, mas a taxa de modificação destes elementos pode revelar-se ainda mais importante. Os padrões de mapas por mosaicos podem não ser tão importantes quanto se imaginavam, ao passo que a malha ou a mistura de espaços, de pessoas e de cenários de comportamento podem ser efectivamente significativos, uma vez que correspondem à influência penetrante do acesso, da interacção, da integração, do contexto, do contraste e da escolha. A intensidade de pessoas, coisas ou comunicações é de enorme relevância. Tal como a ligação das redes e talvez mesmo o potencial, quando existe, de facto, uma acção com influência à distância. O ajustamento ou desajustamento – a compatibilidade entre forma e actividade em determinado cenário de comportamento – são importantes. Algumas qualidades não mensuráveis também têm que passar para a linha da frente.

Todos estes termos têm sido recorrentes ao longo desta discussão. Além disso, à medida que se vai desenvolvendo uma teoria sobre a forma da cidade, pode considerar-se mais económico descrever um local directamente em termos do seu valor, desde que esse valor possa ser expresso de modo explícito, em vez de se utilizar uma forma espacial complexa associada ao valor. Como tal, pode cartografar-se simplesmente o grau de acesso, em qualquer altura, relativamente às actividades em outros pontos de um aglomerado populacional e, assim, fundir um longo circuito de redes de ruas, de nodos de transporte e de barreiras sociais, com as densidades e os tipos de actividades locais.

Algumas fontes de valores da cidade

A minha compilação sobre os valores da cidade foi recolhida a partir de várias fontes. Algumas destas afirmações representam deduções acerca das acções de construção de edifícios na cidade, outras estão implícitas no modo como se descrevem os lugares, outras ainda surgiram mais explicitamente quando se criaram protótipos ou utopias, ou quando se elaboraram listas de objectivos de construção da cidade. Não há aqui qualquer esforço de organização ou de justificação destas ideias, apenas uma ilustração da matéria-prima a partir da qual se moldaram as dimensões de execução. O leitor deverá ficar confuso com a desordem deste material, irritado com a sua redundância e imprecisão, e até mesmo aborrecido com o seu sucessivo carácter positivo. No entanto, estas motivações já muitas vezes deram origem a acções grandiosas.

Parece que alguns aspectos desejáveis surgiram de modo repetido com bastante preponderância nas mentes de todo os que deliberadamente construíram cidades ao longo da história. Uma grande parte desses aspectos foi mencionada no capítulo um. Um dos motivos mais óbvios foi a protecção relativamente a um ataque interno ou externo. Construíram-se muralhas, limitaram-se e controlaram-se as entradas, estabeleceram-se guetos internos, fortificaram-se pontos fortes, protegeram-se poços e linhas de abastecimento de alimentos, construíram-se locais de observação e mantiveram-se desobstruídos os campos de mira. Ou então os construtores da cidade tentaram evitar as doenças através dos meios de drenagem, trazendo água potável e evitando locais pouco saudáveis.

Já vimos que os objectivos simbólicos se constituíram, quase sempre, como parte integrante destes dispositivos práticos e provavelmente precederam-nos. As cidades foram construídas para proteger a ordem do universo e para reforçar o domínio de um grupo sobre outro. O espaço social foi organizado em categorias, os párias foram isolados e os poderosos agruparam-se. A expressão visível do poder, da riqueza e da sofisticação tornou-se importante, assim como as formas indutivas de temor, de submissão ou de fascínio. Esconderam-se longe da vista as perspectivas e os sons desagradáveis, e as pessoas indesejadas. Fizeram-se várias tentativas para recriar atmosferas familiares em terras longínquas.

Juntamente com estas expressões simbólicas surgiram as motivações de controlo económico: a protecção dos produtos, o domínio dos recursos, a regulamentação do processo produtivo e a apropriação da sua produção. Foram construídos armazéns, foram dominadas algumas regiões, transferiram-se rotas e ocuparam-se estreitos, e o processo de produção foi agrupado num local onde podia ser supervisionado. Os construtores da cidade esforçaram-se para melhorar a produção económica, especialmente através do aperfeiçoamento do acesso à mão-de-obra, aos materiais, às informações e ao crédito. Melhoraram-se os transportes e as comunicações, criaram-se instalações para os negociantes e para os mensageiros, agruparam-se várias actividades na proximidade umas das outras. Por vezes, os construtores da cidade mostraram-se particularmente preocupados com uma atribuição fácil e rápida do espaço e de outros recursos, ou com a liberdade especulativa acerca desses factores. Pretendiam obter locais claramente definidos, acessos ubíquos e uma forma normalizada.

Se se observarem as metáforas da cidade discutidas no capítulo quatro, encontram-se estas mesmas ideias, com alguns acrescentos. A teoria inicial tentava conservar a ordem cósmica, ganhando assim um sentido de singularidade com o universo, alcançando a segurança a partir da desordem, da guerra e da fome, e reforçando a hierarquia social. As boas cidades transmitem um sentido de correcção, de temor e de admiração, uma sensação de permanência e de perfeição.

O modelo da máquina pensa na eficácia, num apoio próximo à actividade, ao bom acesso e à fácil reparação ou remodelação. Valoriza a capacidade de exploração do mundo material com objectivos próprios, valoriza a liberdade de escolha e a liberdade de trocar ou de modificar, concede ainda valor à liberdade relativamente a significados ou a restrições impostos. Idealmente, é um mundo óptimo, prático, cujas partes são simples, normalizadas, fáceis de alterar e que, por si próprias, não são significativas. Valoriza-se a distribuição caracterizada pela igualdade e pela facilidade. Estas noções podem ainda ser acompanhadas de um certo fascínio pela dimensão, pela complexidade e pelo poder da própria máquina da cidade.

A metáfora orgânica, por outro lado, apesar de também se mostrar preocupada com a segurança e com a continuidade, tal como o modelo cósmico, tenta alcançar, em especial, valores como a saúde e o bem-estar, o equilíbrio homeostático, uma educação infantil bem sucedida e a sobrevivência da espécie. Preocupa-se com ligações: a ligação da pessoa com o seu meio ambiente e com a ordem social, sem exclusões ou alienações. Ambiciona-se o contacto com a natureza, a expressão da ordem orgânica e a riqueza da emoção e da experiência. Aplaude-se a diversidade e a individualidade, mas apenas enquanto os indivíduos continuarem a manifestar o seu empenho social e biológico.

Vários economistas analisaram os custos e os benefícios relativos de várias formas de cidade. Quando Irving Hoch discute a dimensão da cidade aborda medidas quantificáveis (e, na maior parte dos casos, negativas) tais como a poluição do ar, o ruído, o clima, os congestionamentos de tráfego, a doença, o crime, os custos monetários das infra-estruturas e da habitação, e os rendimentos monetários dos residentes. Hoch menciona igualmente sondagens acerca das preferências, para apresentar medidas positivas, como a excitação e o estímulo, ou a paz e a tranquilidade. Alan Gilbert, que também analisa a dimensão da cidade, reflecte acerca dos mesmos critérios, ainda que faça alguns acrescentos: oportunidades de emprego, adequação da habitação, boas escolas, instalações culturais e de lazer e o crescimento económico geral. Perevedentsev ao analisar a mesma questão numa perspectiva socialista, bastante diferente, utiliza uma lista modificada: poluição, tempo de transporte, despesas de funcionamento e investimento de capitais, do mesmo modo que os analistas anteriores, mas também: produtividade no trabalho, escolha nas relações sociais, liberdade relativamente ao controlo social (na U.R.S.S.!), integração étnica, reprodução da população e criação e transmissão de conhecimentos.

Podemos deduzir igualmente objectivos de construção da cidade se considerarmos os argumentos utilizados para defender vários protótipos de formas. Uma vez que o campo dos protótipos é tão extenso, apresenta-se uma torrente de motivos que se sobrepõem e entram em conflito uns com os outros. Na maior parte dos casos, as razões citadas são de natureza essencialmente económica: produção eficaz e construção ou manutenção eficaz da cidade; evitar os desperdícios, as faltas e as sub- ou sobre-utilizações; confiança e flexibilidade de funções; evitar os declínios; bons rendimentos e abolição da pobreza; melhoria do valor da propriedade, uma sólida base fiscal e fortes finanças locais; lucros elevados, a liberdade de utilização e de transferência, e uma resposta rápida ao mercado; conservação ou exploração adequadas dos recursos, e a redução dos prejuízos imobiliários. Os movimentos livres e cómodos, a redução do congestionamento do tráfego e do tempo de deslocação, as comunicações fáceis e o fácil acesso ao trabalho, ao lazer, aos serviços e a outras pessoas, são factores que também são mencionados com alguma frequência.

Saúde, segurança relativamente a incêndios e a outros desastres, um bom microclima, a conservação da terra, a minimização da poluição e do ruído, a limpeza, acabar com a fome e evitar danos pessoais são também motivos comuns. Os motivos sociais básicos são importantes: estabilidade social ou mobilidade social, a prevenção ou a promoção da mudança social, uma redução dos conflitos e das patologias sociais, o reforço do domínio social ou talvez o apoio da comunidade local. As relações entre os indivíduos servem de base a outros argumentos: aumento da interacção, especialmente entre idades, classes ou raças diferentes; encontros íntimos ou estimulantes; privacidade e descanso; vivacidade, vitalidade e um sentido egocêntrico; a capacidade de ver e de ser visto; ou uma sentido melhorado de identidade pessoal. A liberdade de acção e de movimentação, a escolha individual, a

Blumenfeld 1969

independência, a autonomia, a igualdade e a diversidade surgem de modo repetido. Também surgem frequentemente questões de controlo comportamental, ou de liberdade relativamente a esse controlo, bem como de participação e de processo democrático. Algumas pessoas valorizam a evolução individual, particularmente para as crianças em desenvolvimento, por exemplo, tornando a exploração dos aspectos relacionados com a infância numa perspectiva segura e interessante. Em alguns casos, alarga-se tudo isto a um imperativo de evolução: levar a cabo o desenvolvimento ordenado e progressivo da humanidade ou a exploração de mundos desconhecidos.

Outros objectivos têm mais a ver com a percepção e com o conhecimento directos: harmonia visual, recordações, a expressão da continuidade ou da grandeza, orientação e uma imagem clara, uma forte experiência sequencial, contraste, coerência dos complexos, escala humana, um sentido do local natural, paisagens belas ou ocultação de aspectos desagradáveis. Ocasionalmente, citam-se questões simbólicas mais profundas, tais como o carácter sagrado dos locais, a celebração e o ritual, o sentido da história ou do cosmos, o sentido do lar.

De entre todas as lamentações urbanas contemporâneas, alguns géneros de áreas populacionais são citados pelas suas qualidades desejáveis. Os centros densos de algumas cidades grandes são admirados pela sua diversidade, vitalidade, sentido de poder e de história, e pela oportunidade de um encontro estimulante. Outros admiradores mencionam uma pequena cidade histórica, acentuando a beleza da sua forma, o seu carácter único, a escala humana, as raízes históricas profundas, a sua tranquilidade e descanso. Outros ainda lembram-se de alguma aldeia antiga ou de alguma área rural em ligeiro declínio (mas não demasiado acentuado), onde se está em contacto íntimo com a natureza, com os processos fundamentais de produção e com as outras pessoas – tudo de um modo descontraído e tranquilo. Outros inquiridos reforçam as qualidades sensoriais especiais dos desertos, das montanhas, dos lagos, das costas ou de paisagens semelhantes às dos parques. A maior parte dos norte-americanos encara com afecto os subúrbios campestres e abastados, com os seus atributos de conforto, de facilidade de movimento, de não existência aparente de conflitos sociais, de prestígio, de estabilidade da propriedade, de administração sensível, de segurança para as crianças, de bons serviços, de espaços amplos e de ambientes agradáveis.

As propostas utópicas são outra mina de produtos ambientais. Na maior parte dos casos, os seus valores fundamentais têm a ver com a identidade do grupo, com o reforço dos laços sociais e com o apoio de um sentido de comunidade – aos quais estão ligados aspectos como a

Buber
Fourier
Hayden

participação e o controlo da comunidade, a auto-suficiência, a estabilidade social e os espaços que facilitam os encontros sociais informais. Apesar de estes factores poderem constituir os valores essenciais, verifica-se igualmente uma ênfase frequente na igualdade e na justiça, na limpeza, no "equilíbrio", na ordem, no evitar de desperdícios e numa ligação íntima com a natureza. As propostas podem também concentrar-se em questões adicionais como a diversidade e a liberdade, as alegrias da criação, o "aperfeiçoamento" da pessoa ou do grupo e até mesmo, ocasionalmente, o conforto, a função eficaz ou o bom acesso.

As fantasias da alta tecnologia, por outro lado, preocupam-se com a coerência estética, com um simbolismo rico e com uma expressão de poder, de nobreza, de complexidade, de sofisticação e de mudança dinâmica. É provável que a eficiência produtiva seja um objectivo, tal como o consumo elevado e, porventura, também questões cognitivas como a transmissão do entendimento da relação do homem com a tecnologia ou com o universo. Os sonhadores podem declarar que tentam criar um super-organismo, o próximo passo na evolução, que será composto por uma fusão da comunidade humana com o seu habitat.

Pelo contrário, as cacotopias sinistras – os pesadelos do inferno e do castigo – apresentam as mesmas virtudes. Os motivos cacotópicos são normalmente claros e estão claramente ligados à forma: estímulo excessivo, confusão sensorial, desorientação no espaço e no tempo, doença, isolamento no meio de uma grande multidão, poluição, calor, pó, frio, lixo, escuridão, uma bruma cerrada ou uma luz que cega, ruído, dor, falta de alimentos, barreiras aos movimentos e ao uso do corpo, ou mudanças abruptas e imprevisíveis. Os motivos fundamentais são o controlo externo do indivíduo, o colapso da personalidade, a interrupção do desenvolvimento, o desconforto e o desenvolvimento de medos, desconfianças e ódios.

Com algum alívio, viramo-nos para as memórias da infância que tantas vezes estão imbuídas de nostalgia e de ternura. À medida que as pessoas falam acerca do seu crescimento ou quando se lêem as suas memórias ou autobiografias, encontram-se explicações comuns que explicam o encanto desses lugares de infância. Um dos temas tem a ver com a liberdade de movimentos, por um lado, com as respectivas sensações de curiosidade, de imaginação e de excitação, e, por outro lado, com a capacidade de afastamento, de sonho e de segurança num local próprio e protegido. A oportunidade de manipular as coisas e de se ser submetido a algum tipo de prova é uma memória agradável, tal como o desenvolvimento da compreensão do local, da comunidade, da função produtiva e da relação da criança com esses aspectos. As explicações mais frequentes são as relações humanas afectuosas e a satisfação da integração numa comunidade estável, pequena e bem urdida. O contacto íntimo com animais e plantas representa uma recordação valiosa. Os adultos recordam-se das sensações agradáveis, dos prazeres com o uso do corpo e de um sentido de significado mágico do mundo – rico, vívido e algo misterioso.

Os romances e a poesia são uma fonte importante de valores ambientais. O livro *"Cidades Invisíveis"*, de Italo Calvino, é uma das fontes mais recentes e directas. Calvino mostra-se preocupado com a permanência e com o carácter efémero, com os ciclos e com as suas sucessivas manifestações, com a continuidade, e com a relação entre os mortos, os vivos e os que ainda não nasceram. Ele aborda a identidade, a ambiguidade, a harmonia, a diversidade e a satisfação do desejo carnal. Sente-se atraído pela profundidade simbólica de um local – como pode ser ornamentado com memórias, sinais e reflexões. As histórias de Jorge Luís Borges preocupam-se, de igual modo, com o labirinto do tempo, com as reflexões, com os símbolos e com as revelações intermináveis.

_{Calvino}

Por vezes, os planificadores e os cientistas sociais elaboraram listas sistemáticas do que consideravam ser valioso num aglomerado populacional. Margaret Mead, no seu breve ensaio intitulado "Qual é a Cidade que Queremos?", apresenta uma lista de aspectos, como os vizinhos simpáticos, um sentido de comunidade e de continuidade, uma consciência da biosfera e um sentimento de destino comum. A conservação da ecologia é importante. Contudo, Mead também dá valor à diversidade, ao anonimato, à mobilidade, à escolha da residência, ao evitar da segregação social e à possibilidade de quebra dos laços sociais.

B. Ward

Barbara Ward e outros apresentaram uma declaração de princípios à Conferência das Nações Unidas sobre o Habitat, em que mencionaram as características essenciais de um bom aglomerado populacional em qualquer sítio no Terceiro Mundo. Referem a segurança, a independência, a conservação, a água potável, os serviços essenciais, uma economia viável, uma agricultura eficiente, os controlos sociais eficazes, as decisões participadas e a inexistência de segregação social. Na sua receita para a "pobre cidade capitalista", Hugh Stretton salienta a independência da habitação em baixas densidades (através de terrenos baratos, bens seguros, água potável, electricidade, sistemas de esgotos e lixos, materiais de construção simples e padrões médios de construção), bom acesso, boas escolas e outros serviços locais, desenvolvimento, a todos os níveis, de capitais e incentivos para a mudança gradual.

Stretton 1978

F. M. Carp e outros extraíram um conjunto de valores ambientais comuns a partir de entrevistas abertas realizadas junto de adultos norte-americanos. Encontraram referências frequentes ao bom aspecto, à limpeza, aos cuidados de manutenção, à inexistência de poluição sonora e do ar; um sentido de abertura, de calor e de tranquilidade, bons vizinhos, ausência de sentimentos de alienação, segurança em relação ao tráfego, a assaltos, ao vandalismo e aos roubos; comodidade de mobilidade e de privacidade, e a presença de animais.

Daniel Cappon e Mary Roche tentaram elaborar um catálogo extenso acerca da tensão na vida urbana. Nessa lista incluíram a poluição, o esgotamento dos recursos, as doenças e os danos corporais, a subnutrição, os edifícios demasiado grandes ou demasiado pequenos, a má exposição solar, a falta de estímulo, a monotonia, a limitação espacial, o ruído, o isolamento social, o medo, uma sociedade demasiado homogénea, a falta de contacto com a natureza, o excessivo tempo de deslocação, as actividades exteriores inadequadas, uma taxa de crescimento demasiado elevada, um clima adverso, as habitações em mau estado, os serviços ineficazes, a pobreza e o desemprego.

Os planificadores e os *designers* normalmente desenvolvem pontos de vista pessoais acerca das cidades, formando um conjunto de valores característicos acerca da forma do aglomerado populacional. À medida que se lê a literatura disponível, encontram-se um ou mais dos seguintes conjuntos, habituais, mas nem sempre mutuamente exclusivos:

1. A cidade deve ser apreciada pela sua "urbanidade"; pela sua diversidade, pelas suas surpresas, pelo seu carácter pitoresco e pelos seus elevados níveis de interacção.

2. A cidade deve exprimir e reforçar a sociedade e a natureza do mundo. Os seus elementos críticos são o simbolismo, os significados culturais, a profundidade histórica e a forma tradicional.

3. A ordem, a clareza e a expressão da função actual são os critérios principais. O encanto da cidade advém do facto de ela ser um dispositivo técnico fascinante, gigantesco e complexo.

4. O ponto central do *design* da cidade é simplesmente o fornecimento e a manutenção eficientes das instalações e dos serviços necessários, isto é, a boa engenharia. A cidade é um suporte técnico neutro para a vida humana.

5. A cidade é essencialmente um sistema contínuo administrado. Os seus elementos fundamentais são o mercado, as funções institucionais, a rede de comunicações não espaciais e o processo de decisão. Esta é a perspectiva superior: um navio bem construído e uma viagem calma.

6. Pelo contrário, os valores principais são o controlo local, o pluralismo, uma defesa eficaz, cenários de bom comportamento e a primazia do pequeno grupo social. Esta é a perspectiva inferior.

7. O ambiente deve ser valorizado de acordo com o modo como é individualmente experimentado e de acordo com qualidades como a abertura, a legibilidade, o significado, a educação e o prazer sensorial. Esta é a perspectiva do interior do indivíduo.˙

8. A cidade é um meio de obtenção de lucros ou de poder. É um cenário de competição, de apropriação, de exploração e de divisão dos recursos. O mundo é uma selva, um campo de oportunidades, o terreno das batalhas sociais.

9. Independentemente do que é, o melhor é aceitar o ambiente tal como ele é. Aprender a sobreviver nele; deleitar-se com a sua realidade, com a sua "presença", com a sua complexidade e ambiguidade. Afastar os seus significados convencionais e tornar-se num observador conhecedor e criativo.

Finalmente, poderá ser interessante notar que quando foi solicitado a um grupo de estudantes de planeamento e arquitectura, na Primavera de 1977, que apresentassem as suas perspectivas pessoais acerca do que era uma boa cidade, eles responderam com um conjunto rico em apreciações de valor, que poderiam ser apresentados no seguinte compêndio de valores da cidade:

Acessibilidade; proximidade; boas comunicações; transportes públicos; facilidade de movimentação para os peões, transportes individuais mínimos; facilidade de acesso para todos os meios de transporte; bom acesso a recursos, a serviços e a comodidades; acesso a todas as áreas, sem a exclusão de qualquer grupo; acesso seguro e rápido; boas informações acerca da movimentação; liberdade de movimentação e acção.

Escolha e oportunidade; diversidade de pessoas, etnias, empregos, habitações, actividades, valores, densidades, diversões, compras, estilos de vida e situações sociais, diversidade de vizinhos, mas não de bairros; tolerância e valorização da diversidade.

Apoio à actividade e à identidade de grupos pequenos; pertença, território, zona, escala de comunidade, sentido de importância individual, das indicações territoriais, do esmero e do orgulho; afirmação individual, expressão étnica, locais onde os utilizadores detêm o controlo; escala humana, identidade de grupo, propriedade comunitária, personalização, reflexão sobre necessidades e valores, organização em bairros.

Apoio à interacção social, variando desde a interacção à reclusão, passando por privacidade, por centros de reunião, por locais para grandes reuniões, por centros activos e por nichos.

Redes sociais fortes, coexistência, partilha de valores, civilidade, inexistência de tensões raciais, ausência de obstruções ao desenvolvimento, ligação do cidadão à cidade, sentido de propriedade da cidade, incentivo à cooperação.

Protecção, segurança, confiança; ausência de acidentes, de roubos ou de vandalismo.

Instituições controláveis; uma administração acessível e sensível; regeneração; participação; papel dos utilizadores nas decisões; planeamento transparente e tomada de decisões transparente; mecanismos viáveis de controlo.

Serviços bons, cómodos e bem conservados; infra-estruturas necessárias, boas escolas, boa habitação, os confortos e os benefícios da tecnologia contemporânea.

Apoio do comportamento diário, do comportamento aprovado.

Um ambiente limpo, saudável e sem poluição; clima e ecologia agradáveis; gestão ambiental responsável.

Base económica sólida, estável e diversificada; saúde e viabilidade a nível macro- e micro-económico; segurança no emprego; oportunidade económica, baixo custo de vida; economia não dependente do controlo central; inexistência de bolsas económicas.

Características naturais fortes; relação com a natureza; existência de espaços selvagens; características naturais geradoras de forma; boa relação com a paisagem e com o clima; espaços abertos, Sol, céu, água e árvores.

Imagem forte, coerência, sentido de local, distinção, sentido da totalidade, um local abrangente e perceptível, clareza em larga escala e complexidade de experiências, articulação e integração, complexidade ordenada, identidade distinta, ligações fortes, lugares e pontos de referência dominantes, centros e subcentros fortes, fronteiras definidas, consciência do espaço, elementos compreensíveis a níveis diferentes, identidade excêntrica, simbolismo do país, singularidade, sensibilidade a um local e a uma cultura específicos.

Expressão do tempo, da história e da tradição; sentido de enraizamento nas pessoas e na terra; harmonia entre o novo e o velho; um museu vivo; uma relação contínua com os papéis históricos.

Estímulo, riqueza; variedade de experiências e de escala; riqueza de detalhes perceptíveis, complexidade do tecido urbano, equilíbrio entre sobrecarga e privação; uma projecção da sociedade rica em contradições; surpresa; um local divertido e emocionante.

Oportunidades para educação e troca de informações, um cenário informativo que permita a descoberta; o valor educativo; o incentivo ao desenvolvimento, à imaginação e à criatividade.

Beleza; reflecte o melhor do que se tem para oferecer.
Sentido de informalidade.
Igualdade, justiça.
Adaptabilidade, flexibilidade.
Elevada densidade; cidade densa ou campo aberto.
Possibilidade de saída.

As dimensões de execução foram moldadas a partir deste enredo de valores através de um processo de poda e de enxerto. Como exemplos desse processo, apresentam-se, de seguida, algumas das dimensões que foram consideradas e postas de parte, juntamente com algumas razões breves para a sua exclusão ou modificação:

1. *Interacção social, coerência ou integração; mudança social ou estabilidade.* Todas estas características são citadas frequentemente como sendo fundamentais para a valorização de um aglomerado populacional. Mas são características do sistema social e não do sistema físico e espacial. Procuramos alcançar características físicas que tenham alguma relevância para estas características sociais, e também temos de reconhecer que o seu efeito deve ser indirecto e provavelmente secundário.

2. *Custo.* O custo de algo é sempre mencionado na avaliação do seu valor, como se o custo fosse uma característica única, qualitativamente diferente dos vários benefícios – como se a vida fosse composta por (*a*) prazer e (*b*) dor. Por vezes, o custo de algo é mencionado como se fosse o seu valor. Mas os custos não são unitários nem qualitativamente distintos. São simplesmente as perdas de um ou mais valores, nos quais se incorre quando se ganha um outro valor. Sem a conquista desse benefício, os objectos não têm efectivamente valor nenhum, qualquer que seja o seu custo. Deste modo, o custo, ou valor negativo, surge na discussão de cada um dos benefícios ou dimensões de execução. Na teoria há custos internos – perdas numa das dimensões de execução – e custos externos – dólares, esforço político, etc.

3. *Conforto, tensão, incómodo, segurança.* Todos estes termos algo vagos e interrelacionados são critérios já gastos e relativos às boas cidades. Tentei reduzi-los a qualidades espaciais que lhes possam servir de suporte ou que os anulem, e tentei também separar as características que afectam a sobrevivência e a saúde das que são meramente questões de conforto e de bem-estar.

4. *Contacto com a natureza.* Por vezes, esta questão lidera a

lista de características pretendidas para um local. Mas as expressões poderão induzir em erro, em primeiro lugar, devido à nossa confusão intelectual sobre o que é a "natureza" e, em segundo lugar, porque esse valor não reside nas coisas em si, mas na nossa percepção delas, o que faz com que seja possível tomarmos consciência da teia de vida que nos enreda. Deste modo, o "contacto com a natureza" – tal como um sentido de lar, de comunidade ou da história – pode ser transformado e colocado no capítulo da sensibilidade da forma da cidade.

5. *Equilíbrio*. Os bons ambientes são repetidamente caracterizados por "equilibrados". Encara-se o mundo como um sistema de polaridades – quente e frio, grande e pequeno, preto e branco, denso e disperso, alto e baixo, estimulante e calmo – e considera-se que existem perigos em cada extremo do espectro. Deve haver um ponto ideal algures no meio, o que dá corpo à ideia de equilíbrio: forças iguais e opostas que mantém o mundo seguro, evitando uma aceleração em direcção ao desastre – o *yin* e o *yang* da filosofia chinesa. A metáfora é tão poderosa que pode ser utilizada sem quaisquer dúvidas no mais aceso dos debates. Quem poderia pôr em questão a nossa necessidade de uma "população equilibrada" ou de uma "economia equilibrada"? Se se perguntar qual é o objectivo do equilíbrio, ou pior ainda, se se defender o desequilíbrio, é-se recebido com incredulidade. A polaridade, o equilíbrio e o equilíbrio estático através da tensão dos opostos podem ser, em *alguns* casos, uma boa política baseada numa metáfora perspicaz, mas, nos casos em que a polaridade é apenas imaginária, o conceito serve apenas para obscurecer a questão.

6. *Lixo, sujidade e ineficácia*. O lixo é sempre mau para o nosso raciocínio, do mesmo modo que o equilíbrio é sempre bom. O lixo está ao lado do declínio, da ineficácia, da baixa produtividade, do consumo excessivo e de outros demónios puritanos. O lixo (com excepção do fertilizante para jardins) é perigoso para a saúde e é nojento. As nossas cidades estão cheias de lixo e sujas. Todas as pessoas querem ter uma cidade limpa. Ninguém se candidataria a um cargo político baseado numa plataforma eleitoral de lixo e de ineficácia. A eficácia foi discutida no capítulo doze, onde se explicou que o conceito não tem qualquer significado até serem definidos alguns valores básicos. A eficácia foi descrita como sendo o critério de negociação entre valores diferentes – alguns internos e outros externos à teoria. Os conceitos de lixo e de sujidade necessitariam de um outro livro. Todos os condenam; mas o que são e por que são maus? Do mesmo modo que se tem cuidado para não se ser contaminado por lixo e por excrementos, devido aos seus perigos mágicos e secretos, também o conceito de lixo deve ser evitado até poder ser melhor compreendido.

7. *Ordem*. Uma cidade bem ordenada, tal como uma cidade limpa e eficaz, é algo normalmente desejado. No entanto, este conceito também levou à criação de lugares inertes e

monótonos, extremamente ordenados no papel. As suspeitas quanto a algum excesso de devoção relativamente à ordem surgem de um modo algo recorrente. Tal como em outros casos, o debate transforma-se quando nos apercebemos que não existe qualquer valor intrínseco nos objectos ordenados. A ordem (ou melhor a ordenação) está na mente e é essa capacidade de organizar as coisas na mente que é valiosa, uma vez que através da ordenação se podem compreender e tratar melhor conjuntos maiores e mais complexos. A ordem compreende-se melhor como sensatez. Nessa altura, fica-se imediatamente preocupado com as questões *para quem* é um lugar sensato e com o *processo* de ordenamento.

8. *Estética, amenidade*. Muitas considerações valiosas acerca da forma da cidade são agrupadas ao abrigo destes títulos. Já abordei os problemas decorrentes da possibilidade de os valores estéticos estarem divorciados de outros aspectos da vida. Além disso, o termo transporta o pesado fardo dos significados que lhe estão associados, relíquias de velhos argumentos. Prefiro antes um termo como sentido, que tem um significado mais definido, que é mais directamente definível em termos de forma ambiental e está livre de velhos fantasmas polémicos. Ao contrário da estética – e ainda mais ao contrário da "amenidade", que pode congregar tantas qualidades agradáveis – o sentido pode ser definido e testado, e, contudo, mantém ligações claras aos valores humanos.

9. *Diversidade e escolha*. O problema de definição da diversidade já foi discutido no capítulo dez. Este critério, apesar de tudo importante, tem sido classificado como sendo um aspecto do acesso, ainda que também esteja relacionado com a adequação comportamental, sob a forma da diversidade de cenários. O conceito ainda não está completamente controlado.

Estes poucos exemplos poderão dar ao leitor uma ideia do modo como as dimensões de execução foram elaboradas, tendo em conta a necessidade de generalização, para tornar os valores claros e identificáveis, e para organizar a confusão numa estrutura que pudesse ser memorizável e útil.

D

Um catálogo de modelos da forma do aglomerado populacional

A. E. J. Morris
Spreiregen
Wurster 1963

Esta é uma lista dos vários modelos da forma da cidade que actualmente são utilizados. Não pretende ser exaustiva e não trata dos padrões pormenorizados aplicáveis ao planeamento local ou às escalas dos edifícios (pracetas, pátios, avenidas, arcadas, eixos de simetria, alicerces, grupos de árvores, piscinas, garagens para estacionamento, terraços, pódios e muitos outros). A lista é antes um estudo das formas prototípicas à escala da cidade, com análises breves acerca dos seus motivos e resultados, acompanhadas de uma ou duas referências em sua defesa ou para uma análise mais aprofundada. O esquema de organização segundo o qual estão agrupadas é arbitrário. As ideias foram separadas de acordo com modelos abstractos, apesar de os seus defensores as ligarem muito frequentemente a sistemas mais interrelacionados. Apesar de tudo, são inevitáveis as sobreposições. Uma vez que a lista tenta ser relativamente completa à escala da cidade, deverá, inevitavelmente, repetir uma parte do material abrangido pelos capítulos principais deste livro.

Alguns modelos para o padrão geral de uma cidade:

A. *A estrela*. De acordo com este ponto de vista a melhor forma para qualquer cidade, de dimensão média ou grande, é uma estrela radial ou "asterisco". Deve ter um único centro dominante de elevada densidade e utilização mista, a partir do qual irradiam para o exterior quatro a oito linhas principais de transporte. Estas linhas devem conter sistemas de transporte de massas e as auto-estradas principais. Alguns centros secundários estão situados em intervalos ao longo destas linhas e as utilizações mais intensivas agrupam-se em torno destes sub-centros ou estendem-se ao longo das linhas principais. As utilizações menos intensivas ocupam bandas mais afastadas das radiais principais e os espaços verdes abertos ocupam o espaço restante entre as extensões de desenvolvimento. A vários intervalos no sentido exterior, a partir do centro principal, há auto-estradas concêntricas que ligam as extensões em conjunto, mas que estão livres de desenvolvimento adjacente, excepto nos pontos onde intersectam as próprias extensões.

O modelo é uma racionalização da forma surgida espontaneamente quando as cidades centrais, anteriormente compactas, cresceram rapidamente no sentido do exterior, ao longo de novas linhas prolongadas de transportes públicos. Esta disposição permite a existência de um centro principal activo, denso, "urbano", ao mesmo tempo que proporciona sub-centros e outras utilizações de densidade moderada ou até mesmo baixa. O sistema de trânsito de massas é eficaz desde que a maior parte do trânsito seja orientado para o centro. Apesar de a maior parte do desenvolvimento ter bons acessos ao centro principal, também se situa na proximidade dos espaços entre as extensões. Estes espaços conduzem directamente aos ambientes rurais e podem proporcionar caminhos específicos para peões, ciclistas e cavaleiros. A cidade na sua totalidade pode crescer para o exterior, caso isso seja necessário.

A exposição mais sistemática desta ideia pode ser encontrada na teoria de Hans Blumenfeld, "Theory of City Form, Past and Present". Serviu de base ao plano de Washington e também a um famoso plano de Copenhaga. O plano geral de Moscovo também se baseia grandemente nesta teoria. Apesar de algumas características desta forma terem aparecido em muitas cidades no século XIX e no início do século XX, raramente foi possível manter esta forma, particularmente nas economias capitalistas, devido, sobretudo, ao forte controlo necessário para manter os espaços verdes abertos e contínuos, apesar dos bons acessos a esses espaços. As estradas concêntricas tornam-se cada vez mais importantes, à medida que as extensões radiais divergem cada vez mais do centro. Ou as extensões se tornam isoladas umas das outras, ou surge o desenvolvimento ao longo das estradas concêntricas. Deste modo, o sistema, à medida que se afasta do centro, parece-se cada vez mais com uma rede aberta, com centros principais nos cruzamentos. Pode ser difícil relacionar o desenvolvimento linear ao longo das extensões com o trânsito pesado que nelas existe, e o centro dominante pode sufocar devido aos fluxos de entrada, especialmente se o conjunto se tornar demasiado grande. Apesar de tudo, o modelo tem várias características úteis, particularmente para as cidades de dimensão média. A forma radial é considerada na maior parte dos planos de transporte e na determinação do enquadramento da maior parte dos estudos geográficos ou económicos da cidade. Parece-nos ser tão natural como a água para os peixes.

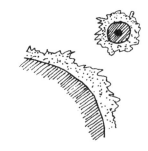

B. *Cidades satélite*. Não completamente isolado do conceito da estrela está o conceito de satélites: a noção de que uma cidade central deve estar rodeada, a alguma distância, por um conjunto de comunidades satélites, de dimensão limitada. O centro dominante é preservado, tal como a forma radial geral, mas o crescimento é canalizado para comunidades bem separadas da área central, em vez de se espalhar continuamente no sentido do exterior, ao longo dos braços radiais. A limitação da dimensão do aglomerado populacional é fundamental para esta noção: as cidades que crescerem para além de determinada dimensão são consideradas menos eficazes e também de menor qualidade. A cidade central deve manter a sua dimensão actual ou até mesmo ser progressivamente reduzida, ao passo que os satélites são concebidos para conterem uma população ideal. Quando o crescimento continua para lá deste ponto, constrói-se um novo satélite. Os satélites estão separados da cidade-mãe por largas extensões de terrenos rurais e também estão rodeados de cinturas verdes. Estes espaços verdes e abertos substituem os espaços verdes da estrela. Cada satélite tem o seu próprio centro, os seus próprios serviços e alguma actividade produtiva. As deslocações diárias pretendem ser a nível local, no interior do satélite. A dimensão ideal de um satélite tem vindo a variar substancialmente, entre as 25 000 e as 250 000 pessoas. Historicamente, este ideal imaginado tem vindo a aumentar.

Howard

A exposição clássica desta ideia encontrava-se em *Garden Cities of Tomorrow*, de Ebenezer Howard, em 1898. Mas a ideia tem sido transmitida em todo o mundo e tem servido de base à política oficial de muitas nações, nomeadamente no famoso programa de novas cidades, na Grã-Bretanha. Em *Ideas for Australian Cities*, Hugh Stretton apresenta um argumento recente em defesa deste conceito. O modelo de satélite tem sido associado a muitos outros, nomeadamente ao conceito de bairro, ao conceito das formas residenciais preferidas e às ideias sobre a propriedade dos recursos da comunidade. O debate sobre a dimensão da cidade continua a decorrer actualmente e continua por solucionar. A convicção de que grande é mau continua a ser defendida com todo o fervor, mas as provas não são conclusivas. Apesar de as grandes cidades conterem muitos males, não é evidente se esses males se devem à dimensão, e não à pobreza, à segregação de classes, à estrutura financeira das autoridades locais, ao sistema económico ou a outros factores. Apesar de as grandes cidades serem dispendiosas de gerir, oferecem melhores serviços e parecem ter alguma vantagem produtiva. Se forem mal geridas isso pode dever-se à fragmentação política. E por aí adiante. Apesar de todos os nossos receios é difícil apanhar em flagrante a grandeza urbana.

Stretton

Baburov
tein 1951

As cidades satélite foram construídas e as cinturas verdes foram defendidas com sucesso, mas o crescimento e o desenvolvimento pressionaram constantemente os tectos da dimensão, e também o espaço aberto nas margens da cidade. As grandes cidades, cuja dimensão excessiva pretendiam reduzir, continuaram a crescer. É difícil saber se esse crescimento teria sido maior se as cidades satélite não existissem. Apesar de tudo, o conceito de satélite tem sido talvez o mais influente de todos os modelos de cidade e surge frequentemente nas propostas de planeamento, em muitas situações diferentes.

C. *A cidade linear*. O conceito de uma cidade linear tem sido repetidamente desfraldado como nova concepção teórica, mas raramente tem sido aplicado. A forma baseia-se numa linha de transporte contínua (ou talvez numa série paralela de linhas de transporte) ao longo da qual se situam, numa posição frontal, todas as utilizações intensivas de produção, de residência, de comércio e de serviços. As utilizações menos intensivas, ou mais desagradáveis, ocupam bandas paralelas de espaço na parte traseira dessas linhas. Se nos afastarmos da linha, rapidamente chegamos a um espaço rural aberto. Neste aspecto, é como um dos braços radiais da estrela, interminavelmente estendido. Os residentes nos edifícios ao longo da linha usufruem,

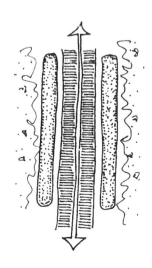

presumivelmente, de todas as vantagens: bons transportes na parte frontal da habitação e tranquilidade do campo nas traseiras. Ao mesmo tempo, estes aglomerados populacionais lineares podem estender-se de uma cidade antiga para outra, atravessando grandes distâncias, curvando-se com toda a flexibilidade para se adaptarem ao terreno. O novo crescimento é acomodado através da extensão da linha. Não há centros dominantes; todas as pessoas têm acesso igual a serviços, a empregos e a espaço aberto. As escolas, por exemplo, podem ser distribuídas ao longo da linha ou podem ser colocadas a intervalos, no espaço aberto da margem da banda desenvolvida, de modo a que seja possível o acesso a pé para todas as crianças. O trânsito de massas funciona eficazmente, dado que todas as pessoas vivem precisamente na linha.

As aldeias lineares à beira da estrada ou os aglomerados populacionais lineares, ao longo da costa ou dos cursos de água, são formas antigas deste modelo. Mas esta configuração foi pela primeira vez explicitamente proposta por Arturo Soria y Mata, em 1882, em Madrid, onde chegou a ser efectivamente construído um subúrbio linear experimental. As ideias de Soria foram mais tarde adoptadas por uma sociedade internacional, e utilizadas sob formas diferentes em muitas propostas teóricas, nos Estados Unidos por Edgar Chambless, na sua obra *Roadtown*, por Le Corbusier, em França, e pelo grupo MARS, em Londres. *Broadacre City*, de Frank Lloyd Wright, é fundamentalmente uma organização linear, tal como a proposta de Clarence Stein. O plano de N. A. Miliutin para Estalinegrado e particularmente a sua proposta ideal, concretizada em *Sotsgorod*, são exemplos minuciosos da ideia linear. O planeamento actual na Polónia, para a extensão de Varsóvia e de outras cidades, propõe formas lineares.

Chambless
F. L. Wright

Miliutin

No entanto, o plano raramente é implementado, excepto nos casos em que há fortes restrições topográficas à forma da cidade, tal como em Estalinegrado. A forma linear aparece efectivamente em escalas menores, tais como a faixa comercial. Ironicamente neste caso é condenada quase universalmente. Surge também como "megaforma" em alguns países – um cordão interligado de regiões metropolitanas. À escala da cidade apresenta algumas falhas graves. As distâncias entre os elementos são muito maiores do que numa cidade compacta e a escolha da ligação ou da direcção de movimento é muito menor. Apesar de todas as pessoas viverem na linha principal, o transporte na linha principal não pode parar em cada ponto ao longo dessa linha. Pára necessariamente nas estações, porque apesar de uma posição em qualquer ponto da linha ser bastante visível, não é mais acessível do que qualquer ponto mais interior. Esta situação é verdadeira até mesmo para o automóvel numa auto-estrada, em que os fluxos são pesados e as distâncias longas. Isto poderá explicar por que razão a forma linear funciona *efectivamente* em escalas menores, dado que o tráfego a pé, os barcos nos canais, as bicicletas, as passadeiras rolantes, os carros citadinos de deslocação mais lenta e até mesmo os carros em estradas com baixa capacidade, podem parar e arrancar em qualquer ponto da linha.

Além disso, a falta de centros intensivos é uma desvantagem para a cidade linear. Algumas utilizações desenvolvem-se na propinquidade extrema e os centros são psicologicamente importantes. A suposta flexibilidade da forma linear é quimérica, uma vez que a mudança sem deslocação só pode acontecer nas extremidades remotas da linha ou em ângulos rectos relativamente a ela, o que destrói a sua linearidade. Deste modo, uma actividade não pode crescer mais rapidamente do que outra, a não ser que a vizinha entre em declínio à mesma velocidade. É, de facto, muito difícil evitar que o desenvolvimento se agrupe ao longo destas margens, que estão tão próximas dos bons acessos. Por outro lado, pode ser extremamente difícil adquirir um direito de passagem contínuo para prolongar ou iniciar uma cidade linear, como Soria descobriu em Madrid. É bem provável que ao longo da linha se desenvolvam gradientes de classe ou de utilização, para compensarem desigualdades graves no acesso e nos serviços. Nos casos em que os planos lineares, como em *Sotsgorod*, organizam as classes de utilização em bandas paralelas, estão presos a determinada proporção, de uma utilização para outra. O plano fracassa se esta proporção se alterar.

Todavia, o entusiasmo intermitente dos teóricos e a aparência espontânea da forma linear à escala *local* indicam que há alguma substância na ideia. Esta forma tem uma utilidade específica a certas escalas e para utilizações e situações específicas. Esta utilidade merece por isso ser analisada com alguma profundidade.

D. *A cidade em grelha rectangular*. Neste caso, pelo contrário, tem-se uma proposta de forma da cidade da qual há inúmeros exemplos reais. A ideia essencial é bastante simples: uma rede rectangular de estradas divide o terreno urbano em blocos idênticos e pode ser estendida em qualquer direcção. Idealmente, a forma não tem fronteiras indispensáveis nem pontos centrais. Qualquer utilização pode situar-se em qualquer sítio, uma vez que todos os pontos são igualmente acessíveis (excepto nos casos em que se aproximam das margens do desenvolvimento) e todos os terrenos têm o mesmo formato. A mudança e o crescimento podem acontecer em qualquer local no interior e também, por prolongamento, para o exterior. Os locais normalizados permitem soluções normalizadas. O terreno pode ser facilmente marcado, distribuído ou comercializado. É interessante que a grelha tenha sido favorecida por causa de dois objectivos contraditórios: para garantir o controlo central e exprimir a perfeição mágica, ou para servir de suporte a uma sociedade individualista e igualitária.

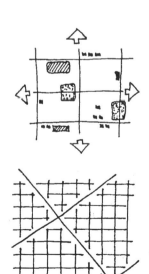

Apesar de os centros não parecerem estar de acordo com a grelha pura e igualitária, a verdade é que podem ser inseridos sem grandes distorções, a não ser que sejam grandes ou intensos. A grelha pode ser arbitrariamente delimitada. Podem desenvolver-se hierarquias de ruas; as estradas secundárias podem tornar-se indirectas; e todo o sistema pode adaptar-se às irregularidades do terreno – tudo isto sem perder as suas propriedades básicas.

A forma da grelha tem sido utilizada desde a antiguidade – em cidades mágicas e cósmicas, como na China e no Japão, e em fundações coloniais mais pragmáticas, como na Grécia, Europa medieval e América Latina. D. Stanislawski analisa parte desta história e Ferdinando Castagnoli estuda a experiência grega e romana. Quase não é necessário mencionar a experiência norte-americana aos leitores deste continente, mas ela é bem estudada no livro de John Reps. A análise dos Comissários de Nova Iorque, em 1811, é uma apreciação concisa das suas razões para a utilização de um plano de grelha. A disposição em grelha serviu também de base para o planeamento da mais recente das novas cidades inglesas: Milton Keynes.

Castagnoli

Reps

Na realidade, é evidente, as grelhas não são formas sem escala se comparadas com qualquer outro modelo. Não podem estender-se indefinidamente sem modificar os fluxos e as utilizações nas suas áreas centrais e daí as exigências que exercem sobre a forma. Nos casos em que há grandes centros, estes afectam o sistema de ruas indiferenciadas. Se todas as ruas forem iguais o trânsito pode circular de um modo imprevisível ou perturbar todos os blocos desnecessariamente. Se faltam diagonais, então as viagens longas tornam-se extremamente indirectas. Se existem diagonais, como em Washington D.C., formam intersecções desajeitadas com a grelha subjacente. As disposições em grelha são muitas vezes criticadas pelo desperdício causado, em que todas as ruas apresentam os mesmos padrões, pela destruição insensível do terreno e das características naturais, e pela sua monotonia visual e falta de um ponto central.

Dependendo da escala e da situação, muitos destes problemas podem ser ultrapassados: desenvolvendo uma grelha hierárquica, utilizando uma grelha como estrutura geral dentro da qual as ruas locais são mais indirectas (como em Milton Keynes), isolando as artérias diagonais dos cruzamentos com ruas de grelhas menos importantes, permitindo que as linhas da grelha dêem curvas e variem as distâncias entre si, apesar de conservarem as suas propriedades topológicas, "condensando" as linhas da grelha quando estas se aproximam dos principais centros de actividade, concedendo às ruas principais características visuais variadas e marcas intermédias no terreno, etc. Num terreno favorável, o padrão de grelha é bastante útil, se o *designer* conseguir manter a escala em mente e souber como variar uma grelha, de modo a corresponder a um carácter especial.

E. *Outras formas em grelha*. Existem muitas variantes

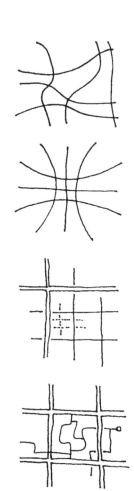

Y. Friedman

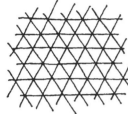

pormenorizadas da grelha rectangular que vale a pena analisar. Uma delas é o sistema de "estradas paralelas", de Christopher Alexander, e que foi criticado por Daniel Carson. As grelhas não rectangulares são importantes em teoria, ainda que tenham um valor prático inferior. A grelha triangular foi proposta porque é um gradeado regular que acrescenta mais duas direcções de movimento de passagem às quatro já permitidas pelo gradeado rectangular. Por vezes, esta forma é modificada para dar o efeito de uma rede hexagonal. Apesar de serem estranhos como conceitos geométricos, estes gradeados não rectangulares originam intersecções pouco úteis e terrenos para construção algo esquisitos. Só muito raramente foram aplicados. A disposição de Nova Deli é um bom exemplo.

F. *A rede axial barroca*. Esta forma foi descrita como exemplo no capítulo dezasseis. A estrutura consiste num conjunto de pontos nodais simbolicamente importantes e visualmente dominantes, distribuídos por uma área urbana assente sobre pontos dominantes no terreno. Alguns pares de pontos nodais são ligados por artérias, concebidas como aproximações visuais aos nodos e para darem um carácter contínuo e harmonioso do terreno e das fachadas dos edifícios. Estas partes frontais das artérias são provavelmente ocupadas pelos grupos sociais mais elevados e por actividades prestigiadas ou dependentes de grandes quantidades de pessoas. Como tal, a área urbana é coberta por uma rede triangular irregular de uma qualidade especial. No interior da rede, os edifícios, as ruas e as utilizações podem desenvolver-se independentemente, desde que não penetrem nos nodos e artérias. Deste modo, pode criar-se um sistema visualmente ordenado em terreno acidentado ou no interior de uma cidade irregular já existente, onde uma forma mais regular não funcionaria. Além disso, este sistema pode ser concretizado com um investimento moderado, centrando-se nos pontos nodais e nas avenidas.

Elaborado inicialmente como meio de cortar linhas de visão numa floresta, para conceder aos caçadores da nobreza um acesso rápido à caça que escapava aos batedores, foi utilizado em Roma, no século XVI, para facilitar o movimento do grande número de turistas religiosos. Desde então, este dispositivo tem sido cuidadosamente desenvolvido. As melhores descrições desta aproximação barroca sao de Elbert Peets e, mais tarde, de Christopher Tunnard.

O dispositivo é fantástico para o seu objectivo e no seu local. Foi este conceito que permitiu, por exemplo, a L'Enfant, em Washington, trabalhar tão rapidamente e com tanta segurança. É um dispositivo que serve para lançar os alicerces de uma cidade memorável e monumental. Consegue funcionar em terreno irregular e até mesmo conquistar algum poder a partir desse facto. Consegue atingir os seus objectivos com um mínimo de controlo e dá liberdade a muitos utilizadores para um desenvolvimento à sua vontade. Na verdade, tem todas as vantagens – e os defeitos – de uma solução de "fachada". Apesar de ser flexível nos interstícios da rede, todas as mudanças importantes podem afectar a permanência indispensável dos nodos importantes e das avenidas simbólicas. O tráfego mecânico moderno é agravado pela sucessão resultante das intersecções múltiplas congestionadas. Também não é apropriado para a organização de grandes regiões metropolitanas onde o simbolismo grandioso pode tornar-se pouco consistente e onde os nodos se podem tornar demasiado numerosos para que fiquem na memória. Todavia, para áreas de escala moderada e de forma irregular, onde o simbolismo é importante e é necessário um efeito rápido, a rede barroca é um dispositivo que já deu provas de bom funcionamento.

G. *O rendilhado.* Este termo, modificado a partir de um termo de Christopher Alexander, refere-se a um tipo de aglomerado populacional de baixa densidade, em que as vias de trânsito são bastante espaçadas e os interstícios são ocupados por espaços abertos substanciais, por terrenos agrícolas ou por terrenos "selvagens". As utilizações urbanas activas situam-se continuamente de frente para essas vias e ocupam profundidades reduzidas. Deste modo, é como uma rede de aglomerados populacionais lineares ou como uma grelha desagregada. No entanto, as utilizações não são tão intensas que não permitam pontos de paragem e de arranque ao longo das linhas de trânsito. Ao sacrificarem a densidade de ocupação e a distância de deslocação, os ideais lineares da flexibilidade e da comodidade de acesso são concretizados com mais facilidade. As vias de trânsito não ficam sobrecarregadas. As quintas e as florestas estão bastante próximas.

Alexander 1975

O padrão deriva da nossa experiência recente com as regiões semi-rurais, em que as novas utilizações urbanas reocuparam as partes frontais das estradas das regiões agrícolas em declínio, apesar de as áreas nas traseiras passarem a ser novamente florestas e pastagens cobertas de mato.* Mas estes terrenos nas áreas traseiras têm que ser protegidos do desenvolvimento subsequente, o que raramente tem sido conseguido pelas actuais regiões semi-urbanas. Os contactos sociais tornam-se mais dependentes de marcações prévias e do transporte mecânico. O padrão necessita de vastos espaços, de transportes individuais sofisticados e de alguma riqueza. Cumpridos estes requisitos, representa uma forma muito agradável de espaço onde se pode viver.

H. *A cidade "interior".* A cidade fechada e intensamente privada do mundo medieval islâmico, que ainda se pode encontrar em algumas regiões tradicionais, não nos é familiar, excepto como atracção turística romântica. A metáfora

---

* É interessante verificar como muitas das nossas formas ideais representam racionalizações de simples fases momentâneas nas paisagens urbanas em desenvolvimento. É difícil para nós imaginar uma forma-em-curso como modelo prototípico.

dominante é o contentor: tudo está murado e fechado, desde a própria cidade até aos bairros, passando pelas ruas e quarteirões da cidade, pelos agrupamentos residenciais locais, pelas habitações e pelos seus compartimentos. Até mesmo as principais vias públicas são fortemente delimitadas. Conduzem a ruas locais ainda mais pequenas que, por seu turno, conduzem a becos extremamente estreitos, como capilares, que conduzem a portas particulares, que conduzem através de corredores apertadíssimos a pátios privados, a compartimentos e a terraços. Este sistema arbóreo de ruas é rodeado por todos os lados por fachadas de lojas ou por paredes de residências e de jardins. Mesmo as vias principais da cidade podem ser fechadas à noite nas fronteiras dos bairros, tal como as várias ruas comerciais, para assegurar o controlo por parte das guildas locais. Com a excepção das mesquitas ou das igrejas grandiosas, e dos cemitérios e baldios, situados fora dos portões da cidade, o espaço público aberto reduz-se às ruas e aos ligeiros alargamentos nos respectivos cruzamentos. A cidade é um volume construído solidamente, no qual foram escavadas cavernas e ruelas, em contraste com a nossa imagem da cidade como uma colecção de volumes colocados num espaço aberto. A confusão das ruas agitadas contrasta vivamente com a calma dos pátios interiores. As utilizações não residenciais, apesar de parcialmente concentradas ao longo das ruas das guildas no centro da cidade, estendem-se por lojas estreitas, ao longo das vias principais, ou ocupam pátios profundos e próprios que abrem essas vias. Cada bairro da cidade tem a sua mesquita ou igreja e os seus serviços essenciais. As pessoas com diferentes rendimentos vivem próximas umas das outras, mas os grupos étnicos e religiosos podem estar separados em quarteirões diferentes.

As características essenciais destas cidades, implantadas profundamente em determinado modo de vida, estão bem descritas em *Architektur und Lebensform im islamischen Stadtwesen*, de Stefano Bianca. Talvez estejam demasiado afastadas de um estilo de vida moderno para nos poderem ser úteis actualmente. Todavia, exercem uma atracção inegável devido ao contraste que representam entre a tranquilidade e o estímulo urbano, e em função da qualidade dos seus espaços. Tem também algo a dizer acerca das técnicas da vida em densidades elevadas. A sensação de extrema privacidade, de rodear tudo com muros, pode parecer repugnante para muitos de nós. Estas cidades não são certamente capazes de lidar com o transporte mecânico. Mas o modelo pode ser útil para os quarteirões residenciais especiais e a habitação com pátio, e o sistema capilar de ruas, são ideias que surgirão novamente mais adiante.

I. *A cidade em ninho*. O conceito de "caixa em ninho", da teoria de planeamento hindu, é um modelo teórico bastante bem desenvolvido. Tal como no esquema islâmico, a cidade é uma série de contentores dentro da muralha da cidade, mas

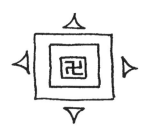

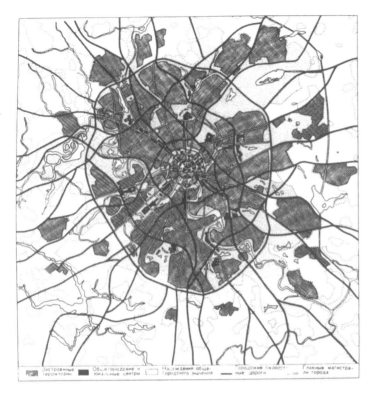

78 O plano geral de 1971 para Moscovo. Os espaços abertos estão a pontilhado e o terreno de construção a tracejado. Pretende-se que os "espaços verdes" abram a forma histórica radioconcêntrica da cidade, penetrando em direcção ao centro.

79 A Via del Corso e a Via di Ripetta vistas da Piazza del Popolo, em Roma. A sua divergência dá um sentido de orientação e de controlo, como o que existia nas antigas matas reais de caça.

80 Vista aérea da zona central de Fez, em Marrocos, um exemplo magnífico da cidade medieval islâmica. A mesquita está implantada no centro e ao lado encontram-se as ruas comerciais, controladas pelas diversas associações. O acesso aos pátios das casas amontoadas é feito através de um labirinto de ruas sem saída.

81 Um esboço de Stefano Bianca do Madraseh al-Attarin, em Fez. A calma do pátio interior é contrabalançada, no exterior, pelas ruas cheias de pessoas.

não é irregular nem está rendilhada com capilares. A cidade é concebida como um anel dentro de outro, uma caixa dentro de outra caixa. A cada caixa é atribuído um grupo ocupacional, assim como um deus do panteão. No centro situa-se o local mais sagrado. O mal e o caos, e as castas e as ocupações mais baixas, são mantidos do lado de fora da muralha da cidade. As ruas importantes são as circunferenciais e não as radiais, como na nossa tradição. As circunferenciais são paralelas às muralhas protectoras e são os caminhos para as procissões religiosas sazonais e circulares. As vias de ligação são menores na sua escala e muitas vezes não são contínuas. A forma e o movimento dominantes são em circunferência, e não de entrada e de saída. A cidade, tal como no modelo chinês, é mágica e protectora. O ritual e a forma são inseparáveis.

Apesar de menos aplicada na prática do que as teorias cósmicas da China, a forma hindu também serviu de tema a uma longa tradição de obras teóricas. Julian Smith descreve a aplicação e a sobrevivência actual deste modelo num centro religioso importante (Madurai). Mais ainda do que o modelo islâmico, estas formas parecem remotas para as nossas vidas e objectivos. Todavia, elas também têm algo a ensinar, nem que seja por contraste, e também porque revelam de que modo se podem efectuar ligações entre a forma da cidade, a visão do mundo e os modos de vida diários. Dutt Shukla

J. *Visões actuais*. Vários padrões vivem prioritariamente na imaginação dos *designers* contemporâneos. Uma ideia popular em termos profissionais tem sido a *megaforma*, na qual a cidade é uma estrutura única, vasta e tridimensional. As estradas e os serviços públicos são partes integrantes desta estrutura, em vez de serem elementos separados, apoiados directamente sobre a terra. As habitações, as fábricas e os agrupamentos de escritórios ocupam espaços no interior do tecido gigantesco, tal como os apartamentos nos edifícios. Os espaços abertos da cidade situam-se nos telhados, nos terraços e nas varandas. O armazenamento, os veículos, a produção automatizada, os serviços públicos e o processamento dos resíduos são relegados para os interiores escuros mais baixos. A ideia é proposta como modo de vida em densidades muito elevadas, tanto para acomodar o aumento da população no futuro, como para poupar o espaço rural. A megaforma tira todo o partido da tecnologia moderna e, presumivelmente por essa razão, é eficaz e confortável. A sua dimensão e a sua complexidade concedem--lhe uma grandeza que fascina quem a propõe.

Planos deste género têm aparecido com alguma frequência em épocas mais recentes. O famoso plano de Kenzo Tange, para o porto de Tóquio, é uma megaforma linear. Os desenhos de Paolo Soleri são outro exemplo. Talvez o exemplo mais próximo, já construído, seja o centro da nova cidade de Cumbernauld, na Escócia, no qual uma única estrutura inclui auto-estrada, estacionamento, compras, escritórios, instituições e alguns apartamentos. O resultado foi monumental, mas dispendioso. Cook Soleri

Demonstrou ser inflexível e desconfortável para os seus utilizadores. De uma maneira geral, estas ideias são tecnicamente fascinantes, mas dispendiosas e complicadas. Quando são efectivamente implementadas, levantam dificuldades imprevistas. Necessitam de uma sociedade tecnicamente avançada e centralizada para a sua construção e manutenção.

Buckminster Fuller, e outros, sugeriram que as cidades deveriam ser fechadas por gigantescas bolhas transparentes que deixariam entrar a luz, mas que poderiam proteger a cidade do tempo rigoroso. Essas bolhas poderiam ser suportadas no ar, ou ser cúpulas geodésicas de luz. A tecnologia para construir tais estruturas a um custo razoável está a caminho; já há estufas e fábricas que ocupam grandes superfícies com arcos únicos. Depois de tudo estar coberto, os edifícios separados de uma cidade poderiam ser construídos com materiais mais leves. O clima urbano poderia ser controlado. A distinção entre interior e exterior poderia assim ser destruída, com consequências para a organização espacial que ainda não foram devidamente ponderadas. Outros problemas continuam sem resolução, tais como a condensação e a poluição interiores, os danos causados à bolha pelo vandalismo ou pelas tempestades, e as implicações políticas da criação, manutenção e imposição de uma cúpula sobre todos os cidadãos. No entanto, experiências com esta forma são prováveis em estações remotas, construídas numa só operação em climas desfavoráveis.

Outros sonhos têm mais a ver com os cenários das novas cidades do que com a sua forma interior. As cidades flutuantes foram recentemente sugeridas por Richard Meier. Paul Scheerbart já as tinha proposto anteriormente. Comunidades deste género poderiam vaguear ao sabor das correntes oceânicas, extraindo energia do Sol, e alimentos e matérias-primas do mar. Os resíduos aquáticos, que ocupam a maior parte da superfície da terra, tornar-se-iam habitáveis e as pressões da população poderiam ser aliviadas. As cidades flutuantes também poderiam revelar-se úteis para objectivos especiais, tais como extensões de cidades costeiras congestionadas, bases aéreas ou comunidades mineiras nas profundezas do mar. Apesar dos requisitos de engenharia para as cidades flutuantes estarem a ser desenvolvidos actualmente, ninguém desenvolveu ainda uma forma urbana consistente que possa harmonizar-se com esta situação especial. Tal como tantas vezes acontece com empreendimentos pioneiros, podem ser aplicadas formas familiares, retiradas do seu contexto habitual, a novas infra-estruturas técnicas. Apesar de termos vários exemplos de cidades aquáticas – tais como Veneza, Leninegrado e Banguecoque – em que os canais substituem as ruas e há uma interpenetração labiríntica entre água e terra, e apesar de a habitação flutuante ser relativamente familiar, não temos comunidades flutuantes que possamos indicar. As aldeias pré-históricas nos lagos e os aglomerados populacionais nas modernas plataformas petrolíferas são insignificantes, e estão assentes sobre pilares.

O mesmo comentário poderá ser feito acerca das propostas para as comunidades subterrâneas ou subaquáticas. Apesar de terem vantagens ou de serem necessárias para alguns objectivos, ninguém ponderou ainda exaustivamente os problemas e as oportunidades especiais – sociais, psicológicos e políticos, assim como meramente técnicos – que as comunidades deste género poderiam colocar. As experiências com habitats subaquáticos de pequena dimensão estão agora no seu início. Parece óbvio que locais deste género teriam necessariamente formas e modos de vida bem distintos, tal como os aglomerados populacionais nas montanhas diferem dos aglomerados populacionais junto à costa.

Ver fig. 82

As propostas para as cidades no espaço têm sido o prato favorito da ficção científica desde há gerações, e estas repetidas excursões imaginárias criaram um repertório considerável de formas possíveis e de expectativas acerca do modo como viver nelas. Além disso, já experimentámos o transatlântico, que também é uma comunidade móvel isolada, encerrada num invólucro único. Por isso, é provável que as cidades no espaço desenvolvam uma forma e um estilo próprios, mais do que as cidades subterrâneas ou flutuantes. No entanto, não é assim tão evidente se as comunidades no espaço seriam locais atraentes para a vida, excepto como aventuras temporárias, ou por períodos mais longos, para as pessoas que se conservam permanentemente aventureiras. Estas comunidades levantam todos os problemas sociais, psicológicos e políticos das megaformas, mas a um nível mais intenso. Além disso, elas servem para afastar as pessoas da sua Terra habitual.

Ver fig. 83

Johnson

Os modelos anteriores referem-se à forma geral da cidade. Há outros modelos que têm a ver com a organização dos seus locais centrais. É evidente que os padrões dos locais centrais estão intimamente relacionados com os padrões gerais. Separo-os com o objectivo de clarificar as combinações possíveis.

A. *Padrões de centros*. A ideia de hierarquia é persistente no planeamento. Parece ser uma maneira natural de ordenar as coisas, apesar de poder revelar-se uma consequência do modo como as nossas mentes funcionam. Relativamente aos centros das cidades o modelo hierárquico obriga a que exista um centro dominante que inclua todas as actividades "mais elevadas", mais intensas ou mais especializadas. A determinada distância deste centro devem existir vários sub-centros essencialmente equivalentes, de menor dimensão, servindo apenas uma parte da comunidade e contendo actividades menos importantes, menos intensas e menos especializadas, muitas das quais "servirão" as utilizações do centro principal (tais como os colégios pré-universitários enviam alunos para uma universidade, ou os hospitais distritais enviam pacientes para um hospital principal). Cada sub-centro pode estar rodeado

Lösh

por uma grande quantidade de sub-centros e assim sucessivamente até se atingir o grau desejado. Parece ser uma maneira racional de organizar actividades que servem públicos cada vez maiores e parece proporcionar uma imagem clara através da qual as pessoas organizam territórios complexos no interior das suas mentes. A "teoria do local central", que resultou do trabalho de August Lösch, no sul da Alemanha, baseia-se neste conceito, e uma pesquisa descobrirá esta forma em muitas situações em que os contextos são homogéneos e as interligações simples. A cidade em estrela, o conceito de satélite e a ideia de bairro, estão ligados a esta noção hierárquica. Mas ela surge em muitos outros contextos e perpassa conceitos tão díspares como os espaços para compras, os parques infantis, a organização política e o fornecimento de serviços públicos. Reforça igualmente o domínio político ou económico. Os livros e os planos de Victor Gruen são fortes defensores desta noção.

Os centros hierárquicos partem do princípio de que há funções "superiores" ou "inferiores" e de que os estatutos e as áreas dos serviços das diferentes funções são coincidentes, de tal modo que uma pessoa que frequenta um colégio pré-universitário em determinado sub-centro também deve utilizar a sua biblioteca, a sua loja de mobílias e a sua igreja, que estão ao mesmo nível e servem a mesma área. Christopher Alexander fez uma crítica a esta noção em "The City is Not a Tree". As cidades construídas com base nesta noção (Columbia, Maryland, para dar apenas um exemplo), descobrem que, apesar de o sistema assegurar que os serviços locais ficam próximos de todas as pessoas, estas usam vários centros para objectivos diferentes e as áreas dos serviços sobrepõem-se de maneiras complexas. Nas grandes cidades, o centro principal deve ter, muito provavelmente, uma dimensão considerável e uma elevada densidade de actividades. A convergência maciça diária de pessoas neste ponto é marcada por um congestionamento grave, ao passo que a convergência de rotas que serve de suporte a esse fluxo interior proporciona um acesso deficiente entre os diversos pontos da periferia. No entanto, depois de uma pessoa ter conseguido alcançar este ponto central, poderá sentir alguma espécie de satisfação por se situar exactamente no centro de um local tão grandioso, um ponto onde o mundo inteiro parece estar ao seu alcance.

O ponto de vista contrário é que as regiões citadinas são, ou deveriam ser, multi-nucleares. Isto é, deveriam ter todo um conjunto de centros com áreas de serviços sobrepostas. Muitos dos centros mais importantes podem servir toda a região em função de objectivos especiais, apesar de servirem áreas menores em função de outros objectivos. Nenhuma área exclusiva pode ser atribuída a um centro único, apesar desse centro poder ter um alcance de captação geral. As pessoas fazem escolhas e vão hoje aqui e amanhã acolá. É evidente que nem todos os centros estão à mesma escala: alguns são maiores, outros são mais pequenos. Mas não há uma distribuição rígida

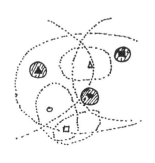

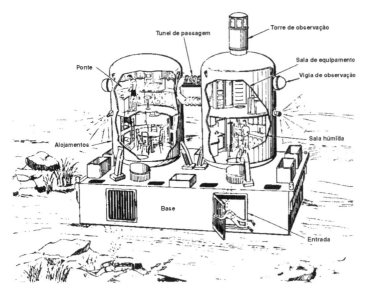

82 Uma pequena estação subaquática, concebida para experiências em habitação contínua, ainda que temporária, no fundo do mar. É de salientar a sequência linear dos compartimentos e das transições, e o empréstimo de termos e de formas náuticas da superfície do mar.

83 A concepção de um artista do interior de um aglomerado populacional no espaço, que deveria ficar encerrado no interior de um arco tubular de uma gigantesca roda em rotação. Reproduz-se rigorosamente uma paisagem semelhante à da Terra (ainda que em termos modernos) num contexto completamente estranho.

e gradual da dimensão e da área dos serviços, e não há um dominante único no topo. Esta pode ser uma perspectiva mais realista da distribuição correcta dos centros urbanos contemporâneos. Por contraste com a hierarquia, tem vantagens de escolha e de flexibilidade, e pode ser poupada a fluxos de deslocação pesados. Por outro lado, implica que as pessoas que procuram serviços têm bastante mobilidade e privam-se de alguns dos prazeres de um grande centro onde tudo está próximo. A ideia ainda não foi claramente desenvolvida. Não fornece uma hipótese passível de ser testada acerca do modo como funcionam as cidades, nem um ideal claro de como deveriam funcionar. Até ser criada, a ideia hierárquica (tal como qualquer outra teoria parcialmente desacreditada à qual falte alguém que lance dúvidas) continua a dominar a análise e o *design*.

Finalmente – e mais radicalmente – alguns teóricos defendem a ideia das cidades sem centros, isto é, o abandono do conceito de centro. Agora que o transporte individual se tornou tão rápido e que as cidades estão tão bem integradas, cada função pode espalhar-se completamente à vontade pela superfície da cidade. Deste modo, não deve haver nenhum género de congestionamento central; cada utilização deve encontrar bastante espaço a um bom preço, adaptável às suas necessidades. O tráfego pode ser distribuído com maior uniformidade, sem horas de ponta. A escolha individual pode ser maximizada e a cidade pode ser muito flexível. A flexibilidade deve melhorar ainda mais, à medida que a comunicação também melhora. Melvin Webber defende este ponto de vista.

Webber 1963

Esta forma exerce alguma atracção. Para algumas funções – tais como a "produção móvel" ou o processamento de informações – e para certos comércios e serviços, cujos clientes se deslocam propositadamente em viatura própria, o facto de não existir um centro já é uma realidade nas cidades norte-americanas. Por outro lado, muitas vezes apercebemo-nos de que estas actividades "livres", apesar de se disseminarem, não estão espalhadas ao acaso, mas sim concentradas em certas áreas, sobretudo ao longo das auto-estradas principais. Tendem, assim, a formar centros lineares, tal como analisarei mais adiante. Além do mais, muitas outras actividades requerem uma proximidade bastante grande relativamente a outras actividades especializadas, ou têm de fazer parte de um complexo para atraírem os seus clientes. A satisfação psicológica da noção de centro e o estímulo para se estar nesse ponto, são persistentes. Daí que a noção obscura da forma multinuclear, suplementada por centros locais e lineares, pareça ser actualmente um modelo mais viável.

B. *Centros especializados e genéricos*. A noção clássica de um centro urbano incluía normalmente a ideia de especialização. As concentrações de actividades distintas deveriam estar separadas no espaço: um centro comercial, um centro cívico, um centro de escritórios e por aí adiante*. O pressuposto por detrás da segregação espacial das actividades centrais é que cada utilização deverá ter, assim, o cenário mais apropriado aos seus objectivos, sem o obstáculo imposto por actividades em conflito. Além disso, existe um pressuposto não declarado que defende que algumas utilizações são "superiores" a outras e podem ser contaminadas pelas utilizações "inferiores". Deste modo, as bibliotecas, as igrejas e as repartições da administração pública são superiores aos escritórios comerciais e às lojas de luxo, ao passo que estes são superiores às lojas de artigos em segunda mão, às pensões baratas e às lojas pornográficas. Este escalonamento das actividades é, na realidade, um escalonamento social dos presumíveis utilizadores dessas actividades. Quando há uma separação rígida, os utilizadores sofrem inconvenientes se pretenderem deslocar-se para actividades de tipos diferentes (uma repartição da administração pública e depois uma empresa privada, ou compras em várias lojas diferentes, ou visitar uma biblioteca ou uma loja pornográfica à hora do almoço, etc.). Além disso, a separação pode deixar certas áreas aparentemente "mortas", pelo menos a determinadas horas, e outras áreas superlotadas. Uma parte do estímulo e dos encontros espontâneos possíveis na grande cidade acabam por ser sacrificados.

Um ponto de vista oposto é o de que o melhor centro é aquele que tem uma mistura de utilizações, prefencialmente com uma densidade relativamente elevada, para que as diversas actividades estejam lado a lado e as ruas estejam cheias de pessoas de todos os géneros. Por seu lado, uma política deste género, mesmo que possa ser alcançada, pode vir a enfrentar conflitos de utilização efectiva e privar-se de algumas vantagens da concentração das utilizações: como por exemplo, o carácter especial e as possibilidades de comparação que ocorrem numa rua de lojas de alta moda ou numa rua com lojas de antiguidades.

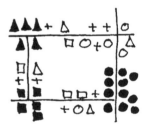

A maior parte dos centros das cidades apresentam ambas as características. O centro no seu conjunto é uma mistura de utilizações, mas está internamente especializado, com transições de utilizações mistas entre as áreas especializadas. Prioritariamente, é um artefacto do mercado imobiliário, que distribui as utilizações de acordo com as possibilidades de pagamento dos alugueres. Secundariamente, é o efeito da história, da comodidade do utilizador, da complementaridade

---

* Temos tanto medo de ficar à margem de qualquer coisa, que se tornou apropriado designar qualquer novo estabelecimento de "centro". Deste modo, temos centros médicos, centros de serviços, centros de aprendizagem, centros de armazenamento e centros de abastecimento de materiais de construção. Se não for designado centro, então será provavelmente designado por "complexo", uma vez que a complexidade integrada também nos fascina. A terceira metáfora para um bom local é expressa pelas palavras jardim, propriedade ou parque. Um complexo de centro com jardim é muito atractivo.

das utilizações, ou de uma imposição da vontade de alguns actores poderosos (tal como acontece na construção de tantos "centros da administração pública" estéreis). Ao procurar um modelo normativo, torna-se evidente que não podemos propor nem uma mistura pura, nem uma segregação pura. As interligações das utilizações reais têm de ser analisadas. O mercado responderá a tudo isto se os utilizadores puderem pagar. É verdade que, em vez dos fictícios, temos de ter em consideração os verdadeiros conflitos de utilização (tais como o congestionamento dos serviços, o comportamento na rua, o ruído, etc.). O modelo mais provável é uma colecção de nodos especializados, interligados por zonas marginais de mistura, mas de tal modo próximos que podem assegurar um fácil acesso entre si. Os agrupamentos de utilizações podem ser congregados em três dimensões, de modo a melhorar ambos os tipos de ligação. Mas este género de agrupamento volumétrico poderá exigir uma construção dispendiosa e impedir a flexibilidade futura.

O conceito de especialização do centro tem sido defendido ocasionalmente para centros separados à escala regional. Apesar dos centros regionais terem efectivamente características especiais devido à história ou à preponderância de certos utilizadores (o centro de uma comunidade universitária ou de uma comunidade turística), dificilmente se encontra a especialização pura nessa escala e isso provavelmente implicaria inconveniências graves. No entanto, os centros comerciais regionais estabelecidos e controlados por um só investidor, normalmente excluem as utilizações com baixa capacidade de pagamento de alugueres e a maior parte dos ocupantes institucionais. Apesar de lucrativos, os novos centros comerciais perdem, assim, muitas das funções e vantagens do centro tradicional da cidade.

C. *Centros lineares*. Muitas utilizações anteriormente encontradas nos centros das cidades e vilas estão hoje espalhadas ao longo das auto-estradas da região, formando a designada "faixa comercial", que é uma característica tão ubíqua da cidade norte-americana. As funções comercial, institucional, de serviços, de escritórios, industrial e de armazenamento estão situadas nesses locais, onde o espaço é barato e o acesso é fácil para os clientes com automóvel. Estas faixas têm trânsito congestionado e um ambiente desarrumado e, no entanto, são uma das características mais visíveis da cidade pública. São universalmente condenadas.

No entanto, aparecem por uma razão e é interessante verificar que, apesar da cidade linear ser popular entre os *designers* teóricos, nenhum deles defende os centros lineares, que têm as mesmas vantagens teóricas a uma escala mais apropriada. Em tom de troça, Venturi, Scott Brown e Izenour elogiaram a faixa, ao passo que as potencialidades e os problemas da forma foram analisados por Michael Southworth. Quase toda a restante literatura dedica-se a maneiras de a suprimir. Será possível que os *designers* urbanos, algo confundidos, estejam a escarnecer de um produto extremamente útil? Será que as vantagens muito reais do fácil acesso individual, do baixo custo e da flexibilidade poderiam ser alcançadas através de formas lineares, que fossem ao mesmo tempo menos irritantes do que as actuais para o tráfego de passagem e para a paisagem?

D. *Centros de bairro*. Apesar de haver pontos de vista diferentes quanto à especialização ou hierarquia dos centros, há uma aceitação geral do protótipo de centro de bairro. É uma concentração das funções comerciais e dos serviços normalmente utilizados pelos residentes de uma comunidade, numa base diária ou pelo menos semanal: a escola e o infantário, lojas de alimentação, farmácias e salões de beleza ou lavandarias; a igreja (se houver acordo quanto a uma igreja); os correios; o café, o bar ou o local de encontros informais. O modelo é uma réplica dos centros locais que permanecem no tecido interior urbano, ainda que marginal ou mesmo em declínio, e que pode ser visto em pleno funcionamento nos aglomerados populacionais tradicionais. É motivado não só por considerações de comodidade da deslocação a pé, mas acima de tudo por um ideal social. O centro tem de ser o foco de uma sociedade pequena e coerente, incentivando a interacção social entre os bairros e um sentido de comunidade.

Ver fig. 85

Estes centros locais enfrentam uma concorrência económica séria dos centros comerciais que gozam de um mercado de massas baseado no acesso por automóvel. As pequenas lojas encerram a pouco e pouco ou especializam-se no serviço às classes mais baixas ou no comércio aos domingos, ou ainda no comércio às pessoas que não podem ou não querem patrocinar os grandes supermercados. Tornam-se cada vez mais marginais. As igrejas que agora se especializam em seitas e em servir grandes paróquias disseminadas, já se mudaram para pontos de fácil acesso pela auto-estrada. Na maior parte dos casos, excepto no caso de áreas étnicas fortes, já não há instituições de bairro. Os correios, do mesmo modo, já estão a sofrer uma consolidação, com o objectivo de baixar os custos de funcionamento. Alguns bares ou *snack-bars* conseguem sobreviver graças ao patrocínio local neste país, apesar de noutros locais ainda serem extremamente vigorosos – o *pub* inglês é o modelo citado mais frequentemente. Ironicamente, as lojas e os bares de bairro que persistem fazem normalmente parte de uma faixa comercial mais antiga, para onde conseguem atrair o comércio automóvel e também as pessoas do local. A escola pública ainda é uma instituição local, mas já não é tão evidente se continua a haver uma interacção social substancial entre as crianças e os adultos, ou pelo menos uma relação que possa ser atribuída à localização de uma escola na proximidade das lojas do bairro. Além disso, o espaço considerado necessário para uma escola contemporânea apropriada torna um tanto difícil a sua localização no centro de um bairro residencial compacto.

Todavia, o modelo persiste e está até a tornar-se mais forte, à medida que o conceito de bairro volta a emergir. A ideia de que os serviços básicos devem estar situados próximo das residências é certamente sensata. A esperança de que estes centros possam servir de suporte ou até iniciar uma interacção na comunidade é atractiva, mas precisamos de descobrir até que ponto isto é possível e em que circunstâncias. Repensar a faixa como instituição do bairro pode ser uma ideia a desenvolver. É indubitavelmente necessária uma análise realista da viabilidade económica da loja de bairro ou se esta deveria ser subsidiada e por quem. Os subsídios não têm que ser necessariamente governamentais. Muitas lojas locais existem devido às horas longas e mal remuneradas concedidas pelos próprios proprietários residentes. Em toda a análise sociológica do bairro e por entre todos os elogios ao centro do bairro, há poucas orientações acerca desta matéria.

E. *O centro comercial.* É um modelo familiar e bem desenvolvido deste país: o agrupamento integrado de lojas, todas elas arrendatárias de uma estrutura única e planeada, rodeada de lugares de estacionamento. As lojas estão organizadas em torno de uma alameda para peões, normalmente fechada. O centro é construído por um grande investidor e a sua forma é cuidadosamente controlada. Tradicionalmente, situa-se nas regiões intermédias de uma metrópole, num local com excelentes acessos por auto-estrada, mas completamente desligado das utilizações circundantes. É um centro comercial "puro", planeado em pormenor desde o início. A adequação entre função e forma nestes centros tem sido cuidadosamente analisada em muitos casos reais e a arte de os construir e de os gerir está muito desenvolvida. São um exemplo importante de um modelo totalmente testado.

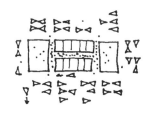

Ver fig. 86

O centro comercial retirou grande parte da vitalidade das áreas de compras locais das nossas cidades, e afastou bastante comércio das partes centrais e mais importantes das cidades, e dos centros dos subúrbios mais antigos. Os novos centros eram construídos a um ritmo extraordinário há uma década, mas o ritmo diminuiu consideravelmente, à medida que o mercado ficou saturado. Alguns dos centros comerciais mais antigos estão votados ao abandono e muitos outros estão a ser remodelados.

Apesar de o comércio local estar em acentuado declínio, a antiga zona central da cidade mostra sinais de renascimento, ainda que a um ritmo mais moderado do que anteriormente. Entretanto, os novos centros comerciais continuam a ser lucrativos. São locais agradáveis e animados. Começaram a atrair os idosos e os adolescentes. Para consternação dos lojistas, estes clientes, privados de cartões de crédito, usam o centro comercial essencialmente como local de encontro. Alguns centros foram construídos juntamente com escritórios e residências de elevada densidade, de modo a aumentarem a sua base de clientes. Nesta medida, começam a evoluir de uma utilização isolada e especializada em direcção a um centro comunitário mais alargado. No entanto, persistem três dificuldades. A primeira, é que o centro está desligado do desenvolvimento que o rodeia devido à sua concepção, em direcção ao interior, e devido ao anel circundante de automóveis. Funciona como ponto de encontro para uma comunidade sobre rodas, mas faltam-lhe as ligações locais, casuais e da deslocação a pé. A segunda, é que muitas das utilizações que contribuem para a concretização de uma comunidade completa acabam por ser excluídas devido à incapacidade para pagar os alugueres exigidos. A terceira, é que uma só mão controla tudo, o que por um lado é uma vantagem no que diz respeito à organização, mas, por outro lado, representa uma perda de liberdade. O modelo está, por isso, impossibilitado de se tornar um verdadeiro centro para a comunidade. Além disso, no caso de acontecer uma falta de gasolina, a base de acesso ao centro comercial é ameaçada. Os estudos para a reabilitação futura do centro comercial moderno poderão não ser despropositados nos dias de hoje.

F. *Centros móveis*. Alguns problemas relativos à localização espacial das actividades centrais poderiam ser resolvidos se elas pudessem ser mudadas de um lado para o outro, de modo a que periodicamente pudessem estar ao alcance de todos os utilizadores, ou de modo a poderem ser deslocadas à medida que se desloca a carga. Vemos exemplos secundários desta situação nas bibliotecas móveis, nas cantinas móveis das fábricas, nas exposições móveis e nas clínicas móveis. É uma técnica útil para fazer face a exigências repentinas ou inesperadas, ou para distribuir serviços escassos por populações dispersas. Há precedentes históricos nos tribunais itinerantes, nos pregadores e nos funileiros ambulantes, e nas deslocações do rei (que impunham fardos em vez de distribuírem serviços). Parece menos provável que o centro móvel possa ser um modelo útil, a não ser em circunstâncias pouco usuais, devido ao custo da mudança de actividades complexas e à perda do sentido de identidade. Apesar de tudo, tem sido ocasionalmente defendido.

Ver fig. 87

De seguida passamos a uma série de modelos que se referem mais à malha geral ou à textura de uma cidade do que a um padrão particular. Estes modelos passam de uma textura geral à densidade e à textura dos edifícios.

A. *Células*. Uma ideia subjacente ao planeamento contemporâneo é a de que uma cidade é um composto de partes distintas, mas fundamentalmente semelhantes, tal como um organismo vivo é composto por células. De outro modo, a grande cidade moderna seria demasiado grande e disforme para se conseguir compreender – não apenas para o cidadão, mas, talvez mais importante, para o planificador. Todas as pessoas têm de viver e de trabalhar numa área pequena e delimitada na qual se sentem em casa. Entretanto, o

84 A faixa comercial habitual: berrante, mas acessível. O exemplo é de Los Angeles.

85 A indispensável loja de bairro, uma actividade em declínio devido à escala contemporânea de desenvolvimento, à concorrência do mercado e às proibições das divisões em zonas.

86 O centro comercial norte-americano, animado e protegido no interior, fechado ao exterior e isolado do meio circundante. Actualmente, os adolescentes e os idosos optam por passar o seu tempo nestas ruas interiores e privadas.

87 Os serviços móveis podem deslocar-se de acordo com a procura, podem ser montados com baixos custos e dar mais vida às ruas. Um vendedor de batatas assadas em Quioto, Japão, e um tocador de realejo no North End, de Boston.

planificador, ao fazer o diagrama de uma cidade como um mosaico destas células, poderá ter mais certezas quanto às suas quantidades e disposições, e ter confiança no facto de em cada área se localizarem os serviços locais necessários, uma vez que juntamente com cada célula surge um complemento apropriado de escolas, de lojas e de outros serviços indispensáveis.

A noção celular básica é reforçada, no caso das áreas residenciais, pela noção de bairro – um local onde os residentes permanentes estão em contacto frente a frente, e se relacionam intimamente uns com os outros, porque vivem próximos uns dos outros. Por analogia com a estrutura social das aldeias e das pequenas vilas de gerações anteriores, pode desenvolver-se um sentido de comunidade e as pessoas podem apoiar-se mutuamente. Esta é a unidade de raiz da política da cidade, uma vez que o bairro representa os interesses locais. A ideia de bairro surge em locais tão díspares como a nova e gigantesca capital do Brasil, Brasília, a nova cidade suburbana de Columbia, Maryland, a organização política e económica da nova China, e o programa das Cidades Modelo, nos Estados Unidos.

A formulação clássica desta ideia, no planeamento da cidade, foi o plano da unidade de bairro, de Clarence Perry, proposto no primeiro plano regional de Nova Iorque, que concentrava as suas unidades em torno da escola primária pública. Mas surgem dificuldades quando a célula está ligada a um organismo em particular, como uma escola. A escola pode ter uma dimensão ideal (ou uma dimensão normalizada) demasiado grande para uma unidade social de trabalho, ou uma dimensão demasiado pequena para suportar economicamente uma loja de produtos alimentares. E também não é muito evidente se a vida citadina se concentra ou se deve concentrar em torno da criança em idade escolar, ou se a maior parte das interacções sociais começa com os conhecimentos adquiridos através das crianças. Além disso, neste caso particular da escola, os padrões modernos exigem uma tal quantidade de espaço aberto que a escola se transforma numa instituição algo desajeitada para servir de centro a uma comunidade pequena.

A unidade do bairro tem sido atacada, em termos mais alargados, como sendo uma ilusão do planeamento. Os norte-americanos urbanos não vivem desta maneira. Podem ter alguns conhecimentos casuais com meia dúzia de vizinhos, mas os seus contactos sociais importantes são os velhos amigos, os companheiros de trabalho e os parentes, que estão espalhados pela cidade. Fazem compras numa comunidade, utilizam a escola de outra comunidade e vão à igreja numa terceira comunidade. Os seus interesses já não são locais. Já não ficam num local durante muito tempo. Os bairros têm pouca importância para a administração da cidade. Planear uma cidade como se fosse uma série de bairros é fútil ou pode servir apenas para aumentar a segregação social. Todas as boas cidades têm um tecido *contínuo*, em vez de um tecido celular. Assim, é possível as pessoas seleccionarem os seus amigos e serviços, e mudarem livremente de residência, gradualmente ou muito rapidamente, conforme preferirem.

Todavia, a ideia celular persiste. O conceito voltou a emergir no planeamento, apesar de ter sido desacreditado durante bastante tempo. O facto de as pessoas responderem sem hesitações quando lhes são colocadas questões acerca do seu "bairro" indica que a palavra tem um sentido popular. Estudos recentes em Columbus, Ohio, demonstram uma concordância surpreendente no modo como as pessoas definem as áreas locais da cidade. Os bairros sociais sobrevivem na cidade, especialmente nas áreas das classes operárias e dos grupos étnicos. Mas também podem ser encontrados, de certo modo, nos subúrbios. As organizações dos bairros surgem sempre que as forças exteriores ameaçam prejudicar uma localidade, ainda que desapareçam novamente quando o perigo passa.

E por isso o debate continua e, como habitualmente, gira em torno da questão de se saber se todas as pessoas deveriam, ou não, viver em bairros. Saber em que condições o conceito de bairro é útil, para quem e sob que forma, poderia ser um conhecimento muito útil. Não há nenhuma razão para que todas pessoas façam parte de uma comunidade local. Algumas pessoas podem escolher fazer parte da comunidade, outras não. E também não é inevitável que a célula seja a mesma para todos os objectivos. Os bairros sociais – no sentido de locais onde as pessoas se conhecem por viverem próximas umas das outras – podem ser normalmente de pequena dimensão, na ordem das vinte ou trinta famílias. As áreas da maior parte dos serviços públicos devem ser muito maiores e não precisam de coincidir, desde que esses serviços estejam acessíveis a todas pessoas. A unidade física, designada e reconhecível, à qual as pessoas ligam a sua localização e o seu sentido de local, pode ser, mais uma vez, diferente. Pode ser uma unidade quase política, em torno da qual as pessoas se reúnem quando surge um perigo.

A dimensão apropriada do bairro tem sido amplamente debatida. Torna-se uma questão complicada sempre que todas as funções locais têm de ser colocadas no mesmo saco. Este número oscila entre as 50 e as 5000 pessoas. Na maior parte das vezes, a ideia de bairro também tem sido ligada a um ideal de heterogeneidade social. De acordo com este ponto de vista, um bairro bom contém pessoas de todas as idades, de todas as classes, de origens raciais e étnicas variadas. Nesta minissociedade as pessoas aprendem a viver juntas. Na realidade, o ideal tem sido difícil de concretizar. A maior parte das comunidades locais activas é relativamente homogénea, pelo menos em relação à classe social.

A ideia celular tem sido quase sempre aplicada a áreas residenciais e tem-se dedicado menos atenção à sua utilidade nas áreas dos locais de trabalho ou em outras partes da cidade.

Naturalmente, os planificadores preferem colocar as coisas nos seus mapas sob a forma de unidades normalizadas, uma vez que estas são mais fáceis de determinar e de manipular. Por isso, os parques industriais, os bairros residenciais, os centros comerciais regionais e os parques infantis normalizados são indicadores confortáveis do planeamento. Mas não se tem prestado efectivamente nenhuma atenção à possibilidade de haver comunidades de trabalho apoiadas pelo *design* da cidade.

Recentemente, a teoria celular tem evoluído do bairro de pessoas conhecidas, baseado na proximidade, para uma defesa mais geral em favor da autonomia local. As pessoas de cada local devem controlar as suas próprias escolas, os seus próprios espaços abertos e o seu próprio saneamento. Devem mesmo produzir os seus próprios alimentos e energia. Este debate sobre a autonomia foi delineado no capítulo treze.

B. *Dispersão e compacidade*. A literatura de planeamento tem normalmente deplorado a cidade dispersa, por causa do seu desperdício de terreno, das necessidades de serviços públicos e de transportes dispendiosos, e devido ao isolamento social que provoca. A maior parte dos norte-americanos, logo que tiveram capacidade financeira para o fazer, optaram pela posição contrária e mudaram-se para os subúrbios. Gostam do espaço aberto, da possibilidade de serem proprietários das suas próprias habitações, de terem melhores escolas para os seus filhos e da segurança que lhes proporciona o facto de estarem próximos de pessoas do mesmo extracto social. Como compensação, mostram-se dispostos a gastar mais rendimentos na habitação, a quebrarem velhos laços locais e a passarem mais tempo em deslocações para o trabalho. Alguns regressam ao interior da cidade passado algum tempo, mas a maior parte continua a viver no subúrbio, ou muda-se para um local ainda mais distante. Houve uma época de regresso aos subúrbios interiores durante o último racionamento de gasolina, mas mostrou-se tão volátil como a própria substância. No entanto, poderemos voltar a ver uma situação idêntica. De momento, continua a verificar-se uma mudança para fora da cidade, ainda que acompanhada de alguns sinais de renovação no interior da cidade. Na realidade, a maré em direcção ao exterior está a inundar as antigas cidades rurais das zonas interiores, bem para lá das regiões metropolitanas reconhecidas. A corrente de regresso, que pode vir a tornar-se mais significativa, é ainda pequena. Em grande parte é provocada pelo preço elevado dos novos lotes e habitações suburbanos.

Recentemente, desenvolveram-se algumas tentativas para documentar os custos adicionais do crescimento suburbano. No entanto, os resultados ainda não são inteiramente convincentes, uma vez que, na análise de toda a situação, os preços dos apartamentos pequenos são comparados com os preços das residências grandes, e as estatísticas dos crimes e da segurança social são comparadas através de diferentes variações sociais. Em termos de custos de capital do terreno,

Kain
Stone

dos edifícios e de todos os serviços públicos, as densidades moderadamente baixas de habitação são as mais baratas neste país, até ao momento.

É evidente que o crescimento urbano continuado representou investimentos significativos nas margens, ao passo que a habitação e os serviços estão a ser abandonados no centro. Também representou um aumento da segregação espacial por classe social e uma perda grave da base de impostos do centro da cidade. Mas estes fenómenos não se devem directamente à mudança na densidade. No entanto, as densidades suburbanas aumentaram a nossa dependência do automóvel privado e, consequentemente, do petróleo importado. Para os adolescentes e para os mais idosos, a falta de transportes suburbanos públicos pode ser uma grave desvantagem da vida nas margens da cidade. As densidades suburbanas estão a aumentar lentamente, à medida que os preços dos terrenos e as exigências das famílias deslocam o mercado para apartamentos de baixa densidade. Mas o declínio gradual da densidade geral das nossas cidades ainda parece ser irreversível.

Apesar de o debate geral ter sido entre a cidade densa ou menos densa, ambos os modelos partem do princípio de que o novo desenvolvimento deve ser contínuo, utilizando o solo de modo racional e completo. Certamente que as áreas desocupadas não fazem sentido: são os resultados nefastos de alguma falta de planeamento. Só ocasionalmente se têm defendido as virtudes do crescimento disseminado, que proporcione espaços para a flexibilidade e para o preenchimento, ao passo que o desenvolvimento contínuo produz áreas monolíticas de uma só época. Têm sido apresentados argumentos quanto à utilidade dos terrenos desocupados como locais de refúgio, especialmente para as crianças. Um coro ainda maior tem defendido, mais recentemente, os aspectos positivos do "agrupamento", em que se constróem grupos de habitações de densidade relativamente alta num espaço aberto. Numa densidade média baixa e com bastante espaço aberto nas proximidades os agrupamentos chegam a atingir a nível local densidades elevadas, com as vantagens inerentes dos custos da localização e da mais fácil interacção social. Os agrupamentos são impostos às comunidades como meio de preservação da paisagem e ao mesmo tempo para permitirem o desenvolvimento, aos empreendedores como meio de baixar os custos, e aos proprietários das habitações como novo modo de vida. Os empreendedores estão a começar a aderir, as comunidades suburbanas estão gradualmente a aceitar essa situação e os compradores estão interessados, ainda que se mostrem desconfiados. A experiência parece prometedora. A ideia da variação da densidade dentro de um limite global tem servido de base a numerosos regulamentos de "desenvolvimento de unidades planeadas" e também tem sido sugerido em outros contextos não residenciais.

Whyte 1964

C. *Segregação e mistura*. A malha de uma cidade, isto é, o grau de requinte da mistura no espaço dos seus elementos físicos, actividades ou tipos de pessoas, é uma das suas características fundamentais. As utilizações industriais ou os residentes italianos podem ou não ocupar áreas alargadas homogéneas. Além disso, esta distribuição em malha pode ser nítida ou disforme: a zona industrial pode estar rodeada por uma cintura verde ou por uma vedação alta. Os italianos podem nunca viver, ou muitas vezes vivem, ao lado de outras raças menos dotadas, nos limites da sua zona.

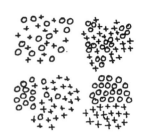

A posição clássica do planeamento nesta questão pode ser caracterizada como sendo uma opção por uma malha grosseira de utilização e de tipo de construção, mas por uma malha requintada de pessoas por classe, raça e idade. A posição da malha grosseira de utilização e de tipo de construção é um derivado do mapa de utilizações do terreno classificadas e da natureza dos controlos das utilizações do terreno, que favorecem distinções nítidas. Mas tem sido também uma questão de convicção intelectual: a mistura de utilizações causa conflitos e aborrecimentos, baixa o preço dos imóveis, levanta incertezas quanto à utilização futura do terreno e torna mais difícil o planeamento racional dos serviços. No entanto, uma malha requintada de pessoas é uma parte e uma parcela do idealismo social do planeamento. A segregação social e de classes impede a mobilidade e a comunicação sociais, e promove desigualdades de oportunidade e de serviços. A comunidade ideal é uma comunidade "equilibrada", na qual estão presentes todos os grupos da população geral, requintadamente misturados, e fazendo parte de uma sociedade organizada.

De uma maneira geral, a cidade norte-americana teve em conta uma parte destas recomendações e esqueceu a outra parte. A região metropolitana, apesar de conter muitas áreas de utilização mista, tornou-se em geral cada vez mais grosseira na sua malha de utilizações do terreno e de tipos de construção. Isto foi acontecendo à medida que o desenvolvimento se desenvolveu em escalas maiores e à medida que a legislação da divisão por zonas foi sendo implementada. No entanto, ao contrário do ideal de planeamento, a metrópole norte-americana está também a ficar com uma malha cada vez mais grosseira de pessoas, especialmente porque elas são classificadas de acordo com o estrato socio-económico, mas também em termos etários e de composição familiar. Os enclaves de ricos e de pobres tornam-se cada vez mais extensos, especialmente ao longo do gradiente centro-até-à-periferia. O subúrbio de baixa densidade, ou grandes partes dele, é ocupado por famílias com crianças e os idosos estão cada vez mais concentrados em projectos e comunidades especiais, ou no centro da cidade. As segregações étnicas e raciais continuam, mas é possível que estejam a diminuir, excepto nos casos em que estão associadas ao estatuto económico.

O ideal de mistura social é negado por acontecimentos reais

na cidade norte-americana (e na maior parte das cidades do mundo, com excepção de algumas cidades socialistas), mas também tem sofrido certos ataques intelectuais. As misturas de classes e de etnias podem ser encaradas não só como irrealistas, mas também como uma situação difícil de suportar pelas pessoas, conduzindo a conflitos entre modos de vida, à destruição de antigas tradições e a um enfraquecimento do controlo de uma parte da zona urbana pela classe operária ou pelas diversas etnias. Os argumentos e os dilemas só poderão ser resolvidos tendo em conta a escala e as condições apropriadas a cada tipo de segregação ou de mistura. As segregações em pequena escala por classe, por exemplo, podem reduzir os conflitos e promover a interacção e a solidariedade entre os bairros. A segregação em grande escala, por outro lado, pode levar a desigualdades enormes e a uma ruptura na comunicação entre as classes. Por esta razão, uma política pode apoiar a segregação em pequena escala, mas não uma segregação alargada por classe. Para além destes argumentos, há questões graves de implementação: como é que se pode instituir ou induzir uma malha requintada de mistura de classes através do poder público? A segregação espacial grosseira por classes, da metrópole norte-americana moderna, é uma das suas características mais marcantes e talvez o seu problema mais grave.

O apoio tradicional favorável a uma malha de utilizações e a um tipo de construção grosseiros também tem sido atacado. Produz monotonia e inflexibilidade na cidade e, indirectamente, também produz segregação social. Ao mesmo tempo que manipula os seus mapas e regulamentos claramente organizados, o planificador pode estar a reduzir o acesso às pessoas e às actividades. Talvez se pudessem cultivar cereais dentro da cidade. Se a produção industrial fosse desenvolvida perto do local de residência, então as pessoas que estão presas à sua habitação poderiam desenvolver algum trabalho produtivo, tal como já fizeram nas indústrias caseiras, ou como fazem actualmente na China. Deste ponto de vista, a divisão por zonas pode ser considerada uma ferramenta reguladora obsoleta. Todavia, ainda é uma ferramenta poderosa na cidade real e há motivos fortes em funcionamento favoráveis à segregação das utilizações, nomeadamente as considerações do incómodo e das infra-estruturas, mas, mais fundamentalmente, as considerações de valor imobiliário e de exclusão social.

Mais uma vez, a questão não pode ser resolvida a um nível tão geral. Requer uma análise detalhada que tenha em consideração a escala e o tipo de malha de utilizações do terreno. Os agrupamentos de utilizações com zonas de transição, assim como as segregações de malha requintada, no interior de áreas mistas mais grosseiras, podem ser as respostas apropriadas a muitos dos dilemas do acesso, do controlo, da adequação e da flexibilidade. A malha densa de desenvolvimento pode ser contrariada deliberadamente através da divisão do terreno em pequenas parcelas, através da sua libertação gradual ou em fragmentos, ou mesmo através da proibição de projectos integrados em grande escala. De qualquer modo, é evidente que a malha, tal como a densidade, é uma característica muito geral e fundamental da forma da cidade, com muitos impactos sobre a sua qualidade como ambiente humano.

D. *Textura espacial característica*. Há uma outra maneira, para além da densidade, da malha ou da organização celular, de descrever a superfície ou a textura básica de uma cidade. É imediatamente perceptível para nós e, todavia, é mais difícil de definir em categorias analíticas. É o aspecto característico de apresentação dos espaços e das massas de um aglomerado populacional. Existem pelo menos três tipos espaciais principais com os quais estamos familiarizados, e podem encontrar-se ou inventar-se outros exemplos.

Na cidade clássica europeia, que é uma parte integrante da nossa herança e para a qual muitas vezes nos viramos com nostalgia, as ruas e as praças foram esvaziadas de uma massa de edifícios bastante compacta, de altura média. As fachadas dos edifícios podiam não ser completamente contínuas, mas, com a excepção de algumas marcas ocasionais no terreno, pareciam um cenário unificado, ainda que articulado, para os espaços abertos recortados nelas. Viravam-se de frente para esses espaços e extraíam deles a sua identidade. Eram estas ruas e praças que constituíam a estrutura da cidade, designadas e notáveis, recipientes vitais da vida pública. As proporções, características e ligações destes vazios públicos eram o carácter da cidade. Mais do que qualquer outra coisa, os edifícios eram fachadas que continham e decoravam esses espaços. Esta estrutura espacial pode ser uma estrutura ordenada e geométrica, ou uma estrutura mais irregular e semelhante a um labirinto.

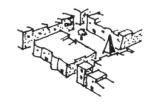

Sitte

Temos uma grande afeição por estas cidades. Parecem seguras, legíveis, proporcionais à escala humana e cheias de vida, mesmo que por vezes pareçam um pouco opressivas. Mas as funções modernas, particularmente o tráfego moderno e os estilos de construção e hábitos de vida modernos estão a dissolver esta textura espacial clássica e criaram um segundo tipo espacial. Os edifícios tornaram-se objectos isolados no espaço. São estes objectos, ou grupos de objectos, que se transformaram em elementos perceptuais notáveis. O espaço das ruas engrossou e alargou-se aos espaços entre os edifícios. Durante este processo, o espaço da rua perdeu a sua forma e tornou-se um pano de fundo neutro para a forma das estruturas.

Ocasionalmente, em algumas composições agradáveis e planeadas ou, mais raramente, por acidente, estes agrupamentos de grandes objectos no espaço criam um cenário esplêndido. Na maior parte dos casos, o conjunto desintegra-se. Dependemos então de características topográficas, de actividades de rua ou de ligações simbólicas, tais como os sinais e os nomes, para tornar a cidade legível. Sentimos uma certa

liberdade e vemos algumas cenas divertidas, mas, principalmente, sentimos que se verifica uma perda. Fazem-se tentativas repetidas, pelo menos por parte dos *designers*, para recriar os espaços delimitados do primeiro modelo. É difícil de o conseguir. Não se sabe se alguma vez será possível recapturar estes espaços delimitados, pelo menos como textura geral do aglomerado populacional. De qualquer maneira, parece que ainda temos de encontrar um meio de explorar as potencialidades existentes na nova textura espacial.

O terceiro modelo comum é o cenário suburbano verdejante, no qual as ruas curvam em conjunto com a topografia e, apesar de não serem completamente fechadas, estão cheias de árvores, enquanto a paisagem se estende em frente, ao longo das suas linhas plantadas e curvas. Os edifícios aparecem como objectos únicos, mas sempre no meio de árvores e de relvados. Por vezes, os edifícios são completamente camuflados pelas plantas. As características naturais são celebradas e a forma do terreno é manifestamente expressa, pelo menos nos exemplos bem sucedidos. A *continuidade* do cenário é realçada; os espaços não são bloqueados por paredes ou edifícios maciços, apesar de poderem dissolver-se nas profundezas da folhagem.

A maior parte das pessoas não liga a palavra "cidade" a estes cenários, mas, de facto, a parte mais importante da actual cidade norte-americana é composta por estas texturas espaciais. O modelo, ainda que algo insípido e inexpressivo relativamente às actividades humanas, é amplamente admirado e muitas vezes razoavelmente bem executado.

Se estes são os três principais tipos existentes, podemos encontrar outros, pelo menos potencialmente. Um deles é um labirinto tridimensional de túneis, vias e pontes, construído a partir de uma substância neutra de dimensão indefinida. A imagem principal é a de uma rede complexa cheia de incidentes e de surpresas, íntima e protegida à escala, ligada duma maneira intrincada consigo própria. Não há um exterior, não há uma fachada. Tudo está no interior. Os protótipos deste labirinto sólido podem ser encontrados em passagens subterrâneas ligadas entre si, em grandes complexos institucionais e em centros comerciais fechados. Talvez os grandes aglomerados populacionais venham em breve a ser construídos desta maneira, especialmente em ambientes hostis. O modelo tem os seus prazeres especiais e, ao mesmo tempo, induz claustrofobia. Quantos túneis existem no mundo nos quais seja agradável estar? Talvez as arcadas de uma zona comercial ou o *souk* islâmico?

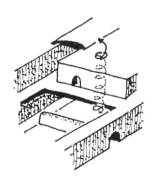

er fig. 88

Os modelos híbridos também são possíveis. Por exemplo, uma cidade pode ser organizada em termos de espaço como um conjunto de grandiosas avenidas largas, ladeadas por árvores, paredes ou actividades de frontaria, e rodeadas ou terminadas por marcos especiais no terreno. Tendo características espaciais e sequenciais fortes e próprias, as avenidas podem ser claramente organizadas como uma

estrutura total. Ao lado destas vias, passando por entradas estreitas, pode entrar-se num mundo "interior" separado – privado, com aberturas e passagens interiores de pequena dimensão, com nodos de actividade e zonas de uma quietude isolada. A partir do mundo interior pode observar-se o espaço movimentado da avenida e a partir desta pode fazer-se uma ideia – através de um portão ou por cima de um muro – do interior. Esta seria uma organização bipolar do espaço: público/privado, movimentado/calmo, exterior/interior, aberto/fechado. Vemos espaços deste género em algumas cidades do Médio Oriente e o modelo pode ter alguma aplicação para nós na actualidade, uma vez que nos mostramos divididos entre desejos de segurança e de movimentação livre.

Apesar de tudo, a grande maioria dos aglomerados populacionais, pelo menos nas cidades ocidentais da actualidade, pode ser caracterizada por apenas uma ou pela combinação destas três texturas espaciais dominantes – uma histórica, à qual estamos agarrados, outra contemporânea, que nos deixa pouco à vontade e a última, predominante na actualidade, que basicamente nos satisfaz, ainda que lhe falte um pouco de carácter.

E. *Tipo de habitação*. A textura básica de uma cidade também é determinada pelo tipo e pela mistura predominante dos seus edifícios residenciais, e há literatura considerável sobre os modelos da habitação. A maior parte destes modelos pode ser resumido numa matriz simples de três por três que opõe a altura do edifício à cobertura do terreno, tal como se descreve de seguida:

Cobertura do terreno	Altura do edifício		
	Alto (mais de seis andares)	Médio (três a seis andares)	Baixo (um a dois andares)
Elevada (mais de 50%)	—	Edifícios densos sem elevador	Habitações com pátio
Média (10 a 50%)	Edifícios altos e estreitos	Edifícios sem elevador, de acesso térreo	Habitações geminadas
Baixa (abaixo de 10%)	Torres no meio de espaços verdes	—	Habitações independentes

88 Uma rua interior para peões em Bath, Inglaterra. As ruas interiores precisam de fachadas animadas, aberturas frequentes para o exterior a uma ligação clara com a estrutura da cidade. A maior parte das tentativas de corredores públicos representam fracassos.

89 Vastas áreas de apartamentos pré-fabricados estão a ser construídas para corresponderem a uma necessidade premente de habitação urbana, de acordo com uma forma satisfatória para muito poucas pessoas. Este exemplo situa-se na parte norte de Leninegrado, na Rússia, mas podem encontrar-se exemplos semelhantes em todo o mundo capitalista e socialista.

1. *Edifícios altos e estreitos*. A maior parte das novas habitações construídas actualmente no mundo aparecem sob a forma de edifícios de apartamentos longos, altos e estreitos, parecidos com lajes colocadas ao alto, com doze, vinte ou mesmo trinta andares, com corredores centrais e elevadores. Se nos decidirmos pela construção de edifícios com elevador, este é o género de edifícios mais barato. Podem ser pré-fabricados e construídos com rapidez. Devido à densidade que permitem atingir, proporcionam um crescimento compacto, serviços consideráveis nas proximidades e bons transportes públicos. A maior parte das extensões urbanas na U.R.S.S. e nos países socialistas da Europa de Leste seguem este modelo. É um modelo que também é comum em toda a Europa e foi durante algum tempo o modelo que prevaleceu na habitação social da Grã-Bretanha, até ter sido posto em causa por uma revolta popular. Nos Estados Unidos, encontra-se em habitações sociais na zona central das cidades e também em áreas da classe média, próximas do centro de regiões urbanas gigantescas, como Nova Iorque. Apesar dos seus custos económicos em áreas de elevados preços dos terrenos, os edifícios altos e estreitos com elevadores têm uma construção substancialmente mais dispendiosa do que os edifícios sem elevadores ou do que outros tipos de habitações de densidade inferior. É um habitat particularmente difícil para as famílias com crianças e universalmente condenado. Proporcionam um ambiente monótono, que ultrapassa qualquer escala humana. As superfícies térreas têm que ser utilizadas intensivamente para o acesso: estacionamento, serviços e parques. A maior parte destas superfícies são, por isso, pavimentadas ou bastante gastas. É difícil controlar o vandalismo e a segurança. Em quase todos os locais do mundo é um tipo de habitação tolerado porque os moradores são forçados a viver nele devido a questões políticas, aos preços ou à falta de habitação.

Ver fig. 89

2. *Torres no meio de espaços verdes*. As torres são um modelo diferente de habitação em altura. Bem espaçadas e situadas em áreas verdes abertas, preservam a paisagem natural, ao mesmo tempo que oferecem aos seus moradores paisagens alargadas e todos os confortos da sofisticada vida urbana. Os terraços e as varandas podem ser utilizados como espaços abertos. Pode haver vários serviços comuns especiais (lojas, infantários, salas de reuniões), que ocupam os andares situados a meio do edifício. A ideia agradou a uma geração de *designers*. Adapta-se perfeitamente à economia da habitação urbana de luxo. Na prática, excepto no caso de localizações urbanas ou rurais espectaculares, o resultado está longe de ser o ideal. As torres estão relativamente próximas. O espaço aberto ao nível do solo é ocupado pelos parques de estacionamento. Os serviços internos necessitam de um mercado maior do que o que se pode encontrar no interior de um só edifício. Apesar das muitas pessoas que vivem nas torres, as ruas estão vazias e até são perigosas à noite. Os corredores internos e os elevadores não

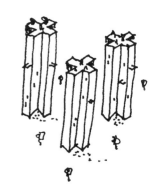

Le Corbusier

incentivam a interacção entre os vizinhos. As crianças não podem sair directamente de casa para irem brincar sob a supervisão da mãe. Deste modo, a torre superlotada adquire a maior parte das desvantagens do edifício alto e estreito. Estes edifícios de apartamentos em torres altas têm sido particularmente mal sucedidos como habitações para famílias de baixos rendimentos, dado que são caras e os elevadores são difíceis de vigiar. Mas a torre, até mesmo a torre superlotada, tem demonstrado ser aceitável para os casais jovens, para os indivíduos solteiros, para os idosos, ou para os indivíduos com bons rendimentos, em localizações centrais na cidade, onde a liberdade de manutenção, a capacidade de se estar acima da cidade superlotada num enclave defendido, o fascínio da modernidade e os serviços cómodos no interior do edifício demonstraram valer a pena. Nestes casos, pode ser uma boa alternativa.

3. *Edifícios densos sem elevador*. Estes eram os apartamentos que alojavam as classes operária e média baixa das nossas cidades durante o século XIX e no início do século XX. São a forma menos dispendiosa de habitação, desde que se consiga persuadir as pessoas a subir quatro, cinco ou seis andares sem elevadores. Estabelecem uma densidade suficiente, de modo a apoiar bastantes lojas e serviços locais, talvez com uma frontaria contínua ao nível do rés-do-chão, como acontece em algumas partes de Nova Iorque ou de Boston, e em muitas cidades europeias. As ruas estão cheias de vida e os "olhos postos na rua", como na expressão de Jane Jacob, tendem a controlar o comportamento que aí acontece. Mas há também problemas de ruído, de perigo de incêndio e de falta de ar e de luz no interior dos apartamentos. São, afinal, as habitações de onde várias gerações de ocupantes fogem logo que têm oportunidade. Apesar de algumas tentativas no sentido de reproduzir qualidades positivas nos novos edifícios, como acontece com o acesso através das varandas dos edifícios altos e estreitos, ou com as habitações em fila de dois andares, empilhadas umas em cima das outras e servidas por elevadores que funcionam só em andares pares ou ímpares, estes edifícios nunca tiveram grande sucesso. Os edifícios de três andares de Boston representaram uma variante funcional, de baixo custo, deste modelo, até serem proibidos pelos regulamentos de incêndios. No entanto, muitas das áreas existentes de edifícios densos sem elevadores ainda podem ser utilizadas e até são pretendidas quando se situam em áreas com um carácter urbano especial. Com a excepção da torre dispendiosa, ainda não foi possível desenvolver novos géneros de edifícios que possam sustentar densidades elevadas e, apesar disso, revelar-se aceitáveis para a maioria dos residentes.

4. *Edifícios sem elevador com acesso térreo*. Em coberturas e com alturas médias é possível proporcionar uma mistura de apartamentos, dos quais grande parte, ou quase todos, têm acesso directo ao solo e em que algumas dessas entradas têm

apenas mais do que um lanço de escadas. Um exemplo visto frequentemente é a mistura de habitações em fila com dois andares e os edifícios sem elevador com três andares, sendo estes construídos de modo a que os apartamentos superiores sejam *duplexes*, com portas de entrada no segundo andar. Alguns géneros mais complexos podem assegurar a existência de um jardim privado para cada unidade. O projecto de demonstração, designado "Habitat", na Exposição de Montreal, em 1967, era um exemplo magnífico deste tipo, no qual os terraços do andar superior e as passagens elevadas no interior de uma estrutura de seis andares concediam a cada uma das unidades um jardim privado e uma entrada exterior privada. Foi muito admirado pelos residentes e visitantes, mas a estrutura complicada demonstrou ser demasiado dispendiosa. Apesar de tudo, tendo em conta que este tipo de habitação pode utilizar economicamente terrenos no centro da cidade e, ainda assim, proporcionar grande parte das características de escala e de acesso procuradas habitualmente pelas famílias, continuam as experiências com este modelo ao nível do *design*. A Associação de Desenvolvimento Urbano, do Estado de Nova Iorque, produziu um exemplo bastante bem desenvolvido deste tipo de habitação – um edifício muito mais aceitável para a vida em família e também menos dispendioso do que um apartamento num edifício com elevador. A classe genérica parece ser um bom modelo básico para a vida num apartamento, tanto no centro da cidade como nos subúrbios.

5. *Habitações com pátios.* A habitação com pátios é proposta ocasionalmente como meio para atingir densidades urbanas com habitações unifamiliares. O modelo tem a sua origem no protótipo mediterrânico, ainda em uso em muitas cidades tradicionais, uma unidade que se vira para dentro, e não para fora, para receber a luz e o ar. Um pátio central ou uma série de pátios, fornece luz a todas as dependências, ao passo que a unidade no seu conjunto está solidamente encostada a unidades vizinhas, em dois, três ou mesmo quatro lados. O pátio é, deste modo, completamente privado e a família está isolada. As habitações não têm mais do que um ou dois andares, para que a luz do Sol possa encher o pátio. O género é relativamente barato e funcional, e é particularmente aplicado no clima quente, seco e soalheiro onde surgiu. Contudo, um dos melhores exemplos modernos desta utilização situa-se em Cumbernauld, na Escócia. As famílias norte-americanas ainda se mostram renitentes quanto a este género de edifício, mas parece ser um modelo útil para situações urbanas especiais. Logicamente, é mais propício para áreas urbanas cuja textura total, algo estranha para a nossa cultura, seja uma textura em que predominem os muros, em que a privacidade seja um valor predominante e em que as ruas sejam corredores estreitos entre frontarias de lojas e fachadas muradas.

Ver fig.12

6. *Habitações geminadas.* Em densidades moderadas e com altura reduzida é possível criar uma grande variedade de

residências: habitações em fila, *duplexes*, e edifícios de apartamentos baixos com jardim. As unidades familiares de um ou dois andares são colocadas lado a lado, ou em unidades duplas de um só andar, umas por cima das outras. Há uma parte "frontal", na qual cada unidade tem a sua entrada própria pela via pública, e uma parte das "traseiras", onde cada unidade tem um pátio privado ou talvez um espaço aberto comum, mas privado, pertencente a um pequeno grupo de unidades. O *"quadruplex"*, que actualmente é utilizado por muitos construtores do Midwest, aproxima-se do edifício mais denso com acesso térreo. Duas unidades, uma por cima da outra, voltadas para a rua, e duas outras, geminadas atrás, têm um acesso lateral. Cada unidade tem uma garagem, uma porta da frente e um pequeno jardim ou terraço. Juntamente com as habitações independentes, estes vários tipos de residências baixas e geminadas são os cavalos de batalha da cidade norte-americana. Compactas e de custos moderados em relação a outros tipos oferecem, ainda assim, as qualidades desejadas de acesso directo e de estacionamento, de identidade da unidade e de espaço aberto privado. Podem ser compradas ou alugadas e os *duplexes* oferecem aos proprietários residentes a possibilidade de algum rendimento graças ao arrendamento da unidade geminada. Podem ser construídas em números reduzidos ou repetidas em áreas maiores. Apesar deste tipo de edifícios ser considerado desde há muito, por muitos norte-americanos, como uma solução de compromisso em relação à habitação familiar independente e, pelos *designers* como uma solução pouco imaginativa, é, apesar de tudo, a mais bem testada de todas as formas relativamente densas, e tem uma aceitação cada vez maior. Em contraste com a habitação independente com estas densidades, a paisagem da rua pode ser modelada como um conjunto coerente, e não como uma repetição de caixas pequenas. Em contraste com os apartamentos altos e estreitos, as residências geminadas conservam a sua escala íntima e podem ser diferenciadas, de modo a denotarem a presença de cada família. É provável que várias modificações deste género de habitação venham a fornecer a textura básica da cidade futura na nossa sociedade.

7. *Habitações independentes*. Continuam a ser o ideal da maioria das famílias norte-americanas e representam dois terços do total da nossa habitação urbana. Favorecida pela aceitação popular e pelos subsídios federais, a metrópole norte-americana do após-guerra foi construída com habitações unifamiliares. Condenado devido à sua reputação de monotonia visual, este tipo de habitação tem persistido em todos os locais onde os compradores tiveram capacidade financeira para o adquirir. O aumento dos custos de construção e a ameaça da falta de gasolina têm deslocado a procura para os protótipos mais densos mencionados anteriormente. Também se propõem variações inferiores, como as habitações "lote-zero", que não têm pátio de um dos lados e ficam assim encostadas à linha do

lote, sem ficarem fisicamente ligadas à unidade seguinte. Uma vez que o afecto pela residência unifamiliar é tão forte e que esta tem vantagens óbvias de identidade e de propriedade, de espaço aberto privado e de manutenção ou remodelação executadas pelo proprietário, será importante arquitectar variações adicionais sobre este tema, de modo a reduzir os custos e a atingir densidades mais elevadas. A reciclagem dos subúrbios unifamiliares já construídos será uma tarefa de *design* importante para o futuro. Estes subúrbios mais antigos, à medida que vão sendo modificados pela utilização e à medida que as suas paisagens amadurecem, começam a adquirir um carácter próprio muito especial. Como realçar esse carácter sentido e como "tornar mais densos" esses locais em envelhecimento, através da inserção de unidades geminadas ou de alguns pequenos edifícios sem elevador, de modo a melhorar o acesso e a proporcionar uma maior variedade de cenários, é um problema importante do protótipo.

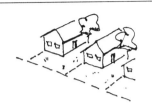

Ver fig. 76

F. *Inovações*. Se os modelos anteriores constituem os temas normalizados da textura da habitação, a partir dos quais quase todas as cidades são construídas, há, ainda assim, alguns modelos adicionais. Se voltarmos a olhar para a lista básica anterior notamos que são todos semelhantes, pelo menos num aspecto: são combinações de unidades familiares isoladas, cada uma com a sua cozinha, casas de banho, quartos e salas de estar, e cada uma com a sua própria entrada separada. Isto reflecte, de facto, o papel central da família nuclear na nossa sociedade. No caso de esta estrutura familiar se alterar, então, necessariamente, o tipo de habitação também deverá mudar. As conversões recentes de grandes residências unifamiliares em habitações para famílias comunitárias podem indicar o nascimento de um protótipo completamente diferente. Há alguns modelos anteriores deste género de habitação construídos por certas comunidades utópicas, tais como os aglomerados populacionais das comunidades Amana e Oneida.

Uma outra inovação é o fornecimento de habitação móvel ou temporária. O impulso original foi o da rapidez no fornecimento de uma habitação a pessoas temporariamente desabrigadas (como depois de um desastre ou durante um período limitado de construção), ou permitir que as pessoas transportassem as suas habitações quando se movimentavam em férias. Esta "caravana" simples desenvolveu-se até se tornar na "residência móvel", compacta, longa e estreita, com rodas desmontáveis e uma pele metálica, equipada com uma série de comodidades técnicas. Deste modo, a humilde caravana tornou-se na primeira residência unifamiliar pré-fabricada bem sucedida. Actualmente, cerca de quinze por cento das unidades de habitação construídas nos Estados Unidos, todos os anos, são deste género. As habitações móveis podem ser mudadas para outros locais rapidamente, mas raramente são mudadas de novo, apesar de a ilusão da mobilidade potencial parecer emocionante. As comunidades locais não as apreciam devido ao seu estatuto e às facilidades de tributação a que estão sujeitas, e, por isso, são relegadas para locais marginais, onde os proprietários pagam alugueres excessivos por locais medíocres. Interiormente são bem equipadas, mas acanhadas. Uma das tarefas importantes do *design* de protótipos é mostrar como estas habitações enteadas podem ser localizadas e planeadas, de modo a tornarem-se áreas residenciais agradáveis e funcionais.

A função da habitação móvel da velha caravana foi retomada pelo desajeitado "camião do campista", que se move para a costa ou para as montanhas para um fim-de-semana "ao ar livre". Um outro tipo quase móvel é o barco-casa, que é ocasionalmente utilizado como residência recreativa nos rios e nos lagos do interior. Em algumas situações urbanas, onde o terreno para a construção é insuficiente, onde há bastantes zonas de água e os barcos velhos são baratos, a residência flutuante pode tornar-se um tipo importante de habitação, como sucedeu em Amesterdão, Paris, Londres e outras cidades. Seria útil analisar as condições e os objectivos específicos em que a habitação flutuante fosse um elemento útil numa cidade. Poderia resolver questões de procura súbita de habitação, por exemplo, ou poderíamos recorrer a eles quando não há terreno suficiente na proximidade de uma cidade costeira. Têm o seu charme (e custos).

G. *Sistemas e auto-construção.* Um conjunto adicional de modelos governa as nossas considerações racionais acerca da habitação e está relacionado com o processo segundo o qual se constrói a habitação. De acordo com os nossos hábitos, as pessoas com rendimentos elevados mandam construir habitações por encomenda, concebidas e contratadas individualmente. Todas as outras pessoas ocupam habitações em segunda mão ou compram unidades construídas para venda ou arrendamento por empreendedores de grande ou de média dimensão, utilizando *designs* industrializados e componentes já fabricados, que são depois incorporados nas estruturas construídas no local. Ou talvez uma família possa comprar uma habitação móvel pré-fabricada.

Uma facção do planeamento acredita que a industrialização de alta tecnologia para a habitação poderá acabar com a falta de habitação endémica e reduzir o seu preço para os níveis relativamente mais modestos da alimentação e do vestuário nos países desenvolvidos. Apesar de se defender neste país desde há muito tempo (nomeadamente com acções governamentais como a fútil *Operation Breakthrough*), a industrialização da habitação nunca chegou a desenvolver-se – excepto através da humilde caravana e também, gradualmente, através da produção industrial de componentes de construção separados: portas, janelas, armações para telhados, ferragens, componentes para as cozinhas e casas de banho, painéis de parede e uma série de outros objectos.

Contudo, na Europa, e principalmente nos países socialistas, o pré-fabrico centralizado da habitação tem sofrido um desenvolvimento considerável. Fábricas gigantescas produzem os diversos elementos destinados aos edifícios altos e estreitos, de modo a serem montados no próprio local de construção. O resultado tem sido um aumento considerável da oferta de habitações, mesmo que não se verifiquem grandes progressos quanto ao preço. O sistema produz empreendimentos imobiliários grandes e monótonos, muitas vezes com maus acabamentos e mal situados. O utilizador tem pouca intervenção quanto à forma da sua residência, ainda menos do que quando a aluga ou compra a um construtor privado.

Uma facção oposta do planeamento confia na auto-construção em vez da construção industrializada. Seguindo o exemplo da história dos aglomerados populacionais nas terras devolutas das cidades do terceiro mundo, defende que a melhor habitação é feita por, ou sob a supervisão directa do utilizador final, e que a mão-de-obra e o engenho do proprietário são recursos vastos e não utilizados na construção das habitações. A política pública deveria orientar-se, portanto, pelo apoio a estas iniciativas locais: incentivar os pequenos construtores e fornecer terrenos a bons preços, materiais de construção baratos, professores de técnicas de construção e alguns serviços básicos, tais como a água e a electricidade. A textura urbana deveria ser constituída por edifícios individuais de forma simples mas variada, em densidades moderadas que poderiam ser atingidas por edifícios baixos com uma cobertura relativamente alargada. Em vez de impor um modelo de edifício repetitivo, a forma coerente da cidade resultaria do padrão e do carácter da rua, e do sistema de serviços, da natureza dos materiais de construção e dos elementos de construção simples fornecidos aos proprietários-construtores e talvez derivasse de algumas normas elementares de construção.

> Turner
>
> Ver fig. 90, 91
>
> Abrams
> Habraken

A auto-construção pura, em que os moradores podem construir tudo com as suas próprias mãos, pode, na prática, restringir-se a sociedades tradicionais que construam com meios tradicionais ou, pelo contrário, a sociedades bastante ricas em que as pessoas o façam porque têm tempo e desejam fazê-lo. Apesar de tudo, as habitações poderão ser construídas, parcial e gradualmente, por profissionais e ao mesmo tempo sob a supervisão e controlo do utilizador, e poderão ser posteriormente modificadas e acabadas pelos residentes. Teorias mais avançadas deste género propuseram a construção de estruturas de apoio uniformes, para além dos arruamentos, no interior dos quais as famílias poderiam construir os seus abrigos de acordo com a forma pretendida. No entanto, parece pouco provável a viabilidade desse complicado sistema de apoio.

Apesar de nos podermos alongar ainda mais sobre os modelos residenciais, é interessante notar que existe muito pouca literatura sobre os edifícios não residenciais, com excepção do centro comercial. As habitações representam a parte mais importante de qualquer cidade, mas por que se dá tão pouca atenção ao local de trabalho, por exemplo, onde se passa uma elevada percentagem das horas que passamos acordados? Na realidade, existem modelos normalizados para os locais de trabalho, e que são repetidos: a torre de escritórios na zona central da cidade, o bloco de escritórios suburbano, a unidade industrial com casas de máquinas num andar térreo e escritórios e relvados na parte da frente, o vasto hangar de grandes dimensões da fábrica, situado no meio de terrenos e de áreas de estacionamento, o terminal de armazenamento e dos camiões, as habitações convertidas em pequenos escritórios, e tantos outros. São modelos "inconscientes", utilizados pelas empresas como meio natural de construção das suas próprias instalações, sem nunca serem examinados em função do impacto exercido sobre as pessoas que trabalham no seu interior ou sobre a cidade no seu conjunto.

Ver fig. 92

Ver fig. 67

Uma outra série de modelos da cidade diz respeito aos padrões de circulação interna:

A. *Escolha modal*. Há muitas maneiras de transportar as pessoas de um lado para outro e uma grande parte da discussão acerca da cidade envolve a escolha possível entre esses diversos meios. Percorrendo todas as surpreendentes variedades de meios – carros eléctricos, tróleis, autocarros, comboios, metros, comboios suspensos, comboios de feira, vagões, bicicletas, barcos, cavalos, pés, liteiras, cadeiras de rodas, automóveis, táxis, táxis de grupo, autocarros por telefone, passadeiras rolantes, *hovercrafts*, riquexós, patins, mini-autocarros, barcos para o gelo, aviões, helicópteros, dirigíveis, lambretas, motorizadas, elevadores e escadas rolantes – há duas dimensões fundamentais que distinguem as suas qualidades:

(1) O contínuo técnico, desde o mais simples, movido pelos músculos, ao mais complexo e automatizado (com dispositivos familiares, como os automóveis e os autocarros, algures no meio de todos eles); e

(2) O contínuo de controlo, que vai desde o movimento individual bastante livre até ao trânsito de massas, fixo em termos de horários e em termos espaciais (com os táxis de grupo algures no meio de todos eles).

De certo modo, estas duas dimensões não são independentes, mas tendem a vigorar em paralelo. No entanto, há meios de alta tecnologia que permitem uma certa liberdade individual (tais como as passadeiras rolantes e os elevadores, as esteiras e as escadas rolantes). Há também alguns meios de baixa tecnologia que constituem dispositivos para o trânsito de massas, tais como os carros puxados por cavalos e os navios. Mas os meios complexos e controlados, e os meios simples e livres tendem a associar-se em conjunto.

Os meios de massas, concentrados, são os mais frequentemente defendidos na literatura profissional sobre o *design* da cidade, uma vez que necessitam de menos espaço do que os meios individuais (tanto no canal como na arrumação do veículo), são mais eficientes em termos de energia (se as

90 Será que a falta de habitações será resolvida recorrendo à alta tecnologia ou será que as pessoas encontrarão soluções recorrendo à sua própria mão-de-obra?

91 Um típico aglomerado populacional em terrenos estatais devolutos de uma pedreira desactivada em Fez, Marrocos. As pessoas resolvem os seus próprios problemas de habitação com recursos escassos e regulam o seu próprio meio ambiente. Ao longe, podem ver-se habitações construídas pelo governo para as classes de rendimentos médios.

92 A fachada limpa e vazia da moderna propriedade industrial. Quem a utiliza? Quem olha para ela? O que está por detrás?

alternativas não forem activadas pela força dos músculos) e presumivelmente são mais eficazes em termos de custos. Uma vez que são fornecidos pelo capital social, em vez do capital privado, e que são geridos por especialistas, estão disponíveis para uma fatia maior da população: os pobres, os deficientes, os jovens e os idosos. Por outro lado, têm rotas e paragens menos flexíveis e necessitam de grandes investimentos iniciais de capital e um conjunto mais concentrado de partidas e de destinos para funcionarem com eficácia. Neste país, e em muitos outros, as pessoas optaram pelo transporte individual sempre que tiveram capacidade financeira para o fazer, dado que este tipo de transporte representa privacidade, acesso porta a porta, a possibilidade de ir e voltar quando se pretende e a oportunidade de viver e de trabalhar em baixas densidades. Esta escolha, por seu lado, trouxe consigo uma forte poluição do ar, acidentes, dependência relativamente ao petróleo, congestionamento das estradas, uma procura de vastos espaços para estacionamento e um agravamento do acesso para todas as pessoas que não conduzem um automóvel. Apesar de algum desânimo por causa do seu preço e de se ter verificado alguma melhoria no serviço de trânsito das cidades centrais, o veículo individual ainda não perdeu terreno. Uma falta de gasolina grave poderá alterar este quadro, mas a resistência deverá ser tenaz e engenhosa.

    O verdadeiro trânsito de massas necessita de concentrações elevadas de utilizadores e pode, por isso, ser apropriado apenas às áreas centrais das grandes cidades. A sua superioridade em termos de custos não é clara e as linhas de caminhos-de-ferro instaladas recentemente neste país demonstraram ser dispendiosas e injustas. Os veículos públicos que utilizam o conhecido motor de combustão interna – autocarro, mini-autocarro e táxi de grupo – são, actualmente, melhores dispositivos para transportar um grande número de pessoas, na medida em que são seguros, flexíveis e relativamente baratos. Mas também poluem o ar e não conseguem oferecer a comodidade do automóvel privado. Além disso, também não é fácil servir os subúrbios afastados com preços e horários razoáveis. Uma solução proposta para este dilema modal é a construção de um sistema misto de meios de transporte – um sistema em que os veículos individuais, que se deslocam em estradas locais de baixa densidade, possam ser ligados em conjunto através de cinturas ou de vias, ou possam ser ligados aos comboios, quando estão nos principais percursos e na proximidade dos centros de elevada densidade, de modo a que um grande número de pessoas se possa deslocar sem conflitos a alta velocidade. Mas esta solução necessita não só de um dispositivo técnico muito dispendioso de transporte e de controlo nos principais percursos, mas também de veículos individuais compatíveis com esse dispositivo. A ideia é muito atraente do ponto de vista técnico, mas o preço representa um sistema muito complexo, inflexível e geral.

A questão fundamental não é o carro por oposição ao trânsito de massas, ou como desenvolver um super meio de transporte, mas antes como desenvolver dois dispositivos: (1) um veículo individual que seja menos poluente, menos assassino, menos dispendioso, que necessite de menos espaço e que seja menos desperdiçador de energia do que o nosso estimado automóvel (uma bicicleta a motor segura, resistente às intempéries, com capacidade para transportar embrulhos?), e (2) um meio de trânsito de grupo que seja flexível nas suas rotas e horários, e que possa servir eficazmente áreas de baixa densidade. A liberdade para nos deslocarmos à vontade no interior de uma vasta área é um prazer do qual não se abdica facilmente assim que se consegue alcançar. As soluções não devem envolver uma recusa desta liberdade, mas antes uma mitigação dos seus custos, em que os mais graves são indubitavelmente a desigualdade do acesso ao sistema de transportes e o fardo dos acidentes e da poluição do ar.

O mesmo se pode dizer da dimensão baixa tecnologia - alta tecnologia. A caminhada (ou corrida) é a maneira mais saudável de nos deslocarmos de um lado para o outro, para os que o podem fazer. Mas actualmente a maior parte das deslocações urbanas necessitam de outros meios de transporte. No entanto, é menos provável que a resposta resida em instrumentos sofisticados tais como "as esteiras, as passadeiras ou as escadas rolantes" ou o *hovercraft*. É o veículo pequeno e familiar, conduzido individualmente que será mais útil, das bicicletas aos pequenos autocarros ou aos táxis de grupo. A mistura modal apropriada depende da política económica e da forma espacial da cidade em questão. A gestão e o controlo do sistema de transportes podem ser mais complicados do que a tecnologia. As qualidades necessárias são a simplicidade, a flexibilidade, a inexistência de poluição e a abertura a todos os utilizadores, mais do que a velocidade ou o esplendor técnico.

B. *Padrão de circulação*. O padrão espacial do sistema de circulação é uma questão muito debatida. Mais uma vez, raramente se desafia o conceito de hierarquia. Um bom sistema de circulação é um sistema em que as vias secundárias desaguam nas ruas locais, que, por sua vez, desaguam nas artérias e estas nas auto-estradas. A hierarquia pode ser composta por três níveis, em vez de quatro ou de qualquer outro número razoável. Deste modo, a capacidade de um canal pode ser dimensionada de acordo com o fluxo previsto e as utilizações que preferem muito ou pouco tráfico podem localizar-se nos locais onde sentem que vão encontrar o movimento ou a tranquilidade que desejam.

Essas hierarquias desenvolvem-se ao longo do tempo em muitas cidades não planeadas*. A intervenção pública pode

---

* É evidente que nenhuma cidade advém de um crescimento natural e, por isso, nenhuma cidade se desenvolveu sem ser planeada. Esta expressão, que pode induzir em erro, refere-se à ausência de um planeamento central e abrangente.

agudizar esta hierarquia "natural" e as novas cidades são normalmente planeadas de acordo com esse modelo. Neste caso, o modelo parece inquestionável, mas surgem pequenas dúvidas. Um delas tem a ver com o número apropriado de níveis, apesar de a escada descrita – rua secundária / rua colectora / artéria / auto-estrada – ser largamente aceite. Uma outra dúvida tem a ver com a capacidade para prever fluxos futuros e, assim, saber onde e com que frequência se deve colocar um canal com uma hierarquia superior. Uma outra dúvida tem a ver com a flexibilidade de movimentação em qualquer momento, ou seja, se uma hierarquia rígida pode impedir os movimentos locais, forçando uma pessoa a subir e a descer ao longo do sistema de ramificações, até chegar a um ponto nas proximidades. Por este motivo, a hierarquia rígida é muitas vezes harmonizada através da interligação entre os canais dos níveis inferiores, de modo a que sejam possíveis movimentos de desvio. Apesar de tudo, o conceito geral de hierarquia de circulação é bastante utilizado.

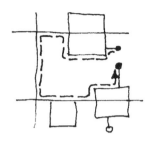

Para além desta noção geral, há várias alternativas ao próprio padrão, intimamente ligadas a outras características da forma urbana. Os dois modelos principais de padrão – o modelo em grelha e o modelo radioconcêntrico – já foram descritos. A grelha é normalmente rectangular na maior parte das cidades norte-americanas e, na verdade, em todo o mundo. Com as suas vantagens de disposição simples, de terrenos de construção regulares, de fluxo de tráfico flexível e de orientação lógica surgem alguns problemas sobejamente conhecidos: monotonia visual, desrespeito pela topografia, dificuldades de movimentação na diagonal e a ameaça de tráfico a alta velocidade em qualquer rua. No entanto, muitas destas dificuldades podem ser ultrapassadas, tal como se mencionou anteriormente.

A grelha rectangular pode ser alargada na terceira dimensão, para que haja um conjunto coordenado de subidas verticais e de caminhos horizontais em níveis sobrepostos. Esta forma tem sido muitas vezes proposta para áreas muito densas, de modo a explorar um volume total de espaço. A junção dos fluxos horizontais e verticais não é fácil, dado que é necessária uma mudança de meio de transporte. Mas em algumas das nossas áreas das zonas centrais da cidade, como em Minneapolis, começamos a construir no segundo andar uma grelha alargada tridimensional de vias para peões e de elevadores. Outras cidades, como Toronto, estão a construir redes no subsolo. Os centros comerciais à superfície já são habituais. Apesar de protegerem os peões das condições atmosféricas, estas passagens tendem a ser opressivas e desorientadoras, e podem vir a esgotar a vitalidade das ruas à superfície.

Okamoto

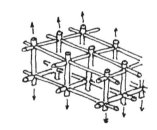

A forma radioconcêntrica tem sido a concorrente principal da grelha regular. Aparece frequentemente nas cidades históricas, muitas vezes sem quaisquer componentes

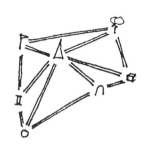

concêntricos regulares. É adequada para os fluxos de uma cidade com um único centro dominante, mas, como os fluxos não são centrais, a adequação não é a melhor. Se não houver percursos concêntricos, como acontece frequentemente nas cidades antigas, viajar pela cidade é difícil e o congestionamento no centro pode ser intenso. À escala regional, muitos sistemas de vias rápidas ainda seguem este modelo radial. Veja-se, por exemplo, o domínio continuado do modelo no sistema de vias rápidas em Boston, ou mesmo em Los Angeles. É possível que a grelha rectangular, distorcida para se adequar às circunstâncias locais, seja um modelo muito melhor para os grandes sistemas de vias rápidas que servem vastas regiões urbanas.

A rede axial, descrita anteriormente na forma barroca, assemelha-se a uma grelha triangular. Apesar desta forma ter vantagens consideráveis sob outros aspectos, é difícil para o tráfego geral, uma vez que as múltiplas intersecções de nível são imperfeitas. No entanto, para o tráfego lento a pé ou em carruagem poderá funcionar. Para procissões cerimoniosas, a rede axial é um dispositivo esplêndido. É interessante notar que, à escala nacional, o sistema de auto-estradas inter-estadual das áreas mais desenvolvidas dos Estados Unidos segue muito de perto a forma da grelha rectangular.

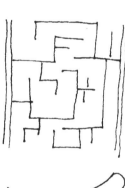

Apesar de o modelo em grelha e de o modelo radial serem os dois principais modelos de padrão, outros conceitos referem-se à textura geral dos canais, em vez de se referirem ao seu padrão total. O sistema capilar, descrito anteriormente, por exemplo, é visto frequentemente nas cidades antigas, densas e com amplas zonas para peões, particularmente em cidades onde a concorrência por um espaço pressiona o espaço de acesso até ao limite. É uma hierarquia de forma pura, em que cada rua secundária de acesso é um beco, ligada ao conjunto apenas por uma sucessão de ramificações que se fundem. O padrão global

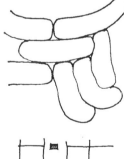

é um labirinto que ocupa todo o espaço. A privacidade é conservada e o trânsito de passagem é excluído, à custa de desvios forçados. Actualmente, um padrão deste tipo é adequado apenas para os pequenos enclaves utilizados exclusivamente pelos habitantes locais e pelos visitantes ocasionais.

A esta escala mais pequena são possíveis muitos outros padrões, nomeadamente a conhecida forma em "rim", que resulta da adaptação de longos superblocos a um solo com elevações, através de ruas curvas. As ruas locais, no interior de uma grelha, também podem ser interrompidas por intersecções em T e por padrões em suástica, de modo a desencorajarem o tráfego de passagem sem criarem becos. Os cruzamentos em T têm a vantagem adicional de proporcionarem um fecho visual definido à rua e boas posições para os edifícios importantes. Podem obter-se resultados visuais semelhantes curvando a rua bruscamente em pontos especiais.

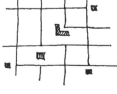

C. *Separações modais*. Todas as cidades utilizam mais do que

93 Os peões estão protegidos na larga faixa central de Las Ramblas, uma famosa rua de Barcelona.

um meio de transporte: no mínimo a pé e com animais, ou a pé e de barco. As cidades modernas utilizam uma grande variedade de meios, a maior parte dos quais funcionam em conjunto no canal da rua. Até certo ponto, estes meios são separados pela utilização do passeio ou da faixa para bicicletas, mas o conflito persiste. Muito se tem ponderado acerca das possibilidades de separação do movimento a pé do movimento dos automóveis e camiões, com os veículos de duas rodas e os veículos de transporte público ligados ora a um, ora a outro, destes grupos.

Uma ideia foi a criação de áreas fechadas no interior das quais os veículos motorizados não podiam penetrar. Estes recintos para peões são criados com alguma frequência nas cidades com centros históricos. Um outro exemplo é o interior do superbloco, e a zona selvagem é ainda um outro exemplo. A privacidade, a tranquilidade e a segurança dessas zonas é bastante valorizada. Alguns problemas normalizados surgem sempre em conjunto com os seguintes esquemas: o transporte de mercadorias, a entrada de veículos de emergência, a relação com o trânsito e a relação do veículo estacionado com o seu proprietário. Estes problemas têm limitado a dimensão das áreas às quais se pode aplicar a exclusão, mas não obscureceram a popularidade da ideia. Um conceito de compromisso é autorizar a entrada dos automóveis a baixas velocidades, ao mesmo tempo que se concede aos peões o direito de passagem sem restrições no espaço de toda a rua. Os condutores têm que agir com prudência, como se fossem empregados num restaurante apinhado, uma vez que são legalmente responsabilizados em caso de acidente. É necessária uma boa dose de criatividade para se conseguir atingir a segurança e a tranquilidade local sem uma perda grave da mobilidade individual, mas conseguiu-se fazê-lo.

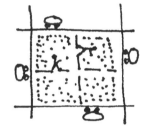

Buchanan 1963

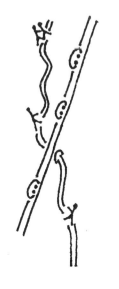

er fig. 93

A outra forma de separação modal é linear. Uma via é limitada a uma só forma de movimento: a auto-estrada, o parque de estacionamento, a faixa para autocarros, a linha do caminho-de-ferro, a faixa para bicicletas, o caminho para os noivos, o caminho para se andar a pé. Uma vez especializado, um canal pode ser concebido com eficiência para se adequar ao respectivo meio de transporte e, assim, podem evitar-se muitos conflitos. Encontrar um novo direito de passagem para um meio separado pode ser difícil e as intersecções entre os meios são complicadas, a não ser que sejam concretizadas através de desníveis, com custos mais elevados. As ideias da faixa para bicicletas, da faixa de trânsito reservada ou do bloco interior, e da passagem subterrânea ou elevada para peões, fazem parte da bagagem intelectual do planificador. No entanto, uma multiplicação destas separações – especialmente nas áreas centrais com muito movimento – pode ser não só difícil de concretizar, como também, depois de concretizada, pode forçar as actividades a proporcionarem entradas múltiplas e, deste modo, fazer com que uma rua multifuncional existente perca a sua importância e vitalidade. Como tal, a especialização modal implica um estudo cuidadoso do local e uma boa previsão dos tipos de fluxo futuro. Não é uma cura universal.

D. *Gestão da distância de viagem*. Reduzir o tempo de transporte é um ideal, dado que é considerado um período pouco produtivo e causador de uma ociosidade insatisfatória. Recomenda-se a proximidade entre o local de trabalho e o local de residência para reduzir o tempo de deslocação ao mínimo. Actualmente, essa proximidade é rara, excepto nas cidades das empresas, com todas as *suas* desvantagens. Algumas pessoas preferem ter a residência perto do local de trabalho ou então preferem trabalhar em casa. Um número maior de pessoas aceita um tempo de deslocação relativamente longo para poder viver num bairro melhor. Se se estiver limitado ao trabalho próximo da residência, as oportunidades de emprego são bastante reduzidas. A redução da viagem média casa / trabalho pode ser um objectivo inatingível. Até é duvidoso que isso aumente a produção, caso seja conseguido. Pode ser mais importante organizar a cidade de maneira a que mais pessoas possam viver perto do local de trabalho se o pretenderem e depois organizar a experiência de deslocação para que se torne um prazer. E se a viagem puder ser mesmo um acontecimento social ou produtivo?

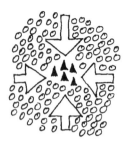

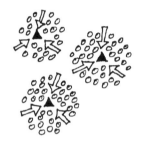

Também esperávamos que os novos meios de comunicação electrónica reduzissem ou abolissem as deslocações de casa para o trabalho, escola, lojas ou amigos. Agora as pessoas podem trabalhar na sala de estar e estar em contacto com o escritório central. Podem fazer compras por telefone, aprender através de instruções programadas em vídeo e manter um contacto fácil e simples com os parentes distantes. No entanto, não é muito evidente se estes novos meios estão, de facto, a reduzir os fluxos de tráfego urbano ou se virão a fazê-lo. A introdução do telefone parece ter tido o efeito de expandir as comunicações no seio da família normal, sem reduzir as suas viagens e deslocações. Além disso, a perspectiva das famílias fechadas nas suas habitações, num diálogo enlevado com os videofones, é algo de terrível. É possível que o transporte não seja o desperdício completo que normalmente consideramos.

E. *Protótipos de canal*. Há um certo número de modelos para o *design* dos próprios canais, em particular das ruas. Passamos agora à escala do planeamento do local, mas vale a pena apresentar uma lista dos modelos, quanto mais não seja porque se têm constituído frequentemente como tema dos *designs* da cidade, porque normalmente estão sob controlo público e porque têm muito a ver com a qualidade de um aglomerado populacional.

Talvez o modelo com mais influência tenha sido a avenida: a rua arterial larga, com uma ou mais filas de árvores de ambos os lados, passeios largos e possivelmente faixas paralelas de serviços. Os edifícios importantes compõem a parte frontal. Pode suportar trânsito pesado e, no entanto, proporcionar

fig. 94

fig. 95

muitas comodidades. Sempre que as utilizações são suficientemente intensas, o modelo funciona bem, mesmo quando implica um direito de passagem alargado. Sem pessoas, ou desprovida de árvores, é uma paisagem triste. A avenida também tem sido utilizada sob a forma de avenida residencial, ao longo da qual se encontram residências imponentes, por detrás de relvados verdejantes. Os problemas de trânsito condenaram esta variante e os exemplos que ainda restam foram, na sua maior parte, convertidos para utilizações institucionais. A avenida tem uma excelente aplicação ao longo de um curso de água ou de um grande parque, onde o trânsito em circulação e as utilizações importantes de um lado da rua podem gozar a paisagem terrestre ou aquática à sua frente, ao mesmo tempo que a cidade ganha uma fachada memorável.

O conceito moderno de uma rua principal é a conhecida via rápida, com as suas faixas de trânsito divididas, com belas ilhas centrais e faixas vedadas ao trânsito colocadas à beira da estrada, e com o acesso limitado apenas a intersecções desniveladas. O trânsito flui facilmente e usufrui de um cenário natural delicado. Ao passar por uma cidade, a estrada passa a ser uma depressão no terreno, retirando o trânsito da vista e permitindo que as ruas da cidade passem por cima dela. Uma zona da cidade é separada de outra por meio de um fosso, semelhante aos antigos fossos, e o condutor não pode ver o local por onde passa. Se não estiver abaixo do nível do solo, a estrada é construída a um nível superior ao das ruas da cidade, o que melhora a perspectiva do condutor, mas impõe ainda mais ruído aos habitantes locais. A divisão da cidade é mais grave e há espaços escuros, não utilizáveis, situados por baixo da via rápida. Apesar de a via rápida no campo ser muitas vezes uma proeza notável da engenharia moderna, a sua inserção no tecido urbano nunca foi adequadamente solucionada. Apresentaram-se algumas propostas para o desenvolvimento conjunto da utilização das estradas e dos seus flancos numa estrutura única, mas nunca foram devidamente implementados. Os túneis removem os incómodos do trânsito. No entanto, são dispendiosos e desoladores para o condutor.*

Por outro lado, as vias públicas por entre zonas arborizadas, ou a estrada concebida para o movimento de lazer, têm sido bem concebidos, em muitos casos. É normalmente um modelo que interage com o terreno e que consegue extrair vantagens particulares de uma característica natural linear, como um riacho. Infelizmente, as suas oportunidades de experiências visuais e auditivas sequenciais também não foram devidamente exploradas. Mas a maior dificuldade é que a maior parte destas vias de prazer foram conquistadas pelo trânsito geral pesado, excepto no caso de alguns parques nacionais.

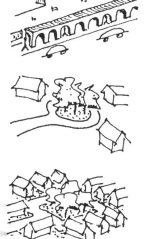

fig. 96

*Nunca ninguém concebeu um túnel agradável, para carros, para comboios ou para as pessoas a pé. É uma falha importante no nosso armazém de protótipos.

94 Uma avenida à beira-mar constitui uma face agradável de uma cidade e permite aos banhistas, passeantes, condutores e proprietários de apartamentos apreciarem simultaneamente a água. Aqui olhamos para norte a partir da praia de Oak Street, ao longo da "Costa do Ouro" de Chicago, situada em frente ao Lago Michigan. As mansões mais antigas, dos moradores mais abastados foram, em grande parte, substituídas por uma linha de apartamentos de luxo. Contudo, o local mantém-se aberto a todos os cidadãos que vivem por detrás da avenida.

95 A vista desde a estrada não é muito inspiradora quando uma via rápida urbana se situa abaixo do nível da rua.

96 É difícil criar um bom ambiente em locais subterrâneos. A estação central de metro, em Boston, já foi reconstruída depois de esta fotografia desanimadora ter sido tirada. Apesar de tudo, ainda hoje a estação é opressiva e confusa.

97 A George Washington Parkway, na Virgínia. Uma via rápida em faixas separadas pode ser bem adaptada ao terreno e transmitir uma requintada sensação de movimento.

98 A arcada de rua é um meio antigo usado para proteger os peões e que permite conservar a vivacidade da rua.

99 A utilização inovadora do beco sem saída em Radburn, New Jersey, criou o "superbloco" sem automóveis e permitiu a separação entre as entradas dos veículos e as entradas a pé para as casas.

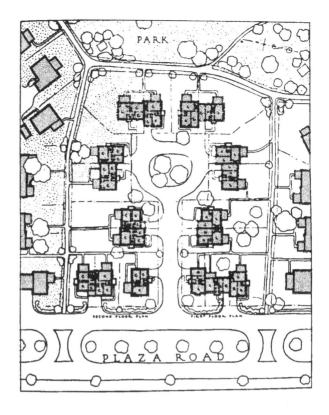

100 A Louisburg Square, em Beacon Hill, Boston, no século XIX. Continua a ser um magnífico exemplo norte-americano da praça residencial inglesa, com uma sebe e portão, rodeada pelas elegantes casas citadinas dos seus proprietários.

101 Uma artéria típica numa zona industrial: mal definida, mal cuidada, aberta a rápidas modificações de utilização – um local com pouco valor e com uma só função.

O passeio público para peões, concebido pelos mesmos motivos que as vias públicas por entre zonas arborizadas, mas para um meio diferente, não é muito visto na actualidade, apesar de parecer renascer (sob uma forma reduzida) nas partes centrais dos nossos centros comerciais. Com o interesse renovado pelas caminhadas e pelo *jogging*, será possível construir novamente passeios públicos? A rua comercial para peões, por outro lado, está viva não apenas nos centros comerciais. Decorar, iluminar e intensificar estas vias para peões tem sido um esforço importante do *design* urbano. No entanto, ainda é necessário aprender mais acerca do modo de humanizar o passeio citadino. A arcada contínua é um dispositivo histórico ainda útil para ruas importantes, uma vez que fornece protecção relativamente às condições atmosféricas e ao trânsito, e é um meio de unificar as fachadas não coordenadas das ruas. As arcadas podem ser construídas sobre estruturas de suporte ou podem ser projectadas sobre o passeio público. Com alguns problemas de junção, podem ser acrescentadas arcadas às partes frontais dos edifícios existentes. Por baixo delas, o passeio público pode ser utilizado em função de muitos objectivos sociais.

Actualmente, é raro ver-se um controlo rígido do *design* das fachadas de diversos edifícios ao longo de uma rua, o que confere a muitas cidades históricas o seu carácter especial, excepto ao longo de algumas avenidas especiais de poder. Já não se utiliza o antigo dispositivo de construção das fachadas juntamente com a própria rua, que permitia depois aos construtores privados construírem a restante estrutura por detrás dessas fachadas.

Também existem alguns modelos conhecidos e funcionais para as ruas secundárias: a rua suburbana em curva, o beco com a sua rotunda ajardinada, a rua de entrada comum a várias habitações, e a praça inglesa vedada e ajardinada, em torno da qual se divide a rua residencial. Mas faltam-nos ideias para as escalas intermédias entre estes extremos maiores e menores: a faixa comercial caótica, a artéria vazia com as suas faixas vazias e as fachadas semi-utilizadas, ou a árida estrada industrial quase perdida entre estaleiros dos mais diversos produtos e vedações com correntes.

Poderia dedicar muitas páginas aos terminais, o outro elemento essencial do sistema de circulação. Mas não me alongarei mais do que para lamentar a grandeza em declínio da estação de caminho-de-ferro citadina, o aspecto gasto e apinhado do terminal de autocarros contemporâneo, a confusão geral e a falta de humanidade do aeroporto moderno, o desconforto nu do parque de estacionamento, e a desolação, a desorientação e o terror da garagem de qualquer edifício. Infelizmente, nem sequer se consegue encontrar um local confortável para esperar pelo autocarro!

Ver figs. 102, 103, 104 e 105

Um conjunto final de padrões espaciais agrupa-se em torno das questões do espaço público aberto:

A. *A distribuição do espaço aberto*. Há dois pontos de vista contrários acerca desta distribuição. De acordo com um deles, os espaços abertos devem ser concentrados e contínuos, de modo a "darem forma" ao resto da cidade. Estes espaços devem estar bem interligados em conjunto e, em função da respectiva dimensão, devem proporcionar um verdadeiro alívio relativamente às condições superlotadas da cidade. Segundo o outro ponto de vista, os espaços devem ser pequenos e estar bem disseminados por todo o tecido citadino, de modo a serem tão acessíveis quanto possível. Em grande parte, a divergência entre estes dois pontos de vista deve-se a diferentes concepções da função do espaço aberto: se é um local normal, parte integrante da vida diária, como um alpendre frontal ou um parque, ou se é uma experiência em contraste com a vida da cidade, servindo-lhe como dispositivo de arranque em termos de raciocínio e, em algumas ocasiões especiais, em termos de experiência. Uma das facções encara os espaços abertos como locais onde se podem executar certas actividades normais, como conversar ou jogar à bola, enquanto que a outra os encara como locais com uma qualidade especial, que oferecem uma experiência importante na qual se deve estar totalmente imerso, agindo e apreendendo de uma maneira diferente da que se usa de modo rotineiro. Esta última facção acredita ainda que um bom ambiente é um ambiente em que as partes de um aglomerado populacional têm características distintivas, tais como as de uma cidade densa em oposição às do campo aberto. Esta distinção torna os locais memoráveis e permite-nos escolher o nosso habitat. Os grandes espaços abertos são úteis para criar esse contraste. Ao definirem a margem construída, conferem uma forma reconhecível à cidade no seu conjunto. O ponto de vista oposto defende que esse contraste não é importante e que a maioria das pessoas não pensa numa cidade como uma forma no mapa, definida pelas suas margens.

nch 1972

De facto, o espaço aberto contínuo pode ser uma definição pouco eficaz da forma da cidade, a não ser que esse espaço seja, por si só, uma paisagem poderosa: um oceano, uma montanha ou um grande rio. Além disso, ligar directamente os espaços abertos pode ser desnecessário se forem criados suficientes passeios e faixas para bicicletas em outros locais, uma vez que são poucas as pessoas que se deslocam continuamente de um espaço aberto para outro. Mas o espaço aberto tem muitas funções, entre as quais a imersão, o contraste e a experiência rural, e também uma utilização diária imediata destinada às actividades normais. Um bom aglomerado populacional deve incluir uma grande variedade. Estes dois pontos de vista são, portanto, conceitos complementares e não alternativos. No entanto, num caso concreto, com recursos limitados, a questão pode ser bastante real. Por exemplo, pode ser necessário decidir se se deve ampliar um parque regional suburbano ou criar uma série de parques no centro da cidade.

B. *Formas em mapa*. Entre os modelos de distribuição dos

grandes espaços abertos num aglomerado populacional sobressaem a cintura verde, o espaço triangular e a rede. Como são padrões em grande escala, aliam-se aos padrões da forma da grande cidade com os quais começámos. A cintura verde encara o espaço aberto como um cercado que rodeia um aglomerado populacional e evita o seu crescimento adicional. Alia-se à forma do satélite e aos conceitos de dimensão ideal da cidade. Apesar de ser discutido com alguma frequência na teoria da cidade-jardim, tem sido aplicado com menos frequência. Quando é aplicado, tem sido difícil de conservar, uma vez que a periferia imediata de qualquer cidade em crescimento é sempre o local mais favorável para a localização das novas actividades. A cintura verde de Londres obrigou a um enorme esforço administrativo para a sua protecção e, por esse motivo, tem imposto custos adicionais ao desenvolvimento, forçado a ultrapassar a barreira. Proporciona indubitavelmente uma comodidade especial para os moradores dos subúrbios que vivem na sua proximidade. Seria interessante saber quantos residentes da cidade utilizam a cintura verde ou têm conhecimento da sua existência. O Cordón de Havana foi conseguido através de uma nacionalização completa do terreno. Ironicamente, a cintura de Greenbelt, Maryland, foi primeiro invadida por uma guerra imobiliária e mais tarde vendida quando a administração pública se libertou da cidade.

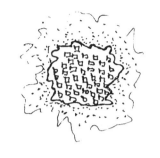

Ver fig. 106

A ideia do "espaço triangular verde" é quase contrária ao conceito de cintura verde. De acordo com este ponto de vista, o espaço aberto deve penetrar no coração de um aglomerado populacional e radiar no sentido exterior até atingir a periferia. Deste modo, todos os terrenos desenvolvidos devem ter um espaço aberto nas proximidades, apesar de haver menos espaço na direcção do centro, à medida que os raios convergem. Os espaços abertos estão ligados entre si e ligam-se à periferia rural de uma cidade, independentemente da distância. Todavia, o crescimento na periferia, ao longo das principais vias de acesso, nunca é bloqueado. É evidente que a ideia de triângulo está ligada à forma da estrela discutida anteriormente, mas também pode ser aplicada na cidade linear. A ideia não tem sido colocada em prática com frequência, apesar de ocorrer quando as características radiais naturais, como os rios, penetram a cidade e oferecem essa oportunidade. O plano geral de Moscovo proporciona triângulos deste género, que penetram toda a região metropolitana. Nos casos em que há circunferências, o triângulo verde pode ser tão difícil de manter inviolável quanto a cintura verde. Além disso, o modo como a relação com o espaço aberto se altera, à medida que passamos do centro para a periferia, tem de ser devidamente analisado. Mas num aglomerado populacional grande, a forma em triângulo faz com que o espaço aberto esteja mais próximo de todas as pessoas.

Ver fig. 78

O conceito de rede aberta, naturalmente aliado à cidade em forma de grelha, está menos desenvolvido e, tanto quanto sei, não foi aplicado em sítio nenhum. Este modelo abandona a

ideia de atribuir uma forma ao conjunto através de um padrão de triângulos verdes e concentra-se numa distribuição equitativa do espaço aberto através do tecido urbano, juntamente com uma interligação geral do sistema de espaços abertos. A grelha de espaços abertos é o complemento da grelha de ruas, iniciando-se a meio de uma fase, de maneira a passar pelos centros dos blocos de ruas e a atravessar entre as intersecções. Deste modo, pode chegar-se facilmente ao sistema aberto a partir de qualquer local dentro da cidade e é fácil a movimentação até qualquer local ao longo da grelha. Como complemento da grelha de ruas, a grelha aberta pode ser utilizada para deslocações recreativas: a pé, a cavalo, de esqui, de bicicleta ou com outros meios semelhantes. As ligações podem ser reduzidas a caminhos estreitos próximos das estradas principais, para que não seja usurpado demasiado terreno importante destinado ao desenvolvimento, ao mesmo tempo que o espaço aberto se expande nos interstícios da grelha de ruas. Tal como no "triângulo verde", os espaços das actividades das utilizações diárias podem estar situados ao longo das margens da rede aberta, enquanto mais para dentro se podem encontrar áreas maiores e mais "rurais". Uma vez que o modelo é um sistema interligado e, todavia, intimamente enredado em toda a área urbanizada, pressupõe um controlo alargado e pode necessitar de separações desniveladas nos pontos em que atravessa as ruas principais.

C. *Classes de espaço aberto*. Existe um conjunto de classes do espaço aberto, que são habitualmente aceites como modelos para o *design*:

1. *O parque regional*. É uma área rural grande, na periferia de uma região metropolitana, destinada à utilização por parte das pessoas que aí se deslocam para passarem um dia inteiro ou meio dia, ao fim-de-semana ou nos feriados. Tem de ser suficientemente grande e variado para absorver o acesso de massas, o trânsito e o estacionamento, e para proporcionar várias actividades para todas as idades, além de oferecer paisagens naturais para longos passeios a pé e talvez até mesmo para o campismo. Os desportos aquáticos, os piqueniques e os jogos no campo são algumas das actividades explícitas mais frequentemente oferecidas. Tradicionalmente, considera-se que a dimensão mínima deve ser de aproximadamente duzentos e cinquenta hectares e a área deve possuir uma qualquer característica natural especial, preferencialmente um riacho ou um lago. Os utilizadores devem viver a cerca de meia hora ou uma hora desse parque, seja de carro, de autocarro, a pé ou de bicicleta.

2. *O parque urbano*. É um parque muito menor, bem no interior da área urbana, e que visualmente faz parte dela, destinado à utilização local diária de lazer e de carácter informal: para caminhar, correr, sentar, fazer um piquenique e desenvolver jogos informais. A paisagem do parque inglês é o protótipo: renques de árvores nos relvados, com caminhos

102 A antiga estação citadina dos caminhos-de-ferro dava uma certa dignidade ao tempo de espera e à viagem.

103 Mas o terminal citadino de autocarros é um amontoado de pessoas e é desagradável.

104 E o aeroporto é limpo, vazio e frio, um espaço estranho onde as pesoas se sentam ou correm para apanharem o avião.

105 Esperar pelo autocarro não é um prazer – pensar quando é que ele vai chegar e como se conseguirão levar todos os embrulhos – apesar da viagem poder ser interessante quando se consegue arranjar um lugar. Os abrigos de autocarro são uma ajuda, mas o problema ainda não foi solucionado.

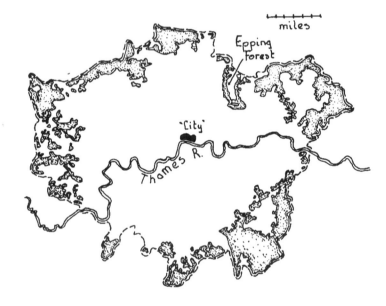

106 Um piquenique em Epping Forest, parte da grande cintura verde que rodeia Londres – uma cintura preservada com custos elevados, mas utilizada com prazer pela população adjacente.

sinuosos, lagos e arbustos, e com canteiros ocasionais de flores. Esta paisagem é cuidadosamente concebida e muito bem cuidada. Estes parques, que nos são tão familiares, encontram-se no centro da cidade e em alguns bairros residenciais mais antigos. Têm os problemas característicos da manutenção e da utilização excessiva, proporcionam ainda conflitos entre utilizadores e alguns problemas de segurança à noite. Apesar de tudo, são uma característica urbana muito apreciada. Em alguns locais, tornam-se a imagem central e o local de encontro de uma cidade (o Common, de Boston, o Central Park, de Nova Iorque; os parques de Londres). Noutros casos, são o centro importante de uma área local, tal como no conceito dos "parques de bairro".

3. *A praça*. É um modelo diferente para um espaço urbano aberto, retirado principalmente das cidades europeias históricas. Os livros sobre concepção das cidades estão repletos de possibilidades deste género e por vezes quase parece que o *design* urbano era simplesmente uma questão de concepção de uma praça. A praça pretende ser um centro de actividades no coração de uma área urbana intensiva. Normalmente, é pavimentada, fechada por estruturas de elevada densidade e rodeada por ruas, ou está em contacto com elas. Contém características que pretendem atrair grupos de pessoas e facilitar encontros: fontes, bancos, abrigos e outras coisas semelhantes. Pode, ou não, ter muitas plantas. A *"piazza"* italiana é o protótipo mais comum. Em algumas cidades norte-americanas, onde a densidade das pessoas nas ruas é bastante elevada, esta forma tem sido bem sucedida. Em outros locais, estas praças emprestadas podem ser bastante melancólicas e vazias.

4. *Parques lineares*. Outros espaços abertos são concebidos principalmente para o movimento: a pé, a cavalo, em carruagens ou em automóveis. Lineares na sua forma, orientam-nos de um destino para outro. Um rio, ou um riacho, proporciona um cenário muito natural para um parque deste género e, por isso, muitas vezes encontramos nas cidades parques com um rio, sendo o rio a característica central, com caminhos ao longo das margens e árvores e arbustos a disfarçar o desenvolvimento urbano em torno do parque. Os parques com um rio podem ter uma dimensão suficiente para albergarem uma estrada principal, como o Rock Creek Park, em Washington, ou podem ser tão estreitos e íntimos como o famoso Paseo del Rio, em San Antonio. Espaços abertos lineares semelhantes podem situar-se ao longo de um antigo canal ou curso de água.

Em outros locais, o motivo dominante é de movimentação agradável, de ver e de ser visto em vez de viver a experiência da natureza. O século XIX testemunhou a criação de muitos passeios públicos destinados às carruagens da moda, dos quais a Viale dei Colle, em Florença, é um exemplo esplêndido. Os passeios públicos com plantas, destinados aos passeantes a pé, são uma herança antiga. A ideia foi transportada para a estrada arborizada, destinada aos automóveis conduzidos por prazer.

Mas sob a pressão do trânsito, estas estradas arborizadas degeneraram em vias rápidas com objectivos mais gerais.

O modelo de *design* para os parques lineares tem sido o vale sinuoso, flanqueado por bosques e formando uma curva ao longo do riacho ou dos acidentes do terreno, ou a avenida ladeada por filas regulares de árvores e conduzindo directamente a um destino visível. Uma das questões relacionadas com este modelo tem sido a de saber se devemos excluir da vista o desenvolvimento urbano nos flancos, ou, se não o fizermos, como o devemos integrar no cenário do parque. Muitos parques lineares não conseguem atingir nenhum destes objectivos. Apesar de serem concebidos para o movimento, é muito raro encontrar um parque linear que explore a sequência de acontecimentos visuais, excepto por acidente. A arte do *design* para a experiência de deslocação na cidade ainda não amadureceu, apesar de os japoneses terem criado, há bastante tempo, os "jardins de passeio", compactos num espaço limitado. As faixas para peões e ciclistas, tão frequentemente apresentadas a verde nos *designs* contemporâneos, representam apenas linhas de movimento segregado e raramente são concebidas como espaços lineares abertos ou como uma sucessão de paisagens sempre renovadas.

5. *Parques infantis e campos de jogos*. Esta é uma categoria de espaços abertos destinados principalmente à utilização para os jogos das crianças, dos adolescentes e dos adultos mais activos. As suas dimensões, características e localizações baseiam-se nos jogos organizados considerados apropriados aos vários grupos etários. Existe uma literatura vasta quanto aos seus padrões. Distinguem-se pelo menos duas subcategorias: o *parque infantil* destinado a crianças até ao início da adolescência, que deve situar-se ao lado da escola primária e cujo acesso deve ser possível a pé para todas as habitações, e o *campo de jogos* destinado aos jogos mais extensos e organizados das crianças mais velhas e dos adultos. O campo de jogos tem de ser maior e pode situar-se a uma distância maior. Em teoria, está ao lado da escola secundária. A estes dois tipos de parque, por vezes acrescenta-se o *mini-parque infantil*, destinado às brincadeiras das crianças em idade pré-escolar e que deve situar-se muito próximo de casa, para permitir a fácil supervisão dos pais.

O *design* destas características está ligado aos jogos activos que se pressupõe fazerem parte do lazer infantil e, por isso, têm uma disposição rígida, estão equipados com equipamentos normalizados de jogos e situam-se em terreno plano e aberto. Podem ser ruidosos e terem uma aparência algo despida. A ligação directa à escola e a necessidade de uma área plana substancial colocam muitas vezes alguns problemas à localização de uma escola.

Estes locais são utilizados e é evidentemente importante proporcionar jogos normalizados e organizados. Todavia, estes parques podem não ser tão fulcrais para as vidas das nossas crianças quanto se pensava anteriormente. O modelo pode ser criticado pela negligência do papel da gestão, pela visão estreita do âmbito das actividades infantis e pelo modo como o equipamento e a sua colocação representam uma imposição (ou uma tentativa de imposição) das concepções adultas das brincadeiras e dos jogos. Originalmente, a ideia do parque infantil desenvolveu-se a partir da utilização activa e supervisionada dos grandes parques da cidade, que pretendiam promover a saúde e a educação alargada, tanto de crianças como de adultos. Ao concentrar-se nos jogos, na segregação das idades e no equipamento físico, o modelo ganhou clareza, mas pode ter perdido alguma da sua importância original.

6. *Baldios e parques de aventuras*. Recentemente, desenvolveu-se um modelo alternativo dos jogos infantis a partir de estudos sobre o modo como as crianças utilizam efectivamente a cidade, e particularmente os seus recantos baldios – as áreas onde o controlo dos adultos é mais fraco e onde as crianças se sentem livres para agir como desejam. Destes estudos, surgiu o modelo do parque de "aventura" (ou de "velharias" ou de "acção"), onde existe uma superfície plana e uma grande colecção de materiais velhos, e onde as crianças podem construir tudo o que gostam: casinhas, vários tipos de brinquedos, ambientes imaginários, ou qualquer outra coisa. Há um supervisor que impede a construção de estruturas perigosas, que serve de mediador em caso de conflitos e que, caso seja necessário, oferece conselhos sobre a construção. Tem de haver também um mecanismo de limpeza ocasional, para que os novos grupos possam erguer as suas construções. As paisagens resultantes são imaginativas e complexas. As crianças envolvem-se seriamente nestes espaços. Os adultos da vizinhança provavelmente consideram o local perigoso e uma monstruosidade, e, por esse motivo, tem de ser vedado. As crianças aprendem fazendo, o que era um dos motivos originais da movimentação no parque infantil. Há muitos aspectos dependentes da qualidade da supervisão. Se for suficientemente sensível, um espaço relativamente pequeno pode proporcionar uma grande variedade de actividade, incluindo o estudo da natureza e os nichos isolados dedicados aos sonhos.

Apesar de o parque de aventuras se concentrar na utilização intensiva e supervisionada de pedaços definidos de terreno, o conceito já afecta o raciocínio acerca do modo como as crianças usam a cidade no seu conjunto: ruas, vielas, terraços, pátios, lojas, etc. Actualmente, desenvolvem-se alguns modelos sobre a utilização multifuncional do passeio, por exemplo, ou sobre o papel dos resíduos em terrenos abandonados no desenvolvimento da criança. Nenhum destes modelos substitui as actividades do parque infantil organizado. São extensões da nossa própria concepção da criança na cidade. Entram em conflito com o habitual conceito adulto de segurança, de controlo, de arrumação visual e do local das crianças.

107 Desde que tenham os meios necessários, as crianças constróem os seus próprios mundos.

Certos modelos para o *design* da cidade referem-se à organização temporal de uma cidade, em vez de se dedicarem ao seu padrão espacial. Estas são estratégias ou sucessões de acções:

A. *A gestão do crescimento*. Os conceitos de dimensão ideal da cidade já foram mencionados. Este é apenas um aspecto de um vasto conjunto de conceitos: como deve ser gerido o crescimento do aglomerado populacional. De acordo com um ponto de vista, e partindo do princípio de que há dimensões ideais para a cidade, o crescimento deve ocorrer num aglomerado populacional, de seguida em outro e assim sucessivamente. Cada um dos aglomerados deve atingir a sua dimensão ideal e depois deve desviar-se o crescimento para um novo aglomerado populacional. O resultado é uma série de cidades com uma melhor dimensão, em que muito poucas, em qualquer altura, são atormentadas pela agonia da expansão. Mas é muito difícil ligar e desligar o crescimento de uma maneira tão decisiva, já para não falar dos problemas de determinação da dimensão ideal.

O ponto de vista oposto defende que não há provas convincentes acerca de uma dimensão correcta e que não há nada de errado com o crescimento, desde que seja bem organizado. De facto, o crescimento é um sinal de saúde e de prosperidade, ao passo que o seu fim significa estagnação. A estratégia apropriada, nesse caso, é incentivar o crescimento, ao mesmo tempo que se remove periodicamente o tecido obsoleto e que se assegura, através de um planeamento prévio, que as novas áreas são de boa qualidade e estão bem integradas nas antigas áreas.

Um outro ponto de vista sustenta que, apesar de ser verdade que a dimensão ideal não existe, um crescimento demasiado rápido pode causar rupturas graves e deve ser evitado. A *taxa* de crescimento é crucial, e não a dimensão resultante num qualquer momento. Consequentemente, a estratégia apropriada é determinar uma taxa ideal e tentar manter o crescimento próximo desse ideal para todos os aglomerados populacionais. O conceito é intuitivamente atraente como meio de gestão de uma situação dinâmica. No entanto e até à data, tem sido desenvolvido pouco trabalho sobre a determinação das taxas ideais de crescimento para situações diferentes. Parece razoável imaginar-se que existem esses ideais para as taxas de crescimento, mas no final poderão revelar-se tão ilusórios quanto os ideais para a dimensão. Apesar de tudo, muitas comunidades suburbanas estão a tomar medidas para limitar as suas taxas de crescimento, muito antes (como é habitual) da teoria o fazer.

Uma variante desta posição é a afirmação de que as dificuldades não surgem simplesmente quando o crescimento é demasiado rápido ou demasiado lento, mas quando se atingem limiares sucessivos – pontos em que são necessárias novas infra-estruturas importantes, em que têm de se abrir novas áreas de expansão ou em que são subitamente necessários novos serviços. Os custos não aumentam equilibradamente a par com o aumento da dimensão, mas tendem a dar um salto em pontos críticos. Passar determinado limiar impõe um fardo especial sem oferecer as vantagens concomitantes. Os limiares variam em função das diferentes cidades. Uma vez estabelecido um limiar, a estratégia apropriada é restringir o crescimento abaixo desse limiar durante tanto tempo quanto for possível e depois ultrapassá-lo rapidamente para colher os benefícios do custo acrescido logo que for possível. Deste modo, uma pequena cidade, cujas habitações utilizam fossas sépticas, poderá ter de instalar um sistema central de esgotos quando atingir uma certa dimensão. Tendo conhecimento deste aspecto, os responsáveis pela cidade devem esforçar-se por manter uma dimensão que não obrigue à instalação de uma nova central de tratamento de esgotos. Se atingir esse ponto, devem então incentivar uma onda de crescimento de modo a atingirem um número de residentes que permita pagar a nova central. O crescimento apropriado é, então, uma série de saltos e de avanços lentos. O modelo é sensato, mas acaba por ser melhor aplicado em aglomerados populacionais de pequena dimensão, onde os investimentos públicos singulares parecem ser enormes, ou nos casos de gastos extraordinários. Em aglomerados populacionais maiores e mais complexos há muitos limiares de crescimento, normalmente tão descoordenados que nenhum ponto em especial é verdadeiramente crítico. O modelo de limiar não é incompatível com o modelo de taxa de crescimento. Podem ser utilizados em conjunto.

É de salientar que todos estes modelos tratam dos problemas de crescimento e nenhum aborda o declínio. O declínio é tão habitual para nós como o crescimento, e normalmente coloca problemas mais graves. Não gostamos de o enfrentar. A maior parte das soluções para os problemas de declínio são tentativas de o transformar em crescimento. Não possuímos modelos conceptuais acerca da gestão ideal do declínio. É uma das maiores dificuldades da ideia de "crescimento zero". Uma vez que a estagnação absoluta é um equilíbrio demasiado delicado, é tão provável que aconteça uma queda no sentido do declínio como uma descida no sentido do crescimento, quando se tenta estar próximo do ponto zero. Sem modelos convincentes para um bom declínio, a possibilidade dessa ocorrência gera pânico.

B. *Estratégias de desenvolvimento e de renovação*. Certos modelos de *design* da cidade abordam os padrões das acções sucessivas quando se altera um local através de renovação ou de um novo desenvolvimento. Um desses modelos segue o exemplo da observação das "ondas" na mudança das cidades, ondas que parecem movimentar-se do centro para o exterior, cristas de densidade da população, de localizações étnicas e de sucessões de utilizações. Como tal, uma estratégia eficaz é começar num ponto (normalmente o ponto mais acessível ou

onde é mais fácil começar) e depois avançar, através de mudanças contínuas, em direcção ao exterior, até abranger toda a área. Cada área sucessiva de mudança é apoiada pela área adjacente já renovada. A oportunidade actual situa-se na margem. Isto parece-nos tão óbvio que quase não vale a pena ser mencionado. Como não é notado, o modelo tem um efeito penetrante. Muitos empreendimentos e preços imobiliários baseiam-se neste modelo. No entanto, se a expansão no sentido do exterior for radial, será necessário renovar cada vez mais terreno para manter uma taxa constante de mudança no sentido do exterior.

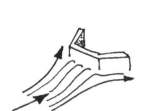

Uma ideia concomitante é a da barreira de ondas. Se a mudança se propaga como uma onda, então, na altura em que se pretender limitá-la, constrói-se uma barreira para fazer parar a onda ou para a desviar noutra direcção. A barreira pode ser uma rua com muito trânsito, uma linha de comboio, uma eliminação do acesso,* uma barreira natural ao movimento, um grande espaço aberto ou o aumento de uma elevação. Essas barreiras ocorrem frequentemente por acidente, mas também podem ser criadas deliberadamente e defendidas com todo o vigor. Uma vez ultrapassadas são rapidamente abandonadas. A onda de mudança parece inundá-las, bem de acordo com o modelo hidráulico. Esta é a analogia espacial da ideia temporal de limiar.

Um outro modelo é o ponto central ou estratégia "infecciosa". De acordo com esta imagem, a mudança é atingida com mais eficácia através da construção de vários novos centros em toda a área. Se estes pontos estiverem estrategicamente colocados e forem suficientemente fortes para sobreviver durante algum tempo por si próprios, então conseguem "infectar" as áreas à sua volta e provocam uma mudança no conjunto. Esta era a estratégia barroca, que confiava na criação de novos pontos centrais para renovar uma cidade. L'Enfant fez o mesmo no seu plano de Washington, separando deliberadamente a Casa Branca e o Capitólio de Georgetown, para que cada um deles servisse de incentivo ao crescimento de um território maior. A mesma ideia surge, a uma escala regional, na "teoria do crescimento por pólos". O modelo também pode aplicar-se a mudanças indesejadas: considera-se que a presença de uma utilização indesejada (uma loja pornográfica), ou de uma condição (um edifício em mau estado), provavelmente infecta e degrada todo o cenário.

O modelo é duvidoso, até porque as cidades não são organismos. Se um ponto central provoca a mudança das redondezas, sucumbe ou sobrevive como anomalia local, isso depende das relações pormenorizadas de utilização e de percepção.

Uma outra estratégia é, porventura, a da rede. Em primeiro lugar, é necessário equipar uma área com uma rede de infra-estruturas essenciais, como auto-estradas, avenidas, esgotos, electricidade, escolas, etc. O desenvolvimento privado, que depende destes serviços coordenados, deve, posteriormente, preencher o restante sem necessitar de mais intervenções públicas. Esta medida é evidentemente semelhante ao modelo de "apoios" de John Habraken, e de outros entusiastas da habitação construída individualmente. Também se reflecte na noção de David Crane da "teia capital". O seu funcionamento depende do grau de solução real representado pela infra-estrutura seleccionada. No caso de um novo crescimento suburbano nos Estados Unidos, por exemplo, as localizações das auto-estradas e das redes de esgotos parecem, de facto, determinar a localização das novas habitações. Mas o efeito não deve ser tão poderoso em áreas já desenvolvidas e equipadas com uma rede de serviços públicos.

Habraken

C. *Permanência*. De acordo com a noção predominante, tudo o que dura é bom. A permanência significa uma poupança de recursos materiais, uma diminuição da desorganização e fortes ligações ao passado. Significa que a coisa original foi bem adaptada à sua função. A pedra e outros materiais "eternos", as populações instaladas e a manutenção da forma e dos hábitos são recomendáveis. As coisas e os comportamentos descartados representam perdas. Os novos objectos e os novos modos de vida, se não tiverem sido testados, expõem-nos a certos riscos perigosos. Este é provavelmente um ponto de vista actual e maioritário nas cidades em que vivemos. Se uma empresa, uma família, um edifício, uma região administrativa ou um hábito perduram, então é porque são bons.

O ponto de vista oposto (que habitualmente era tido em devida conta na perspectiva norte-americana) defende que o valor reside na mudança. A incapacidade de mudar torna não só impossível uma resposta ao fluxo inevitável de acontecimentos, como também representa uma incapacidade de melhoria. Os edifícios antigos são normalmente edifícios obsoletos: os hábitos antigos são constringentes. Os custos iniciais e os custos de manutenção recorrente das coisas permanentes são muito superiores aos recursos necessários para os substituir periodicamente por novos materiais. As cidades deveriam ser construídas com estruturas leves e temporárias para que as pessoas pudessem facilmente mudá-las à medida que as suas vidas mudam. As associações históricas podem ser conservadas através de símbolos e não com vários ares de edifícios incómodos. Particularmente as pessoas mais jovens necessitam da oportunidade de exploração de novas possibilidades. No início do século, pelo menos, este era o sentimento dominante da vanguarda intelectual. Já não é actualmente.

Lynch 1972

Ambos os modelos são aplicados indiscriminadamente. Mais uma vez, cada conceito é adequado para determinadas situações e inadequado para outras. Esta perspectiva deve variar, não apenas em função da situação externa – ou seja, em função do valor dos edifícios antigos ou dos custos relativos, descontados das estruturas temporárias por oposição às estruturas permanentes, ou em virtude da taxa de mudança efectiva de cada função – mas também de acordo com os sentimentos internos acerca da mudança e da estabilidade. Tendo em conta a heterogeneidade das populações das grandes cidades, é evidente que as nossas cidades têm de conter ambientes estáveis e temporários. Deste modo, pode ser apropriada a divisão por zonas de áreas diferentes, não apenas devido à sua utilização ou forma física, mas também devido às suas taxas de mudança.

Apesar de tudo, a noção de conservação física está a ganhar cada vez mais terreno. Desenvolveu-se a partir da preservação de pontos históricos únicos, passou para a preservação de zonas históricas notáveis, e está a mudar-se dessas para a preservação de áreas mais antigas com características interessantes, mas sem uma qualidade histórica "especial" ou arquitectural extraordinária. A este aspecto está a juntar-se uma imagem separada de preservação da ecologia "natural" de cada região, ou seja, a inter-relação presumivelmente estável e benéfica dos organismos vivos que mais se aproxima do equilíbrio existente há já algum tempo, anterior a qualquer desenvolvimento urbano significativo. À medida que os ecologistas viram as suas atenções para a cidade, e os historiadores se viram para as áreas "diárias", as agendas de ambos os grupos começam a fundir-se. A toda esta situação pode acrescentar-se ainda a preocupação com o desenraizamento das comunidades sociais. Se estas preocupações puderem ser fundidas com sucesso, representarão uma poderosa força de conservação.

A preservação está a mudar no sentido da conservação, ou seja, no sentido de uma tentativa de gerir a mudança, de modo a manter os laços com o passado e a conservar os recursos que ainda têm valor actual: a reabilitação, em vez da reconstrução histórica, a reciclagem de estruturas e de resíduos, em vez da preservação da aversão. Verifica-se algum interesse nas formas "suaves", ou seja, nos meios de construção que possam responder à mudança parcelar no futuro. Na medida em que estes conceitos revelam um desejo de aceitar e de gerir a mudança, transcendem os argumentos iniciais sobre a temporalidade e sobre a permanência.

D. *Regulação temporal da utilização*. Um último conjunto de modelos temporais trata da regulação temporal das actividades. A ideia de determinar o tempo de uma acção é, em si próprio, um conceito importante. As actividades podem ser proibidas em certas alturas para evitar conflitos ou profanações, tal como se tentou fazer através das "leis azuis".[1] Podem estar separadas no tempo de modo a amenizar o congestionamento, ou podem ser agrupadas no tempo para permitirem as devidas ligações e uma densidade suficiente de utilizações, tal como acontece com a definição dos dias de mercado. Os horários são estabelecidos para permitir a coordenação e a previsão de um serviço. A regulação temporal da actividade é uma parte tão essencial da concepção da cidade quanto o espaçamento das actividades, mas é manipulada conscientemente com muito menor frequência.

Tem-se verificado uma certa tendência para uma maior precisão da regulação temporal das actividades e para uma maior especialização no tempo: fins-de-semana, horas de trabalho, horas de ponta e outras. Certos espaços são utilizados intensivamente durante certos períodos e depois ficam vazios durante períodos ainda mais longos. A confusão e o vazio da zona financeira de uma cidade é um lugar-comum do jornalismo urbano. Acontecem fenómenos semelhantes nos sistemas de transportes, nas zonas de lazer, nos parques e em muitos outros locais.

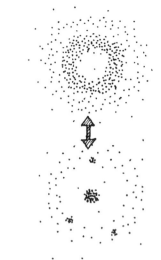

Browne

Algumas pessoas podem argumentar que esta utilização espasmódica representa um enorme desperdício. Se planeássemos o tempo de utilização do mesmo modo que o seu espaçamento, poderíamos viver as nossas vidas com uma grande economia de recursos. Além disso, é psicologicamente deprimente, e até perigoso, se determinada área da cidade, particularmente uma área central, não for utilizada durante a maior parte do tempo. Como tal, a zona central deveria, no mínimo, ser concebida de modo a ficar "iluminada" – com uma utilização activa ao longo de vinte e quatro horas, ou pelo menos durante uma grande parte do dia. Uma parte da cidade não ficaria "morta" à noite e as pessoas sentir-se-iam livres para se mostrarem activas a qualquer hora. É evidente que poderiam gozar de uma liberdade semelhante se *uma* área do aglomerado populacional estivesse activa a todas as horas, mesmo que todas as áreas estivessem fechadas durante a maior parte do tempo. Mas para poder gozar esta liberdade especial, seria necessário um sistema flexível de transportes e um bom conhecimento da regulação temporal predominante.

A especialização do tempo e a integração no tempo têm ambas o seu lugar próprio. Ambas podem poupar ou desperdiçar recursos, mas é verdade que não prestamos atenção suficiente ao papel do tempo na concepção da cidade. Quanto à "morte" de certas zonas da cidade: os edifícios não ficam psicologicamente deprimidos por estarem fechados. A "falta de vida" só é difícil de suportar quando as pessoas entram nessas zonas fechadas. As áreas "iluminadas" e as áreas especializadas em termos temporais podem ser agradáveis. São antes as áreas ambíguas em termos temporais, pouco activas em certas alturas, mas nunca completamente fechadas, que representam um problema.

Este catálogo não é uma enciclopédia. A sua organização é arbitrária. À medida que descemos a escala de planeamento dos locais, por exemplo, a lista poderia desdobrar-se maravilhosamente, enquanto apresentávamos modelos de ruas, tipos de edifícios, planos para os locais e pequenos espaços abertos.

No entanto, é evidente que o catálogo é rico em certas áreas

– como a concepção da habitação e dos espaços abertos – e pobre em outras, como a concepção dos locais de trabalho, as paisagens das ruas, os terminais, a forma do processo, a organização temporal e os modelos de declínio. Mesmo nos casos em que os modelos são numerosos, há muitas incertezas quanto aos seus impactos ou quanto às situações em que se adaptam melhor. Desenvolver e analisar protótipos poderá ser um campo útil de pesquisa sobre o design urbano.

Em segundo lugar, pode parecer que muitos destes modelos são encarados como artigos de fé. Surgem em oposição a outros modelos sobre bases bastante gerais, como se houvesse apenas uma forma correcta de construir uma cidade. Na verdade, os modelos não são mais do que alternativas. Alguns são úteis em circunstâncias especiais. Em outras ocasiões, podem ser utilizados em simultâneo modelos diversos. Um bom *designer* deve ter todos os modelos na sua mente, com todos os seus pontos fortes e fracos, deve conhecer o contexto em que são adequados e deve empregá-los com flexibilidade e intencionalidade. Além disso, esta apresentação é algo deficiente, porque muitas vezes os modelos foram separados das instituições de gestão que os tornam viáveis e foram descritos como se fossem independentes da cultura e da economia política na qual têm de ser aplicados. Mas uma vez que a apresentação foi mecânica, pode, pelo menos, ser resumida mecanicamente – como um plano simples:

1. Padrões gerais
A. A estrela ou asterisco
B. Cidades satélite
C. A cidade linear
D. A cidade em grelha rectangular
E. Outras formas em grelha
F. A rede axial barroca
G. O rendilhado
H. A cidade "interior"
I. A cidade em ninho
J. Visões actuais

2. Padrões dos locais centrais
A. Padroes de centros
B. Centros especializados e genéricos
C. Centros lineares
D. Centros de bairro
E. O centro comercial
F. Centros móveis

3. Texturas
A. Células
B. Dispersão e compacidade
C. Segregação e mistura
D. Textura espacial característica

E. Tipos de habitação
    1. Edifícios altos e estreitos
    2. Torres no meio de espaços verdes
    3. Edifícios densos sem elevador
    4. Edifícios sem elevador com acesso térreo
    5. Habitações com pátios
    6. Habitações geminadas
    7. Habitações independentes
F. Inovações na habitação
G. Sistemas e auto-construção

4. Circulação
A. Escolha modal
B. Padrões de circulação
C. Separações modais
D. Gestão da distância de viagem
E. Protótipos de canal

5. Padrões de espaço aberto
A. A distribuição do espaço aberto
B. Formas em mapa
    C. Classes de espaço aberto
    1. Os parques regionais
    2. Os parques urbanos
    3. As praças
    4. Os parques lineares
    5. Os parques infantis e campos de jogos
    6. Os baldios e parques de aventuras

6. Organização temporal
A. Gestão da taxa de crescimento
B. Estratégias de desenvolvimento e de renovação
C. Permanência
D. Regulação temporal da utilização

"Se houvesse um Paraíso incluir-se-ia nele todo o mundo, que teria de ser completamente remodelado caso o quiséssemos descobrir e amar novamente."

Fernando Cruz

Bibliografia

Charles Abrams, *Man's Struggle for Shelter in an Urbanizing World*. Cambridge, Mass.: The MIT Press, 1964.

Janit Abdu-Lughd, *Cairo: 1001 Years of the City Victorious*. Princeton, N.J.: Princeton University Press, 1971.

Robert M. Adams, "The Natural History of Urbanism," in *The Fitness of Man's Environment*. Washington, D.C.: Smithsonian Institution, 1968.

Christopher Alexander, *Notes on the Synthesis of Form*. Cambridge, Mass.: Harvard University Press, 1964.

Christopher Alexander, Sara Ishikawa e Murray Silverstein, *A Pattern Language: Towns, Buildings, Construction*. Nova Iorque: Oxford University Press, 1975.

William Alonso, *Location and Land Use*. Cambridge, Mass.: Harvard University Press, 1964.

G. F. Andrews, *Maya Cities: Placemaking and Urbanization*. Norman, Okla.: University of Oklahoma Press, 1975.

Donald Appleyard, *Planning a Pluralist City: Conflicting Realities in Ciudad Guayana*. Cambridge, Mass.: MIT Press, 1976.

William Ashworth, *The Genesis of Modern British Town Planning*, Londres: Routledge & Kegan Paul, 1968 (orig. 1954).

A. Baburov, *The Ideal Socialist City*, trad. Nova Iorque: Braziller, 1971.

G. Bachelard, *The Poetics of Space*, trad. Boston: Beacon Press, 1969 (orig. 1958).

William Baer e T. Banerjee, "Environmental Research, Environmental Design and the 'Applicability Gap,'" in Peter Suedfeld et al. (eds.), *The Behavioral Basis for Design, Book 2: Session Summaries and Papers*. Stroudsburg, Penna.: Dowden, Hutchinson & Ross, 1977.

Mark Baldassare, *Residential Crowding in Urban America*. Berkeley, Calif.: University of California Press, 1979.

Reyner Banham, *Los Angeles: The Architecture of Four Ecologies*. Londres: Allen Lane, 1971.

Roger Barker. *Ecological Psychology: Concepts and Methods for Studying the Environment of Human Behavior.* Stanford, Calif.: Stanford University Press, 1968.

Leonardo Benevolo, *The Origins of Modern Town Planning.* Londres: Routledge & Kegan Paul, 1967; Cambridge, Mass.: The MIT Press, 1971.

B. J. L. Berry, *Land Use, Urban Form, and Environmental Quality.* Chicago: Department of Geography, University of Chicago, 1974.

B. J. L. Berry e F. E. Horton, *Geographical Perspectives on Urban Systems,* Englewood Cliffs, N. J.: Prentice-Hall, 1970.

B. J. L. Berry e J. D. Kasarda, *Contemporary Urban Ecology.* Nova Iorque: Macmillan, 1977.

Stefano Bianca, *Architektur und Lebensform im islamischen Stadtwesen,* 2ª ed. Zurique: Verlag für Architektur Artemis, 1979.

Hans Blumenfeld, *The Modern Metropolis: Its Origins, Growth, Characteristics, and Planning, Selected Papers of Hans Blumenfeld,* ed. Paul D. Spreiregen. Cambridge, Mass.: The MIT Press, 1967.

Hans Blumenfeld, "Criteria for Judging the Quality of the Urban Environment," in H. J. Schmandt and W. Bloomberg (eds.), *The Quality of Urban Life: An Urban Affairs Annual Review,* Vol. 3. Beverly Hills, Calif.: Sage, 1969.

Murray Bookchin, *The Limits of the City.* Nova Iorque: Harper & Row, 1974.

Philippe Boudon, *Lived-In Architecture: Le Corbusier's Pessac Revisited,* trad. Cambridge, Mass.: The MIT Press, 1972.

A. C. H. Boyd, *Chinese Architecture and Town Planning.* Chicago: University of Chicago Press, 1962.

David Braybrooke e Charles E. Lindblom, *A Strategy of Decision.* Nova Iorque: Free Press of Glencoe, 1963.

Carl Bridenbaugh, *Cities in the Wilderness.* Nova Iorque: The Ronald Press, 1938.

Carl Bridenbaugh, *Cities in Revolt: Urban Life in North America, 1743-1776.* Nova Iorque: Knopf, 1955.

Asa Briggs, *Victorian Cities.* Nova Iorque: Harper & Row, 1965.

Enrique Browne, *El Uso de las Ciudades y de las Viviendas*. Buenos Aires: Ediciones SIAP, 1978.

Martin Buber, *Paths in Utopia*. Boston: Beacon Press, 1958.

Colin Buchanan & Partners, *Traffic in Towns*. Londres: HMSO, 1963.

Gerald Burke, *The Making of Dutch Towns*. Londres: Cleaver-Hume Press, 1956.

Ian Burton, Robert Kates e Gilbert White, *The Environment as Hazard*. Nova Iorque: Oxford University Press, 1978.

D. Calabi and M. Folin (eds.), *Eugène Hénard*. Pádua: Marsilio, 1972.

Italo Calvino, *Invisible Cities*, trad. Nova Iorque: Harcourt Brace, 1974.

Ferdinando Castagnoli, *Orthogonal Town Planning in Antiquity*, trad. Cambridge, Mass.: MIT Press, 1971.

Manuel Castells, *The Urban Question: A Marxist Approach*, trad. Cambridge, Mass.: MIT Press, 1977 (orig. *La Question Urbaine*, 1972).

Paolo Ceccarelli (ed.), *La Costruzione della Città Sovietica, 1929-1931*. Pádua: Marsilio, 1970.

Edgar Chambless, *Roadtown*. Nova Iorque: Roadtown Press, 1910.

F. S. Chapin, Jr. e Shirley F. Weiss, *Factors Influencing Land Development*. Chapel Hill: Institute for Research in Social Science, University of North Carolina, 1962.

F. S. Chapin, Jr. e E. J. Kaiser, *Urban Land Use Planning*, Urbana: University of Illinois Press, 1979.

Françoise Choay, *L'urbanisme: Utopies et Réalités*. Paris. Éditions du Seuil, 1965.

Walter Christaller, *Central Places in Southern Germany*, trad. Englewood Cliffs, N.J.: Prentice-Hall, 1966 (orig. 1933).

Grady Clay, *Close-Up: How to Read the American City*. Nova Iorque: Praeger, 1973.

William Cobbett, *Rural Rides in the Counties... 1821-1832*, ed. E. F. Daglish. Nova Iorque: E. P. Dutton, 1932 (orig. 1830).

George Collins, "The Ciudad Lineal of Madrid," *Journal of the Society of Architectural Historians*, Vol. 18, Maio de 1959.

George Collins, "Linear Planning throughout the World," *Journal of the Society of Architectural Historians*, Vol. 18, Outubro de 1959.

George Collins, *Visionary Drawings of Architecture and Planning*. Cambridge, Mass.: MIT Press, 1979.

George Collins e Carlos Flores, *Arturo Soria y la Ciudad Lineal*. Madrid: Revista de Occidente, 1968.

Ulrich Conrads e Hans G. Sperlich, *The Architecture of Fantasy*, trad. Nova Iorque: Praeger, 1962.

Peter Cook (ed.), *Archigram*. Nova Iorque: Praeger, 1973.

Peter Cowan, *Studies in the Growth, Change and Aging of Buildings*, trad. University College, Londres, 1963.

Gordon Cullen, *The Concise Townscape*. Nova Iorque: Van Nostrand, 1971.

James Dahir, *The Neighborhood Unit Plan: Its Spread and Acceptance*. Nova Iorque: Russell Sage Foundation, 1947.

Robert E. Dickinson, *The West European City*, 2ª ed. Londres: Routledge & Kegan Paul, 1962.

C. A. Doxiadis e René Dubos, *Anthropopolis: City for Human Development*. Nova Iorque: Norton, 1975.

R. Dubos, *Man Adapting*. New Haven, Conn.: Yale University Press, 1965.

Edgar S. Dunn, Jr., *The Development of the U.S. Urban System, Vol. 1: Concepts, Structures, Regional Shifts*. Baltimore: The Johns Hopkins University Press, 1980.

B. B. Dutt, *Town Planning in Ancient India*. Calcutá: Thacker, Spink, 1925.

H. G. Dyos and M. Wolff (eds.), *The Victorian City*. Londres: Routledge & Kegan Paul, 1973.

Friedrich Engels, *The Housing Question*. Nova Iorque: International Publishers, 1935 (orig. 1872 e 1887).

Friedrich Engels, *The Condition of the Working Class in England*. Stanford, Calif.: Stanford University Press, 1958 (orig. 1844).

Norma Evenson, *Paris: A Century of Change, 1878-1978*. New Haven, Conn.: Yale University Press, 1979.

Nan Fairbrother, *New Lives, New Landscapes*. Nova Iorque: Knopf, 1974.

Andreas Faludi, *Planning Theory*. Oxford: Pergamon Press, 1973.

Walter Firey, *Land Use in Central Boston*. Nova Iorque: Greenwood Press, 1947.

Robert Fogelson, *The Fragmented Metropolis: Los Angeles, 1850-1930*. Cambridge, Mass.: Harvard University Press, 1967.

D. L. Foley, "An Approach to Metropolitan Spatial Structure," in M. Webber (ed.), *Explorations into Urban Structure*. Filadélfia: University of Pennsylvania Press, 1964.

Jay Forrester, *Urban Dynamics*. Cambridge, Mass.: MIT Press, 1969.

Charles Fourier, *Design for Utopia*, ed. Charles Gide, trad. Nova Iorque: Schocken, 1971 (orig. *Selections from the Writings of Fourier*, 1901).

Kenneth Frampton, "Notes on Soviet Urbanism, 1917-1932," in D. N. Lewis (ed.), *Urban Structures*. Nova Iorque: Wiley Interscience, 1968.

Yona Friedman, *Toward A Scientific Architecture*. Cambridge, Mass.: The MIT Press, 1975.

Herbert Gans, *People and Plans*. Nova Iorque: Basic Books, 1968.

Patrick Geddes, *Cities in Evolution*. Nova Iorque: Howard Fertig, 1968 (orig. 1915).

Mark Girouard, *Life in the English Country House: A Social and Architectural History*. New Haven, Conn.: Yale University Press, 1978.

Artur Glikson, *The Ecological Basis of Planning*. Haia: M. Nijhoff, 1971.

Brian R. Goodey, *Interpreting the Built Environment*. Elmsford, N.Y.: Pergamon, 1979.

Paul Goodman e Percival Goodman, *Communitas*. Chicago: The University of Chicago Press, 1947.

Robert Goodman, *After the Planners*. Nova Iorque: Simon and Schuster, 1971.

David Gordon, "Capitalism and the Roots of Urban Crisis," in R. Alcaly e David Mermelstein (eds.), *The Fiscal Crisis of American Cities*. Nova Iorque: Vintage, 1977.

J. Gottman, *Megalopolis*. Nova Iorque: The Twentieth Century Fund, 1961.

Etienne Grandjean, *Ergonomics of the Home*, Harold Oldroyd trad. Nova Iorque: Halsted Press, 1973.

Etienne Grandjean e A. Gilgen, *Environmental Factors in Urban Planning: Air Pollution, Noise, Urban Open Spaces, Sunlight, and Natural Lighting Indoors*, trad. Londres: Taylor and Francis, 1976.

Cathy Greenblat, *Gaming-Simulation: Rationale, Design, and Application*. Nova Iorque: Sage Publications, 1975.

Victor Gruen, *The Heart of Our Cities*. Nova Iorque: Thames and Hudson, 1965.

John Habraken, *Supports: An Alternative to Mass Housing*. Nova Iorque: Praeger, 1972.

Jorge Hardoy, *Urban Planning in Pre-Columbian America*. Nova Iorque: Braziller, 1968.

Roger Hart, *Children's Experience of Place*. Nova Iorque: Irvington, 1979.

David Harvey, *Social Justice and the City*. Londres: E. Arnold, 1973.

Dolores Hayden, *Seven American Utopias: The Architecture of Communitarian Socialism, 1790-1975*. Cambridge, Mass.: The MIT Press, 1976.

Heikki von Hertzen e P. Spreiregen, *Building a New Town: Finland's New Garden City, Tapiola*. Cambridge, Mass.: The MIT Press, 1971.

Ebenezer Howard, *Garden Cities of To-Morrow*, introdução de F. J. Osborn. Londres: Faber & Faber, 1945 (orig. 1898).

Homer Hoyt, *One Hundred Years of Land Values in Chicago*. Chicago: University of Chicago Press, 1933.

Homer Hoyt, *The Structure and Growth of Residential Neighborhoods in American Cities*, Washington, D.C.: USGPO, 1939 (para a Federal Housing Administration).

Richard Hurd, *Principles of City Land Values*. Nova Iorque: The Record and Guide, 1903.

Phyllis W. Ingersoll, *Ideal Forms for Cities: An Historical Bibliography*. Council for Planning Librarians, Exchange Bibliography #10. Oakland, Calif., 1959.

Walter Isard, *Location and Space Economy*. Cambridge, Mass.: The MIT Press, 1956.

J. B. Jackson, *Landscapes: Selected Writings of J. B. Jackson*, E. H. tube (ed.). Amherst Mass.: University of Massachusetts Press, 1970

Jane Jacobs, *The Death and Life of Great American Cities*. Nova Iorque: Random House, 1961.

R. D. K. Johnson and C. Holbrow, eds.. *Space Settlements: A Design Study*. National Aeronautics and Space Administration, SP 413. Washington, D.C.: USGPO, 1977.

John Kain, "Urban Form and the Costs of Urban Services," Joint Center for Urban Studies, Cambridge, Mass.: Harvard University, Maio de 1967.

G. N. Kates, *The Years That Were Fat: The Last of Old China*. Cambridge, Mass.: MIT Press, 1967 (orig. 1952).

A. D. King, Colonial Urban *Development: Culture, Social Power and the Environment*. Londres: Routledge & Kegan Paul, 1976.

Anatol Kopp, Town and *Revolution*. Nova Iorque: Braziller, 1970 (orig. 1967).

Peter Kropotkin, *Fields, Factories and Workshops*. Nova Iorque: Harper & Row, 1974.

Arthur Kutcher, *The New Jerusalem: Planning and Politics*. Cambridge, Mass.: The MIT Press, 1975.

Ira Lapidus, Muslim Cities *in the Later Middle Ages*. Cambridge, Mass.: Harvard University Press, 1967.

Le Corbusier (C. E. Jeanneret-Gris), *The City of Tomorrow,* trad. Cambridge, Mass.: The MIT Press, 1971 (orig. *Urbanisme,* 1924).

Henri Lefebvre, *La Droit à la Ville*. Paris: Editions Anthropos, 1968.

Lars Lerup, *Building the Unfinished: Architecture and Human Action*. Beverly Hills, Calif.: Sage, 1977.

August Lösch, *The Economics of Location,* trad. New Haven, Conn.: Yale University Press, 1954 (orig. 1939).

B. Loudon e W. G. Flanagan, "Comparative Urban Ecology: A Summary of the Field," in J. Walton and L. Masotti (eds.), *The City in Comparative Perspective*. Beverly Hills, Calif.: Sage, 1976.

W. H. Ludlow, "Urban Densities and Their Costs," in C. Woodbury (ed.), *Urban Redevelopment: Problems and Practices*. Chicago: University of Chicago Press, 1953.

Kevin Lynch, *Site Planning*. 2ª ed. Cambridge, Mass.: The MIT Press, 1971.

Kevin Lynch, *What Time Is This Place?* Cambridge, Mass.: The MIT Press, 1972.

Kevin Lynch, "The Openness of Open Space," in G. Kepes (ed.), *Arts of the Environment*. Nova Iorque: Braziller, 1972 (orig. 1964).

Kevin Lynch, *Managing the Sense of a Region*. Cambridge, Mass.: The MIT Press, 1976.

L. Martin and L. March (eds.), *Urban Space and Structures*. Cambridge, Inglaterra: Cambridge University Press, 1972.

Richard L. Meier, A *Communications Theory of Urban Growth*. Cambridge, Mass.: MIT Press, 1962.

N. A. Miliutin, *Sotsgorod: The Problem of Building Socialist Cities*, ed. G. R. Collins and W. Alex, trad. A. Sprague. Cambridge, Mass.: The MIT Press, 1974 (orig. 1930).

Rend Millon (ed.), *Urbanization at Teotihuacdn, Mexico*. Austin: University of Texas Press, 1973.

R. Moos e R. Brownstein, *Environment and Utopia: A Synthesis*, Nova Iorque: Plenum, 1977.

R. L. Morrill, *The Spatial Organization of Society*. North Scituate, Mass.: The Duxbury Press, 1974.

A. E. J. Morris, *History of Urban Form: Prehistory to the Renaissance*. Londres: George Godwin Ltd., 1972.

William Morris, *News from Nowhere*, James Redmond (ed.). Londres: Routledge &Kegan Paul, 1970.

Lewis Mumford, *The Culture of Cities*. Nova Iorque: Harcourt Brace & Co., 1938.

Lewis Mumford, *The City in History*, Nova Iorque: Harcourt Brace & World, 1961.

Oscar Newman, *Defensible Space: Crime Prevention Through Urban Design*. Nova Iorque: Macmillan, 1972.

Joan Oates, *Babylon*. Londres: Thames and Hudson, 1979.

E. P. Odum, *Ecology*. Nova Iorque: Holt, Rinehart, and Winston, 1963.

Rai Okamoto e F. E. Williams, *Urban Design Manhattan*, preparado para a Regional Plan Association. Nova Iorque: Viking, 1969.

Fernando Ortiz, *Cuban Counterpoint: Tobacco and Sugar*, trad. Nova Iorque: Vintage, 1970 (orig. 1960).

R. E. Pahl, "Spatial Structure and Social Structure," Capítulo 11 in R. E. Pahl, *Whose City?* Harlow, Inglaterra: Longman, 1970.

R. J. Paquette, N. Ashford e P. H. Wright, *Transportation Engineering: Planning and Design*. Nova Iorque: Ronald Press, 1972.

Joseph Passoneau e R. S. Wurman, *An Urban Atlas of 20 American Cities*. Cambridge, Mass.: The MIT Press, 1966.

Elbert Peets, *On the Art of Designing Cities*, ed. P. Spreiregen. Cambridge, Mass.: The MIT Press, 1968.

Constance Perin, *With Man in Mind*. Cambridge, Mass.: The MIT Press, 1970.

Constance Perin, *Everything in Its Place*. Princeton, N.J.: Princeton University Press, 1977.

P. Pinchemel, A. Vakili e J. Gozzi, *Niveaux Optima des Villes*. Lille, França: Comité d'etudes régionales économiques et sociales (CERES), 1959.

Donald Preziosi, *The Semiotics of the Built Environment: An Introduction to Architectonic Analysis*. Bloomington, Ind.: Indiana University Press, 1978.

A. Rapoport, *Human Aspects of Urban Form*. Nova Iorque: Pergamon, 1977.

Steen Eller Rasmussen, "Commentary on Clark's 'Ideal Cities: Past and Present," in R. M. Fisher (ed.), *The Metropolis and Modern Life*. Nova Iorque: Russell & Russell, 1955.

Steen Eiler Rasmussen, *London: The Unique City*. Cambridge, Mass.: The MIT Press, 1967.

R. U. Ratcliff, "Efficiency and the Location of Urban Activities," in R. M. Fisher (ed.), *The Metropolis and Modern Life*. Nova Iorque: Russell & Russell, 1955.

John Rawls, *A Theory of Justice*. Cambridge, Mass.: Harvard University Press, 1971.

T. F. Reddaway, *The Rebuilding of London after the Great Fire*. Londres: Edwin Arnold, 1951 (orig. 1940).

Thomas Reiner, *The Place of the Ideal Community in Urban Planning*. Filadélfia: University of Pennsylvania Press, 1963.

E. C. Relph, *Place and Placelessness*. Londres: Pion, 1976.

John Reps, *The Making of Urban America: A History of City Planning in the United States*. Princeton, N.J.: Princeton University Press, 1965.

H. W. Richardson, *The Economics of Urban Size*. Lexington, Mass.: Lexington Books, 1973.

H. W. Richardson, *The New Urban Economics, and Alternatives*. Londres: Pion, 1977.

Lloyd Rodwin, *Nations and Cities*. Boston: Houghton Mifflin, 1970.

Cohn Rowe e F. Koetter, *Collage City*. Cambridge, Mass.: The MIT Press, 1978.

Edgar Rust, *No Growth: Impacts on Urban Areas*. Lexington, Mass.: D. C. Heath, 1975.

Howard Saalman, *Haussmann: Paris Transformed*. Nova Iorque: Braziller, 1971.

Eliel Saarinen, *The City: Its Growth, Its Decay, Its Future*. Nova Iorque: Reinhold, 1943.

Janet Salaff, "Urban Communities after the Cultural Revolution," in J. W. Lewis (ed.), *The City in Communist China*. Stanford, Calif.: Stanford University Press, 1971.

P. Scheerbart, *Glass Architecture*, trad. S. Palmer. Nova Iorque: Praeger, 1972 (orig. 1914; juntamente com Bruno Taut, *Alpine Architecture*).

A. L. Schorr, *Slums and Social Insecurity*, Washington, D.C.: USGPO, 1963 (para o U.S. Department of H.E.W.).

Roger Scruton, *The Aesthetics of Architecture*. Princeton, New Jersey: Princeton University Press, 1979 [A Estética da Arquitectura, Lisboa, Edições 70].

D. N. Shukla, *Vastu-Sastra: The Hindu Science of Architecture*, Volume 1. Poona: Poona Book House, 1960.

Camillo Sitte, *City Planning According to Artistic Principles*, trad. Nova Iorque: Random House, 1965 (orig. 1889).

Paolo Soleri, *Arcology: The City in the Image of Man*. Cambridge, Mass.: The MIT Press, 1969.

M. E. Spiro, *Kibbutz: Venture in Utopia*. Nova Iorque: Schocken, 1963.

Paul Spreiregen, "Roots of Our Modern Concepts," in M. Branch (ed.), *Urban Planning Theory*, Stroudsburg, Penna.: Dowden, Hutchinson & Ross, 1975.

Clarence Stein, *Toward New Towns for America*. Chicago: Public Administration Service, 1951.

P. A. Stone, *The Structure, Size and Costs of Urban Settlements*, Cambridge, Inglaterra: Cambridge University Press, 1973.

A. L. Strauss, *The American City: A Sourcebook of Urban Imagery*. Chicago: Aldine, 1968.

Hugh Stretton, *Ideas for Australian Cities*. Melbourne: Georgian House, 1971.

Hugh Stretton, *Capitalism, Socialism and the Environment*. Nova Iorque: Cambridge University Press, 1976.

Hugh Stretton, *Urban Planning in Rich and Poor Countries*. Nova Iorque: Oxford University Press, 1978.

Louis Henry Sullivan, *A System of Architectural Ornament According with a Philosophy of Man's Powers*. Nova Iorque: Eakins Press, 1967 (orig. 1924).

Anthony Sutcliffe, *The Autumn of Central Paris*. Londres: E. Arnold, 1970.

Gerald Suttles, *The Social Order of the Slum*. Chicago: University of Chicago Press, 1968.

Bruno Taut, *Alpine Architecture*, trad. Nova Iorque: Praeger, 1972 (orig. 1919; juntamente com P. Scheerbart, *Glass Architecture*).

Rend Thom, *Structural Stability and Morphogenesis*. Reading, Mass.: W. A. Benjamin, 1975.

John M. Thomson, *Great Cities and Their Traffic*. Londres: Gollancz, 1977.

J. H. von Thünen, *Isolated State*, trad. Londres: Pergamon, 1966 (orig. 1826).

Yi-Fu Tuan, *Topophilia: A Study of Environmental Perceptions, Attitudes and Values*. Englewood Cliffs, N.J.: Prentice-Hall, 1974.

Christopher Tunnard, *The City of Man*. Nova Iorque: Scribner, 1953.

John F. C. Turner and R. Fichter (eds.), *Freedom to Build: Dweller Control of the Housing Process*. Nova Iorque: Macmillan, 1972.

J. E. Vance, *This Scene of Man: The Role and Structure of the City in the Geography of Western Civilization*. Nova Iorque: Harper College Press, 1977.

Robert Venturi, Denise Scott Brown, e Steven Izenour, *Learning from Las Vegas*. Cambridge, Mass.: The MIT Press, 1972.

Cohn Ward, *Housing: An Anarchist Approach*. Londres: Freedom Press, 1976.

Colin Ward, *The Child in the City*. Londres: The Architectural Press, 1977.

Sam Bass Warner, *Streetcar Suburbs*. Nova Iorque: Antheneum, 1969.

Sam Bass Warner, *The Urban Wilderness: A History of the American City*. Nova Iorque: Harper & Row, 1972.

Melvin Webber, "Order in Diversity," in L. Wingo (ed.), *Cities and Space*. Baltimore: Johns Hopkins Press, 1963.

Melvin Webber, "The Urban Place and the Non-place Urban Realm," in M. Webber et al., *Explorations into Urban Structure*. Filadélfia: University of Pennsylvania Press, 1967.

P. Wheatley, *The Pivot of the Four Quarters*. Chicago: Aldine, 1971.

A. C. White, "Urban Futures: Science Fiction and the City," Monticello, Ill.: Council of Planning Librarians Exchange Bibliography #418, 1973.

Walter Muir Whitehill, A *Topographical History of Boston*. Cambridge, Mass.: Harvard University Press, 1959.

Dora Wiebenson, *Tony Garnier: The Cité Industrielle*. Nova Iorque: Braziller, 1969.

Raymond Williams, *The Country and the City*. Nova Iorque: Oxford University Press, 1973.

R. L. Wilson, "Livability of the City, Attitudes and Urban Development," in F. S. Chapin and S. Weiss (eds.), *Urban Growth Dynamics*. Nova Iorque: Wiley, 1962.

Morton e Lucia White, *The Intellectual versus the City, from Thomas Jefferson to Frank Lloyd Wright*. Nova Iorque: New American Library, 1964.

William H. Whyte, *Cluster Development*. Nova Iorque: American Conservation Association, 1964.

William H. Whyte, *The Social Life of Small Urban Spaces*. Washington, D.C.: The Conservation Foundation, 1980.

A. G. Wilson, P. H. Rees, e C. M. Leigh, *Models of Cities and Regions: Theoretical and Empirical Developments*. Nova Iorque: Wiley, 1977.

Lowden Wingo, *Transportation and Land Use*. Washington, D.C.: Resources for the Future, 1961.

Arthur Wright, "The Cosmology of the Chinese City," in G. W. Skinner (ed.), *The City in Late Imperial China*. Stanford, Calif.: Stanford University Press, 1977.

Frank Lloyd Wright, The *Living City: When Democracy Builds*. Nova Iorque: New American Library, 1958.

Catherine Wurster, "The Form and Structure of the Future Urban Complex," in L. Wingo (ed.), *Cities and Space*. Baltimore: Johns Hopkins Press, 1963.

R. E. Wycherley, *How the Greeks Built Cities*. Londres: Macmillan, 1949.

George K. Zipf, *Human Behavior and the Principle of Least Effort: An Introduction to Human Ecology*. Nova Iorque: Hafner Publishing Co., 1965 (facsimile da edição de 1949).

Anexos

Donald Appleyard, *Livable Streets,* Berkeley, Calif.: University of California Press, 1981.

Canon S. A. Barnett, "The Ideal City," in H. E. Meller (ed.), *The Ideal City.* Old Woking, Surrey: Leicester University Press, 1979.

Jonathan Barnett, *An Introduction to Urban Design,* Nova Iorque: Harper and Row, 1982.

Aldo Rossi, *The Architecture of the City,* Cambridge, Mass.: The M.I.T. Press, 1982.

J. Rykwert, *The Idea of a Town,* Princeton, N.J.: Princeton University Press, 1976.

C. Schorske, *Fin de Siecle Vienna,* Nova Iorque: Vintage, 1981.

William Whyte, *The Social Life of Small Urban Spaces,* Washington, D.C.: The Conservation Foundation, 1980.

Fontes e Créditos

O material citado de *Invisible Cities*, de Italo Calvino, trad. William Weaver (Nova Iorque: Harcourt Brace Jovanovich, 1974) recebeu a devida autorização de Harcourt Brace Jovanovich.

As Figuras 42, 60, 61 (fundo), 63, 65, 67, 69, 71 (fundo), 76, 85, 86, 87 (cimo), 92, 95, 101, 103 e 104 são de Julie Messervy.

As Figuras 41, 46, 51, 52, 53, 54 (cimo), 55, 56, 57, 58, 71 (cimo), 72, 79, 88, 89, 91, 93, 98 e 106 (fundo) são fornecidas pelo autor.

Outras ilustrações:

Frontispício – Reproduzido com a devida autorização do American Institute of Architects. Não está autorizada qualquer outra reprodução posterior, no todo ou em parte.

2 – De Sir Leonard Woolley, *Excavations at Ur* (Londres: Ernest Benn Publishers, 1954).

3 – De J. Oates, *Babylon* (Londres: Thames and Hudson, Ltd., 1979).

5, 6 – De René Millon (ed.), *Urbanization at Teotihuacán, Mexico*, vol. 1, parte 1, © René Millon.

7 – Reimpressa de G. William Skinner (ed.), *The City in Late Imperial China*, com a devida autorização de Stanford University Press. © 1977 pela Board of Trustees of the Leland Stanford Junior University.

8 – De The American Geographical Society Collection of the University of Wisconsin-Milwaukee.

9 – From Nelson Wu, *Chinese and Indian Architecture* (Nova Iorque: Braziller, 1963). Cortesia do autor.

10 – De *The Geographical Review*, vol. 62, 1972, com a devida autorização de The American Geographical Society.

11 – De Ferdinando Castagnoli, *Orthogonal Town Planning in Antiquity*, © 1971, The MIT Press. Cortesia do autor e da Escola Britânica de Roma.

12 – De Richard E. Wycherley, *How the Greeks Built Cities*, 1949, com a devida autorização de Macmillan Co., Londres e Basingstoke.

13 – Reimpresso com a devida autorização de The Amon Carter Museum of Western Art, Fort Worth, Texas.

14 – Do Instituto de Estudios de Administraccion Local, *Planos de Ciudades Iberoamericanas y Filipinas Existences en el Archivo de Indias*, vol. 1, Seminario de Urbanismo, Madrid, 1951.

15 – De Jaqueline Tyrwhitt (ed.), *Patrick Geddes in India*, 1947, com a devida autorização de Lund Humphries, Londres.

16 – Cortesia de Julian Beinart.

17, 18 – Cortesia da Society for the Preservation of New England Antiquities.

20 – Cortesia da The Bostonian Society.

21 – Cortesia da Boston Public Library, Print Department.

22 – De Sam Bass Warner, *Streetcar Suburbs* (Cambridge, Mass.: Harvard University Press, 1962).

23 – Cortesia de The Bostonian Society.

24 – Cortesia da Society for the Preservation of New England Antiquities.

26 – Ebenezer Howard, *Garden Cities of ToMorrow* (Cambridge, Mass.: The MIT Press, 1965).

27 – De *Taliesin*, vol. 1, Nº 1, Taliesin Fellowship, Spring Green, Wisconsin, Outubro de 1940, com a devida autorização da Frank Lloyd Wright Memorial Foundation, Scottsdale, Arizona.

28 – De Le Corbusier, *The City of Tomorrow* (Cambridge, Mass.: The MIT Press, 1971, orig. 1929).

29 – De N. A. Miliutin, *Sotsgorod* (Cambridge, Mass.: The MIT Press, 1974, orig. 1930).

30 – De Umbro Apollonio, *Antonio Sant'Elia* (Milão: Il Balcone, 1958).

31 – De P. A. Alexandrov e S. O. Khan-Mahommedov, *Ivan Leonidov* (Moscovo: Izdatelstuo Literaturi po Stroitelstru, 1971).

32 – De Bruno Taut, *Alpine Architecture* (Nova Iorque: Praeger, 1972, orig. 1919).

33 – De Paolo Soleri, *Arcology: The City in the Image of Man* (Cambridge, Mass.: The MIT Press, 1969).

34 – Reproduzida com a devida autorização de *The Magazine Antiques*.

36 – "A completed section of Poston," in Alexander Leighton, *The Governing of Men*, © 1945, 1973 por Princeton University Press. Reimpresso com a devida autorização de Princeton University Press.

37 – De R. A. B. Ponsonby-Fane, *Kyoto: The Old Capital of Japan, 794-1869*, ed. rev. (Kyoto: Ponsonby Memorial Society, 1956).

38 – De Andreas Volwahsen, *Living Architecture: Indian* (Londres: MacDonald and Co., 1969).

39 — Cortesia de Julian Smith.

40 – *View of an Ideal City*, Central Italian School, 1490-1495. Cortesia de The Walters Art Gallery, Baltimore.

43 – De Eliel Saarinen, *The City* (Nova Iorque: Reinhold, 1943).

44 – De Albert Ballu, *Guide Illustré de Timgad* (Paris: Levy-Neurdin, 1910).

45 – "Vertical Aerial View of Santa Fé, Spain, 1958," in John W. Reps, *The Making of Urban America: A History of City* Planning in *the United States*, © 1965 por Princeton University Press. Reimpresso com a devida autorização de Princeton University Press.

47 – De G. R. Collins and Carlos Flores (eds.), *Arturo Soria y la ciudad lineal*, 1968, com a devida autorização de Alianza Editorial, S.A.

48 – Cortesia de Martha Beck, The Drawing Center, Nova Iorque.

49 – Cortesia de Map Division, New York Public Library, Astor, Lenox and Tilden Foundations.

50 – De Clarence Stein, *Toward New Towns for America*, © 1957 por Litton Educational Publishing, Inc. Reimpresso com a devida autorização de Van Nostrand Reinhold Company.

54 (fundo) – De E. S. Popko, *Transitions*, © 1978, Dowden, Hutchinson & Ross, Inc., Stroudsburg, Pa.

59 – Cortesia de Nishan Bichajian.

61 – Cortesia de Robin Moore.

62 – De A. W. Burin, *Geschichte des russischen Stfidtebaus bis zum 19. Jahrhundert* (Berlim: Henschelverlag, 1961).

66 – De G. A. Jellicoe, *Motopia: A Study in The Evolution of Urban Landscape* (Nova Iorque: Praeger,1961).

68 – Cortesia de Mr. Yoshio Watanabe, Tóquio.

70 – De um desenho de F. Cresson Schell, *Leslie's Magazine*, 25 de Julho de 1895.

73 – Cortesia de Mayer Spivack.

74 – Cortesia de Nishan Bichajian.

75 – De Paul Spreiregen (ed.), *On the Art of Designing Cities* (Cambridge, Mass.: The MIT Press, 1968).

77 – Cortesia de Julian Beinart.

78 – A. V. Ikonnikov, *Kamennaya Letopis Moskvi: Puteveditel* (Moscovo: Moskovski Rabochi, 1978).

80, 81 – De Stefano Bianca, *Architektur und Lebensform*, reproduzida com a devida autorização de Artemis Verlag und Verlag für Architektur, Zurique.

82 – De *Man-Environment Systems*, vol. 5, N° 5 (1975).

83 – De T. A. Heppenheimer, *Colonies in Space* (Harrisburg, Pa.: Stackpole Books, 1977).

84 – De Reyner Banham, *Los Angeles: The Architecture of Four Ecologies* (Londres: Penguin Press, 1971). Cortesia do autor.

87 (fundo) – Cortesia de Nishan Bichajian.

90 – De E. S. Popko, *Transitions,* C 1978, Dowden, Hutchinson & Ross, Inc., Stroudsburg, Pa.

94 – The Bettmann Archive.

96 – Cortesia de Nishan Bichajian.

97 – De Lawrence Halprin, *Freeways,* C Litton Educational Publishing, Inc. Reimpresso com a devida autorização de Van Nostrand Reinhold Co.

99 – De Clarence Stein, *Toward New Towns for America,* © 1957 por Litton Educational Publishing, Inc. Reimpresso com a devida autorização de Van Nostrand Reinhold Co.

102 – Com a devida autorização de Historic American Buildings Survey, Heritage Conservation and Recreation Service, U.S. Department of the Interior. Fotografia de Arthur Ziegler, 1901.

106 (cimo) – De Nan Fairbrother, *New Lives, New Landscapes* (Nova Iorque: Alfred A. Knopf, Inc., 1970).

107 – Cortesia de Yanni Pyriotis.

índice

Prólogo: uma questão ingénua   7

PARTE I   VALORES E CIDADES

1
Valores da forma na história urbana   11

2
O que é a forma de uma cidade e
como é que se constrói essa forma?   43

3
Entre o Céu e o Inferno   55

4
Três teorias normativas   75

5
Mas será que é possível uma
teoria normativa geral?   99

PARTE II   UMA TEORIA SOBRE A BOA FORMA DA CIDADE

6
Dimensões de execução   111

7
Vitalidade   119

8
Sentido   127

9
Adequação   145

10
Acesso   179

11
Controlo   195

12
Eficiência e justiça   211

PARTE III   ALGUMAS APLICAÇÕES

13
A Dimensão da cidade e a noção de bairro   227

14
Crescimento e conservação   239

15
Texturas e redes urbanas   249

16
Modelos de cidade e *design* de cidade   263

17
Uma utopia de local   277

Epílogo: uma apreciação   299

ANEXOS

A Breve análise da teoria funcional   307
B Uma linguagem dos padrões da cidade   323
C Algumas fontes de valores da cidade   337
D Um catálogo de modelos da forma
   do aglomerado populacional   349

Bibliografia   427

Fontes e créditos   441